Raum und (Des)Orientierung in der französischsprachigen
Gegenwartsdramatik (1980–2000)

Forum

Modernes Theater

Schriftenreihe I Band 58

begründet von Günter Ahrends (Bochum)
herausgegeben von Christopher Balme (München)

Annika Mayer

Raum und (Des)Orientierung in der französischsprachigen Gegenwartsdramatik (1980-2000)

Bernard-Marie Koltès, Marie Redonnet, Patrick Kehrmann, Valère Novarina

narr\f
ranck
e\atte
mpto

Umschlagabbildung: © Romina Abate, Ohne Titel (Kurs), 2018.

Bibliografische Information der Deutschen Nationalbibliothek
Die Deutsche Nationalbibliothek verzeichnet diese Publikation in der Deutschen
Nationalbibliografie; detaillierte bibliografische Daten sind im Internet über
http://dnb.dnb.de abrufbar.

Die Arbeit wurde als Dissertationsschrift im Fachbereich 02 Geistes- und Kulturwissenschaften der Universität Kassel eingereicht und am 17.10.2019 verteidigt.

https://doi.org/10.24053/9783823395683

© 2022 · Narr Francke Attempto Verlag GmbH + Co. KG
Dischingerweg 5 · D-72070 Tübingen

Internet: www.narr.de
eMail: info@narr.de

CPI books GmbH, Leck

ISSN 0935-0012
ISBN 978-3-8233-8568-4 (Print)
ISBN 978-3-8233-9568-3 (ePDF)
ISBN 978-3-8233-0383-1 (ePub)

Ich widme diese Arbeit Adelheit und Marianne,
die diese Welt während meiner Promotion verlassen haben.

Ich widme diese Arbeit Yuna-Lou und Bruna,
die diese Welt mit Spiel, Intelligenz und Sensibilität bereichern.

Ich widme diese Arbeit Anita, die sich, ihren
Kindern und Enkelkindern diese Welt mit Neugier und
Lust an Sprachen, Kulturen und Begegnungen
immer wieder neu eröffnet.

Inhalt

Danksagung:

An dieser Stelle möchte ich den Menschen danken, die mich auf meinem Weg zur Dissertation begleitet haben.

Mein erster Dank gilt Prof. Dr. Franziska Sick für das Vertrauen in meine Textauswahl, meinen Ansatz und die kritische Begleitung, sowie die großzügige Unterstützung dieser Publikation.

Mein zweiter Dank geht an meinen Zweitgutachter, Prof. Dr. Jan Henrick Witthaus für die unvoreingenommene, respektvolle Lektüre sowie an die Kasseler Mitstreiter_innen und Weggefährt_innen aus Mittelbau und Administration der Romanistik: Antonio, Gabriele, Josselyne, Katherina, Katja, Marta, Patrick und Rita sowie an meine finale Bürogenossin Andrea.

Meinen Eltern und Geschwistern danke ich für den vielseitigen Rückhalt, den langen Atem und das Respektieren meiner Entscheidungen.

Ich danke Aki, Astrid, Janna, Jean Loïc, Laura, Leonie, Romina und Susanne für die künstlerische und persönliche Verbundenheit über räumliche Entfernungen und Lebensphasen hinweg.

Bugi, Christian, Liset, Marianna, Marina, Martin, Nadine, Natalie, Ole und Yoshi danke ich für die schönen Gespräche, humorvollen Pausen, die kleinen und großen Ausflüge.

Abschließend geht mein Dank an Björn, Carmen, Corinna, Eduardo, Thomas und Valeria fürs Erheitern und Mitfiebern auf den letzten Metern.

Mannheim, im April 2022   Annika Mayer

1 Einleitung

Nach Samuel Becketts radikalen Experimenten der 1950er bis 1970er Jahre sowie dem visuellen, medialen und transartialen postdramatischen Paradigma, welches mit einem regiezentrierten Theater und einer Herabsetzung des Textes zugunsten nichtsprachlicher Aufführungskomponenten einherging, setzte sich in den 1980er und 1990er Jahren eine neue Aufmerksamkeit auf den Sprechtext durch. In dem Zuge lässt sich auch eine erneute Auseinandersetzung mit dem Drama und seinen Konstituenten verzeichnen. In dieser Phase der Positionsbestimmung zeitgenössischer Dramatik entstehen Theatertexte,[1] die einerseits die experimentellen Formen der Theateravantgarden weiterführen, andererseits aus der Reibung mit einer postdramatischen und regiedominierten Aufführungspraxis hervorgehen. *Entdramatisierende* und *redramatisierende* Verfahren schließen sich nicht länger aus, sondern werden kombiniert. Dabei wird auch das Verhältnis zwischen Text und Bühne neu verhandelt. Die zeitgenössischen Theaterautor_innen fahren eine Mehrfachstrategie: sie bekräftigen das Drama als literarische Gattung und schreiben ihren Theatertexten ebenso nonverbale und intermediale Aufführungselemente und -dispositive ein. Zudem nehmen sie Einfluss auf die Aufführungen ihrer Texte – sei es durch Kooperationen mit Regiseur_innen (z.b. Bernard-Marie Koltès und Patrice Chereau) oder Eigeninszenierungen (z.b. Pierre Guyotat, Valère Novarina). Damit wird auf den Doppelstatus des Theatertextes als eigenständigen literarischen Lesetext sowie als einer zur Aufführung bestimmten Partitur insistiert.[2]

Die Theatertexte der in den 1940er und 1950er Jahren geborenen Theaterautor_innen sind schwer zu gruppieren und ästhetisch einzuordnen. Es liegt eine Heterogenität von Dramaturgien und Schreibweisen vor, die während der Zeit ihrer Erscheinung und noch bis in die Forschung der 2000er Jahre als Defizit

---

1   Der Beginn der zeitgenössischen Dramatik wird unterschiedlich bestimmt. Azama fasst darunter alle Theaterschriften von Mitte bis Ende des zwanzigsten Jahrhunderts, vgl. Michel Azama. *De Godot à Zucco. Anthologie du théâtre contemporain francophone, de 1950 à 2000*, I-III. Montreuil-sous-Bois, Editions Théâtrales, 2004. Pavis hingegen setzt in den 1980er Jahren an, vgl. Patrice Pavis. *Le théâtre contemporain. Analyse des textes, de Sarraute à Vinaver*. Paris, Nathan, 2002.

2   Dass dieser hybride Status des Theatertextes von Seiten der Rezeption und der Edition mitnichten selbstverständlich ist, betont Vinaver zu Anfang der 1980er Jahre: „lire le théâtre est un usage qui a commencé à se perdre et qui continue de se perdre". Michel Vinaver. „Le théâtre entre deux chaises: objet de spectacle, objet de lecture" [1983]. In: Ders. *Ecrits sur le théâtre*, 2. Paris, L'Arche, 1998, S. 23- 30, hier S. 27.

und als Problemlage diskutiert wird. Die Theatertexte der 1980er und 1990er
Jahre werden selten anders als negativ bestimmt: über den Bruch mit der (konventionellen) Handlung, der Figur und dem Dialog. Dabei lässt sich die Vielfalt
der Gegenwartsdramatik als eine ernstzunehmende poetologische Recherche
nach Umgangsweisen mit dramatischen Versatzstücken und Möglichkeiten gat-
tungsüberschreitender und medienreflexiver Textverfahren hervorheben. Die
weiträumig angelegte Anthologie französischsprachiger Theaterautor_innen
von Michel Azama leistet bereits eine Zusammenschau und positive Bestimmung anhand chronologisch gegliederter, kleinteiliger Tendenzen, die in Auf-
führungs- und Publikationskontexte eingebettet sind.[3] An zwei Kernaussagen
Azamas lässt sich ansetzen. Erstens wird das Handlungstheater durch ein Re-
detheater abgelöst: „Nous sommes passés d'un théâtre de l'action, du ‚faire' à un
théâtre du ‚dire'".[4] Zweitens führt er für die Spezifität des generisch geöffneten
zeitgenössischen Theatertextes folgende Grundzüge an: das „devenir parole" als
das ‚Atmen' des Textes, dem – ähnlich wie der Lyrik – durch Rhythmus, Klang,
Ansprache, Sprachbilder, Brüche und Beschleunigung ein Potenzial zum Vortragen und Vorführen eingeschrieben ist und das „devenir scénique", worunter
er die Dramaturgie als Anordnung fragmentierter, multiplizierter Redeeinheiten
und -varianten versteht.[5] Mit diesem Verständnis von Dramaturgie grenzt
Azama die zeitgenössischen Theatertexte von Becketts geschriebener ‚Regie'
ab.[6] In der Tat fällt im Vergleich zu avantgardistischen Theatertexten eine deutliche Differenz ins Auge. Die Gegenwartstexte enthalten, wenn überhaupt, nur
minimale Bühnenanweisungen und dafür z.T. klassische Tiraden übertreffende
Repliken und Aufführungsformate sprengende Sprechtextlängen. Während im
Avantgardetheater das gestische Bühnenspiel, das Hantieren mit Requisiten,
die Pantomime und alltägliche oder ritualisierte Mikrohandlungen, mimetische
Verdopplungen, Spiel im Spiel-Trucagen sowie Medien- und Raumexperimente
die konventionelle Handlung ersetzen, verhandelt die Gegenwartsdramatik
Handlungen und Nichthandlungen auf der Ebene der Rede. Damit können nicht
nur Redeweisen wie das Erzählen, Vortragen, Reflektieren, Rückblicken, Beschreiben als Redehandeln geltend gemacht werden. Auch werden Handlungen
rekapituliert und situative oder künftige Handlungsmöglichkeiten eruiert und

---

3 Die drei Bände gliedern sich in die Schwerpunkte I. Continuité et renouvellements, II.
   Récits de vie: le moi et l'intime, III. Le bruit du monde vgl. Michel Azama. *De Godot à
   Zucco.*
4 Ebd., S. 19.
5 Ebd., S. 20.
6 „ce qui ne signifie pas nécessairement écrire la mise en scène, comme faisait Beckett",
   Ebd., S. 20.

besprochen. Ebenso wie in den avantgardistischen Theatertexten verschwindet auch in der Gegenwartsdramatik nicht die Handlung, sondern das Handlungsverständnis ändert sich – hier nun zugunsten von Redesituationen. Wird zeitgenössische Dramaturgie als Anordnung von Rede verstanden, liegt es nahe, zu denken, dass durch Rhythmus, Geschwindigkeit und Abfolge von Rede- und Erzählsequenzen die Zeit, die Zeitrichtung und das Zeiterleben in den Vordergrund und räumliche Erfahrungs- und Wahrnehmungsverhältnisse in den Hintergrund rücken. Dem ist jedoch nicht so. Ende des 20. Jahrhunderts setzt sich die Untersuchung und Reflexion des Raumes in den Theatertexten fort. Raum bestimmt das menschliche Sein auch in der Gegenwartsdramatik, ist Voraussetzung für Handeln und damit auch Grundbedingung von Redesituationen.

In den avantgardistischen Theatertexten wird der geschlossene Schauplatz von topologischen Anordnungen abgelöst. Es geht um die Lagebeziehungen von Figuren und Objekten, um Raumgrenzen und Raumstrecken, um das Davor und Dahinter und das Drinnen und Draußen. Die durch Raumelemente und Requisiten geschaffenen Raumstrukturen bedingen und regeln motorische und perzeptive Handlungsfähigkeiten. Raumwege, Raumgrenzen, Raumöffnungen und Schwellen wie Wände, Fenster und Türen werden hervorgehoben und organisieren das Geschehen. So bestimmt in Maurice Maeterlincks *Interieur* die durch das Fenster in den handlungsarmen Innenraum einer Familie gerichtete Teichoskopie die Dramaturgie des Wartens.[7] Via Bühnenanweisung werden szenisch-gestische Umgangsweisen von Figuren mit solchen Raumverhältnissen zu metaphorischen ‚Raumbildern‘. Anstelle einer progressiven Zeit sind es statische oder zyklische Dramaturgien, in denen es zu Erkundungen, Verschiebungen und Dynamisierungen von Räumen kommt. In Samuel Becketts *Fin de partie* wird der begrenzte szenische Raum erlaufen und vermessen,[8] in Jean Genets *Les Paravents* werden Stellwände umgestellt und vielseitig eingesetzt.[9] Anhand des szenischen Raumes erforschen die avantgardistischen Theaterautoren nicht nur die Bedingungen menschlichen Seins jenseits progressiver Handlung und Zeiterfahrung, sondern sie gehen dabei bis an die Grenzen szenischer Darstellungsmittel, entwerfen Architekturen und Apparaturen, setzen auf Sound und Licht – wie insbesondere Antonin Artaud – und beziehen das Off, die Hinterbühne und den Zuschauerraum mit ein.

Noch deutlicher als in den avantgardistischen Raumstücken zeigt sich in der Gegenwartsdramatik die Konstruiertheit, Pluralität und Relativität des

---

7   Maurice Maeterlinck. *L'Intruse. L'Interieur.* Genf, Slatkine, 2005.
8   Samuel Beckett. *Fin de partie.* Paris, Minuit, 1957.
9   Jean Genet. *Les paravents* [1961]. Paris, Gallimard, 1976.

Raumes. Vor dem Hintergrund der Öffnung von Landesgrenzen und Märkten, der Beschleunigung von Kommunikations- und Reisewegen im Zuge der Globalisierung sowie der Ausweitung des mundanen Lebensraumes durch Kosmonautik und virtuelle Realitäten werden Raumgrenzen relativiert und entmaterialisiert. Die vielfältigen, dynamisierten und entgrenzten Räume eröffnen neue Handlungsmöglichkeiten, fordern jedoch ebenso Orientierung, Wahrnehmung, Richtungs- und Handlungsentscheidungen sowie auch Raumtheorien heraus. In den Gegenwartstexten werden offene Räume in metaphorischer, modellhafter und metatheoretischer Weise verhandelt. Im Unterschied zu den szenisch zu materialisierenden, bespielbaren und mit Raumelementen manipulierbaren Räume der Avantgarden überwiegen in der Gegenwartsdramatik, wenn nicht gänzlich auf ein szenisches Raumkonzept verzichtet wird, minimalistische, horizontale, flächige Raumkonzepte der Strukturlosigkeit und Leere. So beginnt Eugène Durifs *Conversation sur la montagne* mit den Worten „Ce fut au début de l'hiver qu'il arriva ici. La route avait été coupé par la neige. [...] Lacérés déchiré, contours des roches et des ombres que je croyais distinguer dans la neige".[10] Der Raum wird vage, unzuverlässig und bietet keine Situierungsmöglichkeit. Plurale und unzusammenhängende Räume bieten keine Rast, Transit und Instabilitäten herrschen vor wie das ziellose Umherziehen in Philippe Minyanas *Où vas tu Jeremie?* vorführt.[11] Die Räume werden jedoch weniger szenisch-visuell realisiert und gestisch bespielt, sondern insbesondere sprachlich erzeugt, besprochen, zum Thema gemacht. Beispielhaft dafür steht die Radiostimme, die Jean Luc Lagarces *Carthage, encore* eröffnet:

> La Radio. – ...et de plus, il fait beau. Ailleurs, l'herbe n'est pas plus verte, le ciel n'est pas plus bleu. Dans les champs de plastique, courent sans fin des enfants ivres de bonheur [...] Et sur la fantastique et merveilleuse route de béton, arrive à grands pas la jeunesse pure de demain. Et de plus il fait beau...[12]

Raumwahrnehmungen und Raumerfahrungen werden beschrieben, erzählt und reflektiert. Dabei gehen entgrenzte und orientierungswidrige Räume mit offenen Situationen und fehlenden übergeleiteten Zielen und Handlungsoptionen einher. Die Suche nach Anhalts- und Bezugspunkten steht in engem Zusammenhang mit postmodernen, die sich durch Pluralismen, Ungewissheiten und Kontingenz ausweisen. Die großen Ziele, Ereignisse und Ideologien dienen

---

10   Eugène Durif. *Conversation sur la montagne*. Lyon, Michel Chomart, 1989, S. 11.
11   Philippe Minyana. *Les guerriers. Volcan. Où vas-tu Jérémie?* Montreuil-sous-Bois, Éditions Théâtrales, 1993.
12   Jean-Luc Lagarce. „Carthage, encore". In: Ders. *Théâtre complet*. Besançon, Les solitaires intempestifs, 2000, S. 89-77, hier S. 53.

längst nicht mehr als Fluchtlinien für Handlung und Dramaturgie. In der Gegenwartsdramatik werden offene Raumflächen, Raumbewegungen und Handlungsmöglichkeiten auf der Ebene des Sprechtextes verhandelt. Mit dem Ziel, sowohl aktuell noch gültige als auch autorenspezifische Funktionsweisen und Merkmale der Gegenwartsdramatik aufzuzeigen, werden vier komplexe und vielschichtige Theatertexte eingehend unter die Lupe genommen, in denen insbesondere das Verhältnis von Raum und menschlichem Handeln besprochen und reflektiert wird: *Quai Ouest* (1985) von Bernard-Marie Koltès, *Mobie-Diq* (1989) von Marie Redonnet, *De quelques choses vues la nuit* (1992) von Patrick Kermann und *L'Espace furieux* (1997) von Valère Novarina. Diese Autor_innen legen eine avantgardebezogene wie auch textbetonte Dramatik vor, operieren mit Monolog, Redefluss, Ausschweifungen, überlangen Texten, Intertexten und unzuverlässigen Formen des Erzählens. Ihren Theatertexten liegen offene Raumkonzepte zu Grunde. Räumliche Desorientierung wird besprochen und auf der Ebene einer je spezifischen Raumanordnung auch dramaturgisch umgesetzt. Deutlich wird eine teleologieskeptische Geschehenskonfiguration, die den szenischen Raum zugleich zum Erwartungsraum und Möglichkeitsraum für sprachliche Handlungsentwürfe werden lässt. Es gilt Art und Weisen der Erschließung orientierungswidriger Räume und des Zurechtfindens in offenen Situationen aus dem Sprechtext herauszuarbeiten. Welche Anhaltspunkte sind vorhanden, welche Orientierungsmittel sind verfügbar? Welche räumlichen oder andersgearteten Orientierungsverfahren greifen (nicht)? Inwieweit lassen sich, ausgehend vom besprochenen Raum-Figuren-Verhältnis und der damit einhergehenden Handlungsfähigkeit, auch Aussagen über Figurenkonzeptionen treffen?

Methodisch basiert die Untersuchung auf der Vorannahme, dass weder ein einheitliches Orientierungssystem noch ein statischer Orientierungsbegriff vorherrschen. Entgegen einer statischen, festgelegten Ausrichtung auf ein Ziel kann ein unter postmodernen Bedingungen zu fassendes, zeitgenössisches Orientierungsverständnis nur dynamisch und plural geartet sein. Orientierung als leibliche und kulturelle Technik der wahrnehmenden und handelnden Bewältigung einer verfahrenen oder offenen Lage ist situativ, prozessual und dynamisch zu verstehen und unterliegt jeweils Aushandlungen, Relativierungen, Perspektivierungen. Eine übergeordnete Orientierungstheorie für die Untersuchung der vier Texte wird damit obsolet. Anstatt Raum- und Orientierungstheorien an die Stücke heranzutragen, erscheint es als sinnvoll, die je spezifischen Raum- und Orientierungskonzeptionen herauszuarbeiten. Damit wird von einem eigenständigen Raum- und Orientierungsdenken der zeitgenössischen Theatertexte ausgegangen, welches jeweils in Bezug zu dramen- und theatertheoretischen wie philosophischen Ansätzen gesetzt und damit geschärft wird.

Zeitgenössische Theatertexte stellen bereits eine Herausforderung dar, was die Angabe von Inhalt und Gehalt anbelangt. Auch die Organisationsstruktur der Texte lässt sich nicht auf den ersten Blick ersehen und muss Stück für Stück herausgearbeitet werden. Novarinas Texte beispielsweise werden in der Forschung als ‚Dramaturgien der Negation' bezeichnet.[13] Etwaige Hypothesen einer Negation von Inhalt und Struktur, seien sie begrüßend wie seitens Corvin oder mit dem Vorwurf der Sinn-Leere versehen und an eine „postmoderne" oder „postdramatische" Ästhetik geknüpft,[14] geben Anlass zu einer Überprüfung auf Bedeutungsangebote hin. Dazu ist eine eingehende, textnahe Untersuchung nötig. Insbesondere die hier zu untersuchenden Texte zeichnen sich durch eine Dichte von Sprachfiguren, intertextuellen Anspielungen, ineinandergreifenden Ebenen, Verschiebungen, Mehrdeutigkeiten und metatheoretischen Momenten aus und verwehren sich einer makrostrukturellen Untersuchung. Sie erfordern eine ‚mikroskopische' Lektüremethode, wie es Jean-Pierre Ryngaert postuliert: „Lire c'est donc aussi, ou surtout, travailler au microscope".[15] Es gilt die Möglichkeit der wiederholten, eingehenden philologischen Studie auszuschöpfen, ein Vorteil, den die verschriftlichten Theatertexte gegenüber ihren Aufführungen bieten:

> L'implicite, les réseaux d'images, les niveaux de lecture, les cheminements souterrains de la pensée, les associations d'idées, les chocs poétiques, les inattendus de toute sorte – dans la langue autant que dans la structure – exigent un travail d'attention particulier dans lequel s'élaborent peu à peu les sensations et les significations.[16]

Dazu liefert die Mikroebene nicht nur Motive und Bedeutungskomplexe, sondern steht in einem je spezifischen Verhältnis zur Ebene der Struktur und Anordnung der Rede.

---

13   Vgl. Michel Corvin. „Préface". In: Valère Novarina. *L'acte inconnu*, hg. von Michel Corvin. Paris, Gallimard, 2009, S. 7-39, hier S. 7.
14   Vgl. Bernd Stegemann. *Kritik des Theaters*. Berlin, Theater der Zeit, 2013.
15   Jean-Pierre Ryngaert. *Ecritures dramatiques contemporaines*. Paris, Colin, 2011, S. 42 (die überarbeitete Neuauflage von *Lire le théâtre contemporain*. Paris, Dunod, 1993).
16   Azama. *De Godot à Zucco. I. Continuité et renouvellements*, S. 25.

2 Tendenzen der Gegenwartsdramatik

Die Heterogenität der zeitgenössischen französischsprachigen Theatertexte der 1980er und 1990er Jahre bedingt eine begriffliche und konzeptuelle Vagheit und Uneinheitlichkeit in der Forschungsliteratur. Drei Paradigmen zur Einordnung lassen sich heranziehen und in Bezug auf die Theatertexte überprüfen und diskutieren: das der „Krise", das der Postdramatik und das der Rückbesinnung auf den Text. Bereits hier deuten sich ästhetische Ambivalenzen an, die sich in einem Folgeschritt anhand von entdramatisierenden und redramatisierenden Verfahren zur einer Sowohl-als-auch-These zusammenführen lassen.

2.1 Forschungsstand "Krise" versus Postdramatisches Theater

Die Situation des französischsprachigen Theatertextes zu Beginn der 1980er Jahre wird in der Forschung als „Krise" gehandelt. Eine solche wird zurückgeführt auf die Dominanz der Regie sowie der *creation collective* beispielsweise eines Théâtre du Soleil.[1] Postuliert Antoine Vitez schon in den 1960er Jahren „Faire théâtre de tout" und leitet damit eine Ära der Profilierung von Regisseur_innen über Neuinszenierungen von Klassikern sowie nichttheatralischer Textvorlagen ein, spitzt sich die „condition malaisée de l'auteur dramatique" in den 1980er Jahren zu, was sich auch kulturpolitisch abzeichnet.[2] Auch die beschleunigte Konkurrenz durch populäre audiovisuelle Medien (Kino und Fernsehen) wird als äußerer, negativer Einflussfaktor für die Produktion und Rezeption von Theatertexten angeführt.[3] Den Argumentationen, die die „Krise" an den Theatertexten selbst verzeichnen, lässt sich die Beobachtung von Disparatheit und Heterogenität der Schreibweisen als Symptom Nummer

---

1   Andrea Grewe nennt Robert Wilson und Pina Bausch als nach Frankreich wirkende Regisseur*innen. Vgl. ihre „Einleitung". In: Dies. (Hg.). *Tendenzen des französischen Gegenwartstheaters*. Lendemains, 128. Tübingen, Narr, 2007, S. 4-9, hier S. 4.

2   David Bradby führt die Subventionsschübe für den Sektor *Arts du spectacle* in den 1980er Jahren an. Vgl. David Bradby. *Le Théâtre en France de 1968 à 2000*. Paris, Honoré Champion, 2007, S. 391, 247, 427, 520.

3   Vgl. ebd, S. 517; sowie Wilfried Floeck. „Vom Regietheater zum Texttheater? Tendenzen und Probleme des französichen Gegenwartstheaters." In: Konrad Schoell (Hg.). *Literatur und Theater im gegenwärtigen Frankreich. Opposition und Konvergenz*. Tübingen, Francke, 1991, S. 1-17, hier S. 12.

eins entnehmen, sowie Diagnosen der Suchbewegung nach neuen Formen und des Mangels an Richtung, Kontur und Kontinuität.[4] Etwas optimistischer ist die Beobachtung einer zweischneidigen Freiheit des Gegenwartstheaters zwischen dem Verwerfen alter Grenzen, Gewissheiten und der Gefahr einer ästhetischen Beliebigkeit.[5] Michel Corvin stellt die These von einem ‚desorientierten Theater' auf, die er in der radikale Abschaffung von Handlung (und Figur) manifestiert sieht:

> supprimer le personnage c'est supprimer la fictionalité [...] supprimer la fable ce n'est pas seulement supprimer le ‚faire', mais c'est aussi – si l'on donne à la fable sa valeur pleine d'action et à l'action sa valeur intérieur [...] de stratégie discursive – supprimer le sens, l'orientation. On a affaire aujourd'hui à un théâtre désorienté.[6]

Ein solcher poetologischer Krisenbegriff als mögliches Paradigma zeitgenössischer Dramatik wird jedoch bereits durch Forschungsbeiträge relativiert, die den Beginn der Krise von Figur und Handlung in der ersten Theateravantgarde um das Jahr 1900 ansetzen und in der Folge die Erneuerungspotenziale unterstreichen.[7] Ein Rückbezug auf die Avantgarden macht deutlich, dass die moderne Theatergeschichte von Krisendiskussionen bestimmt ist.[8] Im Zuge dessen werden gegenwärtige dramenpoetische Umwälzungen als ‚Echo' der „Krise" um

---

4 Patricia Duquenet-Krämer und Sieghild Bogumil stellen die Frage, ob das zeitgenössische Theater nicht in einzelne Schreibweisen zerbrösele und entscheiden sich für das aus der Disparatheit herausragende Werk von Bernard-Marie Koltès, um welches sie andere Textanalysen ihres Bandes gruppieren. Vgl. Patricia Duquenet-Krämer; Sieghild Bougumil. „Présentation." In: Dies. (Hg.). *Bernard-Marie Koltès au carrefour des écritures contemporaines. Etudes théâtrales* 19, 2002, S. 7-9, hier S. 7. Vgl. auch Floeck. „Vom Regietheater zum Texttheater?", S. 10,15,16.

5 „Le théâtre contemporain a donc conquis une liberté à double face: l'une, de rejet de toutes les anciennes sécurités et assises, balises et barrières; l'autre d'invention pour aller où bon lui semble, sans projet ni esthétique préalable." Michel Corvin. *La lecture innombrable des textes du théâtre contemporain.* Montreuil, Éditions Théâtrales, 2015, S. 24.

6 Michel Corvin. „Otez toute chose que j'y voie. Vue cavalière sur l'écriture théâtrale contemporaine." In: Wilfried Floeck (Hrsg.). *Zeitgenössisches Theater in Deutschland und Frankreich.* Tübingen, Francke, 1989, S. 3-14, hier S. 4.

7 Robert Abirached untersucht die Repräsentationskrise der Theaterfigur in Theorie und Regie um 1900 und betont ihren an weltliche Veränderungen gebundene Wandlungsfähigkeit: „La crise du personnage serait alors le signe et la condition de sa vitalité, au fur et à mesure des changements du monde." Robert Abirached. *La crise du personnage dans le théâtre contemporain.* Paris, Gallimard, 1994, S. 438.

8 Vgl. Philippe Ivernel. „De Georg Lukács à Peter Szondi et de Peter Szondi à Brecht. Aperçus théoriques." In: *Mise en crise de la forme dramatique 1880-1910. Etudes théâtrales* 15/16, 1999, S. 98-110.

1900 veranschlagt,[9] bzw. in vorläufiger Zeitperspektive die „Krise" als fortwir-
kend und bereichernd gewertet.[10] Ins Feld geführt werden insbesondere zwei
Form- und Strukturelemente, die noch bis in die Gegenwartsdramatik wirken:
aufgesplitterte Räume und einander gegengerichtete Zeitverläufe.[11] Mit dem
optimistischen Verständnis von „Krise" als einem auf Ungewissheit folgender
Umwandlungsprozess eröffnet Jean-Pierre Ryngaert eine optimistische Feier
des wiedergewonnenen Textes nach einer Ära der regie- und körperzentrierten
Theaterarbeit.[12]

Das seit den 1970er Jahren in Frankreich vorherrschende Theater erweitert
Status und Aufgabenfeld des_er Regisseurs_in. Diese_r ‚in-szeniert' nicht länger
einen vollständigen dramatischen Text, sondern wird selbst zum_r ‚Autor_in'
einer Aufführung, für die ein Aufführungstext, häufig eine Zusammenstellung
aus verschiedenen Textquellen, Materialien und Probenelementen entwickelt
wird. Die Aufwertung der Regie geht mit der Emanzipation der Aufführung
gegenüber dem Dramentext als alleiniger Spielvorlage einher.[13] Das Theater
wird dabei zur Kunst, die alle verbalen und insbesondere nichtverbalen Künste
vereinigt.[14] Alle Konstituenten der Aufführung werden zu autonomen Zeichen,
eine festgelegte, organisierte Sinnstruktur wird abgelöst, stattdessen die Syn-
theseleistung und Bedeutungskonstruktion auf die Seite der Rezipient_innen
verlagert.[15] Verfahren der Auflösung von Text und Handlung zugunsten der
Ausstellung der Einzelkomponenten des Theaters in ihrer Zeichenhaftigkeit
lassen sich mit Helga Finter als postmodern oder dekonstruktivistisch bezeichnen.[16] Damit klingt an, was Hans-Thies Lehmann in seiner groß angelegten
Studie zum postdramatischen Theater nach deskriptiver Methode ausarbeitet:
Die Aufführung emanzipiert sich vom Text und entledigt sich der Funktion, eine
Handlung darzustellen. Die verbalen und nonverbalen Konstituenten werden

---

9 Vgl. Jean-Pierre Ryngaert. „Présentation". In: *L'avenir d'une crise. Écritures dramatiques
contemporaines (1980–2000). Etudes théâtrales* 24/25, 2002, S.7-10, hier S. 7.

10 Vgl. Jean Pierre Sarrazac. „Présentation". In: *Etudes théâtrales* 15/16, S. 7-9, hier S. 8.

11 Vgl. Hélène Kuntz. „L'invention d'une dramaturgie à rebours. Les revenants d'Ibsen et
La Maison brulé de Strindberg". In: *Etudes théâtrales* 15/16, S. 60-67.

12 Ryngaert definiert Krise als „situation paroxystique dont on sort transformé, un passage
dont il s'agit de mesurer les effets bénéfique et les conséquences, qui ne sont pas pour
autant ou nécessairement des solutions" in seiner „Présentation", S. 7, 8.

13 Vgl. Bernard Dort. *La représentation émancipée.* Arles, Actes Sud, 1988.

14 Vgl. Dort. *La représentation émancipée,* S. 95, 174.

15 Vgl. ebd., S. 182, 183, 184.

16 Neben dem Theater (Robert Wilson) kann dies ebenso für Tanz und Filmkunst der
1970er Jahre (Meredith Monk, Jean Luc Godard, Laurie Anderson) gelten, vgl. Helga
Finter. „Das Kameraauge des postmodernen Theaters". In: Christian W. Thomsen (Hg.).
Studien zur Ästhetik des Gegenwartstheaters. Heidelberg, Winter, 1985, S. 46-70, S. 47.

gleichrangig und wirken autonom. Lehmann konsolidiert den von Andrzej
Wirth vorgeprägten Begriff „post-dramatisch",[17] indem er ihn auf eine präsenz-
betonte, voraristotelische Theaterpraxis gründet. Sich auf Antonin Artauds
Théâtre de la Cruauté beziehend, wertet er gestische, räumliche, visuelle und
technische Elemente auf und setzt die Performanz, das Bühnengeschehen im
Hier und Jetzt, an die oberste Stelle. Die Wirkungskraft der Aufführung sieht
er durch das Primat des Textes eingeschränkt und postuliert das Ende des Le-
setheaters. Lehmann baut seine Argumentation auf einem überwiegend engen,
linearen und kausallogischen Dramaturgiebegriff auf, entsprechend siedelt er
die ästhetischen Neuerungen vor allem in den darstellenden Künsten an.[18] Er
nennt nur wenige Autoren wie Heiner Müller, Rainald Goetz, Peter Handke
und Elfriede Jelinek, deren Werk er für „mindestens teilweise mit dem postdramatischen Paradigma verwandt" ansieht.[19] In aktuellen Forschungsbeiträgen
wird Lehmanns textvernachlässigende bis textfeindliche Haltung zunehmend
kritisch überprüft und die Übertragbarkeit seines Konzeptes mangels griffiger
Analysekategorien in ihre Schranken verwiesen.[20] Seitens der französischen
Forschung wird die medien- und kunstübergreifende Verwendung des Begriffes
Postdramatisches Theater als „fourre-tout théorique" kritisiert, der den Thea-

---

17   Andrzej Wirth stellt bereits 1980 Umformungen des Theaters fest und bezeichnet 1987
     als post-dramatisch die Loslösung von einem plot- und dialoggestützten Redetheater
     und die Öffnung für Soundcollage, Sprechoper und Tanztheater, vgl. Christel Weiler.
     „Postdramatisches Theater". In: Erika Fischer-Lichte; Doris Kolesch; Matthias Warstatt
     (Hg.). *Metzler Lexikon Theatertheorie*, 2. Auflage, Stuttgart, Metzler, 2014, S. 262-265,
     hier S. 262, 253.
18   Neben Regisseuren wie Robert Wilson, Robert Lepage, Peter Brook, Frank Castorf,
     Richard Schechner, Einar Schleef etc. zählt er Choreograf_innen, Happening- und
     Performancekünstler_innen auf, vgl. Hans-Thies Lehmann. *Postdramatisches Theater*
     [1999]. Frankfurt a. M., Verlag der Autoren, 2001, S. 24, 25.
19   Ebd. S. 25.
20   Für eine stichhaltige Zusammenfassung der (deutschsprachigen) Kritik am Postdra-
     matischen vgl. Ljubinka Petrović-Ziemer. *Mit Leib und Körper. Zur Korporalität in
     der deutschsprachigen Gegenwartsdramatik*. Bielefeld, Transcript, 2011, S. 109-113.
     Hingegen bemüht sich Christoph Menke, Lehmanns Anspruch zurechtzurücken: Das
     Postdramatische fungiere weder als Paradigmenbegriff noch als Konzept, sei es doch
     als Beobachtungsstudie einer epochenübergreifenden Theaterpraxis angelegt. Indem
     er behauptet, das postdramatische Theater gehe aus dem ‚ideologischen Regime' des
     dramatischen Theaters – dies gelte von Aristoteles bis Brecht – durch Selbstreflexion
     hervor, nimmt er jedoch selbst eine Periodisierung einer Strömung vor. Vgl. Christoph
     Menke. „Doppelter Fortschritt: postdramatisch-postavantgardistisch". In: Christoph
     Menke; Juliane Rebentisch (Hg.). *Kunst Fortschritt Geschichte*. Berlin, Kadmos, 2006, S.
     178-187, hier S. 178, 179, 180.

terbegriff aushöhle, anstatt eine begrenzende Definition zu bieten.[21] Zudem
bleiben Autor_innen wie Bernard-Marie Koltès, die bereits vor den 1990er
Jahren in ihren Theatertexten zeitgenössische Bühnenästhetik einbinden, unberücksichtigt.[22] Eine solche Lücke versucht Hanna Klessinger zu schließen
und unterfüttert Lehmanns Ansatz durch ihre philologische Studie zur „Postdramatik" der von Lehmann angeführten Autor_innen.[23] Ausgehend vom Prinzip
der Ansprache in Handkes *Publikumsbeschimpfung*, die sie als postdramatischen
Gründungstext ausmacht, zeigt sie, dass die Theaterautor_innen bereits seit
den 1960er Jahren performative Strukturen aus den Nachbarkünsten in ihre
Texte einfließen lassen und ebenso auf epische Mittel der Metatheatralität
zurückgreifen.[24] Hingegen erarbeitet Franziska Sick eine andere Konzeption
des Postdramatischen, die für Theatertexte wie auch für Filme Gültigkeit
beansprucht. Von den postmodernen Prämissen „Spiel" und „Virtualität" ausgehend, zielt sie auf das Drama und seine Geschehensanordnungen ab. Als
„postdramatisches Drama" bezeichnet sie räumliche, ludische und virtuelle
Konfigurationen, wie sie bereits bei Samuel Beckett vorliegen.[25] Entgegen der
von Lehmann behaupteten Ablösung des Textes durch das Postdramatische
vertritt Sick den Ansatz eines sowohl Dramatischen als auch Postdramatischen.

2.2 Tendenz 1: Text(q)ualität

Das französischsprachige Theater der 1980er und 1990er wird unter dem Vorzeichen der ‚Rückwende zum Text',[26] bzw. als „Texttheater" diskutiert.[27] Die neue

21 Arnaud Rykner. *Les mots du théâtre*, Toulouse, Presses Université du Mirail, 2010, S. 84;
    Vgl. ebenso Patrice Pavis. „Postdramatique". In: Ders. *Dictionnaire de la performance et
    du théâtre contemporain*. Paris, Armand Colin, 2014, S. 202-208, hier S. 203.

22 Ebd., S. 206.

23 Vgl. Hanna Klessinger. *Postdramatik. Transformationen des epischen Theaters bei Peter
    Handke, Heiner Müller, Elfriede Jelinek und Rainald Goetz*. Berlin, De Gruyter, 2015.

24 Ebd., S. 7.

25 Franziska Sick. „Konfigurationen von Drama, Spiel und Geschichte im postdramati-
    schen Drama Frankreichs." In: Achim Barsch, Helmut Scheuer, Georg-Michael Schulz
    (Hrsg.). *Literatur-Kunst-Medien. Festschrift für Peter Seibert zum 60. Geburtstag*. Mün-
    chen, Verlagsbuchhandlung, 2008, S. 130-156, hier S. 132.

26 Bradby stellt eine beginnende Rückkehr zum Text mit den späten Theatertexten von
    Beckett, Sarraute und Duras der 1970er Jahre fest, vgl. Bradby. *Le Théâtre en France*, S.
    477.

27 Die uneinheitliche Begriffsverwendung von „Texttheater" ist augenfällig: Anne Neu-
    schäfer sieht auf der Ebene der Aufführung ein neues Verhältnis zwischen Körperspiel
    und Sprache, vgl. „Aufbruch zu einem neuen Texttheater? Zur Pariser Theatersaison
    1982/1983". In: *Lendemains*, 30, 1983, S. 97-104, hier S. 97. Wilfried Floeck meint damit

Gewichtung des Textes wird in der Forschung nicht nur auf unterschiedlichen Ebenen verzeichnet. Auch zeigt sich, dass der Textbegriff je nach fachlicher und methodischer Ausrichtung divergiert. Von der Warte der Produktions- und Rezeptionsbedingungen her wird nachgezeichnet, dass Verlage, Theaterfestivals und Theaterhäuser den zeitgenössischen Theatertexten als Lektüre- und Aufführungsobjekt mehr Aufmerksamkeit schenken.[28] Es entstehen szenisch reduzierte Vortrags- und Medienformate für zeitgenössisches Sprechtheater wie die *mise en espace,* die *mise en voix* und *La radio sur un plateau.*[29] Die ‚neue' Konzentration auf die Theatertexte und Autor_innen wird mit der Ausschöpfung visueller und spektakulärer Aufführungsmittel in Zusammenhang gestellt.[30] Dass regiebetontes und Autor_innentheater sich nicht gegenseitig ablösen, sondern koexistieren, führt zu überkreuzten Feststellungen.[31] Postuliert

---

einmal die Aufwertung des literarischen Textes im Theaterbetrieb in „Vom Regietheater zum Texttheater?", S. 15, 16; einmal eine sprachskeptische Neubewertung von Wort und Sprache bei Sarraute und Koltès, vgl. sein „Vorwort". In: Ders. (Hg.). *Tendenzen des Gegenwartstheaters.* Tübingen, Francke, 1988, S. I-IX, hier S.VII. Hingegen nutzt ihn Lehmann zur Bezeichnung klassischer und konventioneller Dramen, vgl. Lehmann. *Postdramatisches Theater,* S. 261.

28   Neben dem Festival d'Avignon konsolidiert sich auch das Festival d'Automne in den 1980er Jahren. Avignon gilt als Geburtsstätte des *Centre National des dramaturgies contemporaines* aus dem das *Théâtre ouvert* hervorgeht, vgl. Bradby. *Le Théâtre en France,* S. 435.

29   Das am Théâtre Ouvert entwickelte Format der *mise en espace* ist eine Vorinszenierung oder Inszenierungsskizze, bei der ein noch unveröffentlichter Text binnen eines kurzen Zeitraumes erprobt und in einem rohen, spärlich beleuchteten Theaterraum vor Publikum vorgesprochen bis mittelreduziert aufgeführt wird. Das noch reduziertere Format der *mise en voix,* dem Verlesen am Tisch, ermöglicht nicht nur das Austesten und Selektieren von Manuskripten, sondern wurde 2012-2013 von Lucien Attoun weiterentwickelt zum Sendungsformat *La radio sur un plateau* für France Culture. Vgl. Pierre-Marie Héron. „Lucien Attoun, prospecteur du théâtre contemporain." In: Witold Wołowski (Hg.). *Le théâtre à (re)découvrir. I. Intermédia/ Intercultures.* Bern, Peter Lang, 2018, S. 15-47, hier S. 21, 23.

30   So bemerkt Patrice Pavis: „Von der Krise in der Theaterproduktion profitiert der Autor" in „Die Inszenierung zeitgenössischer Theaterstücke." In: Andrea Grewe (Hg.). *Tendenzen des französischen Gegenwartstheaters. Lendemains,* 128, 2007, S. 52-68, hier S. 53.

31   Das Postdramatische Theater wird in Frankreich erst mit der Übersetzung von Lehmanns Studie durch Philippe-Henri Ledru (2002) diskutiert. Dafür wird die Rückkehr zum Text in den deutschsprachigen Theaterforschung erst aus dem Rückblick erkannt, auf die neunziger Jahre datiert und an die „Strukturdebatten, Finanz, Orientierungs- und Funktionsprobleme" der Wendezeit gebunden, vgl. Hans-Thies Lehmann. „Die Gegenwart des Theaters". In: Erika Fischer-Lichte; Doris Kolesch; Christel Weiler. *Transformationen. Theater der neunziger Jahre.* Theater der Zeit, 1999, S. 13-26, hier S. 15, 16. Dieser Datierung schließt sich auch Franziska Schößler an, bestreitet jedoch

Lehmann 1999 die Emanzipation der Aufführung vom Dramentext, konstatiert Corvin bereits 1989: „Le texte conquiert, ou reconquiert, son autonomie et se libère du spectacle".[32]

Theaterphänomenologisch ist zunächst zwischen literarischem und szenischem Text zu unterscheiden.[33] Lehmann trennt scharf in den Text, der „im Fall jedes großen Dramas auch schon als Sprachwerk vollendet ist",[34] d.h. in sich geschlossen, fertig und verschriftlicht, und in den erweiterten Begriff von Text als Material für Theater und Performance. Letzterer interessiert ihn ob der szenischen Spiel- und Umgangsweisen anhand akustischer und körperlicher Darbietungsmittel (Stimme, Klang und Rhythmus, Medialität und Körperlichkeit des Sprechens).[35] Seinen Textbegriff, der auf das Sprechen als Performance abzielt,[36] ist eng geknüpft an assoziative Text- und Klanglandschaften, die er mit Klangkunst, *landscape play* und Hörspiel in Beziehung setzt.[37] Letztlich insistiert er auf der scharfen methodischen Trennung zwischen (literarischem) Text und Theateraufführung,[38] d.h. dem sinnlich-erfahrungsbasierten Zugang (Theaterwissenschaft) und dem philologischen Zugang zum Text (Literaturwissenschaft).[39] Die Textfrage spaltet auch innerhalb der Fachwissenschaften: Die

---

die Zäsur um 1989, vgl. *Augen-Blicke. Erinnerung, Zeit und Geschichte in Dramen der neunziger Jahre.* Tübingen, Narr, 2004.

32 Corvin. „Otez toute chose que j'y voie", S. 5.

33 Vgl. Jens Roselt. *Phänomenologie des Theaters.* München, Wilhelm Fink, 2008, S. 214.

34 Lehmann. *Postdramatisches Theater,* S. 261.

35 Ebd., S. 269.

36 „Und nicht einfach, weil der ‚performative turn' in Mode kam, sondern weil die Dynamisierung und Erweiterung des Textbegriffs danach verlangt, hat man Reden als Performanz und speech act neu gewürdigt. Beim Begriff Text ist also nunmehr ebenso sehr an eine Performanz wie an ein ‚Werk' als inertes Resultat zu denken." Hans-Thies Lehmann. „Just a word on a page and there is the drama. Anmerkungen zum postdramatischen Theater". In: *Theater für das 21. Jahrhundert. Text+Kritik,*11. 2004, S. 26-33, hier S. 27.

37 Lehmann. *Postdramatisches Theater,* S. 263, 267, 274.

38 „Das Problem, das ich in der Kurzformel ‚Postdramatik' erkenne, ist, dass sie suggerieren kann, eine umfassende Theoretisierung des Gegenwartstheaters sei in der Weise anzustreben, dass *Theater*formen und *Text*formen auf das Engste zusammengehören, dass sie mithin als eine Einheit erfasst werden sollen. Diese Einheit ist jedoch eine Schimäre." Hans-Thies Lehmann. *‚Ich mache ja nicht das, was Menschen sind oder tun, zu meinem Thema'. Postdramatische Poetiken bei Jelinek und anderen.* Göttingen, V&R unipress, 2017, https://phil-kult.univie.ac.at/fileadmin/user_upload/f_philkult/Fakulta etsvortraege/Lehmann_Vortrag_oa.pdf (04.06.2019), S. 6.

39 „Diese Analyse (neuerer Textformen) ist [...] mehr als notwendig und sollte mit der ganzen Strenge, die philologische Erkenntnis im Sinne von Peter Szondi verlangt, betrieben werden. Aber sie kann nicht die Erkenntnis des Theaters ersetzen. Diese verlangt gänzlich andere Gesichtspunkte als die Analyse von literarischen Texten, auch

Einen sehen Text und Aufführung in einem Konfliktverhältnis und heben die
Eigenständigkeit von Text als Literatur und von Aufführung als darstellende
Kunst hervor,[40] andere Positionen insistieren auf die gegenseitige und produk-
tive Beeinflussung und Durchdringung.[41] In letzterem Sinne etabliert Gerda
Poschmann das Kompositum „Theatertext" über den konstitutiven Doppelcharakter „welcher der Dramatik als Bestandteil der Inszenierung einerseits und
als literarischer Gattung andererseits eigen ist".[42] Immernoch mit Poschmann
lassen sich Theatertexte als literarische Texte mit szenischer Bestimmung und
impliziter Theatralität bestimmen als „sprachliche Texte, denen eine performative, theatralische Dimension innewohnt".[43] Dieser Begriff von Theatertext
berücksichtigt sowohl die sprachliche und literarische Eigenständigkeit als auch
das implizite Aufführungspotenzial. Poschmann beschränkt Theatralität nicht
nur auf die Einbeziehung theatralischer Zeichen. Auf Helga Finters Thesen
gestützt, ergänzt sie die szenische Repräsentation (konventionelle Theatralität)
um die Dimension der autoreflexiven Wahrnehmungsverhältnisse (analytische
Theatralität) und um die der Sprache eigenen ‚Texttheatralität'.[44] Poschmanns
Theatertextbegriff eignet sich für die Untersuchung der Gegenwartsdramatik,
indem er der doppelten Adressierung an Lektüre und an Bühne gerecht wird:
Er unterstreicht die „literarisch-sprachliche Bindung, legt diese aber nicht
auf gattungshistorisch, d.h. auf Dramenpoetik eingestellte literarische Muster
fest".[45] Bayerdörfer führt Poschmanns Ansatz in Bezug auf die Wandlung der
Textgestalt weiter aus. Die zunehmende Verwischung der Grenzen zwischen
Haupttext und Nebentext bietet Potenzial für eine „Textqualität eigenen Rechts".
Gemeint sind die Möglichkeiten der typographischen Gestaltung der Struk-

---

wenn es um Theatertexte geht. [...] Theater kann einzig und allein aufgrund direkter
Erfahrung (im emphatischen Sinn des Wortes) von Aufführungen zulänglich reflektiert
werden." Lehmann. *Postdramatische Poetiken bei Jelinek und anderen*, S. 6-7.

40   In einer Riege mit Lehmann sieht Menke diese Spannung als konstitutiv für ein
     postdramatisches Theater an, vgl. Menke. „Doppelter Fortschritt: postdramatisch-pos-
     tavantgardistisch", S. 178-187

41   Stefan Tigges sieht spätestens zu Ende des 20. Jahrhunderts die konflikthafte Dicho-
     tomie zwischen Theater und Text als entschärft an und fordert eine neue Theorie für den
     Text im Theater, vgl. „Dramatische Transformationen. Zur Einführung." In: Ders. (Hg.).
     *Dramatische Transformationen. Zu gegenwärtigen Schreib- und Aufführungsstrategien
     im deutschsprachigen Theater.* Bielefeld, Transcript, 2008, S. 9-27, hier S. 11, 14.

42   Gerda Poschmann. *Der nicht mehr dramatische Theatertext. Aktuelle Bühnenstücke und
     ihre dramaturgische Analyse.* Tübingen, Niemeyer, 1997, S. 41.

43   Ebd., S. 42

44   Ebd., S. 44, 233.

45   Vgl. Hans-Peter Bayerdörfer. „Vom Drama zum Theatertext? Unmaßgebliches zur
     Einführung." In: Ders. (Hg.). Vom Drama zum Theatertext? Zur Situation der Dramatik
     in Ländern Mitteleuropas. Tübingen, Niemeyer, 2007, S. 1-14, hier S. 5.

turierung, Markierung, Variation und Hervorhebung durch Kursivsetzung, Zeilensprünge etc..[46] Er macht auf neue Verhältnisse zwischen Text, Sprache und Stimme aufmerksam, die die rollen- bzw. figurengebundene Rede ablösen: „Diese veränderte Stimmästhetik findet Anhalt und Entfaltung in der Textgestalt selbst und stellt daher einen der wichtigsten energetischen Faktoren zwischen Bühne und Text des letzten Jahrhunderts dar."[47]

Für die Untersuchung der französischsprachigen Gegenwartsdramatik 1980-2000 gilt: Der neue Fokus auf den Text geht über einen veränderten Textstatus in Theaterbetrieb, Aufführung sowie als Lesetext hinaus. Er äußert sich vor allem in spezifischen Textdimensionen und -qualitäten. Ein erster augenfälliger Aspekt ist die Länge der Repliken und der Theatertexte, wodurch sie sich von den kurzen „Stücken" der Theateravantgarden abheben. Die Bühnenanweisungen schwinden, dafür werden Textelemente ohne Aufführungsausrichtung wie Paratexte, Textkommentare, szeneneinführende Zitate, lange und überspezifische Szenentitel, einführende Erzählungen, narrative Zwischenpassagen eingeschoben oder um den Sprechtext gelagert. Insbesondere bei Koltès finden sich solche auf die Lektüre ausgerichteten Textelemente. Manche Theatertexte weisen einen besonderen Umgang mit dem Drucksatz auf. Besondere Schriftanordnungen lassen das Buch zum Theater werden, wie die typographischen Raumspiele auf den Buchseiten von Noëlle Renaudes Texten ab 2000 veranschaulichen.[48] Ein zentraler Aspekt ist die Ablösung des Texten von Dialog und Figur. Insofern kann die neue Eigenständigkeit des Textes als ,Lösungsmittel' der Dramaturgie bezeichnet werden: „elle brouille voire congédie les catégories classiques du personnage, de l'action et du sens."[49] Der dramatische Text wird mehrfach aufgebrochen. Nicht nur die Grenzen zwischen Sprechtext und Bühnenanweisung verschwimmen - durch die Hereinnahme von narrativen, lyrischen Elementen und Strukturen bis hinzu Stilformen aus Gebrauchstexten - auch diejenigen zwischen den Gattungen und Textsorten. Dies schlägt sich mitunter im Schriftbild nieder, sodass sich die Theatertexte graphisch nicht immer als solche erkennen lassen, wie beispielsweise *Blanche Aurore Céleste*, *À tous ceux qui* und *Promenade*, die Noëlle Renaude als Fließ-

---

46 Bayerdörfer. „Vom Drama zum Theatertext?", S.8.
47 Ebd., S. 8.
48 Vgl. die Texte des Bandes von Noëlle Renaude. *Sans carte sans boussole sans équipement. Huit nouvelles pièces.* Montreuil, Editions théâtrales, 2010; sowie der Theatertext *Par les routes* [2007]. Paris, Gallimard, 2009, S. 11-104, der nicht nur mit „un jeu de pistes" untertitelt ist, sondern dessen Einzeiler ohne Redeträger räumliche und örtliche Angaben enthalten, die auf einer angehängten und mit einer Legende versehenen Karte der *Ile de France* ausfindig gemacht werden können.
49 Vgl. Pavis, *Le théâtre contemporain*, S. 27, 28.

text und ohne konventionelle Sprecherangaben verfasst hat.[50] Die autonom wirkenden Texte aus heterogenen Textmaterialien und Redeweisen brechen mit der linearen und kohärenten Textführung. Die Loslösung des Sprechtextes von der Figur begünstigt mehrstimmige Monologe wie Valère Novarinas *Le Discours aux animaux*,[51] mehrperspektivische und zeitlich mehrdirektionale Erzählungen wie in Jean-Luc Lagarces *J'étais dans la maison et j'attendais que la pluie vienne*.[52] Lyrische und assoziative sowie anspielungsreiche und intertextuelle Schreibweisen halten Einzug in die Sprechtexte und lassen diese zu dichten und vielschichtigen Wortgemengen werden. Mitunter werden sprachliche Qualitäten zur Geltung gebracht, indem das Sprachsystem unterlaufen, überformt wird und verschiede Sprachregister wie Umgangssprache, Alltagssprache und gehobene, lyrische Sprache koexistieren. Die Autonomie des Textes in der Gegenwartsdramatik bedeutet jedoch nicht zwangsläufig ein Verzicht der Bezüge auf nonverbale theatralische Zeichen und die Theateraufführung. Solche werden auf der Ebene des Sprechtextes in Form impliziter Bühnenanweisungen oder metatheoretischer Reflexionen thematisiert. Durch Marker der konzeptuellen Mündlichkeit bleibt der Text als zu sprechende, aufzuführende Rede erkennbar.[53] Das Potenzial einer räumlichen Anordnung von physischen oder mediatisierten Stimmen bleibt den gegenwärtigen Theatertexten deutlich eingeschrieben.

2.3 Tendenz 2: Entdramatisierende und redramatisierende Verfahren

Simultan zur neuen Text(q)ualität kündigt sich in den 1980er und 1990er Jahren eine Wiederauflage bzw. Fortentwicklung der Strukturelemente des Dramas an.[54] Diese kann als eine Antwort auf das postdramatische Theater

---

50   Noëlle Renaude. „Blanche Aurore Céleste". In: Courtes pièces. Montreuil, Editions théâtrales, 1994, S. 39-54; Noëlle Renaude. *À tous ceux qui. La comédie de Saint-Étienne.* *Le renard du nord.* Montreuil, Editions théâtrales, 2002, S. 12-80; Noëlle Renaude. „Promenade". In: *Sans carte sans boussole*, S. 5-17.

51   Valère Novarina. *Le discours aux animaux.* Paris, POL, 1987.

52   Jean-Luc Lagarce. *J'étais dans ma maison et j'attendais que la pluie vienne.* Besançon, Solitaires Intempestifs, 2007.

53   Zur konzeptuellen Mündlichkeit im zeitgenössischen Theatertext vgl. Marion Chénetier-Alev. *L'oralité dans le théâtre contemporain. Herbert Achternbusch, Pierre Guyotat, Valère Novarina, Jon Fosse, Daniel Danis, Sarah Kane.* Saarbrücken, Südwestdeutscher Verlag für Hochschulschriften, 2010.

54   Begriffe wie *reprise* und *réinvention* vereinen Rückgriff und Weiterentwicklung, vgl. Jean-Pierre Sarrazac. "La reprise (réponse au postdramatique)". In: Ders.; Catherine

verbucht werden,[55] lässt sich jedoch ebenso als Reaktion auf die – insbesondere von Beckett betriebene – avantgardistische Zerlegung und Ausreizung der dramatischen Elemente und Strukturen bis hin zu Nullwerten erklären. Damit geht jedoch keineswegs eine Rückkehr zum konventionellen oder „absoluten Drama" vonstatten;[56] suggerieren Begriffe wie „Dramatisches Drama" oder „théâtre néo-dramatique" auch eine solche.[57] Die neuen Textverfahren brechen auf der Ebene der Rede und über deren zeitliche, räumliche und typographische Anordnungen dramatische Strukturen auf und lassen sich nicht mit gängigen Analysemodellen für Dramen untersuchen. Unterteilt Patrice Pavis in Oberflächenstruktur als „Textualität" und „Theatralität" sowie in die dramatische Tiefenstruktur als Intrige, Dramaturgie, Handlung und Sinn,[58] mag dies für einen Untersuchungsvorgang hilfreich erscheinen. Allerdings suggeriert diese Aufteilung, dass sich die Textform und das theatralische Potenzial als äußere Hülle verändern und der Kern des Theatertextes nach wie vor das Drama sei. Entsprechend hält Pavis am strukturalistischen Aktantenmodell fest.[59] Bei Theatertexten, insbesondere solcher, die neue (nicht mehr dramatische) Textqualitäten entfalten, stellt sich jedoch nicht nur die Frage, ob sich die Strukturen in äußere und innere aufteilen lassen, sondern auch wie es um die Versatzstücke des Dramas steht. Unverkennbar ist, dass sich die Gegenwartsautor_innen weiterhin auf die dramatische Form beziehen und sich mit ihren Bedeutungsdimensionen auseinandersetzen. Insofern gilt es, auch mit Stefan

---

Naugrette. *La réinvention du drame (sous l'influence de la scène), Études théâtrales* 38/39, 2007, S. 7-17, hier S. 7.

55 Dies tut Pavis, wenn er ein post-post-dramatisches oder wieder dramatisches Theater in Aussicht stellt, vgl. Patrice Pavis. „Postdramatique", hier S. 207; sowie auch Sarrazac „La reprise (réponse au postdramatique)", S.16

56 Das absolute Drama ist im Sinne Szondis als aristotelisch-hegelianisches Drama der interpersonellen und präsentischen Handlung zu verstehen, vgl. Peter Szondi. *Schriften I. Theorie des modernen Dramas (1880-1950)* [1956]. Frankfurt a. M., Suhrkamp, 1978.

57 Haas versteht unter der Restitution des dramatischen (einschließlich Brechtschen) Dramas einen verstärkten Bezug zur Lebenswelt und gliedert in kritisch-engagiertes Theater und psychologisches Theater, vgl. Birgit Haas. *Plädoyer für ein dramatisches Drama.* Wien, Passagen, 2007, S. 215, 217. Anne Monfort bezeichnet mit *théâtre néo-dramatique* „une théâtralité où un texte, des personnages et une fiction restent à la base du travail scénique, et ce même si le texte est déstructuré, les personnages disloqués, la fiction mise en doute". Anne Montfort. „Après le postdramatique. Narration et fiction entre écriture de plateau et théâtre néo-dramatique". In: *Trajectoires*, 3, 2009, journals.openedition.org/trajectoires/392 (15.12.2018).

58 Pavis versteht unter Theatralität die Aussagesituation und unter Textualität die sinnlichen Erfahrungsdimensionen Materialität, Musikalität sowie Stilistik, Rhetorik, Lexik, Struktur und Anordnung der Rede. Vgl. Pavis. *Le théâtre contemporain*, S. 27, 28.

59 Vgl. ebd., S. 21-23.

Tigges, dem seitens der postdramatischen Forschung „voreilig verabschiedeten dramatischen Grund- und Restgehalt" gerecht zu werden,[60] d.h. Szondi und Klotz folgend, den Weiterentwicklungen nachzugehen.[61] Bereits Poschmann verabschiedet sich nicht vom Drama, sondern differenziert in Umgangsweisen mit der dramatischen Form: deren problemlose Nutzung, bei der die dramatisch erzeugte Fiktion erhalten bleibt und deren kritische Nutzung durch Selbstbezüglichkeit, Umfunktionierung, Unterwanderung (sowie den monologischen Theatertext als Sonderfall).[62] Diese beiden Pole in der Forschung können mit den von Tigges eingeführten Begriffen *Entdramatisierung* und *Re-Dramatisierung* gefasst werden als Strategien des Verformens und ästhetischen Weiterschreibens von dramatischem Material „im reibungsvollen Spiel zwischen Tradition und Innovation".[63]

Wenn auch die Heterogenität der französischsprachigen Theatertexte 1980-2000 der einheitlichen Bestimmung eine Absage erteilt, so lassen sich doch einzelfallübergreifende Ausformungen und Formelemente zusammentragen. Dazu bieten sich die beiden gegenläufigen ästhetischen Verfahren von Entdramatisierung und Redramatisierung an, deren bislang ausstehende Erläuterung und Systematisierung im folgenden Abschnitt nachgekommen wird.

Unter einem *entdramatisierenden Verfahren* lässt sich ein theaterästhetisches Verfahren verstehen, das die drei konstituierenden Säulen des klassischen

---

60   Tigges. „Dramatische Transformationen", S. 10; auch Sarrazac relativiert den Abschied vom Drama vgl. Jean-Pierre Sarrazac. *Critique du théâtre 2. Du moderne au contemporain, et retour.* Strasbourg, Circé, 2015, S. 24; Biet tut das Paradigma des Postdramatischen sogar als Illusion ab vgl. Christophe Bident. „Et le théâtre devient postdramatique. Histoire d'une illusion". In: *Une nouvelle séquence théâtrale européenne? Théâtre public,* 194, 2009, S. 76-82.

61   Vgl. auch Stefan Tigges. „Vorwort". In: Arthur Petka; Stefan Tigges (Hg.). *Das Drama nach dem Drama. Verwandlungen dramatischer Formen in Deutschland seit 1945.* Bielefeld, Transcript, 2011, S. 11-19; Szondi verbucht die ästhetischen Neuerungen Monolog, Montage, Metatheater und Zeitspiele, vgl. Szondi. *Theorie des modernen Dramas (1980-1950);* Klotz steht Pate für die Öffnung des Dramenbegriffs unter Berücksichtigung seiner Varianten und Spielarten, vgl. Volker Klotz. *Geschlossene und offene Form im Drama* [1960]. München, Hanser, 1992.

62   Vgl. Poschmann. *Der nicht mehr dramatische Theatertext,* S. 66, 88, 228.

63   Tigges bezieht neben neueren Schreibstrategien auch Regiestrategien mit ein: Schlingensief, Riminiprotokoll, Heiner Goebbels, vgl. „Dramatische Transformationen", S. 10, 12, 25. Offen bleibt, ob sich Tigges implizit auf Wolfgang Welsch bezieht, der mit dem Begriff der *Transformation* das Verhältnis zwischen Postmoderne und Moderne beschreibt: „Die Wege aus der Moderne sind nicht nur solche, die aus ihr herausführen, sondern zugleich solche, die aus ihr kommen." Vgl. Wolfgang Welsch. „Einleitung". In: Ders. (Hg.). *Schlüsseltexte der Postmoderne-Diskussion.* Berlin, Akademie-Verlag, 1994, S. 1-43, hier S. 37.

Dramas Figur, Handlung und Dialog aushöhlt und die geschlossene Form als die der Mimesis zuträgliche Einheit von Handlungsstrang, Ort und Zeit aufbricht. Die dramatischen Elemente werden dabei aus ihrem linearen und kausallogischen, den Plot unterstützenden Zusammenhang gelöst, stehen nicht mehr gebunden für die Repräsentation einer Handlung sondern vereinzelt für sich im theatralischen Bezugssystem. Im Extremfall entstehen dadurch brüchige und offene Text- und Zeichengefüge. Aus epischen, avantgardistischen und postdramatischen Theatertexten und deren Erforschung lassen sich folgende entdramatisierende Verfahrensweisen zusammentragen:

1. **Aushöhlung der Figur**: Entmenschlichung (Marionetten, Puppen, Gespenster), Entpsychologisierung und Anonymisierung (Namenlose, „Schwundfiguren",[64] „Textträger"[65]), Entkörperlichung (motorische Einschränkungen, Trennung von Körper und Stimme, „atopische Stimme"[66]), Fragmentarisierung, Dezentrierung, „ludische Figuren"[67]

2. **Aushöhlung der dramatischen Handlung**: Entmotivation, Entteleologisierung, Fremdsteuerung (durch Objekte, Medien, Theaterapparatur), Banalisierung, Alltagsritualisierung, Wiederholung, Duration, Stillstand und Zuständlichkeit (Warten, Ausharren), verdeckte Handlung, „Spielzüge"[68]

---

64   Poschmann. *Der nicht mehr dramatische Theatertext*, S. 34.

65   Poschmann bildet den Begriff des „Textträgers" in Abgrenzung zu einem „dramatische(n) Handlungssubjekt", ebd., S. 305.

66   Helga Finter. „La voix atopique: Présences de l'absence [2000]". In: Dies. *Le corps de l'audible. Ecrits français sur la voix 1979-2012*. Bern, Peter Lang, 2014, S. 275-292, hier S. 278.

67   Sick leitet diesen Begriff vom Computerspiel *Civilization* her: „Ludische Figuren sind durch ihre Bewegungsmöglichkeiten im Raum, aber auch durch weitere Eigenschaften wie Kampf- oder Inspektionswert charakterisiert." Franziska Sick. „Raumspiel und Raumregie im Endspiel und im Spätwerk Samuel Becketts." In: Dies. (Hg.). *Raum und Objekt im Werk von Samuel Beckett*. Bielefeld, Transcript, 2011, 27-54, hier S. 32.

68   Vgl. Sick. „Konfigurationen von Drama, Spiel und Geschichte", S. 132; sowie Sarrazac. *Critique du théâtre 2.*

3. **Aushöhlung des dramatischen Dialoges**: Monologisierung,[69] „so-liloque",[70] Narrativisierung,[71] vage Adressierung,[72] Poetisierung,[73] Ent-funktionalisierung (Informationsüberschuss, Redeschwall, Autonomie der Sprache), Sprachversagen (Lückenhaftigkeit, Zusammenbruch der Sprache),[74] Sprachlosigkeit (Schweigen, Stille, Pantomime), Polyphonie und „choralité"[75], Redewiedergabe, externe Kommunikationsebene (Publi-kumsansprache,[76] „Diskurs"[77])

---

69   Florence Fix; Frédérique Tudoire-Surlapierre. *Le monologue au théâtre (1950-2000). La parole solitaire.* Dijon, EUD, 2006.
70   Vgl. Anne Ubersfeld. *Les termes clés de l'analyse du théâtre.* Paris, Seuil, 1996, S. 57.
71   Sarrazac spricht von einer „pulsion rhapsodique" im zeitgenössischen Theater. Jean-Pierre Sarrazac. „Le partage des voix". In: Jean-Pierre Ryngaert (Hg.). *Nouveaux territoires du dialogue.* Arles, Actes Sud, 2005, S. 11-16, hier S. 13.
72   Zur Ansprache bühnenexterner Hörinstanzen vgl. Florence Fix. „Avant-propos". In: Dies.; Claire Despierres (Hg.). *Le destinataire au théâtre (1950-2000) A qui parle-t-on?* Dijon, EUD, 2010, S. 5-11; sowie zum vage adressierten Monolog vgl. Françoise Heulot-Petit. *Dramaturgie de la pièce monologuée contemporaine. L'altérité absente?* Paris, L'Harmattan, 2011.
73   Bereits Tardieu bezeichnet seine Theatertexte als „poèmes à jouer" Jean Tardieu. *Théâtre II*, Paris, Gallimard, 1969. Birkenhauer diskutiert „dramatische Rede als Rollentext" (gebunden an dramatische Handlungsaxiome) versus „Text als Poesie": „Wo die Rede nicht mehr figurenbezogen ist, gibt es Poesie". Theresia Birkenhauer. „Zwischen Rede und Sprache, Drama und Text. Überlegungen zur gegenwärtigen Diskussion". In: Bayerdörfer (Hg.). *Vom Drama zum Theatertext?*, S. 15-23, hier S. 17.
74   Barré unterscheidet zwischen der „faillite dans le language" wie in Theatertexten von Nathalie Sarraute und der „faillite du language" in zeitgenössischen Theatertexten, in denen die Sprache ihre referentielle und konnotative Funktion verliert, insbesondere bei Sarah Kane, Jean-Luc Lagarce und Valère Novarina. Sie stellt zwei gegensätzliche Lösungsversuche heraus: die visuelle und die verbale Exploration. Sie nimmt eine theaterwissenschaftliche Position ein und betont die Komplettierung des lückenhaften Theatertextes durch die Regie, vgl. Nathalie Barré. *Communiquer au-delà des mots. Le concept de faillite du language dans le théâtre contemporain.* Paris, L'Harmattan, 2017, S. 27, 28.
75   Mégevand insistiert auf die Diskordanz des zeitgenössischen Chores, vgl. Martin Mégevand. „Choralité". In: Jean-Pierre Ryngaert (Hg.). *Nouveaux territoires du dialogue.* Arles, Actes Sud, 2005, S. 36-40, hier S. 38.
76   Klessinger qulifiziert Peter Handkes *Publikumsbeschimpfung* als Schlüsseltext der „Postdramatik", vgl. Klessinger, *Postdramatik*, S. 140ff.
77   Wirth verzeichnet bereits 1980 eine Verschiebung vom Figurendialog zum Diskurs hin. Unter diskursiven Redeformen versteht er solche auf der externen Kommunikationsebene wie Vortrag oder Publikumsansprache, die durch implizite Gesten des Zeigens oder Ausstellens" in besonderer Weise auf sprachliche Strukturen und Redeordnungen

4. **Aufbruch der Einheit des Ortes**: Pluralisierung, Metaphorisierung und Abstrahierung des Bühnenbildes, Distanzierung, topologische Strukturen, Stationendramaturgie,[78] Thematisierung des Spielraumes, leerer Raum
5. **Aufbruch der Einheit der Zeit**: Achronologie, Rückläufigkeit, Vorläufigkeit, Gleichzeitigkeit der Zeiten, offener Anfang, offenes Ende, Thematisierung der Spielzeit
6. **Aufbruch der Einheit der Fabel**: Entlinearisierung, Fragmentarisierung,[79] Brüchigkeit, Inkohärenz, Demontage,[80] Virtualität,[81] Pluralisierung, Bilderfolgen, Repetitivität, Zirkularität, Variation, Unterbrechung, Tanz- und Musikeinlagen
7. **Aufbruch von Repräsentation / Nachahmung**: Verzicht auf lebensweltliche Referenz, vermittelte und distanzierende Darstellungsweisen, Fiktionsbrüche, Autonomie der Zeichen, Ironisierung, Synästhesie, Bedeutungsverweigerung, Thematisierung des Spiels, Metatheatralität

Unter redramatisierende Verfahren hingegen fallen Bestrebungen, die an Konstituenten oder Einheiten des Dramas festhalten, bzw. sie unter veränderten Bedingungen wiederaufnehmen. Bezogen auf die Figur kann das bedeuten, diese wieder mit Namen und/oder Sozialstatus zu versehen, ihre Identität in narrativer, prozessualer Form wieder aufzubauen oder ihr als Sprechinstanz einen neuen Stellenwert zukommen zulassen.[82] Nicht zu rechnen ist jedoch mit einer Rückkehr zu Aktanten als prinzipien- oder wertegeleitete Figuren (oder Instanzen) in Relationen von Opposition, Kooperation und Behinderung.[83] Kommt der Handlung wieder ein zentraler Stellenwert zu, dann nicht als einer einheitlich, teleologisch geführten großen Handlung, sondern im Sinne einer Handlung minderer Gespanntheit,[84] d.h. ohne Konflikte bzw. mit inter-

---

hinweisen und diese in Frage stellen. Vgl. Andrzej Wirth. „Vom Dialog zum Diskurs". In: Bernd Stegemann. *Lektionen Dramaturgie 1*. Berlin, Theater der Zeit, 2009, S. 338-340.

78 Jean-Pierre Sarrazac. „Du détour et de la variété des détours". In: *L'avenir d'une crise*, S. 77-87, hier S. 86.

79 Jean-Pierre Ryngaert. „Le fragment en question". In: *L'avenir d'une crise*, S. 13-17.

80 Ebd., S. 16.

81 Franziska Sick. „Konfigurationen von Drama, Spiel und Geschichte", S. 132.

82 Vgl. Jean-Pierre Ryngaert; Julie Sermon. *Le personnage théâtral contemporain. Décomposition, recomposition*. Montreuil, Editions théâtrales, 2006.

83 Entsprechend wird das strukturalistische Aktantenmodell, auf das sich Pavis stützt, obsolet, vgl. Pavis. *Le théâtre contemporain*, S. 21-23.

84 Ein solches ließe sich mit Sarrazac als ‚infradramatisch' bezeichnen, vgl. Sarrazac. „La reprise (réponse au postdramatique)", S.13.

personellen oder innerpersonellen Mikrokonflikten.[85] Ein wandelndes Handlungsverständnis wird bereits von Maurice Maeterlinck vorbereitet, der die Alltagshandlung gegenüber der großen Handlung der Abenteuer, Schmerzen und Gefahren abgrenzt, indem er die Stille, die Langsamkeit, das Innehalten, die alltägliche Einfachheit der Existenz hervorhebt.[86] Neben einem von außen nicht sichtbaren, verdeckten Geschehen setzt er einen Schwerpunkt auf die „parole" im Gegensatz zum Handlungsvollzug.[87] In dieser Hinsicht ließe sich dramatisches Sprechhandeln um Redeformen des Erzählens, Beschreibens, artikulierten Wahrnehmens und Reflektierens erweitern und öffnen hin zu (jedem potenziell szenischen) *Sprechen als Handlung*. Der Dialog büßt zwar seine Form und Funktion der logik- und werteorientierten Wechsel- und Überzeugungsrede ein, hält sich aber als reduzierter Wortwechsel oder auch als formale Zuspitzung eines agonistischen Wortspiels zu einem Ping Pong von Redewendungen und Redeweisen. Auch wird der Dialog durch alltags- oder medienbezogene Kommunikationsanordnungen wie der des Interviews oder der Moderation geprägt. Publikumsansprache, metasprachlicher oder metatheatralischer Kommentar sind zwar entdramatisierende Mittel, lassen sich jedoch auch als Ausbau des Dialoges auf einer anderen Ebene verzeichnen. Die Sprechtexte der Gegenwartsdramaturgien verweisen stärker als die der Avantgarden auf die außerszenische Lebenswelt und enthalten explizite oder implizite Auseinandersetzungen mit gesellschaftlichen, politischen und spätkapitalistischen Lebensbedingungen.

In der Analyse gilt es nun nicht, Verfahren von Entdramatisierung und Redramatisierung anhand einzelner Elemente nachzuweisen, sondern vielmehr zu untersuchen, in welchem Verhältnis diese zueinanderstehen, sich wechselseitig bedingen und Bedeutungen generieren. Es lässt sich bereits vorwegnehmen, dass in französischsprachigen Gegenwartsdramaturgien entdramatisierende

---

85   Nach diesen Kriterien erweitert Sarrazac die Definition des (zeitgenössischen) Dramas als „rencontre catastrophique avec l'autre – fût ce l'autre en soi-même", Sarrazac. "La reprise (réponse au postdramatique)", S.11. Er unterteilt in „drame-dans-la-vie" (äquivalent zum absoluten Drama und auf ein Moment des Umschlages im Leben bezogen) und „drame-de-la-vie" (das ganze Leben umfassend und die drei Einheiten durch Montage und Retrospektive aufbrechend) und in „drame dédramatisé" (gekennzeichnet durch einen erweiterten Handlungsbegriff). Vgl. Sarrazac. *Critique du théâtre 2*, S. 29.

86   Maeterlinck setzt „le véritable tragique de la vie, le tragique normal, profond et général" versus „le tragique de grandes aventures [...] de la lutte déterminée d'un être contre un être, de la lutte d'un désir contre un autre désir ou de l'éternel combat de la passion et du devoir". Maurice Maeterlinck. „Le tragique quotidien" [1896]. In: *Œuvres, I. Le réveil de l'âme: Poésie et essais*. Brüssel, A. Versaille, 2010, S. 487-494, hier S. 487.

87   Vgl. ebd., S. 491.

und redramatisierende Verfahren in ein und demselben Theatertext koexistieren.

2.4 Tendenz 3: Postmoderne Ästhetik als besprochene Sinneswahrnehmung

Postmoderne Ästhetiken (künstlerische Arbeiten wie ästhetische Theorie) stehen in der Kritik einer apolitischen, sinnlichkeits- und materialorientierten wie autoreferentiellen und nihilistischen Formensprache bzw. Argumentation, die spätkapitalistische Lebensweisen und Strukturen reproduziere oder ihnen gar zuarbeite.[88] Dies soll bei einer Untersuchung von Theatertexten aus einer Zeit, die als brutal kapitalistisch gilt,[89] nicht unberücksichtigt bleiben. Alain Badiou macht einen ästhetisierenden Nihilismus fest, hinter welchem sich – infolge der Schlüsse aus den Katastrophen des 20. Jahrhunderts – eine allgemeine Orientierungslosigkeit äußere.[90] Ein auf Sinnesreize und Spektakel setzendes Theater, mit aufwändigen, perfekten Aufführungen, üppigem und zeremoniellem Zierrat, exponierter Körperlichkeit und Nacktheit, pop- und subkulturellen Einflüssen und einem Mix der Künste täusche über die Orientierungslosigkeit hinweg, nehme sie gar hin.[91] Bernd Stegemann nimmt explizit das postdramatische Theater ins Visier und weist auf den inflationären Gebrauch des Begriffes *Performance* und dessen Doppeldeutigkeit hin: sowohl die Darstellung als auch die Leistung bezeichnend.[92] Dabei übersieht er die frühe Reflexion des Begriffs durch Jean-François Lyotard, der in *La condition postmoderne* das Prinzip der *performance* als postmoderne (ökonomische) Bedingung identifiziert und beschreibt.[93] In Lehmanns weitestgehendem Verzicht auf inhaltliche Rückschlüsse oder kulturhistorische Einbettung, seiner

---

88 Stegemann kritisiert das postdramatische Theater als Ausformung postmoderner Ästhetik, vgl. Stegemann. *Kritik des Theaters*, S. 18, 25, 36.

89 Badiou unterzieht das Verhältnis zwischen postmodernem Denken und postmodernen Ausdrucksformen im zeitgenössischen Theater einem gesellschaftskritischen Blick und bezeichnet die 1980er Jahre als ‚geistigen Hohlraum'. Alain Badiou. *Rhapsodie für das Theater. Kurze philosophische Abhandlung*, aus d. Frz. von Corinna Popp. Wien, Passagen, 2015, S. 11.

90 Ebd., S. 17, 20.

91 Ebd., S. 20, 21.

92 Nach Stegemann wird der Performer zum neuen „Schauspieler eines emotionalen Kapitalismus." Stegemann. *Kritik des Theaters*, S. 36.

93 Vgl. Lyotards ökonomischer, technischer und systemischer *Performance*-Begriff, den er mit dem Begriff der ‚Effizienz' implizit zur Diskussion stellt. Jean-Francois Lyotard. *La condition postmoderne*. Paris, Minuit, 1979, S. 8, 25, 31, 34, 88, 100.

auf Performanz, Form und Wirkungsästhetik reduzierten Beobachtung finden
ebensolche Kritiken geradezu Bestätigung.[94] Theater wie auch Dramatik sind
jedoch dann postmodern, wenn sie sich mit der Moderne auseinandersetzen,
den fortlaufenden Katastrophen (auch) formalästhetisch entgegnen und an die
ästhetischen Programme der modernen Avantgarden anknüpfen.[95] Entdramatisierende Verfahren brechen sprachliche und nichtsprachliche Formen und
Einheiten auf und erzeugen Konfrontationen, die dic Explosion von Werten
künstlerisch durchspielen, so Christian Biet: „douter du monde, rendre compte
de son explosion, c'est aussi proposer une organisation des mots, des phrases,
du discours et du dispositif théâtral qui correspond à la radicalité du projet".[96]
In diesem Sinne stehen Verfahren der Demontage und Fragmentarisierung mit
Verhältnissen der Desorganisation, der Unerklärbarkeit und der Unmöglichkeit
von (Wieder)Aufbau in Zusammenhang.[97]

Entdramatisierungsbestrebungen, die mit einer Mehrschichtigkeit und Komplexität einhergehen, führen zu einer erschwerten Lektüre. Der Eindruck her-
metisch geschlossener und überfordernder Werke durchzieht die Forschungsbeiträge und gibt Anlass zu Handreichungen zur Lektüre und Einordnung von
Gegenwartsdramatik, die sich bewährten Modellen entzieht.[98] Die Auflösung
konventioneller dramatischer Kategorien bricht mit Rezipient_innenerwar-
tungen. Sprachliche Über- und narrative Unterinformation und falsche Fährten
führend dazu, dass sich die Theatertexte nicht mehr leicht zusammenfassen,
die Elemente eines Plots nicht mehr leicht erkennen oder rekonstruieren und
Bedeutungen sich nicht mehr leicht erschließen lassen.[99] Mit dem Aufbrechen
der geschlossenen Handlung erübrigen sich Ziel und Zweckhaftigkeit. Mit der
Störung der Referenzfunktion und Bedeutungsgenerierung von Sprache wird
längst kein Sinn mehr in Aussicht gestellt. Bisweilen werden in der Forschung
sprachliche und dramaturgische Strukturen der Wiederholungen, Kreuzungen,

---

94 Vgl. Lehmann. *Postdramatisches Theater.* Hingegen knüpft Szondi die Formen des
modernen Theaters an die Wandlungen seiner Zeit, so das Subjekt-Objekt-Verhältnis,
den Determinismus, die Vereinzelung und Verdinglichung, vgl. Szondi. *Theorie des
modernen Dramas (1880-1950)*, S. 69,71, 85, 88, 101, 147.

95 Bereits die Theatertexte der 1950er und 1960er Jahre mögen formalistisch anmuten,
setzen sich jedoch mit den Brüchen und Instabilitäten ihrer Zeit auseinander und
reflektieren menschliche Lebensbedingungen und Wahrnehmungsweisen.

96 Christian Biet. „L'après-apocalypse". In: Azama. *De Godot à Zucco*, S. 83-86, hier S. 86.

97 Vgl. Ryngaert. „Le fragment en question", S. 13, 14.

98 Vgl. Ryngaert. *Ecritures dramatiques contemporaines*, S. 42; sowie Corvin. *La lecture
innombrable des textes du théâtre contemporain.* Pavis betont die Schwierigkeit, Modelle
oder Methoden für die Lektüre zu entwickeln, vgl. Pavis. *Le théâtre contemporain*, S.
VII.

99 Vgl. auch Ryngaert. *Ecritures dramatiques contemporaines*.

Multiplizierungen und Ambivalenzen als Bedeutungsverweigerung verbucht. Dementsprechend hält Corvin die bei Novarina festgestellte Musikalität und den Materialismus der Sprache für höchste Sinnverweigerung und Bedeutungsleere:

> rien d'autre que le vide – c'est à dire la suspension du sens par le mouvement rythmique. L'appel au vide est conçu comme point ultime de l'entendement. La langue se transmet par le rythme mais comme la langue ne communique rien et que le verbe est incompréhensible, tout ce bruissement des mots équivaut au vide.[100]

Sich auf Unverständlichkeit, Kommunikationsverweigerung und Rhythmus stützend, tut er Novarinas Text mit einem ‚Rauschen' ab und feiert die Bedeutungslosigkeit und Leere: „vivent donc les textes et les spectacles incompréhensibles!"[101] Sich vermeintlich auf Lyotard stützend, bringt Ryngaert den von ihm verzeichneten Sinnverlust mit dem Verlust von Anhaltspunkten durch den Verfall der Ideologien in Zusammenhang: „la perte du narratif se double de la perte du sens".[102] Bekanntlich stellt Lyotard das Ende der großen Meistererzählungen und Errungenschaften der Moderne wie dialektisches Denken, Sinnhermeneutik, Fortschritt und Emanzipation des vernünftigen oder arbeitenden Subjektes fest.[103] Interessant für die Untersuchung zeitgenössischer Theatertexte ist jedoch der positive Wert, den Lyotard angibt: an die Stelle der Meistererzählungen treten vielfache, kleine Erzählungen.[104] Zudem betont er die Verwindung zwischen Inhalts- und Formebene, geht auf die schwindende Einheit der Erzählung näher ein und verzeichnet eine Dekomposition in ihre Funktionselemente bis hin zur Zerstreuung in einzelne Sprachelemente.[105] Damit ist nicht ausgesagt, dass Bedeutungen obsolet werden, sondern diese auf verschiedenen Ebenen und zwischen den Einzelelementen der Texte generiert werden können.

Die Sinnfrage, die die Forschung bis hin zu den Gegenwartsdramaturgien durchzieht,[106] erübrigt sich bereits seit ihrer Ironisierung und Parodie bei

---

100 Michel Corvin. *Le motif dans le tapis*, Montreuil, Éditions théâtrales, 2016, S. 225-226.
101 Ebd., S. 274, 279.
102 Als Folge beobachtet Ryngaert die Abwendung des zeitgenössischen Schreibens von Politik, Geschichte und Metaerzählung. Statt derer beobachtete er die Exploration des Intimen und die Vervielfältigung von Erzählungen vgl. Jean-Pierre Ryngaert. *Ecritures dramatiques contemporaines*, S. 65-66.
103 Vgl. Lyotard. *La condition postmoderne*, S. 7.
104 Ebd., S. 98.
105 Vgl. ebd., S. 8.
106 Corvin kritisiert zwar die naive Sinnfrage, die erzwungene Deutung und die Deutungsautomatismen, hält dem jedoch, wie oben gezeigt, nur Bedeutungsleere entgegen. vgl. Corvin. *Le motif dans le tapis*, S. 27.

Beckett und Ionesco.[107] Vielmehr gilt es demnach, die Gegenwartsdramatik auf einen Restbestand an Aussagen, Bedeutungen bzw. Bedeutungsangeboten zu prüfen. Die bisherige Forschung verlagert die Bedeutungskonstrukton, bezugnehmend auf Umberto Ecos *Lector in fabula*, auf die Ebene der Rezipient_innen als Koproduzent_innen der Theatertexte, die die Synthese der disparaten Einzelelemente und das assoziative Füllen von Leerstellen und Offenheiten leisten.[108] Dies entspricht auch dem Rezeptionsverständnis der gegenwärtigen Theaterwissenschaft, die den Fokus auf die Erfahrung des Publikums legt, Rezeption und Wahrnehmung gleichsetzt.[109] Im postdramatischen Theater solle die sinnliche Publikumsaktivität die Zusammenhangslosigkeit disparater, unüberschaubarer, synästhetischer Eindrücke kompensieren.[110] Es gehe darum, den Wahrnehmungsapparat herauszufordern, Sinneseindrücke zu intensivieren und bewusst zu machen.[111] Außer einem vagen Bezug zur Medienkultur verhandelt Lehmann diese Verfahen lediglich wirkungsästhetisch.[112] Dabei haben entdramatisierende Verfahren in Theatertexten seit den Avantgarden immer schon dafür gesorgt, Wahrnehmungsprozesse bewusst zu machen, Darstellungs(un)möglichkeiten kritisch zu reflektieren und auf die „Unzulänglichkeit des dramatischen Theaters als Medium zur Darstellung von Welt und Welterleben" hinzuweisen.[113] Mit dem Undarstellbaren klingt hier

---

107   Vgl. insbesondere Samuel Beckett. *Fin de partie*; sowie Eugène Ionesco. *La cantatrice chauve*. Paris, Gallimard, 1977.

108   Corvin, Ryngaert und Pavis stützen sich gleichermaßen explizit auf Eco. Corvin spricht vom_n der Rezipient_in als „co-createur de l'œuvre". Corvin. *La lecture innombrable des textes du théâtre contemporain*, S. 125; vgl. ebenso Ryngaert. *Ecritures dramatiques contemporaines*, S. 45, 46. Pavis betont die wirkungsästhetische Verschiebung hin zur Erfahrungsdimension der Rezipient_innen der neuen Stücke, vgl. Patrice Pavis. „Dramaturgy and Postdramaturgy." In: Katharina Pewny; Johan Callens; Jeroen Coppens (Hg.). *Dramaturgies in the New Millenium. Relationality, Performativity and Potentiality.* Tübingen, Narr, 2014, S. 14-36, hier S. 30.

109   Im Lexikon Theatertheorie steht das Lemma „Rezeption" statt mit einer Definition lediglich mit einem Verweis auf das Schlagwort „Wahrnehmung", die dann als sinnliche bzw. ästhetische Erfahrung des Publikums (und der Darsteller_innen) während einer Aufführung erklärt wird. Vgl. Erika Fischer-Lichte; Doris Kolesch; Matthias Warstatt (Hg.). *Metzler Lexikon Theatertheorie* [2015]. Stuttgart, Metzler, 2014, S. 29; bzw. darin Willmar Sauter. „Wahrnehmung". In: Erika Fischer-Lichte; Doris Kolesch; Matthias Warstatt (Hg.). *Metzler Lexikon Theatertheorie* [2005]. Stuttgart, Metzler, 2014, S. 409-413.

110   „Der menschliche Sinnenapparat erträgt Beziehungslosigkeit nur schwer. Entzieht man ihm Verknüpfungen, so sucht er sich eigene". Lehmann. *Postdramatisches Theater*, S. 143, 149.

111   Vgl. ebd., S. 144.

112   Vgl. ebd., S. 152, 154.

113   Poschmann. *Der nicht mehr dramatische Theatertext*, S. 34, 36.

bereits ein zentrales (post)modernes Reflexionsmoment an.[114] Ein wichtiger Aspekt wird jedoch sowohl in der Theater- als auch in der Dramenforschung bisher verkannt: die Anerkennung und Aufwertung der Sinneswahrnehmung als Modus des Verstehens und der Auseinandersetzung mit Welt, wie sie innerhalb der Theatertexte via Rede verhandelt wird. Allein Finter deutet diesen Aspekt an: „Das Drama ist in die Sinne verlegt, Auge und Ohr haben die Bedingungen von Sehen und Hören, den Weg, der zum Verstehen führt, selbst zu rekonstruieren".[115]

Ebenso wie die Forschung die Wahrnehmung auf der Wirkungsebene behandelt, fällt auch der Begriff der Orientierung nur in Rezeptionszusammenhängen. So stellt Lehmann die rückversichernde Einheit des Dramas einer desorientierenden Ästhetik des postdramatischen Theaters gegenüber: „Die kompensatorische Funktion des Dramas, dem Durcheinander der Wirklichkeit eine Ordnung zu supplementieren, findet sich verkehrt, der Wunsch des (sic) Zuschauers (sic) nach Orientierung desavouiert".[116] Stärker noch insistiert Corvin auf dem Moment der gezielten Desorientierung der Rezipient_innen von Gegenwartsdramatik. Er behauptet, dass dramenästhetische Anhaltspunkte zerschlagen und damit Lektüreerwartungen und Lesegewohnheiten verletzt werden:

> [...] les frontières sont abolies entre le réel et l'imaginaire, le dedans et le dehors, entre le passé, le présent et le futur, le vécu et le rêvé; l'œuvre est décomposée, par fragmentation, juxtaposition, discontinuité de ses éléments; le langage a acquis son autonomie et, désapproprié, n'appartient plus à personne; la pièce n'est plus enfermé dans un cadre limité d'espace où d'objets [...][117]

Corvins Essays zum zeitgenössischen Theater sind von Desorientierungsmetaphern durchsetzt. Er stilisiert den_die Leser_in als irrende_n Spaziergänger_in, der_die sich nur beschwerlich entlang der langen, verdunkelten, überkreuzten Wege des (Lese-)Parcours vorantaste.[118] Eine eingehende Untersuchung der

---

114 Lyotard hat sich in mehreren Schriften mit Undarstellbarkeit auseinandergesetzt, insbesondere in Jean-François Lyotard. *Die Analytik des Erhabenen (Kant-Lektionen, "Kritik der Urteilskraft", §§ 23-29)*. München, Fink, 1994. Dieses denkt er weiter im Kontext der abstrakten Bildenden Kunst u.a. unter Bezug auf Barnett Newmans Farbfeldmalerei und dessen konzeptuellen Überlegungen, vgl. Jean-François Lyotard. *Das Inhumane. Plaudereien über die Zeit*. Wien, Passagen, 1989.

115 Finter. „Das Kameraauge des postmodernen Theaters", S. 47.

116 Vgl. Lehmann. *Postdramatisches Theater*, S. 150.

117 Corvin. *La lecture innombrable des textes du théâtre contemporain*, S. 24.

118 Vgl. ebd., S. 26, 27.

Texte wie eine kulturhistorische oder philosophische Einordnung solch erwirkter Desorientierung fehlt.

Die an der postmodernen Ästhetik allgemein – und am postdramatischen Theater im Besonderen – kritisierten Punkte Formalismus, Sinn- und Bedeutungsverweigerung, Selbstreferentialität, Wahrnehmungs- und Wirkungsbezogenheit werden von der Forschung zur Gegenwartsdramatik gespiegelt. Es liegen formal- und wirkungsästhetische Beschreibungen vor, die zwar mehr oder weniger direkt auf postmoderne Begrifflichkeiten zurückgreifen, jedoch ohne deren Reflexions- und Bedeutungsgehalt zu berücksichtigen. Argumentiert wird fast ausschließlich innerhalb der ästhetischen Systeme von Theater und Drama, was weder den postmodernen Theorien noch den zeitgenössischen Theatertexten gerecht wird.

Daraus ergibt sich ein dreifaches Ziel dieser Untersuchung zeitgenössischer Dramatik: erstens zu zeigen, dass die Theatertexte über eine sinnverweigernde, selbstbezogene Ästhetik hinausgehen, zweitens neben entdramatisierenden auch redramatisierende Verfahren zu eruieren,[119] und drittens auszuloten, inwiefern die Theatertexte postmoderne Erfahrungen und Haltungen thematisieren und diskutieren. Darunter versteht sich keineswegs eine Haltung ‚nach der Moderne‘, sondern das künstlerische und diskursive Durcharbeiten der Moderne,[120] ihrer Formen und ihrer kulturellen Narrative, Wissensbestände, Lehren, Erkenntnisse und Glaubenssätze. Damit ist die Postmoderne als radikale Befragung der Moderne zu verstehen, mit deren avancierten künstlerischen Vertreter_innen sie ebenso eng verflochten ist und an deren künstlerischen Experimente sie als „Nachhut" anknüpft.[121] Fortgesetzt werden neben Entdramatisierungsverfahren als Sprengungen von Einheiten und Stabilitäten auch ästhetische Reflexionen zu Wirklichkeitsverständnissen und Darstellungs(un)möglichkeiten anhand des Spannungsverhältnisses z.B. zwischen Bildlichkeit und Sprachlichkeit sowie über Medialität (Wahrnehmungsdispositiv, Text-Aufführungsverhältnis). Lyotard unterscheidet bereits zwischen der (nostalgischen) modernen Ästhetik mit Verhandlung des Undarstellbaren auf der Inhaltsebene und der (formsuchenden) postmodernen Ästhetik (zu der er Vertreter_innen der Avantgarden zählt) mit Verhandlung des Undarstellbaren auf der Dar-

---

119   Auch bereits Ryngaert geht über die Feststellung von Fragmentierungen hinaus, indem er auch nach Möglichkeiten der Wiederzusammensetzung und der Kohärenzstiftung des Disparaten und Heterogenen fragt. Vgl. Ryngaert. „Le fragment en question", S. 16.
120   Lyotard verwendet den Begriff „redigieren" (frz. réécrire). Jean-François Lyotard. „Die Moderne redigieren". In: Wolfgang Welsch (Hg.). Wege aus der Moderne. Schlüsseltexte der Postmoderne-Diskussion. Berlin, Akademie Verlag, 1994, S. 204-214.
121   Wolfgang Welsch. Ästhetisches Denken [1990]. Stuttgart, Reclam, 2010, S. 79, 82.

stellungsebene.[122] Anhand von Theatertexten lässt sich darüber hinaus ein markanter Unterschied zwischen (postmoderner) Theateravantgarde und (postmoderner) Gegenwartsdramatik feststellen. Die Avantgarden untersuchen Wahrnehmungsanordnungen und experimentieren mit Wahrnehmungsmodi künstlerisch, die dann in der postmodernen Philosophie sprachlich reflektiert und konzeptualisiert werden.[123] Damit wird die avantgardistische Kunst zur Modellsphäre, in der das sinnliche Begreifen von Wirklichkeit musterhaft eingeübt, verhandelt und zur Erfahrung gebracht wird.[124] Künstlerische Praxis wie Kunstrezeption werden zum Wahrnehmungsdenken, der Fokus von Ästhetik verschiebt sich hin zur Aisthetik.[125] Die postmoderne Gegenwartsdramatik hingegen führt die künstlerischen Experimente der Avantgarden und die postmodernen Theorien zusammen und weiter. Das Theater fungiert dabei nicht nur als ästhetisch zu reflektierender Rahmen, als Kontext oder Bezugssystem, sondern auch als Modell menschlichen Handelns. Dieses Handeln ist lediglich neu zu bestimmen. An die Stelle einer ganzen, großen, geschlossenen, metaphysischen oder existentialistischen Hand*lung* tritt das Verständnis eines lebensweltlichen, situativen Hand*elns* und Verhaltens. Dazu gehören insbesondere *aisthetische* und verbale Modi: Wahrnehmen als ein Auseinandersetzen mit der Umwelt, dem Anderen und dem Selbst; Verorten, Situieren, Prospektieren als Eruieren von Handlungsweisen und -möglichkeiten; Erzählen und Beschreiben von Erfahrungen und Erinnerungen; Begegnen mit und Verhalten zu den Dingen, dem Anderen und dem Selbst.

---

122 Vgl. Jean-François Lyotard. „Was ist postmodern?" In: *Postmoderne und Dekonstruktion. Texte französischer Philosophen der Gegenwart.* Stuttgart, Reclam, 1993, S.33-48.

123 Welsch. *Ästhetisches Denken,* S. 95.

124 Ebd., S. 111.

125 Das aus der modernen Ästhetik gewonnene Primat der Wahrnehmung entspricht den Erfordernissen einer von Heterogenität, Pluralität und Differenzen geprägten Wirklichkeitsauffassung. Insofern ist mit Welsch davon auszugehen, dass „einem ästhetisch geschulten aisthetischen Denken auch Orientierung- und Handlungskompetenz für diese Welt zukommen." Ebd., S. 111, 112, 150.

3 Raum und Orientierung als Untersuchungsperspektive

Die Untersuchungsperspektive von Raum und Orientierung für die französisch-sprachige Gegenwartsdramatik zielt zunächst auf Erkenntnisse zum Verhältnis zwischen Figur und Raum ab, bindet jedoch auch die Problemstellung des Handelns und die Dimension der Zeit mit ein. Anzunehmen ist, dass zwischen den unterschiedlichen Theatertexten neben gemeinsamen formalästhetischen Tendenzen auch ähnliche Themenkomplexe bestehen und nuancierte Aussagen über die Bedingungen des Menschseins sowie Einschränkungen und Möglich-keiten des Handelns in der Gegenwart herausgearbeitet werden können.

Es liegt nahe, dass Raumerfahrungen, Ortsveränderungen und Reisen vor-nehmlich in der Erzählliteratur und im Film thematisiert werden: „Le cinéma et le roman voyagent, le théâtre pèse de tout notre poids sur le sol."[1] Nur in Ausnahmefällen ist das Verhältnis zwischen Figur und Raum im Theater irritiert und wird dadurch erst zum Thema, insbesondere wenn die Handlung an einen fremdartigen Ort versetzt wird. Es handelt sich dabei vor allem um Anordnungen mit Experimentcharakter, d.h. eine oder mehrere Figuren werden eingangs von einer Schwellenfigur in eine unbekannte Gegend geleitet, die sie sich fragend, abgleichend und erkundend erschließen wie in Pierre Corneilles *Illusion comique*, in Marivauxs *La dispute* oder in Jean-Paul Sartres *Huis clos*.[2] Seltener sind Dramen- oder Theatertexte, in denen die Figur in ihrem heimischen Interieur die Orientierung verliert, so der Bürger Langlumé in Labiches *L'affaire de la rue de Lourcine*, der nach einer nächtlichen Eskapade mit Erinnerungslücken aufwacht.[3] Räumlich geartet sind Desorientierungen dramatischer Figuren auch, wenn der einheitliche Schauplatz durch Umschlags-momente z.B. mittels eines Vorhangs auf einen Gegen- und Ergänzungsraum hin

---

1   Bernard-Marie Koltès. „Un hangar à l'ouest". In: Ders. *Roberto Zucco*. Paris, Minuit, 2001, S. 123-140, hier S. 136.

2   Vgl. Annika Mayer. „Raum und Orientierung im Illusionstheater am Beispiel von Corneille, Labiche und Sartre". In: Corinne Fournier Kiss, Nadine Chariatte, Etna R. Krakenberger (Hg.). *Räume der Romania. Beiträge zum 30. Forum Junge Romanistik*. Frankfurt a. M., Peter Lang, 2016, S. 75-90, hier S. 80, 84; Marivaux. „La dispute". In: Ders. *Théâtre complet*. Paris, Gallimard, 1949. In La Dispute ist die betont fremde und künstliche Umgebung Grundlage eines Versuchsaufbaus, bei dem durch Beobachtung von zwei Frauen und zwei Männern die Streitfrage geklärt werden soll, welches Geschlecht untreuer ist.

3   Vgl. ebd., S. 83.

erweitert wird und dadurch Spuren und Wahrheitsversionen zu Tage treten, die zur Verunklarung und Verwirrung von Ordnungen, Selbst- und Fremdbildern führen.[4] Diese auch in Bezug auf die theatralische Illusion subversiven und destabilisierenden Momente erweisen sich jedoch als reparabel, mehr noch, die Desorientierung spielt der höfischen bzw. bürgerlichen Ordnung zu, indem die Stücke mit einer Rückkehr zur Ordnung und einer Reparatur enden. Die auf der Einheit und Geschlossenheit basierende Illusion bleibt ebenso intakt wie die sozialen Normen, an denen die Handlungen der Figuren ausgerichtet sind. Erst die Theatertexte der Avantgarden brechen nicht nur den geschlossenen Schauplatz, sondern auch Werte und damit „Orientierungsinstanzen" auf.[5] Darin wird die menschliche Handlungsfähigkeit in einen direkten Zusammenhang mit Raumverhältnissen gestellt und in einzelnen Theatertexten in Verbindung mit räumlicher Desorientierung szenisch verhandelt.

3.1 Mensch-Raumverhältnisse in avantgardistischen Theatertexten

Während in den Texten der ersten Avantgarde Figuren und Geschehen in visuelle oder sonore Kulissen mit klarer Referenz auf die außertheatralische Lebenswelt eingelassen sind, steigern sich in der zweiten Theateravantgarde der Abbau des mimetischen Schauplatzes und der Abstraktionsgrad der Bühnenentwürfe.

Als Vertreter der ersten Avantgarde entwerfen Antonin Artaud und Maurice Maeterlinck offene Räume, die mit geltenden oder überkommenen Welt-Wissens- und Glaubensfragen brechen. Sie thematisieren destabilisierte Raumverhältnisse, jedoch nicht in Bezug auf Einzelfiguren, sondern auf Kollektive. Ihre Theatertexte bilden wichtige Referenzpunkte für den Umgang mit Raum und Orientierung in der Gegenwartsdramatik: Sie enthalten Konzeptionen entgrenzter Räume, besprochene Raumwahrnehmung sowie Korrelationen von räumlicher Öffnung und Desorientierung mit der Infragestellung metaphysischer und wissenschaftlicher Gewissheiten. Letzter Aspekt lässt sich an die kulturhistorische Zäsur der raumwissenschaftlichen Erkenntnisse (die Entde-

---

4   Vgl. Mayer. „Raum und Orientierung im Illusionstheater", S. 88.
5   Luckner unterscheidet in soziale Normen als Orientierungsmittel und soziale Werte als Orientierungsinstanzen, vgl. Andreas Luckner. „Fremdheit und Selbstorientierung". In: Philipp Thomas; Andreas Benk (Hg). *Negativität und Orientierung*. Würzburg, Königshausen & Neumann, 2008, S.15-23.

ckung der Relativitätstheorie) sowie des nietzscheanischen Nihilismus (Gott ist tot) rückbinden. Artauds kurzer Musiktheatertext *Il n'y a plus de firmament* dreht sich um die Auseinandersetzung mit dem offenen astronomischen Raum.[6] Er beginnt mit Dunkelheit und dem minutiösen Entwurf einer bedrohlichen Klangkulisse aus explosionsartigen, vom Himmel herabtönenden Geräuschen. Dazu setzt eine Lichtführung von unreinen Farbübergängen ein: rot wird zu grün, zu weiß, zu gelblichem Nebel. Schauplatz ist eine Straßenkreuzung, wimmelnd von Menschen, deren zum Himmel gerichtete Gesten sich steigern. Einem stimmlichen Durcheinander, einem „tourbillon de voix et de cris" sind Kommentare und Erklärungsversuche zu einem außergewöhnlichen, verunsichernden astronomischen Phänomen zu entnehmen. Die kaum durchdringenden journalistischen wie offiziellen Stimmen verkünden eine Wissenschaftssensation: das Ende des Himmelszeltes, die Näherung des Planeten Sirius und die Etablierung einer interplanetaren Kommunikation. Ausrufe von Weltende, Chaos, Revolte, Wissenschaftsskepsis und Religionsskepsis bestimmen den Tumult. Ein zweiter Schauplatz verlegt das Geschehen in einen Raum versammelter wissenschaftlicher Expert_innen mit der Zentralfigur des Erfinders auf dem Podium. Es wird über Nützlichkeit und Ethik der Entdeckung diskutiert, vor dem Weltende gewarnt und vor der Aufhebung der Orientierung: „Mais vous allez faire sauter la boussole [...] - En somme vous supprimez l'espace [...] - La fin du monde c'est pour les livres. On ne verra pas encore l'Antéchrist [...] – La radiation instantanée c'est la fin du cosmos".[7] Die Erklärung, es gebe kein Himmelszelt mehr, leitet nicht nur raumtheoretisch und astronomisch eine Öffnung ein, sondern beansprucht auch politisch, theologisch und wissenschaftlich Geltung und greift damit implizit die 1916 von Georg Lukács festgestellte „transzendentale Obdachlosigkeit" einer Welt ohne Gott auf.[8] Mit sonoren, visuellen, sprachlichen, gestischen und proxemischen Mitteln entwirft Artaud ein offenes Raumkonzept, eine Atmosphäre der Unübersichtlichkeit. An Stelle einer Figurenperspektive sieht er eine musikalische Komposition von

---

6   Es handelt sich um einen 1932 verfassten, unabgeschlossenen Musiktheatertext für Edgar Varèse, vgl. Antonin Artaud. „Trois œuvres pour la scène". In: Ders. *Œuvres complètes* II, Paris, Gallimard, 1980, S. 84-97.

7   Artaud. „Trois œuvres pour la scène", S. 96-97.

8   Georg Lukács. *Theorie des Romans. Ein geschichtsphilosophischer Versuch über die Formen der großen Epik*. Bielefeld, Aisthesis, 2009, S. 12; zitiert nach Rüdiger Dannemann, Mauc Meyzaud, Philipp Weber. „Einleitung". In: Dies. (Hg.). *Hundert Jahre ‚transzendentale Obdachlosigkeit'. Georg Lukács' ‚Theorie des Romans' neu gelesen*. Bielefeld, Aisthesis, 2018, S. 7-12, hier S. 8. Die Herausgeber betonen die Aktualität der zeitdiagnostischen Aussage und Herangehensweise Lukács.

Geräuschen und Stimmen vor, die widerstreitende Spekulationen in den Raum werfen und die Uneinigkeit der Werte eines Kollektivs erkennen lässt.

In *Les aveugles* von Maurice Maeterlinck ist die Figurenkonzeption ebenso anonym wie in Artauds Theatertext: ein Priester inmitten von sechs blinden Männern und sechs blinden Frauen. Der Raumentwurf ist offen, betont dunkel, natursymbolisch und kosmisch:

> une très ancienne forêt septentrionale, d'aspect éternel sous un ciel profondément étoilé. [...] De grands arbres funéraires, des ifs, des saules pleureurs, des cyprès, les couvrent de leurs ombres fidèles. Une touffe de longs asphodèles maladifs fleurit non loin du prêtre, dans la nuit. Il fait extraordinairement sombre, malgré le clair de lune qui çà et là, s'efforce d'écarter un moment les ténèbres des feuillages[9]

Die blinden Figuren sitzen ungeachtet des regungslosen, starren Priesters schlafend, betend und ruhend auf Baumstämmen. Das Hauptgeschehen besteht in verschiedenen räumlichen und zeitlichen Orientierungsversuchen mittels verbalem Austausch und Wahrnehmungsgesten. Eine Orientierungsstrategie besteht darin, sich gegenseitig zu ertasten und die Anwesenheit gegenseitig stimmlich zu überprüfen. Im Sprechtext lässt Maeterlinck die Figuren sich räumlich zueinander in Bezug setzen, sich anhand der Lokaldeiktika nah, fern und neben verorten. Die vollständige Anwesenheit der Gruppe wird eruiert und die Abwesenheit des Priesters festgestellt. Dieser wird, als einzige sehende Figur unter blinden, als „guide" bezeichnet und scheint die Gruppe aus einem Hospiz an einen der Gruppe unbekannten Ort geführt zu haben.[10] Die Fremdorientierung wird umso deutlicher betont, als weitere Orientierungsversuche darin scheitern, topographische Informationen aus erinnerten Worten des Priesters zusammenzutragen, den gegangenen Weg zu rekonstruieren. Sonore Orientierungsversuche schlagen fehl, da die Geräuschkulisse nur auf einen fremden Ort schließen lässt.[11] Zeitliches sich Orientieren scheitert durch die Unmöglichkeit für die blinden Figuren zwischen Sonne und Dunkelheit zu unterscheiden. Die zunehmende Ausweglosigkeit und Verunsicherung in der Gruppe steigert sich mit einem eintreffenden Hund, der sie auf ein totes Mitglied stößt. Durch erneute stimmliche Präsenzabfrage wird auf den Priester geschlossen. Das Stück endet mit dem Vernehmen sich nähernder Schritte, die in der Mitte der Blinden verklingen und das laute Weinen eines anwesenden Neugeborenen auslösen. Typisch für Maeterlincks Theatertexte sind die in der Bühnenanweisung ange-

---

9   Maurice Maeterlinck. *Petite Trilogie de la mort. L'intruse. Les aveugles. Les sept princesses.* Brüssel, Espace Nord, 2012, S. 39, 40.
10   Maeterlinck. *Les aveugles*, S. 43, 66.
11   Vgl. ebd., S. 50.

legten und via Figurenrede besprochenen natursymbolischen Vorzeichen für den Tod: die zunehmende Kälte, die Totenblume Affodill und die auf die Figuren herabfallenden „feuilles mortes". Die Fremdheit, Orientierungswidrigkeit und Unzuverlässigkeit des Ortes wird insbesondere durch die Dunkelheit und das Misstrauen gegenüber dem Boden verdeutlicht: „Premier aveugle-né. – je n'ose pas me mettre à genoux... Deuxième aveugle-né. – On ne sait pas sur quoi l'on s'agenouille ici..."[12] Orientierungsinstanzen wie Glaube, Gemeinschaft, Wissen und die Hoffnung auf Heil, das Bild einer Schafsherde, die nach Sonnenuntergang in den Stall zurückkehrt, die symbolische Verknüpfung von Sehen und Wissen werden besprochen, jedoch situativ negiert.[13] Stattdessen betten Andeutungen von natureigenen Zyklen durch Sterne, Meer, Mond, Nacht und Tag, Geburt und Tod, Jugend und Alter das bezugslos und geheimnisvoll wirkende Geschehen in kosmische Zusammenhänge ein.

Wenn in den Theatertexten der zweiten Avantgarde Raumelemente eingesetzt werden, dann in potenzierter Mimesis, d.h. um die Dekorhaftigkeit des Dekors anzuzeigen wie in den Macht- und Lustanordnungen der Theatertexte Jean Genets. Die Schiebewände in *Les Paravents*,[14] die Tribüne in *Les nègres* und die thematisch dekorierten und trickreichen Bordellzimmer in *Le Balcon* werden jedoch nicht besprochen, sondern kommen vor allem proxemisch und gestisch zum Einsatz.[15] Sie markieren Grenzen und Schwellen, unterteilen und dynamisieren den Raum, ermöglichen Raummanöver, Macht- und Werteumkehrungen (oben – unten, drinnen – draußen, geschlossen – einsehbar, ausgestellt – verdeckt). Einen ebenso bemerkenswerten Beitrag nicht nur zur impliziten Raumtheorie sondern auch zur Raumregie vom Stücktext aus leistet Samuel Beckett, der seine Figuren proxemisch und gestisch den Bühnenraum erkunden und untersuchen lässt.[16] Im *Endspiel* beispielsweise kommen „Inspektionswerkzeuge" und „Reisewerkzeuge" zum Einsatz,[17] der Raum wird durch Spielzüge, Schrittmaß und iterative Wege vermessen. Dadurch, dass der Raum beim späten Beckett „entzeitlicht" und „entutopisiert" wird, kommen ausschließlich räumliche Orientierungsversuche vor, während das frühere Stück *Warten auf Godot*

---

12   Maeterlinck. *Les aveugles*, S. 67.
13   Vgl. ebd.
14   Jean Genet. *Les paravents*.
15   Vgl. Jean Genet. *Les nègres* [1953]. Paris, Gallimard, 1963; Jean Genet. *Le balcon* [1956]. Paris, Gallimard, 1962.
16   Raumregie meint hier nicht nur die raumbezogenen Bühnen- (und Film) Anweisungen, die Handlungssteuerungen aus dem Off implizieren, sondern auch die in Figurenrede und -verhalten verlagerte Raumregie vgl. Sick. „Raumspiel und Raumregie im *Endspiel* und im Spätwerk Becketts, S. 30, 46.
17   Ebd., S. 31

noch eine zeitlich geprägte Dramaturgie andeutet.[18] Das Warten der Figuren ist auf ein (nicht eingelöstes) Ereignis aus dem Außen ausgerichtet. Wie Franziska Sick herausstellt, liegt diesem frühen Theatertext noch eine metaphysisch geprägte und existenzialistische sinnbesetze Zeit zugrunde, auch wenn Beckett der Gespanntheit des (Er)Wartens eine angehaltene Zeit entgegensetzt.[19] Bereits im *Endspiel* kann von einem leeren, denn ereignislosen Raum gesprochen werden.[20] In seinen späten Theatertexten betreibt Beckett einen zugespitzten, bühnenräumlichen und visuellen Minimalismus, der nicht nur den Theaterraum in seiner Medialität thematisiert, sondern auch auf einen ästhetischen Raum der Leere abzielt. Im choreographischen Raumspiel *Quad* sieht Beckett eine leere Bodenfläche vor, aus der erst durch rhythmische, exakt festgelegte Raumwege vier schreitender anonymer Gestalten eine plane, geometrische Figur entsteht: ein Quadrat mit Diagonalen, die im Zentrum einen Kreuzpunkt bilden.[21] Neben dem proxemischen Nachvollzug geometrischer Gesetzmäßigkeiten entsteht auch das Zeichen X mit seiner ambivalenten Bedeutung, einerseits als Markierung oder Positionsbestimmung im Raum und andererseits als Geste der (sprachlichen) Tilgung sowie als Unbekannte in geometrischen Formeln.[22] Die rätselhafte Raumstelle wird in der Variante *Quad II* durch den ausgesparten zu umschreitenden Kreuzungs- und Mittelpunkt negiert und zu einer leeren Zone, gerade dadurch jedoch nicht minder hervorgehoben.[23] Der leere Raum besteht in der Abwesenheit von Bühnenbild und Ausstattung verneint Hintergrund, Behälter oder Stätte für die Handlung. Stattdessen wird deutlich, dass sich der Spielraum erst durch die proxemische Bewegung konstituiert. Voraussetzung dafür ist die Plattform als fester, stabiler und begehbarer Grund. Die durch die Schritte markierte quadratische Spielfläche ähnelt einer zweidimensionalen Zeichenfläche, die sich erst durch die Begrenzung eines Zeichengrundes konstituiert. Beckett legt den Fokus auf die Produktion eines Spielraumes durch die regelgeleitete Eingrenzung eines offenen Feldes.

Zusammenfassend lässt sich feststellen, dass in Genets und Becketts szenischen Entwürfen und proxemischen Anweisungen räumliche Grenzen und Markierungen hervorgehoben, durch Blicke und Übertretungen durchbrochen

---

18   Sick. „Raumspiel und Raumregie im *Endspiel*", S. 9.

19   Dadurch, dass er „antimetaphysisch" ist, entspricht er noch der Kategorie des Absurden vgl. ebd., S. 28, 29.

20   Vgl. ebd., S. 29.

21   Samuel Beckett. „Quad". In: *Quad et autres pièces pour la télévision*. Paris, Minuit, 1992, S. 7-15.

22   Zum Verhältnis zwischen dem Zeichen X und Orientierung vgl. Werner Stegmaier. *Philosophie der Orientierung*. Berlin, De Gruyter, 2008, S. 272, 285, 286.

23   Beckett. „Quad", S. 14, 15.

oder relativiert werden. Begrenzte Räume werden erkundet, geöffnet, ausgetestet; räumliche Wertekategorien gekippt und umgekehrt. Dennoch bleiben räumliche Bezugsgrößen (oben und unten, Zentrum und Rand, innen und außen, Vorder- und Hinterbühne, Bühnenraum und Zuschauerraum) erhalten. Mehr noch als Genet betont Beckett sowohl in den frühen als auch späten Theatertexten Boden und Horizontalität.[24] Auch wenn Wladimir und Estragon im Nirgendwo verweilen, bildet der Baum auf dem Weg nicht nur eine Stellenmarkierung auf einer Strecke,[25] sondern betont durch die Verankerung in der Erde den Boden und die Immanenz. Das „Raumgerüst der Stelle, auf der man herumtritt" schränkt die Handlungsfähigkeit und Mobilität ein,[26] bietet jedoch auch Raumbezug und insofern Orientierung. Dies trifft ebenso auf die räumlich ausgerichteten Routinen, Rituale und die Regeln der Raumspiele zu.

Eine Ausnahme bildet das kurze Stück *Nicht ich* (*Not I*) von 1972, in dem ein angeleuchteter, sprechender MUND in einem dunklen, konturlosen und entgrenzten Bühnenraum schwebt, ähnlich der gegenüber stehende VERNEHMER: „Bühne dunkel bis auf MUND, im Hintergrund rechts, etwa 2,50m über Bühnenbodenniveau [...] VERNEHMER, im Vordergrund links, große stehende Gestalt [...] auf einem unsichtbaren, etwa 1,25m hohen Podium".[27] Der von MUND zu sprechende Text ist losgelöst von einer Figur, was die Herausbildung eines szenischen Sprachraumes begünstigt. Durch die ausschließlich hörende Instanz des VERNEHMERS handelt es sich um eine einwegige Redeanordnung. Der Solilog von MUND besteht in einem erinnernden, brüchigen, zögernden und ungerichteten Redeschwall. Es werden unverknüpfte, fußgängerische, perzeptive wie mentale Desorientierungserlebnisse geschildert wie das ziellose Umherschweifen auf einem Feld, das Starren in die Leere, das Wahrnehmen von Rauschen und das Abtasten im Gehirn. Mit dem entgrenzten, dunklen (szenischen) Raumkonzept, der vagen Auftrittsfläche, der besprochenen Raumsituationen und Desorientierungserfahrung sowie der Räumlichkeit des Redetextes weist *Nicht Ich* in besonderer Weise auf Formen der Verhandlung von Raum und Desorientierung in den zu untersuchenden Gegenwartsdramaturgien vor.

Auch wenn *Il n'y a plus de firmament* und *Les aveugles* zwar Raum und Desorientierung verhandeln und in Aspekten der Raumkonstruktion und räumlichen

---

24   In diesem Punkt stimmen Früh- und Spätwerk überein, wenn sich auch die späten Texte in der Raum- und Medienbetonung hervortun.

25   Vgl. den Bühnenbildentwurf in Samuel Beckett. *En attendant Godot*. Paris, Minuit, 1952.

26   Franziska Sick. „Einleitung". In: Dies. (Hg.). *Raum und Objekt im Werk von Samuel Beckett*. Bielefeld, Transcript, 2011, S. 7-14, hier S. 8.

27   Samuel Beckett. „Nicht ich". In: *Nacht und Träume. Gesammelte kurze Stücke*. A.d. Frz. Und Engl. von Erika Tophoven; Elmar Tophoven. Frankfurt a. M., Suhrkamp, S. 231-241, hier, S. 233.

Anordnung wichtige Bezugstexte bilden, täuschen sie nicht darüber hinweg, dass der Raum in den avantgardistischen Theaterstücken tendenziell szenisch entworfen und die Auseinandersetzung der Figur mit dem Raum betont gestisch geschieht und insofern vor allem in der Bühnenanweisung gelagert ist, wie insbesondere die Theatertexte von Genet und Beckett zeigen.

3.2 Methodik zur Analyse zeitgenössischer Raumdramaturgien

Gemäß der Forschungsfrage nach den Verhältnissen von Figur, Raum und Orientierung sowie bedingt durch die Entdramatisierungs- und Redramatisierungsverfahren sind die dramatischen Elemente weiterhin zur Analyse heranzuziehen, jedoch nicht mehr in ihrer klassischen Bedeutung. Im Folgenden werden konzeptuelle Begriffserweiterungen vorgeschlagen, die der vielfältigen Gegenwartsdramatik standhalten. Neben einem veränderten Handlungsbegriff (s. Ende Kapitel 2.4.) sind drei weitere relevante Analyseelemente neu zu bestimmen: Raum, Situation und Dramaturgie.

3.2.1 Raum

Der Raumbegriff in der Dramen- (und Theateranalyse) ist uneinheitlich und plural, bezeichnet zudem verschiedene, schwer trennbare Ebenen. Zunächst liegt jeder (europäischen) Dramatik zumindest implizit ein auf die jeweils epochal geltende Aufführungspraxis bezogenes Theaterdispositiv zugrunde, das die Sicht-, Licht- und Abstandsverhältnisse zwischen Spieler_innen und Publikum regelt. Der szenische Raum und der Zuschauerraum bilden zusammen den Theaterraum – dieses Grundprinzip gilt für eine Guckkastenbühne und ebenso für Performance-Anordnungen ohne vierte Wand außerhalb von Theaterhäusern. Deutlich und explizit im Theatertext angelegt ist der Schauplatz als Ort des Geschehens und Figurenumgebung. Er wird in der Regel in der Bühnenanweisung genannt oder quasi bühnenbildnerisch als Entwurf beschrieben. Schwieriger greifbar, jedoch ebenfalls dem Text zu entnehmen ist der dramatische Raum, der, analog zum raumsoziologischen Verständnis vom gemachten Raum, nicht gegeben ist, sondern sich erst durch menschliches Handeln herausbildet.[28] Verfahren solcher „aktionalen Raumkonstituierung" lassen sich auffächern in:

---

28   Vgl. Henri Lefebvre. *La production de l'espace* [1974]. Paris, Economica, 2000; sowie Martina Löw. *Raumsoziologie* [2001]. Frankfurt a. M., Suhrkamp, 2017.

Erstens Formen der proxemische Raumerzeugung, die das Verhältnis zwischen Figur und Raum betreffen (Raumpositionen, Raumwege, Auftritt, Abtritt); zweitens Formen der interaktionalen Raumerzeugung, die das räumliche Verhältnis zwischen zwei oder mehreren Figuren betreffen (Zwischenraum der Wechselrede) und drittens Formen der dingbezogenen Raumerzeugung, d.h. Umbauten oder räumliche Umgangsweisen mit Requisiten (stellen, verrücken, transportieren, zeigen, verstecken, messen, markieren).[29] Eine rein verbale Bildung von Raum findet über den Sprechtext statt, wenn Autor_innen ihre Figuren Raum oder Räumlichkeit thematisieren oder beschreiben lassen. Jede Figurenrede besitzt ein szenisches Verräumlichungspotenzial und damit eine texteigene Räumlichkeit, die über die Form der Redeanordnung entfaltet und betont werden kann.

Fernab dieser Ebenen und Weisen der dramatisch-theatralischen Raumbildung liegt der Analyse kein einheitliches, interdisziplinäres raumtheoretisches Modell zugrunde, sondern es wird von je texteigenen spezifischen Raumkonzeptionen ausgegangen, die herauszuarbeiten sind. Die Untersuchung basiert auf dem „Raumwissen der Literatur",[30] welches sich hier mit dem Raumwissen des Theaters kreuzt.

Die Forschung zum postdramatischen Theater hebt zwar den Stellenwert des Raumes hervor, zielt jedoch auf das Raumerlebnis der Rezipient_innen bzw. den Bühnenentwurf als Bildende Kunst ab.[31] Untersuchungskategorien wie Enge und Weite entledigt Lehmann ihrer Semantik,[32] stattdessen münzt er sie rezeptionsbezogen um zum zentripetalen Raum (der den Zuschauer durch Effekte der Nähe in das Bühnengeschehen hineinzieht) und zum zentrifugalen Raum (der Attraktionen und Menschenmengen ohne Überblick, der sich auf den Zuschauerraum ausweitet).[33] In der Forschung zum (modernen und) zeitgenössischen Theatertext wird die Kategorie des Raumes deutlich vernachlässigt

---

29   Pfister zählt unter die aktionale Raumkonstituierung (als neben dem Bühnenbild bestehende außersprachliche Lokalisierungstechnik) Einzelbeispiele von Verhältnissen zwischen Figur, Figur, Objekt und Raum, die ich hier weiter unterteile und kategorisiere. Manfred Pfister. *Das Drama. Theorie und Analyse*. München, Fink, 112001, S. 353-359.

30   Jörg Dünne; Andreas Mahler. „Einleitung". In: Dies. (Hg.). *Handbuch Literatur & Raum*. Berlin, De Gruyter, 2015, S. 1-11, hier S. 5.

31   Vgl. Lehmann setzt den Begriff des metonymischen Raumes, nach dem das Geschehen in den räumlichen und zeitlichen Dimensionen der Theateraufführung wahrgenommen wird. Sein Kapitel zur postdramatischen Raumästhetik beginnt mit Ausführungen zum Tableau (Rahmen, Malerisches, Gesten, geometrische Bühnenbildkompositionen, Künstler als Bühnenbildner), Lehmann. *Postdramatisches Theater*, S. 288, 291, 292, 294.

32   Implizit bezieht sich Lehmann hier auf Volker Klotz Semantik des offenen Raumes, die im Folgenden ausgeführt wird.

33   Vgl. Lehmann. *Postdramatisches Theater*, S. 286, 287.

und wenn, dann rezeptionsbezogen berücksichtigt.[34] Immerhin zeigt Corvin am Beispiel von Koltès' *Quai Ouest*, dass der Ort die treibende Kraft eines Stückes oder der Ort auf den szenischen Standort der Rede reduziert sein kann wie bei Novarina.[35] Grundsätzlich ist immer noch von einer Semantisierung des Raumes auszugehen, d.h. dass die im Theatertext entworfenen Räume und Raumstrukturen modellhaft zu verstehen sind und insbesondere gegenläufige Verhältnisse her- und vorstellen.[36] Auf Oppositionen beruhende Verhältnisdimensionen (oben-unten etc.) geben Hinweise auf Figurenstatus, Figurenkonstellationen, Geschehenseinordnung und die räumlich-theatralische Wahrnehmungsanordnung. Insofern bergen sie ein raumsemantisches Orientierungspotenzial. Eine wichtige Grundlage zur (modernen) Konzeption und Bedeutung des Raumes im Verhältnis zur Figur leistet Volker Klotz anhand von Dramen der ,geschlossenen' versus der ,offenen Form'.[37] Von den fünf Kategorien, die den Raum der offenen Form beschreiben (Ortsfülle, Enge, Weite, Spezifität, charakterisierende Funktion) behalten einige Unteraspekte Gültigkeit für die Gegenwartsdramatik: erstens die Möglichkeit der Pluralisierung des Raumes, d.h. seine Unterteilung in wechselnde Orte oder in Raumabschnitte;[38] zweitens das problematische Verhältnis zwischen Umgebung und Figur; drittens Erscheinungsformen des entgrenzten Raumes (weiträumig, offen, unabgesichert für kollektives oder elementares Geschehen unterteilt in Naturraum, geschichtlicher oder sozialer Raum der Massen);[39] viertens den geschehenskonstituierenden, situationsprä-

---

34   Pavis z.B. nutzt Raum weder als Analysekategorie, noch misst er ihm größere Bedeutung zu, vgl. Pavis. *Le théâtre contemporain*. Corvin stellt zwar das Fehlen strenger räumlicher Strukturen fest und eine „fascinating but frightening absence of any reference points", meint damit jedoch die spärlichen Angaben in den Bühnenanweisungen und verlagert die Raumkonstruktion auf die (mentale) Rezeptionsebene, vgl. Michel Corvin. „The Spirit of a Place. Place in Contemporary French Theatre." In: Clare Finburgh; Carl Lavery (Hg.). *Contemporary french theatre and performance*. Hampshire, Palgrave Macmillan, 2011, S. 45-55.

35   Ebd., S. 47, 52.

36   Pfister. *Das Drama*, S. 339.

37   Er unterscheidet diesen vom Raum der geschlossenen Form des Dramas, d.h. vom stabilen, einheitlichen, „uneigenständigen" Raum, der zur Kennzeichnung und Einbettung der Figur dient. Als Haupttypus dieses Schauplatzes dient ihm der weiträumige Herrschaftssaal, vgl. Klotz. *Geschlossene und offene Form*, S. 50, 122.

38   Vgl. ebd., S. 120.

39   Dem entgrenzten Raum setzt er den zellenartigen Raum der Enge entgegen: das „dingbestückte" und wandbetonte Zimmer der vereinzelten Figur unter Bedrängnis, vgl. ebd., S. 121, 122, 125.

genden Raum;[40] fünftens den speziellen Raum als eigentümlichen Ort, der das Geschehen als Bedeutungslandschaft charakterisiert und auf einer weiteren Sinnebene anschaulich macht.[41] Bemerkenswert ist Klotz' phänomenologisch gedachter Ansatz zum Raum-Figuren-Verhältnis, womit er sich deutlich vom naturalistischen Milieu-Ansatz absetzt: „Es ist nicht seine, des Helden, Welt, die er sucht, die er auswählt, ordnet und übersieht; sondern Welt, die ihn betrifft, die auf ihn zukommt, ihn umflutet –: die dem gliedernden, einräumenden Distanz-bewußtsein (sic) sich entzieht."[42] Demnach ist (mit Verzicht auf das Konzept des Helden) die Figur wahrnehmend und handelnd in den sie umgebenden Raum involviert, womit sich das Gewinnen von Übersicht und Ordnung erschwert. Die Einteilung in Vorder- und Hintergrund wird obsolet; es ist von einer „vielfach verschlungenen Kommunikation zwischen Mensch und Umwelt" auszugehen.[43] Indem der Raum zum „Wirkungsfeld" des Handelns der Figur wird,[44] erübrigt sich das räumliche Containermodell.

Trotz der Verschiedenartigkeit der zu untersuchenden Theatertexte sind Übereinstimmungen in der Raumkonzeption beobachtbar. Auseinandersetzungen mit dem Verhältnis von Raum und Figur, Verfahren der Raumbildung und Formen der Raumdramaturgie stehen wie bereits bei den avantgardistischen Theatertexten im Zentrum, womit bestätigt wird, dass nicht nur die Theateraufführung, sondern auch die Dramatik Raumkunst ist.[45] Des Weiteren sind topologische, metaphorische und abstrakte Raumkonzeptionen zu erwarten. Auch hier erweisen sich die Gegenwartsdramatiker_innen als Nachhut der Avantgarden. Es fällt ins Auge, dass sich die szenischen Raumentwürfe der Gegenwartsdramaturgien durch Reduktion und Leere auszeichnen und die Horizontalität, Offenheit und Instabilität der Bodenfläche betonen. Es sind Raumkonzeptionen der herausfordernden Entgrenzung, die Ordnung, Übersicht, Stabilität der Figuren erschweren. Ein weiterer gemeinsamer Aspekt, auch im Unterschied zu den avantgardistischen Theatertexten kommt hinzu: die Konstitution und Verhandlung des Raumes verschiebt sich. Der neue Schwerpunkt auf dem Sprechtext verlagert die Raumerzeugung auf die Ebene der Figurenrede, in der insbesondere orientierungserschwerende Räume perzeptiv-sprachlich er-

---

40   Zwar gilt: „der Aktionsort bezeichnet die Aktion", dennoch ist dieser Raum vom
      determinierenden naturalistischen „Millieu" als Herkunftsraum zu unterscheiden und
      situativ gedacht, vgl. Klotz. *Geschlossene und offene Form*, S. 126.
41   Ebd., S. 126.
42   Ebd., S. 120.
43   Ebd., S. 121.
44   Ebd., S. 121.
45   Vgl. auch Pfister, der Oscar Schlemmers Behauptung „Bühnenkunst ist Raumkunst"
      auch für das Drama beansprucht, vgl. Pfister. *Das Drama*, S. 339.

schlossen, Raumerfahrungen und Raumwahrnehmungen besprochen werden.[46]
Damit liegt dieser Untersuchung folgende These zugrunde: In der Gegenwarts-
dramatik wird Raum vor allem verbal konstruiert und verhandelt. Dies hat
die Forschung mit wenigen Ausnahmen bislang übersehen,[47] so stellt auch Kai
Bremer fest, dass die Dramentheorie „bisher frappierend wenig an Fragen der
Raumthematisierung interessiert" gewesen ist.[48]

3.2.2 Situation

In der klassischen Dramenauffassung wird die Situation als konfliktgebundenes,
innerdramatisches Ereignis verstanden.[49] Auch noch Hegel legt ein Verständnis
von der kollisionsvollen Situation als Gegenstand der dramatischen Dichtung
vor,[50] d.h. die opponierenden Absichten und Ziele handelnder Menschen in
einer gemeinsamen Welt, die Lage oder der Prozess des Streites zur Durchset-
zung von Interessen.[51] Ein etwas erweiternder Situationsbegriff findet sich
im Existentialismus. Heidegger bestimmt die Situation mit dem Moment der
Entschlossenheit, Sartre mit dem der Wahl.[52] Sartres Plädoyer „Pour un théâtre
des situations" gilt der Situation als zentralem Nährstoff eines Theaterstückes
(anstelle der Figur). Er bezieht sich auf eine extreme Entscheidungssituation, in
der das Subjekt zwischen Handlungsalternativen zu wählen hat, worunter auch

---

46   Klotz zitiert zwar Beispielpassagen, in denen der Raum via Figurenrede entsteht,
     unterscheidet diese jedoch nicht von Raumentwürfen szenischer Anweisungen, vgl.
     Klotz. *Geschlossene und offene Form*, S. 120-126.
47   Lediglich Hersant deutet landschaftliche Erzählungen an, insistiert dabei jedoch auf
     privaträumliche, referentielle, kartographische und selbst-reflexive, formalistische
     Dimensionen, vgl. Céline Hersant. „The Landscaped Narratives of Phillipe Minyana and
     Noëlle Renaude." In: Clare Finburgh; Carl Lavery (Hg.). *Contemporary french theatre
     and performance*. Hampshire, Palgrave Macmillan, 2011, S. 57-67.
48   Kai Bremer. „Ekstase und Metastase. Raumthematisierungen im zeitgenössischen
     Drama." In: Uwe Wirth (Hg.). *Bewegungen im Zwischenraum*. Berlin, Kadmos, 2012,
     S. 181-198, hier S. 183. Bremer arbeitet den Umgang mit Raum im deutschsprachigen
     Drama ab Mitte der 1990er Jahre unter dem Fokus des Verhältnisses zwischen Sprech-
     text und Nebentext als „Brennglas" für den Konflikt zwischen dramatischem Sprechtext
     und Inszenierung heraus und stellt zwei Formen der Raumthematisierung vor: die
     handlungsrelativierende (beim Theaterautor Moritz Rinke) und die raumrelativierende
     (beim Regisseur Albert Ostermaier).
49   Bernd Stegemann. *Lektionen Dramaturgie 1*. Berlin, Theater der Zeit, 2009, S. 31; sowie
     Pfister. *Das Drama*, S. 272.
50   Vgl. Georg Wilhelm Friedrich Hegel. *Vorlesungen über die Ästhetik I*. Frankfurt a. M.,
     Suhrkamp, 1986, S. 267.
51   Vgl. Stegemann. *Lektionen Dramaturgie 1*, S. 23, 24, 25, 26.
52   Differenzierter als Pfister unterscheidet Stegemann zwischen lebensweltlicher, existen-
     zialistischer und dramatischer Situation, vgl. ebd.

die des Todes fällt. In einem solchen Entscheidungsmoment manifestieren sich sowohl die Freiheit als auch die Werte eines Menschen, zeige sich sein individuelles Wesen.[53] In existenzialistischen Situationen erfindet sich der Mensch neu: „chaque situation est une souricière, des murs partout [...] il n'a pas d'issues à choisir. Une issue, ça s'invente. Et chacun, en inventant sa propre issue, s'invente soi-même. L'homme est à inventer chaque jour."[54] Eine solche Situation könne laut Sartre im Theater erzeugt werden, indem die Handlungsoptionen einer Figur derart eingeengt und begrenzt werden, dass sich nur wenige Ausgänge bieten und so die für die Epoche gültigen menschlichen Bedingungen und abwägenden Verhältnisse zum Ausdruck kämen.[55]

Weder der soziale, konfliktgeprägte Situationsbegriff basierend auf dem Aufprall zweier Interessen oder Prinzipien, noch der der eingeengten zur Entscheidung oder Wahl gedrängten Figur greifen bei statischen, weniger gespannten Dramaturgien. Entsprechend steht eine offenere Situationsdefinition seit den avantgardistischen Theatertexten an.[56] In Gegenwartsdramaturgien liegt die Konzeption einer alltags- und lebensweltlichen Situation zugrunde, die sich mit alltagssoziologischen Ansätzen vereinbaren lässt. In diesen wird die Situation als eine räumlich und zeitlich begrenzte zwischenmenschliche Begegnung gedacht, in der Status, Rolle, Handlungsziele, Motivationen und Beziehungen nicht gegeben, sondern auszuhandeln sind.[57] Da nicht in allen Theatertexten solche Begegnungen und Verhandlungen zwischen Figuren stattfinden, ist dieses Situationsverständnis zu verallgemeinern und zu erweitern. Im Hinblick auf lebensweltliche Handlungs- und Orientierungszusammenhänge ist eine Situation zunächst als voraussetzungslos zu bestimmen, d.h. nichts ist gegeben. Sie bildet sich heraus, indem das (wahrnehmende) Subjekt sich sinnlich und sprachlich mit seiner räumlichen Umgebung, den Umständen und Bedingungen seiner Handlungsfähigkeit, gemäß der vorläufigen und rückläufigen Zeit auseinandersetzt. Dies kann, muss jedoch nicht in Interaktionszusammenhängen geschehen. Der räumliche Aspekt einer Situation, das an einem Ort sein, ist ihr bereits etymologisch eingeschrieben. Situation kann im übertragenen Sinne als räumliche und zeitliche Sach- oder Ereignislage, als Stand der Dinge ver-

---

53   Jean-Paul Sartre. „Pour un théâtre de situations" [1973]. In: Ders. *Un théâtre de situations.* Paris, Gallimard, 1992, S.19-21, hier S. 20.

54   Jean-Paul Sartre. „Situation de l'écrivain en 1947". In: Ders. *Situations II. Qu'est-ce que la littérature?*, S. 312-313.

55   Sartre. „Pour un théâtre de situations", S. 20.

56   Dies bemerkt auch Pfister, kommt jedoch nicht zu einem vom sozialen Kräfte- bzw. Beziehungssystem losgelösten Situationsbegriff, vgl. Pfister. *Das Drama*, S. 272.

57   Vgl. z.B. Erving Goffman. *Interaktion im öffentlichen Raum.* Frankfurt a. M., Campus, 2009.

standen werden. Die einfachste lebensweltliche Situation eröffnet und erfordert
ein Orientierungshandeln, ein Verorten und Ausrichten. Die zeitgenössischen
Theatertexte führen vor, dass Situationen erst konstruiert werden, indem sich
das (wahrnehmende) Subjekt perzeptiv und sprachlich mit seiner Umgebung
auseinandersetzt. Eine lebensweltliche Situation ist erfahrungsgebunden und
daher nicht objektivierbar, kann jedoch metaphorisch oder modelhaft für eine
allgemein menschliche oder kulturhistorische Situation stehen. Reduzierte Situationen weisen auf die grundsätzliche Situationsgebundenheit menschlicher
Handlungsfähigkeit hin, auf die relationale und zur Welt hin offene Präsenz des
Menschen im Hier und Jetzt: „Der Mensch ist also *situativ, situiert* und *situierend*
– zur Welt und mit der Welt und zu Anderen und mit Anderen."[58] Die (moderne
sowie die) existenzialistische Situation bietet der (postmodernen) Situation
der Gegenwartsdramatik eine Kontrastfolie. Erstere betont die begrenzenden
Faktoren und das subjektkonstituierende Potenzial und denkt die dialektischen
Verhältnisse mit der Determinierung und Begrenzung des Handlungsraumes,
aus dem das Subjekt sich zu befreien hat, zusammen. Unter postmodernen
Bedingungen ist von einer Situation überfordernder Offenheit auszugehen, bei
der das vielfältige Handlungspotenzial nicht nur entfaltet, sondern zuallererst
erarbeitet werden muss. Situationen in der Gegenwartsdramatik zeichnen sich
zudem dadurch aus, dass sie von den Figuren nicht nur ausführlich besprochen,
sondern auch sprachlich (mit)konstituiert werden.

3.2.3 Dramaturgie

Während die entdramatisierenden Verfahren zusammenfassend als Zerle-
gungs-, Unterteilungs-, Fragmentierungsverfahren von dramatischen, theatralischen und textuellen Makro- und Mikrostrukturen beschrieben werden können,
stellt sich mit Verfahren der Redramatisierung die Frage nach alten und
neuen Verfahren der Wiederaufnahme, Zusammenfügung, Verbindung und
Verknüpfung des Disparaten. Dies erfordert eine Konzeption von Dramaturgie,
die bei genuin dramatischen und zugleich dramenferneren Strukturen greift.
Der Begriff der Dramaturgie wird damit (wieder)aufgenommen, jedoch in
seiner Bedeutung erweitert. Er lässt sich auf die altgriechischen „dran" (Handlung) und „ergon" (Werk) zurückführen und daherkommend verstehen als ein
„Ins-Werk-Setzen der Handlung".[59] Er zielt auf die Kunst und Art und Weise

---

58   Vgl. Andreas Ziemer. „Zur Philosophie und Soziologie der Situation – eine Einführung".
      In: Ders. (Hg.). *Offene Ordnung? Philosophie und Soziologie der Situation*. Wiesbaden,
      Springer, 2013, S. 7-18, hier S. 8.
59   Stegemann. *Lektionen Dramaturgien 1*, S. 10.

der Handlungsfügung, d.h. auf Ordnungsprinzipien der Handlung, Aspekte ihres szenischen Potenzials inbegriffen. Wird der Dramaturgiebegriff jedoch verengt, eine Handlungsentwicklung mit Aktanten und Konflikten zugrunde gelegt,[60] hält er den zeitgenössischen Theatertexten, in denen sich die dramatischen Strukturen auflösen, nicht mehr Stand. Joseph Danan behilft sich mit der Unterscheidung zwischen einem engen Dramaturgiebegriff als harte Dramaturgie und einem erweiterten, den der fragilen, instabilen Dramaturgie.[61] Wenn, wie in Extremfällen, Handlung und Dialog einem ungebundenen, autonomen Sprechtext weichen, wäre anstelle einer Handlungsdramaturgie von einer Rededramaturgie zu sprechen.[62] Nun existieren in der zeitgenössischen Dramatik Rededramaturgien und Handlungsdramaturgien nicht nur nebeneinander, sondern gehen vor allem Verbindungen ein. Ein zeitgenössisches Dramaturgieverständnis muss beide Ausformungen umfassen: das einer Komposition von dramatischem und postdramatischem Redematerial, welches implizit oder explizit auf das Theater Bezug nimmt, indem es sich mit den Möglichkeiten einer szenischen Aufführung vor Publikum auseinandersetzt. Das aus der Musik stammende Verständnis von Komposition impliziert die zeitliche und räumliche Ausdehnung von Material ebenso wie eine Offenheit hinsichtlich der Möglichkeiten der Anordnung (linear, zyklisch, repetitiv, statisch, variierend, sich auf- oder abbauend, mehrstimmig). Es zielt weniger auf die Bildung eines Plots als auf die Organisation von Themen und Motiven ab. Das Verständnis von Dramaturgie als *Handlungsfügung* ist somit auf das Verständnis von Dramaturgie als *Redeanordnung* hin zu erweitern. Neben der strukturellen Ebene berührt der Dramaturgiebegriff auch die Bedeutungsebene. Das Telos als (sinnbeisteuernde) Ausrichtung auf ein mögliches Ziel ist traditionell an ein von dem_r Protagonist_in ausgehendes, motiviertes Handlungsprojekt bzw. an die Lösung des dramatischen Konfliktes gebunden. Mit einem Geschehens- und Redeverständnis, das durch Ziellosigkeit, Offenheit und Kontingenz bestimmt

---

60 Das Aktantenmodell nach Algirdas J. Greimas wird von Übersfeld für das Drama spezifiziert und von Patrice Pavis für die Analyse von Gegenwartsdramatik aufrechterhalten, vgl. Pavis. *Le théâtre contemporain*, S. 21. Die Nützlichkeit des Modells für zeitgenössische Theatertexte relativiert Pavis selbst: „Not all the mentioned notions of this chart are equally useful for the analysis of contemporary texts. [...] When contemporary dramatic writing gives up story, action, character, dramatic form, what tools remain at its disposal?" Pavis. „Dramaturgy and Postdramaturgy", S. 14-36, hier S. 16, 30.

61 Vgl. Joseph Danan. *Qu'est-ce que la dramaturgie?* Arles, Actes sud, 2010, S. 33.

62 Implizit deutet Pavis ein solches Dramaturgieverständnis mit seiner Definition des Dramentextes als ein „tissu de mots, un tissage de phrases, de répliques, de sonorités" mit nonverbalen Elementen als Antizipation bzw. Spur einer szenischen Praxis an, vgl. Pavis. *Le théâtre contemporain*, S. 7.

ist und sich in den zu untersuchenden Theatertexten in einer räumlichen Such-
und Orientierungsbewegung äußert, fällt die teleologische Dimension weg.

Damit ergeben sich folgende Fragestellungen für zeitgenössische Dramaturgien als Redeanordnung: zum einen die nach der strukturellen, organisatori-
schen Verbindung der einzelnen Bestandteile der Rede; zum anderen die Frage
nach der räumlich-zeitlichen und semantischen Ausrichtung der Rede und ihrer
möglichen Bedeutungspotenziale.[63] Gerade in vielschichtigen Theatertexten
wird deutlich, dass die Formen und Modi der Redeanordnung eine eigene
Bedeutungsdimension entfalten und in Verhältnis zu setzen sind mit den Motiven und Formsprachen innerhalb des Sprechtextes. In einer Dramaturgie als
Redeanordnung kann die Art und Weise wie angeeignete und zitierte Aussagen
und Redeweisen aufeinandertreffen ein konterkarierendes oder entlarvendes
Moment erhalten.[64] Raumbetonte Redeanordnungen können metaphorische
oder poetologische Aspekte aufweisen und hier Formen der in der Figurenrede
verhandelten (Des)Orientierung und Handlungs(un)fähigkeit spiegeln.

Die drei Elemente Raum, Situation und Dramaturgie liegen der Untersuchungssystematik der Kapitel 4,5,6 und 7 zu Grunde: Begonnen wird jeweils
mit einer Analyse des szenischen Raumkonzeptes. Darauf folgt die (meist
stückeröffnende) Besprechung des Raumes, der Lage und der Situation via
Figurenrede. Daraus ergeben sich Problemstellungen der Desorientierung und
es stellt sich die Frage nach verbleibenden Möglichkeiten der Orientierung der
Figuren. Das Ende jeder Analyse gilt jeweils der Dramaturgie in Relation zur
Fragestellung nach Handlung, Räumlichkeit und (Des)Orientierung.

3.3 Pluralität der Orientierungskonzeption

Räumliche Metaphern wie Standpunkt, Verortung und Orientierung haben
sich in der Alltags- und Wissenschaftssprache eingeschliffen und der Übertrag
auf Lebenssituationen, Entscheidungen, Meinungsäußerungen ist geläufig. Die
Verbindung zwischen Raum und dem an sich metaphorischen Begriff der
Orientierung gründet auf die (spirituelle und) geographische Begriffsherkunft
der Ausrichtung gen Osten anhand des Sonnenaufgangs. An eben diesem
Orientierungssystem setzt auch Kant an und führt zugleich vor, wie sich eine

---

63   Pavis spricht von „vectorisation" und „isotopie". Unter dem Begriff der Dramaturgie
      weist er jedoch ein enges Verständnis von Handlungsführung auf, basierend auf Intrige,
      Aktanten und Konflikt. Vgl. ebd., S. 8, 9, 18.
64   Dieses Verfahren zeichnet ein „Diskurstheater" aus. Vgl. Andreas Engelhart. *Das Theater
      der Gegenwart*. München, C.H.Beck, 2013, S. 106.

Orientierungsebene auf die andere konzeptuell und auch (sinn)bildlich übertragen lässt. In seiner Abhandlung *Was heißt, sich im Denken orientieren?* führt er vom räumlichen Orientierungssystem als objektives, „mathematisch(es)" über das körperliche „Gefühl eines Unterschieds" rechts/links zur logischen, vernünftigen und handlungsrelevanten Orientierung, wobei er die Vernunft auf subjektiven Grund setzt. Dabei zielt er auf eine Richtungs- und Entscheidungskompetenz des Subjekts im Hinblick auf seine Annahmen ab.[65] Kant unterscheidet bereits verschiedene Ebenen und Modi der Orientierung: solare Orientierung als Orientierung durch außenweltliche Bezugssysteme, Orientierung im bekannten aber dunklen Interieur als leibliches und erinnerndes Orientieren und geistig-kognitive Orientierung als subjektive, vernünftige Richtungsfindung im Wissen und Glauben.

Mit der Problemstellung von lebensweltlicher Orientierung sowie solcher in Zeit- und Kulturgeschichte setzen sich die zu untersuchenden Theatertexte implizit oder explizit auseinander und lösen somit die Forderung Alain Badious ein, der vom zeitgenössischen Theater verlangt, sich mit der „generellen Orientierungslosigkeit" auseinanderzusetzen.[66] Sich auf Antoine Vitez Aussage zur Funktion des Theaters berufend, „uns eine Orientierung in der Zeit zu geben, uns zu sagen, wo wir in der Geschichte stehen" forciert er das „Theater als Maschine, um nach dem ‚Wo' zu fragen, eine Maschine zur Ortung, zur Herstellung von einem topologischen Bezug zur Zeit."[67]

Der Begriff der Desorientierung unterscheidet sich von einer generellen, grundsätzlichen Orientierungslosigkeit. Zu Desorientierungen kommt es, wenn Orientierungssysteme abhandenkommen oder brüchig werden, dies gilt für Orientierungssysteme wie Glaube, Ideologie, gesellschaftliche Werte, Wissenschaft, Geschichte. Insbesondere lebensweltliche Desorientierungen entstehen durch unerwartete Veränderungen, Einbrüche in Routinen, den Mangel an Anhaltspunkten. Stegmaier unterscheidet lokale Desorientierungen als die häufigste Form von Desorientierung, kommunikative Desorientierungen beim Sprechen sowie „existenzielle" Desorientierung. Bei letzterem bezieht er sich auf individuelle Krisen sowie Heideggers Konzepte von „Unheimlichkeit" und „Un-zuhause".[68] Die Konzeption existenzieller Desorientierung ent

---

65   Immanuel Kant. „Was heißt: Sich im Denken orientieren?" In: Ders. *Schriften zur Metaphysik und Logik.* Frankfurt a. M., Suhrkamp, 1968, S. 267-283, hier S. 269-270.

66   Badiou. *Rhapsodie für das Theater,* S. 18.

67   Ebd., S. 111.

68   Martin Heidegger. *Sein und Zeit,* §40, zitiert nach Stegmaier. *Philosophie der Orientierung,* S. 317, 318. Stegmaier unterschlägt jedoch den Argumentationskontext der das Dasein bestimmenden „Grundbefindlichkeit" der Angst, vgl. Martin Heidegger. *Sein und Zeit.* Frankfurt a. M., Klostermann, 1977, S. 249-251 (§ 40).

spricht den situativ gearteten Desorientierungen der zeitgenössischen Theaterstücke wenig, hingegen gewinnt die historische und gesellschaftlich-kulturelle
(Des)Orientierung an Bedeutung, die Stegmaier wiederum völlig ausspart. Dafür
macht Stegmaier deutlich, dass Desorientierung sowohl Reorientierungen als
auch Umorientierungen erfordern und bedingen, wodurch es nie zur (völligen)
Orientierungslosigkeit kommt. Dem absoluten Negativwert der Orientierung
entspricht erst der Tod.[69]

Durch offene Raumkonzepte, fehlende räumliche Konstanten, Markierungen
und Grenzen wird darin zunächst ein problematisches Figur-Raum-Verhältnis
aufgezeigt, das mit Momenten der Desorientierung einhergeht und die menschliche Handlungsfähigkeit modellhaft auf die Probe stellt. Weisen der Orientierung sind den Texten nicht auf den ersten Blick zu entnehmen. Mit der sich
steigernden Komplexität und Pluralität unter postmodernen Vorzeichen auf
Basis der Erfahrungen aus dem 20. Jahrhundert ist jedoch nicht von einem übergreifenden, verbindlichen Orientierungssystem auszugehen. Unter den Voraussetzungen heterogener Welten und mediatisierter Wirklichkeiten werden dem
Subjekt nicht nur Wahrnehmungskapazitäten, sondern auch Orientierungsfä-
higkeiten abverlangt. Das Ausmaß an vielfältiger Information will erfasst und
eingeordnet werden, bevor Verortungen vorgenommen und Entscheidungen
getroffen werden können. Es kann sich in der Gegenwartsdramatik daher
nur um einen situativen, dynamischen und prozessualen Orientierungsbegriff
handeln und nicht um eine einheitliche Orientierungsstrategie.

Demnach gilt es, nicht nur Formen der situativen Desorientierung zu bestimmen und damit verknüpfte Bedeutungsangebote herauszuarbeiten, sondern
auch zu prüfen, ob dennoch räumliche oder raumübergreifende Handlungsmöglichkeiten aufgezeigt oder durchgespielt und damit auch positiv bestimmbare
Strategien der Orientierung angedeutet werden. Die verschiedenen Orientierungskonzeptionen ergeben sich aus dem je situativen Desorientierungskon-
text, der spezifische Modi der Orientierung eröffnet und in Gang setzt. Aus den
vier zu untersuchenden Texten ergeben sich vierschiedenartige Orientierungskonzeptionen, die sowohl unterschiedliche Felder als auch Verständnisse von
Orientierung auffächern. Diese sind jedoch nicht als getrennt zu verstehen,
sondern greifen – dies werden die Textanalysen zeigen – ineinander bzw.
bilden miteinander metaphorisch und dramaturgisch verknüpfte Ebenen und
Bedeutungsdimensionen aus. Pro Textanalyse lässt sich eine spezifische und
prägende Form der Desorientierung und zugleich des Orientierungshandelns
herausarbeiten. Damit soll die Untersuchung nicht nur den Gegenwartsdrama-

---

69   Stegmaier. *Philosophie der Orientierung*, S. 32.

turgien gerecht werden, sondern auch einen Beitrag zur Orientierungstheorie
leisten.

4 (Des)Orientierung in Der Begegnung, *Quai Ouest* (1985) von Bernard-Marie Koltès

Der aus Metz stammende Theaterautor Bernard-Marie Koltès (1948-1989) ist zweifelsohne ein Referenzautor der Gegenwartsdramatik. Seine Theatertexte zeichnen sich durch die Arbeit am Dialog in der Begegnung mit dem Anderen sowie durch den Einsatz von narrativen und monologischen Elementen aus. Neben *Combat de nègre et de chiens* (1979), *Dans la solitude des champs de coton* (1985) und dem ins Repertoire der Comédie Française aufgenommene *Le Retour au désert* (1988), gehört *Quai Ouest*, 1985 veröffentlicht und 1986 uraufgeführt,[1] zu den am meisten international rezipierten und gespielten Theatertexten des Autors.

Quai Ouest kündigt im Titel seinen Hauptgegenstand an: eine verlassene Verladezone eines stillgelegten Hafens. Diese wird zum Raum der Begegnung zwischen einander fremden, bekannten und verwandten Figuren, die auf verschiedene Weisen dort ,gestrandet' sind und versuchen, sich zurechtzufinden. Das Geschehen setzt damit ein, dass der Bankier Koch, begleitet von seiner Assistentin und Chauffeurin Monique, die abgelegene Gegend am Kai aufsucht, mit der Absicht, sich in den Fluss zu stürzen. Zur Orientierung wenden sich Koch und Monique an die Unbekannten, auf die sie im dunklen Raum treffen: die Mitglieder einer emigrierten Familie, bestehend aus Sohn Charles, Mutter Cécile, Tochter Claire und Vater Rodolfe sowie die beiden undurchsichtigen Gestalten Fak und Abad. Die sich am Kai aufhaltenden Figuren entgegnen den ihrerseits Fremden aus dem Zentrum mit Misstrauen, wittern jedoch die Gelegenheit für gute Geschäfte. In wechselnden Konstellationen kommt es nicht nur zwischen einander unbekannten, sondern auch zwischen einander bekannten Figuren zu Verhandlungen von Diensten und Wertgegenständen sowie zur Aushandlung von Überlegenheit, Selbst- und Fremdbildern. Jede Figur verfolgt Eigeninteresse und taktische Züge, die mehr oder weniger offengelegt werden oder erst in der Interaktionssituation entstehen. Die uneinschätzbare Gegend am West Kai bedingt, dass die Figuren sich nicht nur räumlich zurecht-

---

1 Koltès gibt am Ende des Stückes das Datum seiner Fertigstellung an: November 1983, vgl. Koltès. *Quai Ouest*. Stephan Stroux verantwortet die Uraufführung im Publiks Theater Amsterdam, 1986 folgt die starbesetzte Inszenierung von Patrice Chéreau im Théâtre Nanterre-Amandier mit Maria Casarès in der Rolle der Cécile und Isaac de Bankolé in der des Abad.

zufinden versuchen, sondern auch in der Gegenüberstellung mit dem Anderen. Durch erschwertes Fortkommen und wechselseitiges Unverständnis entsteht eine zunehmend angespannte Gesamtsituation. Das Stück endet mit zwei Toten: Abad erschießt erst Koch, dann Charles mit einer Kalaschnikow.

Quai Ouest weist deutliche dramenkonventionelle Züge auf. Die Geschehens-anordnung ist chronologisch, dialog- und plotbasiert. Der Theatertext gliedert sich in sechs Abschnitte, die nach Figurenauftritten in jeweils vier bis sechs Sequenzen weiter unterteilt sind.[2] Die Figuren sind mit Namen und Alter versehen, ihr Verhalten ist von unterschiedlichen Interessen geleitet.[3] Charles visiert sozialen Aufstieg jenseits des West Kais an und setzt auf „bizness", Cécile strebt nach Teilhabe am Profit ihres Sohnes und taktiert durch Beschwatzen. Claire bemüht sich um Anerkennung in der Erwachsenenwelt und Einweihung in deren Pläne, ihr Verhalten ist durch Beobachten und Abschauen gekenn-zeichnet. Das Interesse des umtriebigen Fak klingt bereits im Lautbild seines Namens an. Der kriegsversehrte Rodolfe sucht seine Ruhe. Monique will nach Hause ins Stadtzentrum. Eine Sonderstellung nimmt die schweigende Figur Abad ein, ihr Interesse bleibt undurchsichtig.

Die scheinbar konventionelle dramatische Struktur ist von Unregelmäßig-keiten untergraben. Der vermeintliche Haupthandlungsstrang, Kochs Freitod, zerfasert sich in vielfältige situative Einzelgeschehnisse, wird trotz Unabseh-barkeit am Ende dennoch eingelöst. Es finden unnachvollziehbare, verdeckte Manöver statt, Gegenstände zirkulieren kaum merklich von Hand zu Hand. Vordergrund und Hintergrund verschieben sich, sodass zwischenzeitlich der Eindruck entsteht, der Raum trete als ‚Hauptfigur' und der Sonnenumlauf als ‚Hauptgeschehen' hervor.[4] Die in den Bühnenanweisungen festgeschriebenen Sonnenstände entsprechen insgesamt zwei Sonnenumläufen und bilden eine künstliche, das Geschehen bedingende Zeitstruktur.[5] Koltès sieht eine beinahe kinematographische Lichtführung vor, die die Raumabschnitte des *Quai Ouest* atmosphärisch einfärbt und durch Licht und Dunkelheit modelliert.[6] Weitere

---

2   Diese sind graphisch durch Asterisken markiert, vgl. ebd.

3   Vgl. Koltès. *Quai Ouest*, S. 7.

4   Ersteres betonte bereits Chéreau im Zuge der Inszenierung in Nanterre: „Ce hangar, c'est presque le personnage principal de la pièce". Patrice Chéreau. „Koltès. Combat avec la scène" In: *Théâtre aujourd'hui*, 1996, S.46, zitiert nach Anne Ubersfeld. *Bernard-Marie Koltès*. Arles, Actes sud, 1999, S.52.

5   Die Künstlichkeit zeigt sich in der Art der Beschleunigung von Sonnenauf- oder Sonnenuntergang, vgl. die Bühnenanweisungen „le soleil monte dans le ciel à toute vitesse" und „le soleil dégringole" Koltès. *Quai Ouest*, S 37, 99.

6   Vgl. z.B. „lumière rose de l'aurore", „au pied du mur blanc inondé de soleil", „Dans le hangar traversée de rayons dorés". Ebd., S. 32, 38, 51. Dass Raum und Lichteinsatz

visuelle und sonore Effekte wie auffliegende Vögel, Hundegebell, das Schlagen des Wassers gegen die Kaimauer, ferne Schiffssirenen, herunterfallende Blätter sowie starker Regen und Wind verleihen den Geschehnissen Stimmung und Spannung. Der Theatertext ist durchsetzt von monologischen Erzählpassagen. Zum einen finden sich in den Dialogen lange monologische Repliken, „Quasimonologe", zum anderen in Klammern gesetzte längere Einschübe innerer Monologe bzw. Soliloge der Figuren Abad, Fak und Rodolfe.[7] Weniger Geschehensinformationen beitragend, bilden diese Gedanken- und Erinnerungsströme Identitätserzählungen von eigenständiger, literarischer Qualität.[8] Gleiches gilt für den unkonventionellen Vorspann im passé simple, in dem die vorgelagerte Begegnung zwischen Charles und Abad nacherzählt wird.[9] Neben diesen, der Lektüre vorbehaltenen Erzählungen, gibt es ein weiteres Merkmal spezifischer Textqualität. Den sechs Geschehensabschnitten sind jeweils Epigraphe vorangestellt: Zitate von Hugo, Melville, Faulkner, London, Conrad und Marivaux.

In der Forschung zu *Quai Ouest* dominieren autobiographische sowie wirkungsästhetische Ansätze.[10] Die Dramaturgie wird durch ihre Verzweigungen und Umlenkungen als für das Publikum desorientierend besprochen.[11] Die einschlägigen Untersuchungen zum Raum in den Theatertexten von Koltès beschränken sich auf die Vorgehensweise und Aussagen des Autors, wie der, allem Geschehen voran einen Ort zu setzen,[12] dabei wird die autobiographische

---

filmischer Prägung sind, erläutert auch bereits Anne-Françoise Benhamou in ihrem Aufsatz „Faire voir le monde, habiter la scène. L'écriture de l'espace dans l'œuvre de Koltès." In: Christine Hamon-Siréjols; Anne Surgers (Hg.). *Théâtre espace sonore, espace visuel.* Lyon, PUL, 2003, 23-36.

7   Zum „soliloque" im Theater vgl. Ubersfeld. *Les termes clés de l'analyse du théâtre,* S. 57.

8   Sie sind ausdrücklich nicht zur szenischen Umsetzung konzipiert, vgl. Koltès. *Quai Ouest,* S.104.

9   Nach dieser findet Charles Abad als ein fremdes, kauerndes Wesen auf, bringt ihn notdürftig in der Lagerhalle unter und benennt ihn nach den in der ihm unbekannten Sprache ausgestoßenen Wortsilben, vgl ebd., S. 9.

10   Bident behauptet sogar „l'art poétique de Koltès s'exprime essentiellement dans les lettres à sa mère." Christophe Bident. *Koltès, le sens du monde.* Besançon, Les Solitaires Intempestifs, 2014, S.109. Palm sieht das Werk Koltès' als ein „Théâtre de l'empathie" an. Sie erarbeitet mit Ricoeur die narrative Subjektkonstruktion und erklärt diese zum Garant der Beziehung zwischen Zuschauer und Figur, vgl. Stina Palm. *Bernard-Marie Koltès. Vers une éthique de l'imagination.* Paris, L'Harmattan, 2009.

11   Triau spricht vom „spectateur dérouté", vgl. Christophe Triau „La résolution en raz-de-marée. Sur les fins de pièces koltésiennes". In: Bogumil-Notz, Sieghild; Patricia Duquenet-Krämer (Hrsg.). *Bernard-Marie Koltès au carrefour des écritures contemporaines. Etudes théâtrales* 19, 2000, S. 111-120, hier S. 116.

12   Benhamou hebt auch in Koltès anderen Theatertexten das Verfahren der „construction d'une pièce à partir d'un lieu matriciel" hervor. Françoise Benhamou. *Koltès dramaturge.* Besançon. Les solitaires intempestifs, 2014, S. 33f. bzw. Anne-Françoise Benhamou. „Le

Ortsreferenz als Vorlage betont.[13] Etwaige Ausführungen beruhen implizit auf einem konventionellen und realistischen Schauplatz- und Containermodell, womit der abstrakte und dynamische Charakter des Raumentwurfes, seine Vielschichtigkeit, Pluralität und die verschiedenen Ebenen der Raumkonstruktion nicht ausreichend erfasst werden.[14] Hier setzt folgende Untersuchung des spezifischen Raumes *Quai Ouest* als zentrales, das Geschehen und die Dramaturgie bestimmendes Element an. Anstelle eines topographischen Ortes gilt es, die topologische Plattform zu betonen,[15] die über die sich kreuzenden Bewegungen der Figuren zum Feld einzelner Interaktionen wird und mit einer Dramaturgie der Begegnung einhergeht.[16] Eingehend zu untersuchen ist das

---

lieu de la scène. Quelques hypothèses sur l'œuvre de Koltès dans son rapport au plateau de théâtre". In: André Petitjean (Hg.). *Koltès. la question du lieu.* Metz, CRESEF, 2001, S.45-61. Sowohl Benhamou als auch Ubersfeld in *Bernard-Marie Koltès*, S.111, stützen ihre Argumentation auf die Peritexte (Paratexte, Interviews, Notizen zu den Stücken) des Autors und die vielzitierte Aussage „Ma première idée fut de s'y (hangar) faire rencontrer deux personnes qui n'avaient aucune raison de se rencontrer, nulle part et jamais. Ainsi sont nés Koch et Abad." Koltès. „Un hangar à l'ouest", S. 126.

13   Gemeint sind die vom Autor bereisten und beschriebenen Hafendocks des Hudson River im Westen von Manhattan, vgl. Koltès, ebd., S. 125.

14   Koltès eigene Erläuterung verführt gerade zur Annahme eines stabilen Schauplatzes nach dem Containermodell, ist jedoch in sich widersprüchlich: „J'ai eu l'envie d'écrire une pièce comme on construit un hangar, c'est-à-dire en bâtissant d'abord une structure, qui va des fondations jusqu'au toit, avant de savoir exactement ce qui allait y être entreposé; un espace large et mobile, une forme suffisamment solide pour pouvoir contenir d'autres formes en elle. Peu d'endroits vous donnent, comme ce hangar disparu, le sentiment de pouvoir abriter n'importe quoi – je veux dire par là: n'importe quel événement impensable ailleurs." Koltès. „Un hangar à l'ouest", S. 126.

15   Entsprechend kann ein naturalistischer Begriff von Milieu als Herkunft und Determinante der Figuren hier kaum greifen. Der Raum um den Hafenspeicher ist weder Dekor noch Milieu, hier schließe ich mich Sébastien an, sondern ein topologischer „opérateur logique", der die Bewegungs- und Handlungsmöglichkeiten konfiguriert, vgl. Marie-Paule Sébastien. *Bernard-Marie Koltès et l'espace théâtral.* Paris, L'Harmattan, 2001, S. 8, 17f. Weniger nachvollziehbar ist jedoch Sébastiens Fokus auf das Städtische: „En effet, dans la ville habituellement on circule. Autrement dit, on tourne en rond et quand on se perd, on se retrouve. L'avancée, la progression de la marche en ville est illusoire puisqu'on revient toujours d'où on est parti [...] et les êtres qui habitent le quai vivent dans une ville en étant coupés de la ville", ebd., S.17f, S. 22. Es handelt sich vielmehr um einen strukturlosen Raum.

16   Vgl. Auf die Dramaturgie der Begegnung im Gesamtwerk von Koltès ist bereits hingewiesen worden, jedoch psychologisierend: „la mise en jeu du regard dans l'amorce de leur rencontre et l'origne (sic.) hystérique de leur dépense verbale - resteront des repères fondamentaux de la dramaturgie koltésienne", vgl. François Poujardieu. *L'espace mythique de la rencontre dans l'œuvre de Bernard-Marie Koltès. Genèse d'une écriture dramatique,* Thèse de doctorat en Littératures française, francophones et

Verhältnis zwischen Figuren und Raum anhand des beobachtbaren Verhaltens und den Modi der Raumthematisierungen, die an Desorientierungsmomente geknüpft sind. Einerseits wird der Raum in *Quai Ouest* via Bühnenanweisung aufgebaut und prägt das Geschehen als Anordnung, gleichermaßen jedoch entsteht er perzeptiv-sprachlich über die Rede der Figuren, denen er sich zugleich entzieht. Im Folgenden wird textnah erörtert, inwiefern der Raum des *Quai Ouest* das Verhalten und die Begegnungen der Figuren beeinflusst und inwiefern sich diese anhand von verbleibenden Orientierungsmarken (dennoch) zurechtfinden.

4.1 Ein andersartiger Raum: Terrain vague und Morast

Die erste Bühnenanweisung legt einen topographisch überblickbaren und realistischen Schauplatz nahe: „Dans un quartier à l'abandon d'une grande ville portuaire occidentale, séparé du centre-ville par un fleuve, un hangar désaffecté de l'ancien port".[17] Der Raumentwurf weist deutlich über den szenischen Raum hinaus; stellt diesen in einen übergreifenden geographisch-semiotischen Zusammenhang. Das Attribut „occidentale" ordnet die Stadt zwar kulturgeographisch ein, bleibt jedoch ebenso unspezifisch.[18] Die Hauptaussage der Bühnenanweisung besteht in der Abseitigkeit des stillgelegten Hafenspeichers. Er befindet sich in einem verlassenen Viertel, welches abgetrennt durch einen Fluss, jenseits vom Zentrum einer großen Hafenstadt liegt. Dieses Raumkonzept bietet nicht nur eine Matrix,[19] sondern – und dies ergibt sich aus der Raum-

---

comparées. Bordeaux 3, 2002, Theses.fr, Agence bibliographique de l'enseignement supérieur, theses.fr/2002BOR30021, (16.09.2015).

17 Koltès. *Quai Ouest*, S. 7.

18 Auch wenn die New Yorker Docks Koltès zum Schauplatz als Ausgangspunkt eines Theaterstückes inspiriert haben sollen, handelt es sich mitnichten um ein mimetisches, realistisches oder naturalistisches Schauplatzkonzept. Darüber ist sich die Koltès-Forschung einig, vgl. z.B. Almuth Voß. *Ästhetik der Gegenwelten. Der Dramatiker Bernard Marie-Koltès.* Münster, Lit, 1993; Nahezu keine Untersuchung verzichtet jedoch auf die autobiographische Manhattan-Referenz, wenn auch nur, um die Ambivalenz zwischen realistischem und metaphorischem Schauplatz aufzuzeigen als „fragment du monde, mais un fragment d'emblée perçu comme théâtral", vgl. Benhamou. *Koltès dramaturge*, S. 47f. oder auch „Il est concret et en même temps métaphorique" vgl. Ubersfeld. *Bernard-Marie Koltès*, S.110.

19 Die Bestimmung des Raumes als „matrice de l'œuvre" bei Koltès findet sich zunächst bei Michel Bataillon. „Le flâneur infatiguable". In: *Théâtre en Europe*, 18,1988, S. 24-27. Sie wird u.a. von Benhamou aufgegriffen unter Betonung der Referenzfunktion: „Le lieu serait le sceau d'authenticité déposé sur l'œuvre par l'experience vécue, sa matrice et son garant." Benhamou. *Koltès dramaturge*, S. 34.

besprechung der Figurenrede – eine Metapher für die Lage der Figuren und ihre Begegnungen.[20] Die Abseitigkeit wird darin um eine zeitliche Dimension ergänzt, indem die Figuren kontrastierend zwischen einem einst intakten und belebten Viertel mit Bäumen, Parks, Märkten, Geschäften und dem herunter-gekommenen Ist-Zustand vergleichen, einem verlassenen Gebiet, erobert von Ratten und Schaben, in dem Verbrechen zu erwarten sind.[21] Entsprechend wird die Figurenumgebung über Mängel bestimmt, die Abwesenheit von Regeln, von sozialem Leben und Mobilität: „Il n'y a plus de café, plus de boîte, plus une femme; il n'y a plus de route en service, plus d'électricité, plus de bateau, plus d'eau."[22] Das alte Hafenviertel ist entvölkert und abgeschnitten vom Verkehrs- und Informationsnetz: keine Anzeichen von Autos, Taxen, Telefonanlagen, der Fähre oder anlegenden Schiffen. Die Trinkwasserversorgung ist eingestellt, Beleuchtung und Beschilderung fehlen,[23] es gibt keine Licht- oder Wärmequelle außer der Sonne. Diese defizitäre Raumbesprechung durch die Figuren beruht auf dem Abgleich mit gewohnten Raumvorstellungen, zu denen *Quai Ouest* relational als Gegenraum konstruiert wird. Derart abgeschnitten und durch die brachliegende Bausubstanz und Infrastruktur entfunktionalisiert, handelt es sich bei der Verladezone des ehemaligen Hafens um einen „Nicht-Ort" im phä-nomenologischen Sinne nach Bernhard Waldenfels: „Der Nicht-Ort, der sich in kein Ortsnetz eintragen lässt, entzieht sich dem Zugang und beweist damit Un-zulänglichkeit radikaler Art."[24] In der den Sprechtext eröffnenden Wortkulisse

---

20   Auch Benhamou unterstreicht den metaphorischen Status der Orte der späten Stücke, stützt sich allerdings vor allem auf Interview-Aussagen des Autors aus denen sie die These einer wiederkehrenden Metaphorik der Mauer als verletzbare, bewegliche Grenze zwischen Innen- und Außenräumen und den Figuren herausarbeitet, vgl. Benhamou. *Koltès dramaturge*, S. 54, 61.

21   Koltès. *Quai Ouest*, S. 13f.

22   Ebd., S. 18.

23   Vgl. ebd., S. 13.

24   Bernhard Waldenfels. *Topographie des Fremden. Studien zur Phänomenologie des Fremden 1* [1997]. Frankfurt a. M., Suhrkamp, 1999, S. 187. Waldenfels Konzeption von „Nicht-Ort" ist sowohl von der des Non-lieu als auch von der der Heterotopie zu unterscheiden. Marc Augés anthropologisches Konzept der „non-lieux" bezeichnet anonyme, jedoch gerade durch wirkende Infrastrukturen von Transit und Mobilität gekennzeichnete spätmoderne Räume, vgl. Marc Augé. *Non-lieux. Introduction à une anthropologie de la surmodernité*. Paris, Seuil, 1992. Waldenfels betont zwar über den Aspekt des „Außerhalb der Ordnung" als Gemeinsamkeit mit der Heterotopie, es lässt sich jedoch eine deutliche Abgrenzung vornehmen: Foucaults Konzept beschreibt einen Raum außerhalb der Ordnung, in dem eine andere Ordnung herrscht, die jedoch kom-pensatorische Funktion hat und ebenso institutionalisiert sein kann wie beispielsweise das Theater oder der Friedhof, der wenn auch räumlich separiert, durchaus zugänglich

von Koch und Monique findet dies Anklang. Die besprochene Raumerfahrung besteht in der Beschreibung einer Mauer aus Dunkelheit, die das Sicht- und Bewegungsfeld eingeschränkt und selbst in ihrer Mauerhaftigkeit unzuverlässig erscheint: „ce n'est même pas un mur, non, ce n'est rien du tout; c'est peut-être une rue, peut-être une maison, peut-être bien le fleuve ou bien un terrain vage."[25] Die Figuren tasten sich perzeptiv-sprachlich an die ihnen fremde Umgebung heran. Die verdichtete Dunkelheit weist als immaterielles Hindernis jedoch gerade auf die Unzulänglichkeit des Raumes hin. Der in der Figurenrede explizit genannte Begriff des *Terrain vague* erweist sich als mehrfachkodiert: Er umfasst die Aspekte Menschenleere, Entgrenzung, Strukturlosigkeit und schließt auch die Wahrnehmungserschwernis und das Fehlen räumlicher Informationen mit ein. Damit dekliniert Koltès alle Bedeutungsfelder des Kompositums *Terrain vague* durch, die dem Determinans *vague* etymologisch und verwendungsgeschichtlich eingeschrieben sind: im Wesentlichen Leere (von lat. vaccus) und Unbestimmbarkeit (von lat. vagus), in Verwendungskontexten häufig assoziiert mit unproduktiv, randständig und entfestigt.[26] Auch die zeitliche Dimension der Brache findet in der Figurenbesprechung Berücksichtigung.[27] Die Wortkulisse verdeutlicht die Überlagerung von der Beschaffenheit des Raumes und der (verbalisierten) Raumerfahrung, die dem Konzept des *terrain vague* inhärent ist.[28] Es handelt sich um eine besprochene Erfahrung eines andersartigen Raumes, der aus eigener Vorerfahrung heraus nicht greifbar und daher beunruhigt und verunsichert: „Das Fremde zeigt sich, indem es sich uns entzieht."[29]

Als bauliche Anhaltspunkte verbleiben die ruinösen Überreste des alten Hafens. Provisorischen Unterschlupf bietet eine offene, undichte, verdreckte

---

und zulänglich ist. Vgl. Michel Foucault. „Des espaces autres". In: Ders. *Dits et écrits, 4. 1980-1988.* Paris, Gallimard, 1994, S. 752-762.

25   Koltès. *Quai Ouest,* S. 11.

26   Zur Etymologie des terrain vague vgl. Jacqueline Maria Broich, Daniel Ritter. *Die Stadtbrache als ‚terrain vague'. Geschichte und Theorie eines unbestimmten Zwischenraums in Literatur, Kino und Architektur.* Bielefeld, Transcript, 2017, S.19, 20, 22.

27   Das Nutzungs- und Handlungspotenzial im Theatertext ist entweder auf die retrospektive Sicht beschränkt oder auf zwielichtige Nutzungsformen wie Untertauchen, Verbrechen, illegale Geschäfte.

28   Broich und Ritter sehen eine phänomenologische Dimension von Raumerfahrung bereits früh im Konzept des „vague" angelegt: die der „Gleichzeitigkeit von objektiver und subjektiver Perspektive", Vgl. ebd., S. 21. Dies lässt sich, angefangen beim Begriffspräger Chateaubriand, entlang der französischen Literaturgeschichte (Hugo, Balzac, Zola, Huysmans) in verschiedenen Verwendungsnuancen durchweg nachweisen.

29   Waldenfels. *Topographie des Fremden,* S. 42.

und zugemüllte Lagerhalle, die als ‚Kafarnaum' bezeichnet wird.[30] Durch die Bewegung der Figuren erweist sie sich als Durchgangsraum, reicht auf eine stillgelegte Autobahn und am anderen Ende auf eine Anhöhe zum Fluss hin. Dramaturgisch zerfällt der West Kai so in unzusammenhängende Aufenthalts- und Begegnungsspots, die entsprechend des Sonnenstandes ausgeleuchtet werden. Das Gesamtgebiet ist als eine *Raumfläche* zu denken, als ein diffuses, unbefestigtes Gelände, in dem sich weder Wände noch Wege abzeichnen.[31] Es sind die Bewegungen der Figuren und der mehrfach thematisierte Boden, die die Teilbereiche des Geländes mehr oder weniger nachvollziehbar verbinden. Anstelle eines festen Untergrundes handelt es sich um eine diffuse Materie, die auch bei der Lagerhalle den Unterschied zwischen Innen- und Außenraum auflöst. In einer Sequenz, in der die Figuren Kochs Uhr suchen, zeigt sich, dass drinnen wie draußen die gleichen Bedingungen herrschen: Dunkelheit, Abfälle, schlierige Bodenmasse. Der Boden als Grundlage von Bewegungsmög- lichkeiten ist unzuverlässig und gleitet unter den Tritten der Figuren weg: „Il y a quelque chose par terre qui fait glisser".[32] Sie befinden sich im Morast, im Zwischenbereich von Festland und Fluss, eingeschlämmt vom anschlagenden Gewässer. Das strukturlose und vage Gebiet steigert sich in der Figurenrede durch Aspekte eines *Ab-Ortes*: es ist abgelegen und wimmelt von Abfällen, Bodenlöchern, kriechenden Lebewesen, wilden Hunden und Ratten.[33] Morast erschwert nicht nur das Vorwärtskommen und die Orientierung, sondern birgt auch die Gefahr des Einsinkens, so auch gemäß dem literarischen Motto über der ersten Geschehenssequenz: „Il s'arrête pour s'orienter. Tout à coup il regarde à

---

30   Ebd., S. 78. Koltès greift den umgangssprachlichen Begriff „cafarnaüm" (ursprünglich christlich geprägt, für ein Durcheinander angesammelter Gegenstände) aus der Lite- ratur des Realismus auf, wo er z.B. für die Erlösung verheißende ‚Giftkammer' in Flauberts *Madame Bovary* blasphemisch verwendet wird, vgl. Richard Brütting. *Namen und ihre Geheimnisse in Erzählwerken der Moderne*. Hamburg, Baar, 2013, S. 86ff.

31   Waldenfels setzt dem Raumbehälter die Raumfläche entgegen, die er über Husserls Konzeptionen eines Sinnesfeldes und einer präphänomenalen, räumlichen Ausdehnung einführt und somit leibliche Involviertheit sowie handlungseröffnende Strukturen her- vorhebt. Unter Betonung der „vielförmigen Aufenthaltsorten, Wegverbindungen und Hindernissen, mit Verhältnissen der Nachbarschaft und der Ferne und mit Ereignissen, die stattfinden und nicht einfach ohne unsere Beteiligung abrollen", versteht er die Raumfläche als Voraussetzung für die Eintragung von Bedeutungen, vgl. Waldenfels. *Topographie des Fremden*, S. 195. Auch wenn Waldenfels auf die terminologische, kontrastive Unterscheidung zwischen Ort und Raum verzichtet (vgl. ebd., S. 184), lässt sich die Vorbedingung oder das Potenzial zur Etablierung eines Ortes ableiten. In *Quai Ouest* hingegen resultiert die Raumfläche aus einer mehrfachen Entortung.

32   Koltès. *Quai Ouest*, S. 13.

33   Vgl. ebd., S. 12.

ses pieds. Ses pieds ont disparu".[34] Es überschreibt nicht nur die Raumerschließung von Koch und Monique, sondern auch die räumlichen Bedingungen am
Quai Ouest. Entlehnt aus Victor Hugos *Les Misérables,* steht das Bild eines
Mannes im Treibsand – der durch den weggleitenden Untergrund Standpunkt
und Orientierung verliert, bevor er versinkt – für die Überlebenskämpfe in
der Pariser Kanalisation, in der Menschen spurlos untergehen.[35] Die Gefahr
des Versinkens und Verschwindens sowie die materielle und metaphorische
Verbindung zur Kloake ist in der Figurenrede Moniques explizit angelegt: „ce
trou noir", „nous sommes perdus dans ce trou dégoûtant", „dans ce trou".[36]
Auch im Sprechakt Céciles wird der Aspekt deutlich herausgestellt: „planté dans
la merde d'ici", „en medio de esta mierda", „crever sous l'averse d'une sortie
d'égout".[37] Das Feststecken kennzeichnet auch die Situation der Figuren und
spricht gegen eine „poétique du squat".[38] Die sich am Dock aufhaltenden Figuren
verharren, z.B. mangels Visum,[39] während Koch und Monique umstandsbedingt
die Rückkehr verstellt wird: Die Reifen des Jaguars sind zerstochen, die Autoschlüssel geklaut, der Kopf des Zündverteilers ist abmontiert und Koch
verstaucht sich das Fußgelenk. Mit „coincé ici avec votre cheville" bestimmt
Monique die Lage,[40] die, wie sich herausstellt, auch Kochs Lebenssituation
entspricht, der aufgrund veruntreuter Gelder nicht mehr in sein Leben zurück
kann.[41] Die Versinkungsgefahr trifft auf alle Figuren gleichermaßen zu.[42] Es
handelt sich um ein problematisches Raum-Figuren-Verhältnis, jedoch nicht
um eine Raumfalle, sondern um ein offenes und undurchsichtiges Gelände mit

---

34   Koltès. *Quai Ouest,* S. 11.
35   Die Textstelle findet sich in *Les Misérables* im 3. Buch „la boue mais l'âme" des fünften
      Teils „Valjean", vgl. Victor Hugo. *Roman II. Les Misérables.* Paris, Laffont, 1985, S.1018.
36   Koltès. *Quai Ouest,* S. 11, 12, 63.
37   Ebd., S. 38, 43, 98.
38   Dies macht die Deutung einer konstruktiven Raumbesetzung als "transformation d'un
      espace de passage en espace de vie" fragwürdig, vgl. Valérie Nativel. „La poétique du
      squat dans quai ouest de B.-M. Koltès". In: Catherine Naugrette (Hrsg.). *Le contemporain
      en scène. Vol. II.* Paris, L'Harmattan, 2011, S.121.
39   Vgl. Koltès. *Quai Ouest,* S. 68.
40   Ebd., S. 64.
41   Ebd., S. 68.
42   Hierin besteht einer der wesentlichen Unterschiede zu Brechts Schlammmetaphorik
      von verschluckendem Schlamm, Versinken in Kies, einbrechenden Böden und ver-
      schlingendem und schwarzem Loch, die den unaufhaltsamen Untergang von Gargas
      Familie ankündigen. Vgl. Berthold Brecht. *Erste Stücke 1. Baal. Trommeln in der Nacht.
      Im Dickicht der Städte.* Frankfurt a. M., Suhrkamp, 1965, S. 231, 235, 241, 266, 269.

situativ verstellten Auswegen und schubartigen Wasserschwemmen, die von den Figuren hyperbolisch als Anzeichen der nahenden Sintflut gelesen werden.[43]

Mit dem Rekurs auf literaturgeschichtliche Topoi wie Terrain vague, Kafarnaum und Morast sowie durch die Raumkonstitution zugleich über szenischen Entwurf und die von den Figuren besprochene Raumwahrnehmung und -erfahrung und deren Proxemik konstruiert Koltès einen vielschichtigen, mehrfachkodierten andersartigen Raum. Es herrschen Bedingungen vor, die die Orientierung erschweren und die Handlungsfähigkeit der Figuren in Frage stellen. Es bleibt zu untersuchen, anhand welcher Bezugsgrößen das Verhalten im andersartigen Raumes ausgerichtet ist.

4.2 Entgleiten dichotomer Orientierungssysteme

Die Dramaturgien von Koltès, so behauptet die Forschung, basieren auf der Anlage binärer Muster und Strukturen, was sich bereits an den Titeln einiger Untersuchungen ablesen lässt: *Une poétique des contraires; Ästhetik der Gegenwelten; En noir et blanc.*[44] Diesen entsprechen auch den Deutungsstruktur wie „mise

---

43 Monique: „Il n'y a quand même aucune raison pour qu'on plante notre tente ici jusqu'à la fin du déluge". Koltès. *Quai Ouest*, S. 48. Triau überträgt das Bild der Überschwemmung auf die Dramaturgie. So stellt er in den Stücken Koltès' eine verdeckte Ebene fest, die am Ende die Stückoberfläche überschwemme: „Les fins koltèsiennes font apparaître qu'il y a du souterrain, de la profondeur sous la surface." Er zielt damit jedoch auf die Rezeptionsebene ab und führt das Bild nicht genauer anhand eines Theatertextes aus, vgl. Triau „La résolution en raz-de-marée", S. 111-122.

44 Bernard nimmt eine „représentation d'une inégalité sociale" an und stellt in den frühen Theatertexten eine Unvereinbarkeit der Redeweisen zwischen den Figuren fest, vgl. Florence Bernard. *Koltès, une poétique des contraires.* Paris, Champion, 2010, S. 99, 381. Voß sieht die „Konfrontation des Inkompatiblen" als wesentliche Struktur aller Texte von Koltès' an, so die Opposition der Figuren schwarz und stumm versus weiß und sprechend. Vgl. Voß. *Ästhetik der Gegenwelten*, S. 54 ff. Lanteri bezeichnet Koltès' Theater als ein „théâtre de l'autre" mit Zusammenstößen zwischen „les maîtres nantis et les esclaves désargentés (donc les Blancs et les noirs bien sûr)." Er geht von der Deckung kolonialer, räumlicher und ökonomischer Konflikte aus und entnimmt den Texten implizite Lager-Konstellationen, die er zurückgreifend auf Agamben biopolitisch untermauert. Spätestens in der Übertragung eines „espace concentrationnaire" auf *Quai Ouest* mit Abad als der im „hangar" eingesperrten Figur des Muselmanns (nach Primo Levi) und Koch als dessen Peiniger entfernt sich Lanteri deutlich weit vom Primärtext. Vgl. Jean-Marc Lanteri. *En noir et blanc. Essai sur Bernard-Marie Koltès.* Villeneuve d'Ascq, Presses Universitaires du Septentrion, 2014, S. 126, 115, 121.

en jeu des oppositions",[45] Chiasmus, Dialektik,[46] Dualismus,[47] und Dichotomie.[48] Auch in den Textanalysen zu *Quai Ouest* werden mit Zentrum versus Abseits und Reiche versus Randständige binäre Oppositionen von Räumen und Figuren herausgeschält.[49] Diese Argumentationen stützen sich auf die Figurenliste und verbinden die namentliche mit einer sozialräumlichen Zweiteilung mit dem Fluss als Risslinie zwischen zwei Welten: Maurice Koch und Monique Pons sind

---

45   Gothová-Jobert liest Koltès mit Hegel und schließt, dass die „*separation* des oppositions",
      verbunden mit der fatalen Anziehungskraft der Kontraste den Grundstein der Koltès'-
      schen Dramaturgie bilde. Exemplarisch für diese „lutte des oppositions, de la rencontre
      des contrastes, de la confrontation des mondes séparés" stehe die Kollision zwischen
      einem „dealer noir" und einem „client blanc" in Koltès Theatertext *La solitude des
      champs de cotton*, womit sie sich auf die Forderungen zur Rollenbesetzung des Autors
      beruft. Vgl. Daniela Gothová-Jobert. *Le théâtre de Bernard-Marie Koltès. Le dialogue
      dramatique réinventé*. Atelier Nationale de reproduction des thèses, Lille, 2001, bes. S.
      24ff. In Bezug auf *Quai Ouest* weist sie bereits auf die Grenzen ihrer These hin: „pas
      de système strictement binaire ici: les différences sont nombreuses et les ambitions des
      personnages se heurtent et se mélangent dans une action fragmentaire, épisodique",
      ebd., S. 30.
46   Triau bezieht sich auf Eigenmann, der die ästhetische Figur des Chiasmus auf die
      Konfiguration sich nähernder und entfernender Gesprächspartner_innen bezieht. Eric
      Eigenmann „Specularités d'une figure de construction chez Bernard-Marie Koltès: le
      chiasme" (Vortrag 1998), zitiert nach Christophe Triau. „La dialectique de la langue".
      In: Christophe Bident; Régis Salado; Christophe Triau (Hg.). *Voix de Koltès*. Angelet,
      Atlantica, 2004, S.41. Anhand der Dramaturgie erarbeitet Triau das Prinzip einer
      „dialectique entre le caché et l'évident, la distance et l'intime, ce qui est donné et ce qui
      se retire, la surface opaque et la profondeur, le proche et le loin." Dabei betont Triau
      jedoch vor allem die mysteriöse, geheimnisvolle und fremdartige Wirkung der Texte,
      vgl. Triau. „La dialectique de la langue", S. 38.
47   Freuds These von Verunklarung richtet sich lediglich auf die Grenzverwischung
      zwischen den Gattungen und stützt sich auf Autoraussagen. Vgl. Eva Freund. „L'art de
      déjouer les catégories". In: Bogumil-Notz, Sieghild; Patricia Duquenet-Krämer (Hrsg.).
      Bernard-Marie Koltès au carrefour des écritures contemporaines. Études théâtrales 19,
      2000, S. 140-147.
48   Christoph Bident verwendet den Begriff der Dichotomie ausschließlich biographisch im
      Kontext der Korrespondenz von Koltès mit seiner Mutter während seiner Adoleszenz:
      „avec/sans œuvre, avec/sans argent, avec/sans maladie, avec/sans mère, avec/sans
      Dieu" vgl. Christophe Bident. *Bernard-Marie Koltès. Généalogies*. Tours, Farrango, 2000,
      S.45.
49   Corvin sieht eine „recontre des deux mondes du haut (les nantis) et du bas (les
      minables)", vgl. Michel Corvin. „Comment l'espace écrit les pièces de Koltès". In:
      Marie-Claude Hubert; Florence Bernard (Hg.). *Relire Koltès*. Aix-Marseille, PUP, 2013,
      S.17-21, hier S. 18. Zu ähnlichem Schluss gelangt bereits Bonnevie „*Quai Ouest* raconte
      l'histoire de la rencontre des individus provenant de deux mondes radicalement
      différents (celui des nantis et celui des bas-fonds)", er differenziert jedoch „mais qui ont
      en commun d'être perdus dans une errance sans fin." Bonnevie. *Le sujet dans le théâtre
      contemporain*, S. 174.

mit Vor- und Zunamen versehen, die Bewohner des Hafendocks Charles, Cécile, Claire und Rodolfe nur mit Vornamen. Entsprechend wird auf das Eindringen der Einen in den Raum der Anderen geschlossen.[50] Die These einer sozialräumlichen Gegenüberstellung lässt sich entkräften. Auch wenn sich Figuren das Gebiet des Docks provisorisch anzueignen scheinen, sind sie mitnichten dort ansässig. Die Mitglieder der Familie aus Lateinamerika warten auf ihr Visum, Fak ist eine ruhelose, sich herumtreibende Gestalt gänzlich ohne Bezugsort,[51] Abad – dies vermittelt der narrative Vorspann – kommt von weit her. Bereits die Figurenliste macht eine ausdifferenziertere Konstellation erkennbar. Mit Vornamen sind nur die Figuren der Familie gelistet, bei Fak und Abad handelt es sich um Lautbilder als Rufnamen.[52] Ebenso ist auch der Status von Koch (Nachname) und Monique (Vorname) zu differenzieren in Geschäftsmann und Assistentin. Anstelle einer räumlich-soziologischen Binarität operiert Koltès in *Quai Ouest* mit einem für alle Figuren geltendem Raumverhältnis und mit einer ausdifferenzierten Figurenkonstellation.

Auch über die Figurenkonstellation hinaus stützt sich die Forschung auf Dichotomien. Die Problematik der Desorientierung wird ausschließlich auf der Wirkungsebene behandelt.[53] Tatsächlich treten auf der Textoberfläche komplementäre Begriffs- und Bedeutungspaare hervor, insbesondere Licht und Dunkel, „ici" und „là-bas", „autrefois und „maintenant." Es stellt sich jedoch die Frage, wie diese Muster in der Bühnenanweisung ausgeformt werden und insbesondere, wie sie in der Figurenrede besprochen werden. Entsprechend gilt es, die im Stück auftretenden dichotomen Systeme auf ihr Orientierungspotenzial hin zu überprüfen.

---

50   Petitjean geht von einer „intrusion du monde des notables dans le territoire des sauvages" aus. André Petitjean. „Spatialité et textualité dramatique. L'exemple de Quai Ouest de Bernard-Marie Kolès." In: Petitjean, André (Hg.). *Koltès. La question du lieu.* Metz, CRESEF, 2001, S. 30, 26.

51   Gemäß des Figurenmonologes von Fak bietet der (begehrte) Körper des_der Anderen einen temporären Ort, vgl. *Quai Ouest*, S. 96.

52   Vgl. ebd., S.7.

53   Sowohl Freud als auch Bernard argumentieren wirkungsästhetisch hinsichtlich Thesen der Desorientierung der Rezipient_innen: „Das Verständnis wird durch formale und inhaltliche Brüche erschwert bis gewohnte Rezeptionsmethoden kaum mehr greifen. Das Grundgerüst der Figurenschilderung aber ist der Gegensatz zweier Welten." Vgl. Eva Freund. *Gefährdetes Gleichgewicht. Das Theater des Bernard-Marie Koltès.* Frankfurt a. M., Peter Lang, 1999, S. 28. Bernard stellt ein „jeu avec les repères" fest, das mittels einer „mécanique de brouillage des donnés" Orientierungspunkte (Raum und Zeit) und Grenzen (Drinnen und Draußen, Roman und Theater) verwische. Dieses „dépassement des catégories usuelles", bringt sie jedoch nicht mit ihrer titelgebenden Hauptthese in Verbindung. Vgl. Bernard. *Koltès, une poétique des contraires*, S. 38; 387ff.

Systeme, die wie ein Kompass auf zwei Polen beruhen, bieten dem Menschen Orientierung.[54] Kulturelle und semantische (Zu)Ordnungssysteme strukturieren die Welt und ihre Phänomene in dichotomer Weise (wahr/falsch, schwarz/ weiß, Zentrum/Peripherie, Natur/Kultur etc.) und stiften Orientierung insofern, als dass sie über extreme Differenzen „Sinn" erzeugen. Sie setzen, so Niklas Luhmann, Welt als Einheit von Differenz voraus und jede dieser Differenzen bildet zusammen wiederum ein System. Als Beispiel für diese semantisch orientierenden Differenzen nennt Luhmann die auf dem Vokabular der Kosmologie beruhenden, räumlichen und zeitlichen Gegensätze oben/unten und früher/später.[55]

Als ein erstes dichotomes System aus dem Text bietet sich die Tag-Nacht-Semantik zur Untersuchung an. Der Wechsel von Licht und Dunkel gilt epochen- und kulturübergreifend als rhythmus- und orientierungsstiftend. Der Sonnenstand bietet nicht nur einen raumzeitlichen Bezugspunkt und ermöglicht eine geographische Orientierung nach Himmelsrichtungen, sondern auch einen kulturellen, wovon architektonische, gestisch-rituelle und symbolische Ausrichtungen auf die Sonne auch in der Theatergeschichte zeugen.[56] Nach aristotelischer Poetik bildet der Sonnenumlauf das zeitliche Bezugssystem des Dramas und Angaben zum Sonnenstand geben Auskunft über den Handlungsfortschritt.[57] In den Bühnenanweisungen von *Quai Ouest* sind Sonneneinstrahlung und Dunkelheitsgrade präzise angegeben. Koltès betont Extremwerte wie „dans la nuit", „au soleil", „la nuit est totale", „en plein soleil";[58] fächert aber auch die Lichteinwirkung auf Lagerhalle, Straße oder Flussoberfläche minutiös auf: „hangar traversée de rayons dorés", „Les rayons dorés clignotent doucement

---

54 Jean-Yves Coquelin nutzt das Bild des Kompasses zur Untersuchung der Streifzüge der Koltès'schen Figuren. *Quai Ouest* findet nur stichpunktartig Erwähnung, im Fokus steht der Roman *La fuite à cheval très loin dans la ville*. Vgl. Jean-Yves Coquelin. „Point de fuite à l'horizont." In. *Europe*, 823-824, 1997, S. 52-73.

55 Niklas Luhmann. *Soziale Systeme* [1987]. Frankfurt a. M., Suhrkamp, 2012, 1987, S. 106ff.

56 Im Theater des 16. und 17. Jahrhunderts finden sich Sonnenbezüge nicht nur in heliotropen Eröffnungen und vertikalen Ausrichtungen auf den Himmel, sondern insbesondere in der Handlungsführung hin auf einen triumphalen Schluss, der dem Sonnengott (symbolisch dem Fürsten) gewidmet ist, vgl. Juliane Vogel. „Solare Orientierung. Heliotropismus in Tragödie und Tragédie en musique." In: Nicola Gess; Tina Hartmann; Dominika Hens (Hg.). *Barocktheater als Spektakel. Maschine, Blick und Bewegung auf der Opernbühne des Ancien Régime*. Paderborn, Wilhelm Fink, 2015, S. 71-83.

57 Das antike Freilufttheater benötigt die natürliche Lichtfunktion der Sonne. Mit dem festen Theaterbau, der ansteigenden Bedeutung der Chronometrie und der künstlichen Beleuchtung setzt eine Krise der Sonnenzeit in der Tragödie ein, die just bei Corneille unter Ludwig XIV feststellbar ist, vgl. ebd.

58 Koltès. *Quai Ouest*, S. 25, 43, 76, 90.

et perdent leur éclat", „hangar encore légèrement ensoleillé", „le soleil, bas, se reflète sur l'eau du fleuve", l'intérieur du hangar, dans la lumière rouge du soleil couchant".[59] Mit diesen malerisch-filmischen Bühnenbildangaben setzt der Autor auf nuancierte Lichtatmosphären anstelle von Hell-Dunkel-Kontrasten. In der Figurenrede wird der Sonnenstand als raumzeitlicher Bezugspunkt hervorgehoben. So bemessen die Figuren die Weglänge ins Zentrum: „Si tu pars tout de suite, tu arriveras, peut-être, avant la nuit",[60] auch richten sie ihr Verhalten anhand der Lichtverhältnisse aus: „Il ne fait pas encore nuit. Ne soit pas si pressée" bzw. „Dépêchez-vous, je sens que la nuit va tomber".[61] Deutlich wird die Tendenz, Verhandlungen in die Dunkelheit zu verlagern.[62] Eine Ausnahme bildet die Empfehlung von Claire an Monique, erst am Tag den Weg ins Zentrum zu wagen um räumliche Desorientierung zu vermeiden: „La nuit, madame, va tomber à toute vitesse, elle va tomber pendant que vous vous perdrez dans les rues complètement seule [...] vous resterez, dignement dans votre coin, à attendre que le jour reparte et revienne."[63] An anderer Stelle in der Figurendrede wird die solare Orientierung relativiert. Es herrscht ein „dérèglement des jours et des nuits", d.h. „de l'obscurité quand il faut de la lumière et des soleils qui refusent de se coucher".[64] Diese solarzeitliche Unordnung wird mit der Zuverlässigkeit der Sonne in vergangenen Zeiten in Kontrast gestellt: „le soleil était le soleil et il obéissait au doigt et à l'œil, et la nuit le temps du sommeil."[65] Die Unzuverlässigkeit des kosmologischen Fixpunktes geht einher mit Verschiebungen von Wach- und Schlafenszeit sowie – dies impliziert hier der Fingerzeig – mit dem Verlust der Zeit- und Richtungsmaße.

Sowohl an der Besprechung der räumlichen als auch der solarzeitlichen Unzuverlässigkeit wird deutlich, dass die Dichotomie früher versus heute bemüht wird. Einerseits lassen sich am Zustand des Raumes die Spuren früherer Verhältnisse ablesen, andererseits wird in Ermangelung an räumlichen Anhaltspunkten auf den vorherigen Raumzustand zurückgegriffen. Zeitliche Perspektivierung bietet räumliches Orientierungspotenzial, so bildet die ehemalige Anlegestelle des Ferry, auch wenn sie brach liegt, ein erinnerter Bezugspunkt.[66] Das positiv besetzte Früher und das negativ besetzte Heute werden dabei bis ins Hyperbolische gesteigert: Cécile datiert den Umschlag von Glück zu Unglück, von

---

59   Koltès. *Quai Ouest*, S. 51, 55, 59, 73.
60   Ebd., S. 50.
61   Ebd., S. 48, 49.
62   Dies tut insbesondere Cécile, vgl. ebd., S. 52, zu ihrem Taktem siehe 4.3.1.
63   Ebd., S.85, 95.
64   Ebd., S. 53f.
65   Ebd., S. 54.
66   Diesen Geländebereich steuert Koch für seinen Suizid an, vgl. ebd., S. 15.

Gesundheit zu Krankheit, von Sicherheit zu Angst, von Struktur zu Unordnung auf das Erscheinen von Abad am West Kai. Solche einfachen Erklärungsmuster für den Umschlag von vergangenen zu präsentischen Verhältnissen ironisieren die dichotome Kontrastfolie früher versus heute.

Am deutlichsten wird die Auflösung der Dichotomie an den Gegenwerten hier versus dort. In der Unterredung zwischen Cécile und Charles eröffnet sich der Gegensatz zwischen dem „ici" und einem außerszenischen „là-bas". Die beiden Figuren schildern in Relation zum *Quai Ouest* je einen Sehnsuchtsort als Fluchtpunkt, an dem sie ihr Verhalten ausrichten.[67] Cécile bezieht sich nostalgisch zurück auf ihre Herkunft, die als „Llomas Altas" bezeichnete lateinamerikanische Gegend, die sie beschreibt als „notre pays ou les rues sont si propres."[68] Sterbend, erst Spanisch, dann Quechua sprechend, verflucht sie ihre Geburt, ihr Geschlecht und ihre Ahnen und lässt das Bild der zuvor noch idealisierten Herkunft brüchig werden: „el aire allá esta podrido y huele a mierda."[69] Sie bezeichnet beide Räume als Kloaken und erklärt ihre Auswanderung für unerheblich: „tirée de la merde des Llomas Altas pour me traîner dans cette merde-ci".[70] Die aufgebaute Dichotomie wird so durch Relativierung entkräftet. Charles visiert mit „là-bas" das zukunftsverheißende Stadtzentrum an und kehrt seiner Vergangenheit den Rücken zu. Indem er seinen Geburtsnamen „Carlos" verweigert und auf „Charles" insistiert, legt er seine alte Identität zugunsten einer neuen ab. Für diese Flucht nach vorne, dem materiellen und gesellschaftlichen Aufstieg jenseits des Flusses, steht die Vision der ungebremsten Autofahrt.[71] Die einzige Figur, die auf den abseitigen Raum des Hafendocks hinsteuert ist Koch, der einen Ort wählt, der ihm (d.h. seiner Lage) entspricht: „un endroit qui me ressemble".[72] Das Bestreben von Koch und Charles, die Vergangenheit hinter sich zu lassen, ist räumlich ausgerichtet und überkreuzt sich: Koch strebt nach Sinken und Ertrinken – Charles steuert jene Welt an, der Koch den Rücken zukehrt: „De l'autre côté, là-bas, c'est le haut; ici, c'est le bas [...] je change de bord".[73] Die Dichotomie von hier und dort wird dabei an die sozialräumlichen, semantischen Werte oben und unten gekoppelt: Charles

---

67 Coquelin verwendet den Begriff des Fluchtpunktes im Sinne einer „situation archétypale dont les deux bornes seraient la nécessité de la fuite et le désir de trouver Repos." Coquelin. „Point de fuite à l'horizont", S. 53.

68 Koltès. *Quai Ouest*, S. 42.

69 Ebd., S. 98. Die Übersetzung der spanischen und quechua-sprachigen Passagen ist dem Stück angehängt, vgl. ebd., S. 103, 104.

70 Ebd., S. 79.

71 Vgl. ebd., S. 44.

72 Ebd., S. 22.

73 Ebd., S. 60.

verbindet mit dem Aufstieg Geld, während für Koch gerade das Geld zum
Abstieg führt: „Ma réputation est à l'eau.[...] je ne veut pas voir le plongeon."[74]
Diese Gegensätze verflüssigen sich förmlich, wenn die Körper beider Figuren, so
suggeriert das Ende, tot im Fluss treiben, dem Schwellenbereich zwischen *Quai
Ouest* und Zentrum.[75] Charles' Orientierungswerte werden bereits zuvor durch
Kochs Repliken als „foutaises" bezeichnet und zerredet. Gegen Ende lässt Koltès
Charles dies aufgreifen und einen ironischen Abgesang auf ein dichotomes
Wertesystem halten:

> Au ciel il y a des villas riches gardées par des doberman, avec des pelouses et des
> courts de tennis; on sert des drinks avant les repas et même les anges, qui sont des
> serviteurs, sont chaussées avec des Weston. En enfer, on habite dans des carrosseries
> vides de vieilles bagnoles. *(Il rigole.)* Foutaises.[76]

Die Dichotomie von Oben versus Unten wird in Entsprechung gesetzt mit
Überfülle und Luxus versus Leere und Misere und überspitzt übertragen auf
Himmel und Hölle. Durch das Lachen und die Erklärung für Unsinn ist die
Distanzierung von der dichotomen Aufteilung von Räumen und Menschen
kenntlich gemacht.[77]

Via Figurenrede konterkariert Koltès binäre raumsemiotische Muster
(Himmel und Hölle, Ober- und Unterklasse) und löst sie ironisch auf. Verstärkt
durch die finale Stellung im Theatertext, verschiebt sich die Aussage von
der stückinternen auf die stückexterne Kommunikationsebene und wird zur
metatheoretischen Devise. Dieser humorvoll-kritische Ton wird bisher wenig
berücksichtigt, wenn auch der angehängte Paratext auf diesen aufmerksam
macht: „Le pire enfin qui peut arriver à la pièce, c'est qu' on la fasse sentimentale
et pas drôle."[78] Die wenigen Forscher_innen, die die Ironie in Koltès' Werk
beleuchten, basieren diese auf eine angenomme mimetische Repräsentation,
Autoraussagen und zielen auf die Wirkungsebene. So argumentiert Carine
Rousselot:

> Déstabiliser la perception du destinaire et partant de sa perception du monde, depuis
> l'intériorité-même du lecteur/spectateur, telle est la méthode-ironique-critique qui

---

74   Koltès. *Quai Ouest*, S. 12.
75   Vgl. ebd., S. 102.
76   Ebd., S. 101.
77   Dies spricht gegen die Lektüre des ‚tragischen Charakters' als Bestätigung zweier
     auseinanderklaffenden Welten, die zum fatalen Tod Charles führten, vgl. hingegen
     Triau „La résolution en raz-de-marée," S. 114; sowie Gothová-Jobert. *Le théâtre de
     Bernard-Marie Koltès.*
78   Vgl. Koltès „Pour mettre en scène Quai Ouest", S. 108.

vient placer le doute au sein de l'illusion de réalité, acusant la stabilité de nos représentations, de nos codes et de nos idéologies.[79]

Hingegen lässt sich die Koltès'sche Ironie – wie oben gezeigt – in Dramaturgie, Figurendialog und Schreibweise mittels einer textnahen Analyse von *Quai Ouest* nachweisen.[80] Der Theatertext entzieht sich realistisch, soziologisch oder strukturalistisch geprägten Zugängen, die auf binären Mustern beruhen. Finden sich in Bühnenanweisung und Figurenrede auch zeitliche, soziotopographische, raumsemantische und dramaturgische Dichotomien, entgleiten diese auf der Mikroebene. Sie werden diffus, dynamisiert und in Frage gestellt durch dramatische Mittel der Nuancierung und sprachliche Mittel der Relativierung, Überspitzung und Ironisierung. Tradierte Ordnungen werden metatheoretisch für unzulänglich erklärt, als Orientierungssysteme unterwandert und in Frage gestellt.

4.3 Raumbahnen und Raumverhalten

Bisher versteht die Forschung die Situation in Koltès' Theatertexten über Konflikte, die – nach einem hegelianischen, dialektischen Dramenverständnis – auf präexistenten Unvereinbarkeiten zwischen unterschiedlichen Positionen oder Prinzipien gründen, für die die Figuren (ein)stehen.[81] Mit der Auflösung

---

79 Im Mittelpunkt von Rousselots Untersuchung, die sich auf Archivdokumente und Theatertextpassagen stützt, stehen die Ironie als „posture" des Autors sowie die destabilisierende Wirkungsästhetik durch Lüge und Verführung, vgl. Carine Rousselot. *Bernard-Marie Koltès: (1977-1989) le «pacte ironique»?*, In: www.theses.fr/2017UBFCC0 09/document, (25.03.2018) , S. 532, 534, 535, 536.

80 Gothová-Jobert geht davon aus, dass Ironie in Theatertexten auf mehreren, mit einander verzahnten Ebenen besteht. Mit Rückbezug auf Kerbat-Orecchionis Aufsatz „Ironie comme trope" in Poétique n°41, 1980, unterscheidet sie in „ironie des personnages, ironie dramatique" sowie „ironie globale". Die Ironie in der Figurenrede berücksichtigt sie nicht, konzentriert sich auf Plot und Dramaturgie und stellt den tragischen und zugleich ironischen Tod von Charles und Cécile heraus. Ihre Untersuchung zielt auf die Wirkungsebene von Gattungsironie. Vgl. Gothová-Jobert. *Le théâtre de Bernard-Marie Koltès*, S. 226, 229.

81 So behauptet Freund: „Konflikte sind die Basis jeder dramatischen Situation." Freund. *Gefährdetes Gleichgewicht*, S. 47. Bei der Analyse von Koltès' *La solitude dans les champs de coton* macht Pavis den Zusammenstoß der Opponenten Dealer und Kunde stark. Er argumentiert für eine postklassische Dramaturgie; der Schwerpunkt seiner Argumentation liegt auf der sprachlich und stilistisch ausgefeilten Mechanik von Argument und Gegenargument, vgl. Pavis. *Le théâtre contemporain*, S. 83, 84.

von Dichotomien geht eine neue Konzeption von Situation einher.[82] Es handelt sich nicht um ein polarisiertes System bestehend aus Dominierenden und Dominierten oder Protagonist und Antagonist. In *Quai Ouest* liegt nicht nur eine Vielzahl an möglichen Begegnungskonstellationen vor, sondern es fehlen auch größere übergeleitete Werteprinzipien der Figuren. Allenfalls liegen Interessen vor, die dynamisch und situativ konzipiert sind, werden sie doch erst im Zusammentreffen und unter Einfluss der Raumverhältnisse abgeklopft, ausgeformt und ebenso verunklart.

4.3.1 Kollision als offene Begegnungssituation

Das Zusammentreffen der Figuren in *Quai Ouest* lässt sich als *Kollision* verstehen, jedoch nicht im hegelianischen Sinne eines Kampfes antagonistischer Gegenkräfte.[83] Es geht hier um die physikalische Kollision als einem unvorhersehbaren Aufeinandertreffen bewegter Körper im Raum, das eine Interaktionsmöglichkeit eröffnet. Die Begegnungen zwischen den Figuren finden vornehmlich in der Dunkelheit statt, erscheinen undurchschaubar und offen. Es handelt sich um *Begegnungssituationen*, bei denen es zur perzeptiven und sprachlichen Aushandlung von Rollen, Status, Interessen, Kräfteverhältnisse, Eigen- und Fremdbildern kommt. Anstelle gängig herangezogener makrosoziologischer Ansätze werden hier von einer mikrosoziologischen Warte her Beobachtungs- und Gesprächsdynamiken näher untersucht.[84] Entsprechend lässt sich die Situation im Theatertext von Koltès mit Erving Goffman definieren als „diejenige räumliche Umgebung, und zwar in ihrem ganzen Umfang, welche jede in sie eintretende Person zum Mitglied der Versammlung macht (oder dadurch konstituiert wird). Situationen entstehen, wenn gegenseitig beobachtet wird, sie vergehen, wenn die zweitletzte Person den Schauplatz verlässt."[85] Goffman nutzt nicht nur Theatermetaphern, sondern legt ein Verständnis von Situation vor, deren Grundvoraussetzung der des Theaters entspricht: die gemeinsame

---

82   Zum klasssichen versus zeitgenössischen Begriff der Situation vgl. Kapitel 3.2.2.

83   Hegel betont das situationseröffnende und handlungsveranlassende Moment der Kollision, gründet diese jedoch auf den Kampf der Gegensätze und die Notwendigkeit der Auflösung, vgl. Hegel. *Vorlesungen über die Ästhetik I, S. 267.*

84   Freund führt am Beispiel des Monologes *La nuit juste avant les forêts* den Verlust von Orientierungspunkten auf Entfremdung und dissoziierte soziale Zugehörigkeit (Außenseiter, Vereinsamung, Immigration und Milieu) zurück und argumentiert damit makrosoziologisch. Vgl. Freund. *Gefährdetes Gleichgewicht,* S. 27; vgl. ebenso Voß. *Ästhetik der Gegenwelten.*

85   Vgl. Erving Goffman. *Verhalten in sozialen Situationen. Strukturen und Regeln der Interaktion im öffentlichen Raum.* Gütersloh, Bertelsmann, 1971, S. 28.

Präsenz zweier Personen in einem Raum sowie eine entsprechende Reichweite als Garant der gegenseitigen Wahrnehmung.[86] Eben diese wechselseitige Wahrnehmung vor der verbalen Interaktion macht die *Begegnungssituationen* im vagen Terrain aus, zumal im andersartigen, orientierungswidrigen Raum die Beobachtung des_der Anderen Anhaltspunkte bietet. Vor der Untersuchung der sprachlichen Interaktionen gilt es daher, beobachtbare und besprochene Raumwege und Raumverhalten zu analysieren. Von Relevanz für die Orientierung ist, inwieweit von der Art und Weise einer Bewegung auf die Interessen und das Vorhaben des_der Aderen geschlossen und das je eigene Verhalten danach ausgerichtet werden kann.

4.3.2 „Instinkt" und Kalkül

Die Bewegung der Figuren ist raumkonstituierend und mit der Raumbesprechung abzugleichen. Verben der Flucht, des Aufbruchs, der Rückkehr dominieren die Sprechakte, bleiben jedoch folgenlose Ankündigungen der Figuren.[87] Die in der Bühnenanweisung angelegten Bewegungen beschränken sich auf das Zirkulieren um die Lagerhalle, die durch die Raumwege mit den Teilräumen Autobahn und Anhöhe verbunden wird.

Moniques und Kochs Raumverhalten lässt sich als unsicher und zögerlich kennzeichnen. Exemplarisch dafür steht die Raumerschließung der Eingangssequenz: „où? par où? Comment?".[88] Wiederholt betont Monique die dunkle Mauer als Hindernis, das sie zum Stocken bringt. Ihr Klagen über Fußschmerzen weist darauf hin, dass sie bereits länger unterwegs ist und das Auto in die Ferne rückt.[89] Gewohnt chauffiert zu werden, ist Koch für die vorgefundenen Gegebenheiten nicht gerüstet und trägt Stadtschuhe, die ein trittfestes Auftreten erschweren.[90] Zaghaft bewegt er sich fort, stolpernd und ausrutschend.[91] Laut Bühnenanweisung ist er angewiesen auf Pfosten und andere Figuren, die ihn stützen und tragen.[92] Im Gegensatz zu Monique ist er grundsätzlich unfähig, sich räumlich zurechtzufinden. Mit der Rückmeldung „Vous ne savez même

---

86   Was hier Begegnung genannt wird, um die Unvorhersehbarkeit und Flüchtigkeit zu betonen, entspricht der „Zusammenkunft" bei Goffman. vgl. ebd., S. 28, 29.

87   Dies entspricht auch der Beobachtung von Arnaud Maïsetti. „Bernard-Marie Koltès. Utopies politiques. ‚Il faudrait être ailleurs'. In: Marie-Claude Hubert; Florence Bernard (Hrsg.). *Relire Koltès*. Aix-Marseille, PUP, 2013, S.23-32.

88   Koltès. *Quai Ouest*, S.11.

89   Vgl. ebd., S. 11.

90   Vgl. ebd., S. 12, 14, 15.

91   Vgl. ebd., S. 81, 82.

92   Cécile trägt ihn, Monique zieht dies ebenfalls in Erwägung.

pas conduire, vous ne savez pas reconnaître votre gauche de votre droite, vous auriez été incapable de trouver ce fichu quartier tout seul." stellt Monique nicht nur Kochs kartographische Orientierungsfähigkeit in Frage und widerlegt damit seine Behauptung „je sais, moi, très exactement où je suis".[93] Selbst die Links-Rechts-Unterscheidung als leiblich-kulturelle Grundlage menschlicher Orientierung spricht sie ihm ab. Die Dunkelheit wirft die Figuren auf ihre sogenannten ‚niederen' Sinne zurück. Dies gilt insbesondere für die Figuren, die sich bereits länger am *Quai Ouest* aufhalten und Anpassungsverhalten an das unwegsame Gelände aufzeigen, in dem sie sich geschickt vorwärtsbewegen, laufen und rennen.

In der Figurenrede werden Verhaltens-Analogien zwischen Figuren und Tieren besprochen. Wie Nachttiere meiden Charles und Cécile das Tageslicht und die Sonneneinstrahlung. Ihr Tag-Nacht-Verhalten entspricht dem der Hunde am West Kai, die des Tags kriechen und des Nachts lärmen: „la nuit ils se vengent d'une journée de sollicitation et de mépris en chassant le silence de ces rues".[94] Cécile lauert in der Lagerhalle und wartet auf die Dämmerung, wagt sich exakt bei Sonnenuntergang hervor und setzt ihr taktierendes Beschwatzen ein: „Jusqu'au soir, il faut que je me cache, quand le soir commencera à venir j'irai trouver ce monsieur distingué avec mon baratin, si je commence trop tôt je serai cuite, mon baratin ne marche qu'aux premières heures du crepuscule".[95] Charles ist nachtaktiv, nutzt den Tag zur Ruhe und Planung, was Cécile als Trägheit deutet: „larve pourrie au soleil [...] alors que tu devrais déjà être accroché à lui [Koch] comme une chauve-souris dans ces cheveux".[96] Die untätige Larve steht hier im Gegensatz zur Fledermaus, dem nachtaktiven Tier par excellence, das seine Beute bekannterweise per Schall ausfindig macht, um sich mit hoher Geschwindigkeit auf sie zu stürzen. In der Nacht kommen tiergleiche akustische und olfaktorische Fähigkeiten und ‚Instinkte' zur Geltung. Charles zeichnet sich über sein ausgeprägtes Ferngespür für Wertgegenstände aus: „Le pognon je le sens avant même qu'il arrive, avant qu'il soit dans la poche, avant même qu'il soit dans le coffre des banques; les billets, j'en sens l'odeur avant même que les billets ne soient imprimés".[97] Mit dem Vorausahnen ergänzt die Behauptung die räumliche Reichweite des Spürsinnes hyperbolisch um eine zeitliche Dimension. Die

---

93   Koltès. *Quai Ouest*, S.12
94   Ebd., S. 85.
95   Ebd., S. 52, 53ff.
96   Ebd., S. 38.
97   Ebd., S. 62.

Figuren am Hafendock sind mit einer hündischen Wachsamkeit ausgestattet.[98] Die in den Anweisungen angelegten und besprochenen Bewegungs- und Verhaltensarten verweisen auf tierisches Jagdverhalten: Lauern, Anpirschen und Zupacken. Insbesondere Hundemetaphern bestimmen das Verhalten im Raum und zueinander: Streunen, Beschnuppern, Einkreisen, Umeinander-Kreisen.[99] Beim Thematisieren des Verhältnisses zwischen Charles und Fak „vous vous chamaillez, mais vous finissez toujours par vous lécher le cul"[100] wird die Bedeutungsverbindung zwischen Instinktverhalten und Verhandlungstaktik offensichtlich. Hundevergleiche werden jedoch ebenso zur Semantik menschlicher Degradierung herangezogen. Der ehemals aufrechte, geschmeidige Gang ist zum Gang mit hängenden Schultern und hängendem Kopf geworden; die menschliche Existenz „réduit à l'état de chiens errants".[101] Die Figuren besprechen die Gefahr, bis unter Hundeniveau herabzusinken: „marcher à quatre pattes et lécher la pisse des chiens sur le trottoir."[102] Zwar scheint es so, als ob es die Umgebung sei, die die Figuren zu Tieren mache, die These einer räumlichen Determinierung der Figuren greift in *Quai Ouest* jedoch deutlich zu kurz. Das vage Terrain erfordert zwar Anpassungsverhalten, zugleich machen sich die Figuren es sich jedoch taktisch zu Nutze. Es herrscht eine rege Aktivität am *Quai Ouest*, die durch Céciles Aufscheuchen und Antreiben verstärkt wird.[103] Mit der Formel „J'ai à faire" grenzen sich die Figuren nicht nur von Stillstand und Passivität ab, sondern suggerieren gezielte Vorhaben.[104] Unklar bleibt, ob und wann es sich um taktische Vorhaben handelt, um ein Als-Ob-Verhalten oder um ziellose Geschäftigkeit. Die Raumdurchquerungen führen die Momente des physischen Zusammenpralls herbei – angezeigt durch die Verben „se cogner" und „se heurter".[105] Der_die jeweils Andere bildet eine physische Marke im dunklen, vagen Raum. Jedes Zusammentreffen eröffnet eine Interaktion und bietet eine Verhandlungsgelegenheit. So nutzt Claire die Kollision mit Charles, um ihn entlang der Mauer zu einer Unterredung zu zerren.[106] Neben dem vorsichtigen Vorantasten von Koch und Monique bestehen gezielte, kalkulierte Raumwege entlang der Innen- oder Außenseite der Lagerhallenmauer. Diese

---

98   So ertappen sie Koch und Monique beim Herausschleichen aus der Lagerhalle, vgl.
      Koltès. *Quai Ouest*, S. 83.
99   Vgl. z.B. Cécile zu Fak: „cesse de tourner autour de cette petite pute", ebd., S. 82.
100   Ebd., S. 33.
101   Ebd, S. 55, 69.
102   Ebd., S. 38.
103   Vgl. ebd., S. 38, 72.
104   Z.B. ebd., S. 43.
105   Ebd., S. 52, 71.
106   Vgl. ebd., S. 31.

bietet als einziges Strukturelement Richtung und Blickschutz und ermöglicht gerichtetes Rennen wie auch Heranschleichen. Vorsichtige Bewegungen entlang einer Mauer machen verdächtig. So deutet Charles Kochs Bewegung fälschlicherweise als taktische Bewegung eines kriminologischen Ermittlers, während ersterer die Mauer lediglich zur Orientierung nutzt. [107] Die vielfältigen Bewegungsarten können kalkulierte Vorhaben offenlegen wie auch verbergen. Insbesondere Abad, Fak und Rodolfe weisen auffällige Gangarten auf. Abad wird ein geräuschloses, leichtfüßiges Laufen zugesprochen, was ihn unberechenbar macht. Laut Bühnenanweisung bewegt er sich wenig und wird per Figurenrede mehrfach aufgefordert, still auszuharren.[108] Fak lässt sich das Anschleichen entlang der Mauer als strategisches Bewegungsmuster zuordnen, er hat die „habitude de venir, en (se) glissant comme un petit dragon".[109] Rodolfe versteckt sich in Ecken, bewegt sich langsam und beschwerlich: „je traîne". Sein Hinken wird auf sein Alter und seine Kriegsverletzungen zurückgeführt, erweist sich jedoch gegen Ende des Stückes als Täuschungsmanöver.[110] Im Hosenbein trägt er die Kalaschnikow versteckt, die er Abad mit einem Tötungsauftrag aushändigt.[111]

Verhalten und Gangarten sind verräumlichend und relational konzipiert. Das heißt, sie konstituieren Raumabstände und Zwischenräume und sind auf die Wahrnehmung anderer Figuren bezogen: Sich vor Anderen verstecken, sich an Andere heranschleichen, Andere verfolgen oder locken, sich von Anderen entfernen. Entsprechend entstehen Momente des unvorhersehbaren Auftauchens und Verschwindens von Figuren und zirkulierenden Objekten. Es laufen verdeckte Ortswechsel ab, die erst nachträglich rekonstruierbar sind.[112] Dadurch, dass kontingente und kalkulierte Bewegungsbahnen koexistieren, lässt sich der_die Andere schwer einordnen. Fak schlägt daraus einen Vorteil und beruft sich auf die Zufälligkeit der Zusammenstöße, um sein strategisches Anschleichen und Verfolgen zu decken „Quand il fait si nuit, impossible de savoir qui suit qui, on se trouve comme cela en face sans savoir pourquoi ni qui est en face de qui."[113] Ähnlich spielt Rodolfe sein Raumverhalten herunter „je n'ai rien à faire, je traîne; il faut bien aller quelque part quand on marche non?"[114]

---

107   Vgl. Koltès. *Quai Ouest*, S.16.
108   So Cécile: „un sauvage, dans ce pays, doit savoir demeurer discret", ebd., S. 52.
109   Ebd., S. 36.
110   Rodolfe: „j'ai trop de mal à me déplacer", ebd, S. 73
111   Ebd., S. 47.
112   So sind die Wege von Fak und von Cécile zum Jaguar rekonstruierbar anhand der in ihren Händen auftauchenden Objekte.
113   Ebd., S. 35.
114   Ebd., S. 72.

Insofern zeigt sich, dass die Figuren die räumlichen Gegebenheiten vorschützen um kalkulierte Raumwege zu kaschieren. Ob die Begegnung mit dem_der Anderen aus beidseitigem Orientierungsverlust zufällig zustande kommt oder von einer Figur bewusst herbeigeführt wird, ist schwer nachvollziehbar. Die Modi des Raumverhaltens manifestieren sich über ihre Besprechung in der Figurenrede und gründen auf gegenseitiges Beobachten und Einschätzen. *Quai Ouest* verdeutlicht, dass jedes (Nicht)Verhalten Kommunikation ist.[115] Insbesondere Charles verschafft sich mit Verhaltensbeobachtungen einen Überblick über die Situation, beäugt Koch, Fak und Rodolfe misstrauisch. In diesem von geheimen Fluchtplänen, undurchsichtigen Allianzen und stummen Übereinkünften geprägten Raum ist die Wahrnehmung und Lektüre des_der Anderen orientierungsrelevant. Es geht darum, Pläne wie Täuschungsmanöver zu erkennen, denn wohlwissend, gelesen zu werden, verstellen sich die Figuren. Die Orientierung am_ an der Anderen ermöglicht nicht nur Verhaltensmöglichkeiten zu eruieren, sondern birgt auch die Gefahr falscher Rückschlüsse.

Roland Barthes legt in seinem Begriff der (Diskurs)Figur einen Zusammenhang zwischen Raumbewegung und Rede an, dabei geht er vom ursprünglichen Begriff des Diskurses aus: „Dis-cursus, c'est originellement, l'action de courir ça et là, ce sont des alleés et venues, des ‚démarches', des ‚intrigues'." Entsprechend leitet er die Figur als rhetorikübergreifendes Diskurselement von der Raumbewegung ab: „le geste du corps saisi en action, et non pas contemplé au repos". Dies ist als eine wiedererkennbare „scène de langage" in einem dynamischen Interaktionszusammenhang zu verstehen.[116] Auch in seiner Vorlesung zu Weisen der Redeführung setzt Barthes auf räumlich-proxemische Begriffe.[117] Er versteht unter „Diskurs führen" ein (sprachliches) Besetzen von Plätzen, die er in der Gesprächssituation als beweglich erachtet. Er arbeitet ‚Takteme' heraus und unterscheidet in eine vernünftige, logisch argumentie-

---

115   „Man kann sich nicht *nicht* verhalten"; „Handeln oder Nichthandeln, Worte oder Schweigen haben alle Mitteilungscharakter." Paul Watzlawick. *Menschliche Kommunikation. Formen, Störungen, Paradoxien.* Bern, Huber, 1982, S. 51.

116   Roland Barthes. *Fragment d'un discours amoureux.* Paris, Seuil, 1977, S. 7, 8. Bereits Pavis verweist auf diesen Passus bei Barthes in seiner Analyse der Rhetorik von *Dans la solitude des champs de cotton,* vgl. Pavis. *Le théâtre contemporain,* S.85; Sarrazac nimmt Bezug auf die Sprachgeste nach Barthes Analyse von Adamovs *Ping Pong* in seinem Buch *Mythologies* und bezeichnet Koltès Theater als „un montage de situation de language gestualisé", vgl. Jean Pierre Sarrazac. *Jeux de rêves et autres détours.* Belval, Circé, 2004, S. 108.

117   Ich verwende hier den Begriff Redeführung, auch wenn „discours" in der deutschsprachigen Übertragung mit ‚Diskurs' übersetzt wird, vgl. Roland Barthes. *Wie zusammen leben. Situationen einiger alltäglicher Räume im Roman. Vorlesung am Collège de France 1976-1977,* a. d. Frz. von Horst Brühmann. Frankfurt a. M., Suhrkamp, 2007.

rende, taktische Redeführung in der klassischen Rhetorik (aufgezeigt an der Redeführung von *Andromaque*) und in eine ‚wilde' taktische Redeführung, die sich durch irrationale, explosive Momente auszeichnet (am Beispiel der Redeführung von Charlus in Prousts *Recherche*). Für letztere bemüht er das choreographische Konzept der Bahn und stellt sonderbar krumme, verleugnete, verkehrte Bahnen fest.[118] Wie sich zeigen wird, stehen Raumbahnen und Raumverhalten in *Quai Ouest* in einem engen Zusammenhang zur Interaktion der Figuren. In manchen Begegnungen entsprechen die räumlich-proxemischen Takteme den verbalsprachlichen, bzw. werden umgekehrt Verhandlungsweisen als Raumfiguren besprochen.

4.4 Reziproke Orientierung in der Begegnungsituation

Befindet man sich in einem dunklen, andersartigen Raum und in einer Situation und trifft auf andere Menschen bieten diese sich als Wegweiser an. Entsprechend finden sich in *Quai Ouest* auch Formen der Raumführung als Fremdorientierung durch den Anderen. Insbesondere Koch und Monique wenden sich an Figuren, von denen sie Gebietskenntnisse erwarten. Darüber hinaus stellt sich jedoch die Frage, was bei der unvorhersehbaren Kollision der Figuren noch verhandelt wird und wie sie sich im Dialog verhalten und zurechtfinden. Während manche Forscher_innen dem_der Anderen in *Quai Ouest* einen hinderlichen, zerstörerischen Part beimessen,[119] zeigt die textnahe Analyse der Interaktionen, dass der_die Andere durchaus eine Orientierungsmarke bildet und als ein anderes Gegenüber im Aushandlungsprozess zur Selbstvergewisserung beiträgt. Bereits die Begegnung und Interaktion der Figuren erfordert und bietet wechselseitige Orientierung, bei der es zur Konstitution des Selbst anhand des_der Anderen kommt (und umgekehrt). Im Folgenden werden Begegnungen untersucht, die sich durch ein beidseitiges Herantasten kennzeichnen und in denen Raum und Orientierung, Führen und Geführt-Werden zur Verhandlung stehen.

---

118   Barthes. *Wie zusammen leben*, S. 251, 255.
119   Bonnevie z.B. geht von einem desorientierten Subjekt aus stellt dieses in Zusammenhang mit dem_der Anderen: „la référence à l'Autre en tant qu'elle garantissait l'assise du sujet pour s'identifier, s'est évanoui. Le sujet postmoderne est un sujet abandonné par l'Autre et seul au monde." Er spezifiert für *Quai Ouest*: „Dans le théâtre de B.M. Koltès, l'autre c'est toujours celui qui nous empêche de réaliser nos rêves, celui qui est là pour nous détruire. Aucune confiance ne peut être accordée à l'autre, il nous enracine dans notre solitude". Bonnevie. *Le sujet dans le théâtre contemporain*, S. 22, 173, 176.

4.4.1 Orientierung und Erwartungsstrukturen

Der Systemtheoretiker Niklas Luhmann untersucht in *Soziale Systeme* Mechanismen sozialer Kommunikation. Dabei geht er (anstelle eines Subjektes) von einem personalen System – einer geschlossenen, jedoch nicht tiefenpsychologisch begründeten Einheit – aus, das sich in Differenz zu seiner Umwelt konstituiert, mit der es in wechselseitigem Austausch steht.[120] Ein derart konzipiertes psychisches System kann weder vorhersehen noch kontrollieren wie Situationen verlaufen werden.[121] In Bezug auf seine Umwelt ist es Kontingenzen ausgesetzt, kann nicht einmal seine Umwelt als solche von sich aus bestimmen. Um sich zurechtzufinden, beruft es sich auf Erfahrungen und Erwartungen: „Die Form, in der ein individuelles psychisches System sich der Kontingenz seiner Umwelt aussetzt, kann in ganz allgemeiner Weise als *Erwartung* bezeichnet werden. Es handelt sich mithin um dieselbe Form, die auch zur Bildung sozialer Strukturen benutzt wird".[122] Luhmann nimmt zwar eine Unterscheidung zwischen psychischer und sozialer Erwartung vor, weist jedoch auch auf deren wechselseitigen Einfluss hin: „Bezogen auf psychische Systeme verstehen wir unter Erwartung eine Orientierungsform, mit der das System die Kontingenz seiner Umwelt in Beziehung auf sich selbst abtastet und als eigene Ungewissheit den Prozess autopoetischer Reproduktion übernimmt".[123] Der Begriff des *Abtastens* verdeutlicht, dass es sich beim Strukturieren von Erwartungen um eine ‚Primitivtechnik' handelt. Durch *Projektieren* und *Reagieren* werden Erwartungen aus- und neugebildet. Dieses Verfahren setzt nicht voraus, „dass man weiß (oder gar: beschreiben kann), wer man ist, und auch nicht, dass man sich in der Umwelt auskennt. [...] Eine Erwartung sondiert ungewisses Terrain mit einer an ihr selbst erfahrbaren Differenz. Sie kann erfüllt oder enttäuscht werden, und

---

120 Luhmanns Umweltbegriff kann, aber muss nicht als räumliche Umgebung verstanden werden und ist nicht als stabil zu denken. Entscheidend ist das methodische Differenz-Verhältnis zum jeweiligen System, d.h. relational zu dem System, das bestimmt und untersucht werden soll, ist dessen Umwelt auszumachen. In der Umwelt eines Systems bestehen auch andere Systeme, insofern lässt das operative Paradigma System/Umwelt auch Konstellationsänderungen zu: „Die Umwelt erhält ihre Einheit erst durch das System und nur relativ durch das System. Sie ist ihrerseits durch offene Horizonte, nicht jedoch durch überschreitbare Grenzen umgrenzt [...] Die Systeme in der Umwelt eines Systems sind ihrerseits auf ihre Umwelten hin orientiert." Luhmann. *Soziale Systeme*, S.36, 37.

121 Das Konzept des physischen Systems steht in etwa für „Person". Luhmann setzt es bewusst gegen einen modernen auf Transzendenz beruhenden Subjektbegriff, vgl. ebd., S. 155.

122 Ebd., S. 362.

123 Ebd., S. 362.

dies hängt nicht allein von ihr selber ab", sondern auch von der Respondenz der abgetasteten Umwelt.[124] In der Untersuchung von *Quai Ouest* lässt sich das Generieren von Erwartungen auf das Raum-Figuren-Verhältnis übertragen. Der in Kapitel 4.2. untersuchte Abgleich zwischen Hier und Dort sowie der Abgleich zwischen Damals und Jetzt enthält implizit solche Erwartungsstrukturen. Für die Orientierung in der Interaktion sind Luhmanns Thesen zur sozialen Erwartung aufschlussreich. Bei den Ausführungen zur Kommunikation zwischen geschlossenen personalen Systemen ist der Begriff der *doppelten Kontingenz* zentral. Diese kommt dadurch zustande, dass in einer Gegenüberstellung von *Alter* und *Ego* wechselseitige Erwartungen gleichzeitig generiert werden, so dass die beiden Interaktionspartner_innen ihr Verhalten jeweils aufeinander abzustimmen versuchen. Dabei kann es zum Scheitern der Interaktion kommen, beispielsweise, wenn jede_r von dem_der je anderen erwartet, zu grüßen und beabsichtigt, erst nach dem Gruß des_der Anderen zurück zu grüßen. Bei der Herausbildung solcher Erwartungen sind soziales Wissen, Vorannahmen und Vorerfahrungen entscheidend: „Situationen mit doppelter Kontingenz erfordern gewiss, um Kommunikation überhaupt in Gang bringen zu können, ein Mindestmaß an auf Kenntnissen gegründeter Erwartungen."[125] Dabei räumt Luhmann zwar ein, dass sich die beiden Systeme nie vollständig verstehen, geht jedoch grundsätzlich von der Möglichkeit gelingender Kommunikation aus, die durch diese *doppelte Kontingenz* an Aufmerksamkeit für die Situation und das Gegenüber gewinnt. So können in einer „Verhaltensabstimmung" Unbekannte geklärt und Kontingenz reduziert werden.[126]

In *Quai Ouest* finden sowohl Zusammentreffen einander unbekannter als auch einander bekannter oder verwandter Figuren statt, in denen Raum, Gegenstände, Kooperationen und Beziehungen verhandelt werden. Der Deal als Tauschaktion erscheint als die prägende Form der Begegnung zwischen Figuren im Werk von Koltès.[127] Eine Definition des Deals stellt Koltès seinem Folgestück *Dans la solitude des champs de cotton* voran:

un deal est une transaction commerciale portant sur des valeurs prohibées ou strictement contrôlées, et qui se conclut, dans des espaces neutres, indéfinis, et non prévus à cet usage, entre pourvoyeurs et quémandeurs, par entente tacite, signes

---

124   Luhmann. *Soziale Systeme*, S. 363
125   Ebd., S. 155.
126   Ebd., S. 150.
127   „tout l'univers de Quai Ouest est un univers de l'échange mercantile." Übersfeld. *Bernard-Marie Koltès*, S. 139.

conventionnels ou conversation à double sens – dans le but de contourner les risques de trahison et d'escroquerie qu'une telle opération implique [...][128]

Strukturell handelt es sich auch in *Quai Ouest* um Transaktionen: Objekte wechseln von Figur zu Figur, werden gegen andere Objekte, Aufträge und Gefälligkeiten eingesetzt. Der Tausch erscheint jedoch ebenso als ein Vorwand für andere Beweggründe. In der Forschung reichen die Lesarten von der Verhandlung von Liebe über das Begehren als Selbstzweck hin zur Verhandlung von Leere oder Nichts.[129] Dadurch, dass sich die Begegnungs- und Verhandlungssituationen ungeachtet des Bekanntheitsgrades der sich Begegnenden durch Vagheit und Undurchsichtigkeit auszeichnen, steht in Frage, ob einschlägige Theorien zu Ökonomie und Tausch hier greifen.[130] Die Koltèschen Interaktionsverläufe entziehen sich strukturellen Verhandlungsmustern durch gleich mehrere Unbekannte. Nicht nur der_die Andere, seine_ihre Motive und Ziele bleiben uneinschätzbar, auch die Gegenstände der Verhandlung bleiben offen, werden vorgeschoben oder büßen an Relevanz ein. Der Verzicht auf eine psychologisierende und makrosoziologische Figurenkonzeption und die Kontingenz der Begegnungen führen die Konzeption des_der Anderen als „Black Box" mit sich.[131] Das bedeutet, dass die Figuren (emotional oder psychologisch) nicht einsehbar sind – weder auf der innerszenischen noch außerszenischen Kommunikationsebene. Die Konzeption der Black Box impliziert

---

128 Bernard-Marie Koltés. *Dans la solitude des champs de coton*. Paris, Minuit, 1986, S.7.

129 Pavis schlägt für *La solitude des champs de coton* drei Deutungsmöglichkeiten vor: die Liebe (die negiert wird), der Handel (der nicht stattfindet, weil die Regeln des Tausches nicht eingehalten werden), das Begehren des Begehrens (das zur Zerstörung des_der Anderen und des Selbst führt), vgl. Pavis. *Le théâtre contemporain*, S. 83. Sandt macht den „Deal mit Nichts" nicht nur für *Dans la solitude des champs de coton* geltend, sondern auch für *Quai Ouest*, in dem die Objekte „ – sobald sie in die Hände des neuen Eigentümers gelangen – zu nutzlosen und sinnlosen Gegenständen werden." Nicole Sandt. *Dealer und Kunden im Theater bei Koltès und Brecht*. Berlin, Lavallée, 2008, S. 70.

130 Zur Untersuchung neuzeitlicher und frühmoderner ökonomischer Verhandlungen im Theater anhand ökonomischer Theoriemodelle vgl. Beatrice Schuchardt; Urs Urban (Hg.). *Handel, Handlung, Verhandlung. Theater und Ökonomie in der frühen Neuzeit in Spanien*. Bielefeld, 2014.

131 Der Begriff der „Black Box" eignet sich überhaupt zur Dialoganalyse im Theater, da er das Subjekt als ein ausschließlich von außen sichtbares Phänomen behandelt und auf intrapsychische Dimensionen verzichtet. Watzlawick entlehnt den Begriff der Fernmeldetechnik und betont die „beobachtbaren Ein- und Ausgaberelationen menschlicher Beziehungen", Watzlawick. *Menschliche Kommunikation*, S. 45. Luhmann hingegen geht vielmehr von der Prämisse des sinnhaften Erlebens und Handelns aus und räumt die Möglichkeit ein, das Modell der schwarzen Kästen nach dem Kybernetiker Ranulph Glanville auf allgemeine systemtheoretische Betrachtungen zu übertragen, vgl. Luhmann. *Soziale Systeme*, S. 156.

eine (reziproke) Undurchsichtigkeit und Unkalkulierbarkeit des_der Anderen.[132] In diesem Sinne verschiebt sich die Problematik der (Des)Orientierung von der Figurenumgebung auf die Ebene zwischenmenschlicher Kommunikation: Wer bietet was, will was, weiß was? Wem ist zu trauen, wer taktiert, wer täuscht? Wer verbirgt was? Wer steht wem gegenüber? Fest steht lediglich – und darauf ist die Analyse der Interaktionen zu fundieren – der Austausch von Blick, Geste und Rede, d.h. von verbaler und nonverbaler Kommunikation. Dass die Manipulation bei Koltès nicht die Ausnahme, sondern die Regel darstellt, bedingt die Beobachtungsstrukturen und die Takteme.[133]

Die einzelnen Verhandlungen und wechselnden Konstellationen entziehen sich einer Systematisierung (z.B. nach Verhandlungsgegenstand, Bekanntheits- oder Fremdheitsgrad der sich Begegnenden). So wie Koltès jeder Figur ein spezifisches Raumverhalten, eine Gangart verleiht, so auch spezifische verbale Takteme. Dementsprechend ist jede Interaktion durch eine eigene Dynamik gekennzeichnet und es lassen sich folgende Orientierungsmodi und -takteme herausarbeiten: Vortasten und Zurückweichen als Orientieren auf Distanz, Ver-Führen als (des)orientierendes Annähern, Muster(ver)handeln als Orientieren nach Erfahrung, Familiarisieren und Abgrenzen als werteabgleichendes Orientieren, metakommunikatives Orientieren und der Sonderfall des einwegigen Orientierens als Orientieren ohne Respondenz.

4.4.2 Vortasten und Zurückweichen als Orientieren auf Distanz

Mit Koch und Charles treffen zwei einander fremde Figuren aufeinander. Koch betritt die Lagerhalle und bittet Charles um Geleit zur ehemaligen Anlegestelle des „ferry", die er für seinen Suizid vorsieht. Er bietet ihm dafür einen Wertgegenstand an. Soweit steht das Interaktionsgerüst als eine Variante der Konstellation von Fährleistung und Obolus aus dem Mythos um Charon, der die Toten über den Fluss Acheron zum Hades überschifft. Im Zentrum der raumdramaturgisch ausgestalteten Verhandlung steht ein Orientierungsdienst. Die Interaktion besteht in zwei Quasimonologen, d.h. zwei langen, zum Monolog

---

132   Vgl. Luhmann. *Soziale Systeme*, S. 156.
133   Hage geht soweit, zu sagen, dass im Werk von Koltès Manipulation auftrete, sobald es zur Interaktion kommt, vgl. Samar Hage. Bernard-Marie Koltès. *L'esthétique d'une argumentation dysfonctionnelle*. Paris, L'Harmattan, 2011, S. 75.

tendierende Repliken.[134] Kochs Replik ist in zwei Abschnitte einteilbar, von
denen der erste die Kontaktaufnahme zugleich mit der Anfrage verbindet:

> Voudriez-vous, s'il vous plaît, m'aider à traverser ce hangar et me mener au bord du
> fleuve [...] je suis bien trop maladroit pour me risquer à traverser seul; et m'aider à
> trouver deux pierres à mettre dans mes poches? Je promets que c'est tout ce que je
> demanderai. Ne m'en veuillez pas de mon indiscrétion, je vous en prie; je ferai le moins
> de bruit possible. Croyez surtout que je suis innocent de tout ce que vous pourriez
> imaginer, de tout ce que tout homme imaginerait forcément, à voir un homme ici,
> dans cet état et à cette heure, et avec un but que personne ne peut deviner. [...][135]

Deutlich zeigt sich Kochs Bemühung, das Vertrauen des Anderen zu gewinnen,
ohne sein eigentliches Vorhaben zu benennen. Interessant ist hier die Zweideutigkeit des Geleites als Raumführung sowie Schwellenübergang. Er nutzt
Höflichkeitsformen, entschuldigt das Eindringen in dessen Raum, erklärt seine
Bitte für harmlos und beteuert, keine weiteren Dienste zu fordern. Der Redefluss
des Quasimonologs ermöglicht keine Zwischenantwort, stattdessen betrachtet
Koch sich aus der Perspektive des Anderen und nennt vier Indizien, die ihn
von Außen betrachtet verdächtig machen: Ort (verlorene Gegend), Zeit (Nacht),
Erscheinung (gut gekleidet) sowie die Undurchsichtigkeit seiner Beweggründe.
Mittels Konjunktiv und Generalisierung verleiht er seiner Außenwirkung hypothetischen Charakter, räumt erwarteten Argwohn mittels Vorwegnahmen
aus.

Die zweite Begegnungssequenz besteht in einer ökonomischen Verhandlung.
Für das Weggeleit preist Koch Tauschobjekte an. Dabei bewegt er sich Zug
um Zug auf Charles zu, legt erst seine Brieftasche samt Kreditkarten, dann ein
Markenfeuerzeug, goldene Manschettenknöpfe und zuletzt einen Goldring auf
dem Boden aus und weicht jeweils wieder in seine Ausgangsposition zurück.[136]
Diese mehrfache Vor- und Zurückbewegung entspricht einem grundlegenden
Orientierungsverhalten: Vortasten und Zurückweichen. Proxemisch entsteht
eine zwischenräumliche Begegnungs- und Verhandlungszone. Durch die Gesten
der Auslage wird der Boden zur Waagschale, in der das Gebot Einsatz um
Einsatz steigt, bis dem Bietenden kein Besitz mehr bleibt: „Maintenant je n'ai

---

134 Das sind Monologe, die sich zwar an einen Dialogpartner richten, ohne jedoch Reak-
tionen oder Antworten zuzulassen. Bei Minuit werden die beiden Quasimonologe durch
den dramenuntypischen Blocksatz typographisch hervorgehoben, vgl. Koltès. *Quai
Ouest*, S. 15,16,17,18.

135 Ebd., S. 15.

136 So die Bühnenanweisung: „Il avance de quelques pas dans la pénombre [...] recule à
nouveau. [...] Il avance [...] recule.[...] Il avance [...] revient à sa place.", ebd., S. 16.

plus rien, aidez-moi."[137] Deutlich wird das untaktische Verhandeln Kochs. Ohne die Respondenz des Anderen findet keine Balance der Tauschwerte statt sondern eine einseitige Erhöhung. Es handelt sich um ein letztes Geschäft fürs finale Geleit. Koch lässt den Anderen wissen, dass er kein Bargeld mit sich führt, welches er als rückständig abtut: „l'argent ne se transporte plus en pièce, en billets, comme au Moyen Age, je suppose".[138] Dafür preist er die Kreditkarten als zeitgemäße Zahlungsart an. Bei den Wertgegenständen betont er den hohen Tauschwert anhand Materialität und Luxusmarke, wovon er selbst sich mit dem Ausspruch „Foutaises" distanziert.[139] Während die Anpreisung der Tausch-waren als Stimulanz für Charles Begehren fungiert, verweist die Relativierung derselben auf Kochs Abgesang auf die Attribute seiner Lebenswelt.

Mit der abrupten Überschreitung des Zwischenraumes setzt Charles zur Gegenrede an.[140] Er unterstellt Koch negative Erwartungen hinsichtlich der Figuren am Hafendock.

> Les autres vous attendent, là-bas, de l'autre côté, comme des cons [...] mais moi je savais que vous viendriez par derrière, dans l'obscurité de derrière, le long des murs, comme des salauds [...] Peut-être que vous ne vous attendiez pas à trouver ici quelqu'un d' aussi malin que vous; et pourtant vous auriez tort de croire qu'ici, tout le monde est aussi con. C'est pourquoi croyez-moi, vous ne tirerez rien de nous, pas une erreur, pas une illégalité, rien. [...]. Avant même que vous ne descendiez de votre voiture, je l'avais repérée [...] j'ai même reconnu la marque; une jaguar, je la reconnais même quand c'est l'idée d'une jaguar qui traverse la tête de quelqu'un, c'est pourquoi je suis là. [...][141]

Mittels Vorausdeutung und taktischem Schlussfolgern demonstriert Charles Überlegenheit und grenzt sich von den anderen Figuren am *Quai Ouest* ab. Er liest Kochs Bewegungsbahn entlang der Mauer als taktischen Hinterhalt. Mehrfach gibt er zu verstehen, dass ihn Luxusgegenstände nicht beeindrucken, er sie aus Distanz wittert: „Tu as du pognon; je le sens, ton pognon; l'odeur me pique les yeux." Seiner Anspielung auf Behörden nach – „Vous voulez qu'on vide les lieux, n'est-ce pas?" – ordnet er Koch als exekutive Instanz ein und wirkt jedem erwartbaren Urteil entgegen, schließt illegales Verhalten am *Quai Ouest* aus. Er unterstellt Koch die Erwartung minder intelligenter Gestalten am Hafendock, die er vorweg entkräftet: „vous avez oublié que les rats sont

---

137   Koltès. *Quai Ouest*, S.16.
138   Ebd., S.16.
139   „c'est de l'or", „C'est un Dupont", vgl. ebd., S. 16.
140   „Charles lui saisit le bras", ebd., S. 16.
141   Ebd., S. 16.

beaucoup plus malins que les hommes. Je parle surtout pour moi." Das Bild der Ratte eignet sich er sich zur Selbstdarstellung an, stellt die Schläue des Tieres heraus. Charles signalisiert Seriosität und Kooperationsbereitschaft: „Je suis calmement, par principe, d'accord avec vous."[142] Die Mission, die er Koch unterstellt, erklärt er im Voraus für gescheitert „vous perdez votre temps. Vous ne découvriez rien ici.[143]"

Die Distanz zwischen den einander fremden Figuren ist sowohl räumlich-proxemisch als auch dialogisch markiert. Beide Repliken basieren auf Unterstellungen und Erwartungserwartungen. Koch erwartet, dass Charles (als Repräsentant des abseitigen Gebietes) eine materielle Gegenleistung erwartet. Charles hingegen erwartet, dass Koch (als Repräsentant des Zentrums) am stillgelegten Hafen Kriminelle erwartet, die sich rücklings überführen lassen. Ein wechselseitiges Projektieren und Reagieren, welches mit Luhmann den Grundtypus der Orientierung am_an der Anderen bildet und gegenseitiges Verstehen ermöglicht, kommt hier nicht zustande. Durch die pausenlosen Quasimonologe verselbstständigt sich die Projektion, die *Respondenz* wird aufgeschoben. Es kommt zu beidseitigen Fehleinschätzungen: eine exemplarische Situation *doppelter Kontingenz*. Anstatt einer prozesshaften Abstimmung des Verhaltens stützen sich beide Gesprächsteilnehmer auf räumliche Zuordnungen, von denen aus sie auf die Werte und Verhaltensmuster des Anderen schließen und sich gegenseitig Erwartungserwartungen unterstellen. Systemtheoretisch betrachtet lässt sich dennoch Orientierungsverhalten feststellen. Gegenseitige Einschätzungen werden vorgebracht und können abgeglichen werden, reziproke Unterstellungen werden per Vorgriff ausgeräumt. Es kommt zur Formung des eigenen Selbstbildes anhand des Gegenübers. Die Verhandlung von Weggeleit und Tausch erweist sich als uneigentlicher, das reziproke Abtasten und Standpunktbestimmen als eigentlicher Gegenstand der Rede.[144] Die wechselseitigen Erwartungserwartungen erweisen sich als implizite, umwegige Selbstdarstellungen. Mit dem vordergründigen Tauschgeschäft und dem hintergründigen Erwartungsaustausch bildet diese Begegnung die Grundstruktur für die Orientierung am_an der Anderen in *Quai Ouest*. Eine gelungene reziproke Orientierung setzt Neujustierung und das Ableiten von Handlungsprämissen voraus. Entsprechend sind die Begegnungsdynamiken in *Quai Ouest* auf Respondenzen und Folgeorientierungen hin zu untersuchen.

---

142 Koltès. *Quai Ouest*, S. 18.
143 Ebd., S. 18.
144 Hierfür spricht auch die monologische Prägung des Dialoges, die zum Selbstbezug und zur Situationsabstraktheit tendiert. Vgl. Pfister. *Das Drama*, S. 199.

Nach einem räumlichen Wechsel von der Lagerhalle zur Anhöhe kommt es zu einer Folgebegegnung. Das Missverhältnis zwischen Kochs Bemühungen um Aufrichtigkeit und dem gleichzeitigen Verschweigen seiner Beweggründe schürt Charles Misstrauen: „Personne ne viendrait ici sans arme, sans raison."[145] Entsprechend tastet Charles Koch durch gezielte Fragen ab. Die Konstellation erweitert sich um Abad, mit dem Charles flüsternd in Rücksprache steht. Koltès schafft hier einen indirekten Dialog mit Charles als zweidirektionalem Bote, der die Rede hin und her übermittelt: wie einmal von Koch zu Abad: „Il [Koch] es venu en voiture. Il n'est pas flic. Il n'a pas d'arme. Il n'a pas de raison valable. Il est fêlé"; einmal von Abad zu Koch: „il [Abad] veut savoir pourquoi".[146] Koch spricht sein Suizidvorhaben offen aus und seine räumliche Duldung wird verhandelt: „Il [Abad] ne veut pas. [...]. Il dit qu'un mort ici attirait la police. [...] Il ne veut pas. [...] Il refuse. [...]."[147] Durch Charles Hin und Her zwischen Koch und Abad entsteht ein Zwischenraum, den er für eine Unterverhandlung nutzt: Er bietet an, Abad gegen Geld zu überzeugen, was er zur Wertsteigerung taktisch verneint:

Charles. – Non. (Bas.) Qu'est-ce que tu me donne en échange?

Koch. – Je vous ai tout donné. Et vous n'avez même pas ramassé la montre.

Charles. – Je ne ramasse pas, moi.

Koch. – Prenez la voiture.

Charles. – Tu ne m'as pas donné d'argent.

Koch. – Je vous ai donné mes cartes de crédit.

Charles. – Pas d'argent.

Koch. – Mais c'est de l'argent, ça; je ne connais pas d'autre forme d'argent.

Charles. – Dans tes poches.

Koch. – J'ai vidé mes poches. Prenez ma veste si vous le voulez, et fichez-moi la paix avec votre argent. Qu'est-ce que vous voulez donc? cent francs par-ci, cent francs par-là, l'alcool et les cigarettes, foutaises. Les billets et les pièces, c'est l'argent du pauvre, de l'argent de sauvages. Mes cartes de crédit sont de l'argent, et ma rolex, et ma voiture. Elle est garée à deux rues d'ici. Ne me dites-pas qu'une voiture ce n'est pas de l'argent.

Charles. (à Abad). – Il ne répond pas aux questions. Je crois qu'il est complètement fêlé.[148]

---

145   Koltès. *Quai Ouest*, S. 21.
146   Ebd., S. 22f.
147   Ebd., S. 23.
148   Ebd., S. 23.

Es kommt erst in diesem Schritt zu einer Wertverhandlung, in der Bargeld gegen Wertgegenstände und elektronisches Geld aufgewogen wird. Charles insistiert auf Bargeld und lässt sich nicht auf Substitute ein. Koch erklärt Münzen und Scheine für das Geld des ‚Armen' und ‚Wilden'. Kochs Erfahrungshorizont ist der einer immateriellen Zahlweise. Basierend auf seinen Vorannahmen zur Gegend des West Kai hat er sich mit goldglänzenden Wertgegenständen ausgerüstet und auf eine materielle, ökonomische Transaktion von Angesicht zu Angesicht eingestellt. Charles gründet seine Verdächtigungen auf das Erscheinen und auffällige Verhalten Kochs im abgelegenen Raum und erwartet eine taktische Verhaltenslogik anstelle eines Selbstmordvorhabens. Indem Koch Charles letztlich für verrückt erklärt, da er nicht wie erwartet auf die Fragen antwortet, zeigt sich gegenseitiges Unverständnis. Koch stellt sich wider der Erwartung Charles als hilflos und unbewaffnet dar. Charles ist nicht so einfach mit den mitgebrachten Gegenständen abzuspeisen, agiert er doch nach einem weitsichtigen Kooperationsprinzip und sondiert nach weiteren Informationen.

Durch die Bezugnahme auf das „ici" in der ersten Begegnungssequenz erweist sich der Raum des West Kai als Hauptbezugspunkt der Verständigungsversuche. Das vage Terrain als Nährboden für die Generierung von Erwartungen lässt Koch und Charles aneinander vorbeireden, die Verständigung verrutscht. Die raumbezogenen Orientierungsmuster reichen nicht aus, es kommt zu unerwarteter Komplexität. Indem sich die Inhaltsebene der Tauschwährung mit der Beziehungsebene der Selbst- und Fremdwahrnehmung vermischen, erweist sich die Verhandlung als identitätsrelevant.[149] Koch gründet seine Überlegenheit auf Finanz- und Verhandlungswissen aus der ‚großen Welt' und Charles demonstriert, dass er dieser Welt durch Spürsinn gewachsen ist.

Es handelt sich um eine räumliche Orientierung anhand des_der Anderen, nicht, weil eine Wegführung verhandelt wird, sondern weil die gegenseitigen Vorerwartungen und Einschätzungen raumbezogen sind. Das proxemische Vortasten und Zurückweichen entspricht der Form der sprachlichen Annäherung und Entfernung und zeigt hin auf die Verräumlichung des Dialoges. Während die Form des Quasimonologes die Respondenz aufschiebt, führt die Erweiterung der Verhandlung um eine dritte Figur zu einer indirekten Respondenz, die Informationsvermittler Charles ermöglicht, dazwischenzufunken.

---

149 Zur Unterscheidung zwischen Inhaltsebene und Beziehungsebene vgl. Watzlawik: „Der Inhaltsaspekt vermittelt die ‚Daten', der Beziehungsaspekt weist an, wie diese Daten aufzufassen sind." Watzlawick. *Menschliche Kommunikation*, S. 55.

4.4.3 Ver-Führen als (des)orientierende Annäherung

Zwischen Fak und Claire, die sich entfernt kennen, finden insgesamt drei Begegnungen statt. Beim ersten Aufeinandertreffen – im Dunkeln, vor der Lagerhalle – bildet eine Raumführung die Verhandlungssache. Sie dient als Vehikel für den eigentlichen Gegenstand, die Entjungferung Claires, die in der dritten Begegnung vollzogen wird.

> Fak. - Tu es venue jusqu'ici, maintenant passe là-dedans.
>
> Claire. - Il fait bien trop noir là-dedans pour que je passe.
>
> Fak. - Il ne fait pas plus noir là-dedans qu'ici.
>
> Claire. - Eh bien justement, ici, il fait complètement noir.
>
> Fak. - Il ne fait pas complètement noir ici puisque je te vois.
>
> Claire. - Et moi je ne te vois pas, pour moi il fait complètement noir donc.
>
> Fak. - Si tu passes là-dedans avec moi, je te parlerai de quelque chose à propos de quelque chose dont je te parlerai si on passe tous les deux là-dedans.[150]

Dem Dialog geht eine Bühnenanweisung voraus, laut derer Claire hinter Fak hergeht. Dementsprechend unterstellt er ihr eine zielgerichtete Bewegungsbahn und fordert deren konsequente Fortsetzung mit ihm in die Lagerhalle. Dem Anschein nach handelt es sich um die räumliche Herausforderung, einen unbekannten, dunklen Raum zu betreten. Fak setzt einen Anreiz in Form eines Tauschangebots. Als Gegenleistung für das 'Dorthineingehen' bietet er ein – ähnlich ungewisses – 'Etwas-erzählt-bekommen'. Damit legt er zwei Unbekannte in die Waagschale, schürt Neugierde und Begehren. Auf Claires Vorwand der Dunkelheit reagiert Fak wendig, graduiert ihre Argumente und hebelt diese aus. Er argumentiert, ‚er sehe sie und demnach könne es nicht so dunkel sein' und stuft ab mit ‚drinnen wie draußen sei es gleich dunkel' bis hin zur Behauptung ‚drinnen sei es heller als draußen'. Er rät Claire schließlich, die Augen zu schließen, dann erübrige sich die Dunkelheit. Claire indes räumt weitere Hindernisse ein wie ihr junges Alter, die Autorität ihres Bruders, die mangelnde Attraktivität und Körperhygiene Faks.[151] In dieser Verlagerung auf nichträumliche Argumente zeigt sich, dass sie ahnt, worüber eigentlich verhandelt wird. Sie taktiert desorientierend, lenkt von sich auf andere Einflussfaktoren ab und erwirkt einen Aufschub. Ebenso treibt sie den

---

150   Koltès. *Quai Ouest*, S. 25.

151   „le problème là-dedans, c'est que toi je te connais, je te vois tous les jours, et même s'il fait noir maintenant, je me souviens tout à fait comment tu es; alors sans vouloir te le dire [...] on ne peut pas dire que tu es si joli." Ebd., S. 28.

Tauscheinsatz und damit ihren Selbstwert höher.[152] So bringt sie Fak dazu, zu präsentieren, was er für sie bietet, nur um dann mit Desinteresse zu reagieren: „les garçons, vous voulez toujours échanger quelque chose contre quelque chose et vous ne donnez jamais rien, alors je ne veux rien du tout."[153] Indem sie sich vom Tauschgeschäft distanziert, erschwert sie die Verhandlungen. Ihr Antrieb ist nicht Haben-Wollen, sondern Wissen-wollen, Sondieren, was der Andere hat, um einzuschätzen, was er bereit ist zu bieten.[154] Ihr Verhandlungsverhalten zielt auf den Aufbau eines Selbst. Alter, Erfahrung und Wissensstand werden anhand des Anderen austariert: „je sais très précisement de quoi il s'agit."[155] Nach dem Prinzip der Erwartungserwartung kommt es zur Korrektur des unterstellten Außenbildes durch das Selbstbild: „je suis petite, mais ce n'est pas parce que je suis encore un tout petit peu petite que tu peux me dire n'importe quoi et je le goberai."[156] Fak erhält die raumsemantische Redeweise aufrecht und verspricht Begleitung über die Eingangsschwelle: „tu n'as qu'à te laisser faire; moi je te fait passer là-dedans et je m' ocuppe de tout."[157] Spätestens beim Vollzug des sexuellen Aktes manifestiert sich die Zweideutigkeit der rhetorischen Orientierungsleistung: „Ferme les yeux, je te guide, tu n'as qu'à me suivre, je connais le chemin, par coeur".[158] Claires räumliches Gegentaktem ist das des argumentativen Vorschiebens von Hindernissen und Blockaden. Diese Strategie wendet sie auch proxemisch an, wenn sie sich Fak, geschäftig unterwegs zu seinem eigentlichen Verhandlungspartner Charles, physisch in die Bahn stellt.[159] (Fak überwindet das Hindernis, indem er den Akt mit Claire unterwegs erledigt und weitereilt.)

Im Gegensatz zu den beiden langen Quasimonologen der Begegnung von Koch und Charles, besteht hier eine Stichomythie aus Argumenten und relativierenden und nuancierenden Gegenargumenten.[160] Es handelt sich um ein *Sprachspiel*, indem es auch um das Vergnügen geht, Züge zu gewinnen

---

152 Aus „etwas erzählen" wird (in der zweiten Verhandlungsphase) „etwas geben" und schließlich ein konkreter Wertgegenstand, Kochs goldenes Feuerzeug.

153 Koltès. *Quai Ouest*, Ebd., S. 57.

154 Entsprechend schleicht sie sich nachts mit den Worten „je veux savoir" in die Lagerhalle, in der alle nach Kochs Uhr suchen, vgl. ebd., S. 82.

155 Ebd., S. 26.

156 Ebd., S. 27.

157 Ebd., S. 25.

158 Ebd., S. 88.

159 Aus einem späteren Gespräch mit Charles geht hervor, dass sie weiß, dass Fak die Schlüssel des Jaguars hat. Insofern bremst sie sogleich die Abreisepläne ihres Bruders um nicht alleine zurückzubleiben.

160 Die Stichomythie ist eine klassische Form des schnellen Replikenwechsels (nach jeder Verszeile) vgl. Pfister. *Das Drama*, S. 197.

„tout énoncé doit être considéré comme un ‚coup‘ fait dans un jeu".[161] Die Gesprächspartner_innen gehen insofern aufeinander ein, als dass sie Takteme aus der Replik des_der Anderen aufgreifen, jedoch nicht nur antworten, sondern vor allem umlenken. Dies entspricht dem sprachspielerischen Gegenschlag nach Lyotard, der über die Reaktion auf das Taktem des_der Gegenspielers_in hinauszugehen hat, um wirkungsvoll zu sein: „de la l'importance qu'il y a à aggraver le déplacement et même à le désorientier, de façon à porter un ‚coup‘ (un nouvel énoncé) qui soit inattendu."[162] Im Fall von Fak und Claire beruhen die Regeln und Umlenkungen darauf, anstelle des eigentlichen Vorhabens, dessen Umstände sowie Selbst- und Fremddarstellungen zu verhandeln. Fak und Claire reden nicht aneinander vorbei, sondern um die eigentliche Sache herum. Dennoch handelt es sich um eine Form beidseitiger Orientierung insofern, als dass sich beide Figuren projizierend und reagierend aufeinander zubewegen und sich mittels Relativierungen und Widersprüchen argumentativ ständig neu aufeinander einstellen. Dass es dennoch zu keiner schnellen Verständigung kommt, liegt daran, dass es sich um eine Verführung handelt. Bereits an den Figurennamen ist abzulesen: Claire agiert ihre (namentliche) Reinheit und Klugheit aus, Fak benötigt Claire für seine (namentliche) Selbstkonstitution. Neben der Wahrung ihres Gesichtes verzögert Claire die Einwilligung zugunsten des Spiels und erwirkt eine argumentative Ver-Führung. Koltès gestaltet mittels Proxemik und raumsemantischem Sprachspiel eine Verführungsvariante des Katz-und-Maus Spiels: Sie gibt die schwierige Beute, er den geduldigen Jäger. Die Pointe wird mitgeliefert: Das eigentliche „plaisir" besteht im Auskosten des Davor, d.h. im Erwartungs- und Verführungsspiel.[163]

Ausgehend von dieser Begegnung lässt sich zeigen, dass die verschiedenen Begegnungen in *Quai Ouest* nicht in kausalen Zusammenhängen stehen, sondern in solchen der Variation und Abwandlung. Insofern lassen sich anhand von Folgebegegnungen Orientierungsmomente nachweisen, die auf Erfahrungsstrukturen und Folge-Erwartungen beruhen.

---

161   Gegenüber Wittgensteins Konzept spitzt Lyotard das Sprachspiel mittels des sprachlichen Antagonismus zu. Dieser ist jedoch nicht präsituativ, sondern als dynamisch zu verstehen, ebenso wie die Regeln von beiden Sprachspieler_innen erst zu setzen sind: „leurs règles n'ont pas leur legitimation en elles-mêmes, mais elles font l'objet d'un contrat explicite ou non entre les joueurs (ce qui ne veut pas dire pour autant que ceux-ci les inventent). [...] une modification même minime d'une règle modifie la nature du jeu", Lyotard. *La condition postmoderne*, S. 22, 23.

162   Koltès. *Quai Ouest*, S. 33.

163   So erläutert Fak Claire „Quand je te demandais à passer avec moi là-dedans", ebd., S. 89.

4.4.4 Musterverhandeln: Orientieren nach Verhandlungserfahrung

Aus der erfahrungsbasierten Einschätzung des_der Anderen können durch „Rekursion" und „Neueinstellung" Handlungsoptionen abgeleitet werden, denn „Orientierungen operieren in einer Situation über eine Situation rekursiv, nehmen die Ergebnisse früherer Orientierungen auf und lassen sich von ihnen leiten."[164] So setzt Charles in der Verhandlung um Claire gegen die Autoschlüssel sein Erfahrungswissen über Faks Takteme ein: „Je connais ta téchnique".[165] Auffällig in *Quai Ouest* sind die Verhandlungsbeobachtungen durch dritte Figuren: Charles beobachtet Rodolfe und Abad, Claire beobachtet Charles und Fak, Fak beobachtet Claire und Charles etc. Diese geben einen Hinweis darauf, dass es auch zu Übertragungen von beobachteten oder zuvor erfahrenen Verhandlungsmustern kommt.

In der Annahme, dass Koch im Fluss am Ertrinken ist, wendet sich Monique erst an Claire, dann an Fak. Beide greifen auf je unterschiedliche Weise auf die Mechanismen ihrer gemeinsamen Begegnung zurück. Fak wendet die Taktik der Verführung mittels ambivalenter Raumsemantik an, Claire überträgt die raumsprachliche Spielstruktur. In beiden Fällen ist die Bitte um räumliche Orientierung Ausgangspunkt des Dialogs. Monique entwickelt (wie Koch eingangs mit Charles) aus einer Bedürfnisäußerung eine Dienstleistung, für die sie materiellen Ausgleich bietet.

Monique. – Sois une gentille petite fille, montre-moi le chemin, il faut que je le sorte de là. [...] On n'y voit rien, je suis perdue, conduis-moi. (Fak rit.) Tiens, voilà de l'argent, je te donne de l'argent et je t'en donnerai encore. (Fak rit.) Petite sotte. Je ne te donnerai rien du tout. (Elle part dans une direction.)

Claire. – Ce n'est pas par là, pas du tout.

Monique. – Tu veux te faire prier, c'est dégoûtant. (Elle va dans une autre direction.)

Claire. – Ce n'est pas par là non plus du tout.

Monique. – Pourquoi tu es si méchante avec moi? Qu'est-ce que je t'ai fait? Pourquoi es-tu si sotte? Montre-moi au moins un bout de direction.

Claire. – Prends ma chaussure. (Elle lui tend sa chaussure.)

Monique. – Je me fous de ta chaussure.

Claire. – Alors je ne te montre pas le chemin.

---

164 Stegmaier betont das zeitliche und rekursive Moment des Luhmannschen Konzeptes der Autopoesis, bei der von Operation zu Operation neue Informationen eingespeist werden. Werner Stegmaier. *Orientierung im Nihilismus – Luhmann meets Nietzsche*. Berlin, De Gruyeter, 2016, S.136,138.

165 Koltès. *Quai Ouest*, S. 36.

Monique. – Donne, donne-moi ta chaussure. (Elle la prend.) Qu'est-ce que je dois en faire, Seigneur! Dépêche-toi, je suis pressée.
Claire. – Si tu es pressée, je ne peux pas te conduire, je ne peux pas courir avec une seule chaussure.[166]

Die Stichomythie zeigt die gespannte Situation an: Moniques Eile kollidiert mit Claires spielerischer Geduld. Die zunächst ausbleibende Rückmeldung Claires wird von Monique als Provokation gelesen – Faks Lachen bestätigt dies. Die dennoch folgenden Rückmeldungen Claires entsprechen einer minimalen Fremdorientierung durch das Prinzip des Ausschließens eingeschlagener Wege und der Verweigerung positiver Hinweise. Claire spielt ihre Raumkenntnisse aus, bremst die Orientierung Moniques und führt deren Abhängigkeit vor. Ähnlich wie in der Verhandlung mit Fak geht Claire nicht auf den Tausch ein, sondern stellt sich quer. Sie testet, spielt und vollzieht eine unökonomische Geste, indem sie ihren Schuh zur Gabe macht und von Monique einfordert, ihn als Bedingung für Orientierungshinweise anzunehmen. Claire nutzt Moniques Einwilligung und lässt den Deal mit der Begründung platzen, dass der fehlende Schuh der Eile des Geleites entgegensteht. Die Interaktion endet mit dem Unverständnis Moniques, die den zwecklosen Schuh mit sich trägt.

Claire entzieht sich dem Tauschprinzip, indem sie die mit Fak erfahrenen Verhandlungsmechanismen erprobt, jedoch ins Paradox führt. Ihre Verhandlungsmacht beruht auf dem Desinteresse am Tauschgeschäft. Sie operiert mit einem kausalen Argument und erzeugt eine Double-bind-Situation, d.h. blockiert Monique, indem sie sie in eine ausweglose Entscheidungslage manövriert. Claire stellt sich gegen die von Monique erwartete Unterwürfigkeit: „Je ne vous connais pas, je ne vois pas pourquoi je vous servirais comme une biche."[167] Wie in der Begegnung mit Fak taktiert sie mit der von ihrem Gegenüber erwarteten Naivität. Die Schuh-Geste subvertiert die Verhandlung und lässt die dominant auftretende Monique auflaufen.[168] Claires Rede vom Wegweisen beweist Orientierungswissen: Erst hält sie den Möglichkeitsraum zu offen, dann setzt sie auf alternativlose Einengung. Claire spielt Verhandeln, indem sie sich Takteme anderer Figuren aneignet und kombiniert. Statt Moniques

---

166   Koltès. *Quai Ouest*, S. 29.
167   Ebd., S. 31.
168   Claires Schuh-Geste ist nur ein Beispiel für die willkürlichen, kontingenten Figuren-handlungen in *Quai Ouest*, die sich weder kausal noch logisch erschließen lassen. Ihrer Mutter erklärt Claire, sie habe der fremden Frau den Schuh geliehen, um zu testen, ob sie wache oder schlafe, womit sie abermals auf ein (pseudo)kausales Erklärungsmuster zurückgreift. Dieser Aussage nach dient das Verhandlungsobjekt Claires eigener Orientierung und bleibt für die Verhandlungspartnerin irrelevant.

Aufschlag ,Ich gebe dir etwas, damit du mich führst' greift sie Faks Taktem der ,Belohnung' auf: ,Wenn du mit mir kommst, gebe ich dir etwas'. Darauf auf baut sie die Struktur: Ich gebe dir etwas, als Bedingung dafür, dass ich dich führe. Im zweifachen Geben – Gegenstand dann Dienstleistung – setzt sie die Tauschregeln außer Kraft und Monique geht zweifach desorientiert aus der Begegnung.

Bei erneuter Anfrage nach Wegführung bietet Fak Monique seine Hand an und zieht sie wortlos in die dunkle Lagerhalle.[169] Monique verspricht Bezahlung, macht in der Dunkelheit kehrt und fordert einen anderen Weg, Faks Einforderung einer körperlichen Gegenleistung vorausahnend. Faks Taktem, die Dunkelheit der Lagerhalle zu verharmlosen und als einzigen Weg darzustellen, trifft auf Widerstand: „Ah non, s'il vous plaît, ne me prenez pas pour une petite sotte".[170] Damit räumt Monique Faks Erwartungserwartung aus und grenzt sich explizit von Claire ab, die sie als eine ,kleine Dumme' bezeichnet.[171] Diese Zuschreibung fällt jedoch auf sie zurück, wenn sie Faks Führung ohne Gegenleistung durch die Lagerhalle als altruistische Geste auslobt: „Ce monsieur a bien voulu me guider. J'ai finalement trouvé quelqu'un de bon ici; ce monsieur est incroyablement bon."[172] Fak lässt sich nicht von seinem Ziel abbringen und verhandelt weiter. Wie zuvor bei Claire operiert er mit einer Unbekannten indem er verspricht, Monique „etwas" zu sagen, vorausgesetzt, sie komme mit ihm zur Anhöhe. Als Monique ausweicht, geht Fak auf die Stufe der materiellen Gegenleistung und bietet Kochs Uhr.

> Fak. – Quand tu seras monté avec moi là-dedans je te la donnerai.
>
> Monique. – Donnez-la-moi d'abord, on verra bien après.
>
> Fak. – D'abord tu dois monter avec moi là-haut puisque je t'ai fait passer ici.
>
> Monique. – Je vous donnerai de l'argent, vous ferez un tour en jaguar, je vous donnerai autre chose, ne soyez pas dégoûtant, Seigneur! [...] Brutes, clochards, malades, miteux, déchets d'êtres humains; j'en ai tellement marre de ses fous mal lavés je préférais vivre avec des rats et des chiens, Seigneur! tous [sic] ces gens me dégoûtent.[173]

Die Verhandlung endet mit Moniques Ausdruck von Ekel und der den Figuren am *Quai Ouest* unterstellten Unsauberkeit und Unmenschlichkeit, zielt jedoch auf die Unmöglichkeit der Verhandlung und die fehlende gemeinsame Grundlage zwischenmenschlicher Kommunikation. Dabei weist Moniques Verhandeln

---

169 Vgl. die Bühnenanweisungen in Koltès. *Quai Ouest*, S. 29f.
170 Ebd., S. 30.
171 Ebd., S. 30, 64.
172 Ebd., S. 78.
173 Ebd., S. 81.

keine Orientierungsbemühungen am_an der Anderen auf: indem sie anderen Figuren niedere Eigenschaften zuschreibt, leistet sie ex negativo Arbeit am Selbstbild.

4.4.5 Familiarisieren und Abgrenzen als werteabgleichendes Orientieren

Insbesondere am Begegnungsverhalten Céciles lassen sich Familiarisieren und Abgrenzen feststellen, unabhängig davon, ob es sich um bekannte oder unbekannte Figuren handelt. Die Begegnung mit Sohn Charles ist vom Interesse geleitet, zu sondieren, welche Pläne er verfolgt um Profitbeteiligung zu erwirken. Anhand ihrer Verhaltensbeobachtung ordnet sie ihn der ‚hiesigen' Welt und Mentalität zu: „pâle comme les gens d'ici, vêtue comme les gens d'ici, gâtée par le soleil et la paresse de crocodile des gens d'ici".[174] Indem Cécile die Herkunft betont und auf seinem Geburtsnamen Carlos insistiert, setzt sie das Familienband taktisch ein. Charles verweigert jegliche Informationen und grenzt sich zweifach ab: vom Alter Céciles und zweitens von seinem Geburtsnamen „Je ne veux pas que tu m'apelle Carlos [...] Je ne veux pas entendre ce nom".[175] Während Cécile familiarisierend auf ihren Sohn einwirkt, macht Charles die fehlenden gemeinsamen Referenzpunkte deutlich. Mit Aufgabe des Geburtsnamens bricht er mit der alten Welt zugunsten der neuen Welt, der er entgegenstrebt. Seine intergenerationelle Abgrenzung ist identitätsstiftend und zukunftsorientiert, entsprechend betont er seine Planungsfähigkeit „Tu m'empêches de penser. [...] Il faut penser pour avoir un plan."[176]

Ähnlicher Dynamik ist die Begegnung zwischen Charles und Claire. Claire wirbt mit dem Kosenamen Charlie um eine geschwisterliche Allianz und appelliert an seine Bruderrolle, während sich Charles von der kleinen, schmächtigen Schwester abgrenzt.[177] Im Unterschied zu Cécile verhandelt Claire gestützt auf Verhaltensbeobachtung und wechselt von der schwesterlichen Bitte zum Angebot, ihm nützlich zu sein: „Et si je te disais que je pouvais, moi, te faire gagner du temps et de l'argent?".[178] Mit der Ableitung der Werte Geld und Zeitgewinn leistet Claire Orientierung nach Begegnungserfahrung, denn mit den Taktemen „Je suis très ocuppé", „je suis trop occuppé", „je n'ai pas le temps",

---

174 Koltès. *Quai Ouest*, S. 39.
175 Ebd., S. 39, 41.
176 Ebd., S. 39.
177 Vgl., ebd., S. 32, 33, 99.
178 Ebd., S. 99.

„J'ai à faire" suggeriert Charles in vorangehenden Situationen Geschäftigkeit –
ohne preiszugeben, was er genau tut.[179]
    Die beiden Konstellationen zeigen, dass die Familienbande noch keine Grund-
lage für eine Allianz bilden. Hingegen wird das Taktem der Familiarisierung
gerade in Begegnungen mit fremden Figuren bemüht, mit denen eine Interes-
sensallianz erwartet wird.
    Die Begegnung zwischen Cécile (mit Rodolfe) und Koch (mit Monique) ist
durch die Betonung von Gemeinsamkeiten geprägt und bahnt sich bereits über
eine wechselseitige erwartungsgestützte Arbeit am äußeren Erscheinungsbild
an. Bemerkt Monique das Herannahen von Cécile und Rodolfe, ermahnt sie
Koch zur Kontenance: „Taisez-vous, Maurice, on parlera de cela tout à l'heure,
taisez-vous, voilà quelqu'un qui vient. [...] Taisez-vous, tenez-vous bien, faisons
bonne impression, ce sont des très vieux, Maurice."[180] Cécile betreibt ebensolche
Image-Pflege; sie präsentiert Rodolfe als Kriegshelden, Charles als Kochs Le-
bensretter, sich selbst als würdevolle Mutter und bietet Unterstützung an:
„Appuyez-vous sur moi, monsieur. Je vous guiderai."[181] In einem Quasimonolog
betont sie die Gemeinsamkeiten hinsichtlich Status, Sauberkeit und Ehrenhaf-
tigkeit:

> Cécile (à Koch). – Car j'ai vu toute suite, monsieur, que vous étiez un notable; j'ai l'oeil
> exercé pour déviner un notable, quel que soit l'état dans lequel il est; c'est pourquoi j'ai
> demandé qu'on cherche des serviettes propres pour vous venir en aide. [...] Oui, j'ai
> vu tout de suite, monsieur, que vous aviez l'oeil exercé pour deviner les vôtres même
> dans l'obscurité, comme nous vous avons déviné, vous. [...] C'est pourquoi je suis si
> heureuse que mon fils ait été là au moment où vous aviez besoin d'aide, et que vous
> puissiez nous apprécier à notre vraie valeur. [...] Car nous voir comme cela, n'importe
> qui nous prendrait pour des chiens errants; mais nous nous reconnaissons pour ce
> que nous sommes et c'est notre consolation. Au pays, nous sommes des notables, en
> effet [...] Nous nous sommes retrouvé au port car je voulais faire de mon enfant un
> être humain de première catégorie. [182]

Während Monique gemäß dem Alter würdige Verhandlungspartner_innen
erwartet und auf eine respektvolle Begegnung hinwirkt, unterstellt Cécile den
beiden die Erwartung, auf Hunde und Wilde zu treffen, was sie mit ihrer
überhöhten Selbstdarstellung sogleich ausräumt. Cécile basiert ihr Geschwätz
auf ein vermeintlich einvernehmliches, gegenseitiges Anerkennen als Personen

---

179 Koltès. *Quai Ouest*, S. 32, 33, 43.
180 Ebd., S. 67.
181 Ebd., S. 71.
182 Ebd., S. 68 f.

gleichen Standes, setzt auf die Familarisierung mit Gleichgesinnten. Monique und Cécile nehmen jeweils den Blick des_der Anderen vorweg, es handelt sich um eine wechselseitige Wirkungserwartung. Sie wendet sich zwar an Koch, lässt ihn jedoch nicht zu Wort kommen und übernimmt dessen Orientierung mit.

4.4.6 Metakommunikatives Orientieren

In der Begegnung zwischen Charles und Monique kommt es zum reziproken Abgleich von Erscheinungsbildern. Moniques bittet um Unterstützung für die Heimfahrt und bietet dafür Geld, während Charles diese Begegnung als Umleitung nutzt, um an Kochs Autoschlüssel zu gelangen.[183] Das Tageslicht ermöglicht hier ein gegenseitiges Beäugen. Darauf ist Charles vorbereitet. Bemüht um eine ausgewogene Ausgangspositionen und einen überzeugenden Auftritt, sind seine Taschen mit Geld befüllt.[184] Die beiden einander Fremden vergewissern sich ihrer jeweiligen Außenwirkung: Moniques Unzufriedenheit mit ihrer Frisur wird von Charles bestätigt: „c'est vrai qu' avec cette tignasse, tu as l'air d'un balai."[185] In ähnlicher Weise schließt Charles anhand seiner Kleidung auf eine schwache Erscheinung, was wiederum Monique bestätigt: „c'est vrai qu'avec votre regard timide de chiot vous me flanquez la timidité."[186] Zudem beungünstigt das Tageslicht Charles Blickwirkung, so setzt Monique nach: „Comme vous avez l'air timide, comme la lumière rend tout cela, Seigneur! gentil et intimidant.[...] Dans cinq minutes je vais courir me chacher là-bas derrière en rougissant, et ce n'est pas comme cela que les affaires vont avancer."[187] Die beidseitige Unsicherheit und bestätigende, wenn auch negative Bespiegelung von Selbstbildern schaffen eine Grundlage für eine Begegnung auf Augenhöhe. Die Rückversicherung über die Außenwirkung bildet ein Taktem orientierender Verständigung mit dem_der Anderen. Vor allem jedoch zeichnet sich diese Begegnung durch eine metakommunikative Ebene aus. Zu Beginn lässt Koltès Monique die Kommunikationsregeln festsetzen: „Ne me tutoyez pas et n'élevez pas la voix, je vous en prie, parlons courtoisement, ce n'est pas la peine de faire des peurs."[188] Diese basieren auf Unhöflichkeitserwartungen. Auf der

---

183   Diese Taktik kündigt er im Quasimonolog mit Abad an: „Quand on aura eu la femme, on aura la voiture", Koltès. *Quai Ouest*, S. 45.
184   Vgl., ebd., S. 45.
185   Ebd., S. 47.
186   Ebd., S. 49.
187   Ebd., S. 47.
188   Ebd., S. 47.

Seite von Charles wird eine Verhandlungsregel etabliert „je ne donne jamais rien contre rien, moi".[189] Charles erwartet in der Frau eine einfache Verhandlungspartnerin. Beim Verhandlungsgegenstand Jaguar kommt es zu einem fachlichen Austausch über dessen Ausstattung und Leistung. Das Fachsimpeln über technische Details des Modells wird zur Brücke der Verständigung und Anerkennung. Dabei kommt der Bruch mit Erwartungen zur Sprache. Monique demonstriert, dass sie kompetenter ist als die Erwartungserwartung, die sie Charles unterstellt: „ne me prenez pas pour une sotte".[190] Charles trifft auf eine technische Expertise, die er nicht erwartet hat „C'est bizarre, une femme qui s'y connaît en mécanique."[191] Diese spitzt sich zu als Monique die Verhandlungsregel aushebelt, indem sie die Schlüssel des Jaguars für wertlos erklärt. Sie betont die Notwendigkeit des Zündkopfes, der jedoch entwendet worden sei. Damit kippt die Begegnung trotz anfänglicher metakommunikativer Orientierungsversuche und der gemeinsamen technischen Verständigungsebene. Charles fällt ins Du, verletzt die von Monique aufgestellte Umgangsregel, bezieht das Scheitern der Verhandlung auf den Geschlechtsunterschied und wendet sich ab: „c'est avec lui que je veux discuter, pas avec toi. Cela fait longtemps que je sais plus parler aux femmes."[192] Die Erwartungen beider Verhandlungspartner_innen betreffen die Kommunikation: Sie erwarten Verständigungsprobleme, treffen überraschend auf Verständigungsebenen, gehen dann jedoch mit der Bestätigung der Verständigungsprobleme auseinander. Trotz gleichen Interesses an einer Fahrt ins Zentrum scheitert die Bildung einer Allianz. Anstelle des erwarteten Konsens einer einfachen Verhandlung kommt es zum unerwarteten Konsens der gemeinsamen Expertise, die jedoch zur Irritation führt. Dennoch zeigt die Begegnung das interaktionale Orientierungspotenzial durch Kommunikation über Kommunikation auf, welches Luhmann als „reflexive Kommunikation" bezeichnet.[193]

---

189 Koltès. *Quai Ouest*, S. 47.
190 Ebd., S. 50.
191 Ebd., S. 49.
192 Ebd., S. 47.
193 Luhmann. *Soziale Systeme*, S. 199.

4.4.7 Sonderfall einwegiges Orientieren ohne Respondenz

Die Begegnungen mit Abad sind dadurch seine ausbleibende verbale Respondenz geprägt.[194] Dies führt zu Quasimonologen der anderen Figuren und erschwert die interaktionellen Orientierungsmöglichkeiten.

Cécile nähert sich dem nassen und tropfenden Abad in der Lagerhalle, reicht ihm ein Taschentuch zum Abtrocknen und bittet um eine Zigarette. Nonverbal nimmt er das Taschentuch an, Cécile setzt sich zu ihm und sie rauchen zusammen. Familiarisierend wirkt sie auf ihn ein: „Je m'entends bien avec les sauvages, je suis une vieille sauvage moi-même [...] je veux respirer, un peu, entre sauvages."[195] Damit setzt sie das „Wilde" als Gemeinsamkeit und „Konsensunterstellung",[196] grenzt sich jedoch zugleich ab:

> Dieu, merci bien, a l'habitude de distinguer les animaux purs des animaux impurs, on ne couchera jamais sur la même couchette, merci bien, vous n'embarquerez pas sur le même bateau que nous [...] on ne flottera jamais, toi et moi, sur le même morceau de bois [...] Même les rats des égouts de mon pays refuseraient de s'accoupler avec les rats d'ici.[197]

Sie distanziert sich als ‚reines' von Abad als ‚unreines' Tier und stützt ihre Abstufung auf die verschmutzte Lagerhalle. Die Begegnung ist weniger durch Verhandlung von Unterstand und Zigarette geprägt als durch Versuche der Einschätzung und Einordnung der ihr fremden Gestalt. Mit einer Vor- und Zurückbewegung stellt Cécile Fragen, die sie nach eigenem Dünken selbst beantwortet. Sie unterstellt Abad verborgene Verbrechen und erklärt ihn zur Quelle allen Unheils: „Vous nous portez malheur, avec l'odeur de vos crimes, de votre honte, de votre silence, de tout ce que vous cachez".[198] Cécile macht Abad zur Projektionsfläche für alles niedere, sich vergewissernd, selbst noch nicht ganz unten zu sein.

Auch Rodolfe sucht Abad in der Lagerhalle auf. Er nimmt die Kommunikation auf, indem er sein Erscheinungsbild, das des alten, gehbehinderten Mannes thematisiert:

> Je suis trop vieux, trop foutu, j'ai trop mal à me déplacer, c'est à toi de bouger. S'il te reste un peu de respect pour la vieillesse, viens plus près que je puisse te voir; si tu

---

194   Eine Ausnahme bildet das Flüstern mit Charles zur Befragung von Koch (s. Kapitel. 4.4.1.)
195   Koltès. *Quai Ouest*, S. 52.
196   Luhmann. *Soziale Systeme*, S. 149.
197   Ebd., S. 52, 53.
198   Koltès. *Quai Ouest*, S. 54.

n'as plus de respect pour la vieillesse, viens quand même, pour ton intérêt; et si tu n'as plus d'intérêt du tout, viens tout simplement parce que je te le dis.[199]

Rodolfe wartet mit drei Argumenten auf, um Abad dazu zu bringen, sich ihm zu nähern: Mitleid und Respekt vorm Alter, Interesse, Befehlsautorität. Im Gegenzug unterzieht er Abad einer visuellen Musterung: „Mes yeux sont peut-être trop bousillés pour que je puisse voir ta gueule, mais j'ai pas besoin de la voir, négro, pour savoir toute suite que t'est pas régulier."[200] Die Betonung der Andersartigkeit zieht sich durch den gesamten Quasimonolog. Abad nähert sich auf den Befehl „approche-toi" mehrmals und lässt sich begutachten. Rodolfe attestiert ihm Verhaltensauffälligkeiten wie das geräuschlose Gehen, die von anderen negativ bewertet werden könnten und prophezeit ihm, verraten zu werden. [201] In Form von ja-oder-nein-Fragen, auf die Abad mit Kopfschütteln reagiert, prüft er anhand von Abads Lebenssituation seine Eignung für den Auftrag, Koch aus dem Weg zu schaffen. Er weiht ihn ein in sein Täuschungsmanöver ein:

Ces chiens me croient tellement abîmé par la guerre que j'arriverais à peine à marcher; il croient que cette guerre m'a tout gelé, les pieds, les jambes, et le cerveau; mais si j'ai tant de mal à marcher, cela n'a rien à voir avec la guerre; c'est ce machin qui pèse cinq kilos et qui mesure soixante-cinq centimètres, et que je porte sur moi nuit et jour depuis la défaite. Aide-moi à m'en débarrasser, maintenant, j'en ai marre d'être vieux. (Il sort le pistolet-mitrailleur de sous ses habits)[202]

Während alle glauben, dass er durch Kriegsfolgen gehbehindert sei, händigt er Abad die im Hosenbein versteckte Kalaschnikow aus und droht ihm mit Verrat seines Aufenthaltes, wenn er Koch nicht erschießt. In einem zweiten Schritt familiarisiert er wieder mit „mon fils" und fleht darum, Koch zu erledigen.[203] Wie die Tötung am Textende bestätigt, gelingt der Deal über die Wechsel zwischen Familiarisierung, kausallogischer Argumentation und Befehlsautorität.

Die Begegnungen von Charles mit Abad sind über eine besondere Kommunikationsgrundlage gekennzeichnet, worüber er sich von den übrigen Figuren abgrenzt: „ici, ils ne font aucun effort pour comprendre ceux qui ne parlent pas."[204] Dennoch besteht eine Verständniskluft und Uneinschätzbarkeit Abads.

---

199   Koltès. *Quai Ouest*, S. 73.
200   Ebd., S. 73.
201   Vgl., ebd., S. 73.
202   Ebd., S. 74.
203   Vgl. ebd., S. 97.
204   Ebd., S. 61.

Charles operiert mit verschiedenen Taktemen, nutzt die Einschätzung eines Dritten:

> Fak me dit que maintenant tu veux faire ton bizness séparé [...] Fak dit que tu as raison; il a raison; tu as toujours raison ça doit être parce que tu ne parles pas beaucoup et que tu gardes tes secrets; alors, bien sûr, tu ne te trompes pas beaucoup [...] De toute façon tu sais bien, moricaud, où il est ton intérêt; Fak dit que tu ne perds jamais le nord, même si tu en as l'air, et il a raison. Tu sais bien, moricaud, depuis le premier jour, qu'ou bien tu te sauves avec moi, ou bien tu te perds avec moi. (Il rigole.) On est des frères, moricaud, par le sang on est des frères, par le pognons on est des frères, par les démangeaisons on est des frères.[205]

Charles konfrontiert Abad mit der Unterstellung von Alleingängen, Geheimnissen, Überlegenheit, zielgerichteter Taktik und interessensgeleiteten Orientierung und verweist kontrastierend auf die gute Zusammenarbeit: „on a toujours fait fifty-fifty, non?".[206] Er setzt auf Loyalität, blutsbrüderliche Verbundenheit und setzt auch Metakommunikation ein: „Ton fric, tu sais, je ne pourrais pas en faire grand-chose, à moi tout seul, (Il rigole.) pas grand-chose, non, tu n'as pas à t'inquiéter. (Il rigole.) Tu le sais, moricaud, mais peut-être que tu ne sais pas que je le sais aussi."[207] Es handelt sich um eine dreifache Einschätzungsstruktur, ‚Du weißt, aber vielleicht weißt du nicht, dass auch ich es weiß', die stilles Einvernehmen versichert. Nur indem Charles laut Bühnenanweisung vom Boden Geld aufnimmt, wird deutlich, dass Abad schweigend einwilligt.

In der zweiten Begegnungssequenz trennt sich Charles entgegen seiner Allianzversicherungen von Abad und bekundet, mit dem Jaguar alleine auf die andere Seite zu fahren: „Ne fais pas de connerie avant que je sois parti, ne réfléchis pas trop, ne t'énerves pas, ne bouge pas jusqu'à ce que je sois parti."[208] Der Aufruf zu Ruhe und Bewegungslosigkeit gilt der erwarteten Gefährdung seiner Vorhaben durch einen unberechenbaren Alliierten. Entsprechend begründet er die Trennung mit gegenseitigem Unverständnis:

> D'ailleurs, tu ne comprends jamais ce que je te dis, et moi je ne comprends rien à ce que tu penses; tu fais toujours comme je pense que tu penses que t'a pas envie de faire, et après, tu corriges; c'est comme ça que je crois comprendre que tu marches; mais tu ne pourras pas toujours corriger, moricaud. Finalement, je n'ai jamais vraiment

---

205   Koltès. *Quai Ouest*, S. 43, 44, 45.
206   Ebd., S. 43.
207   Ebd., S. 46.
208   Ebd., S. 59.

compris, chez toi. Alors toi non plus, ne cherche pas à comprendre et reste là, reste tranquille.[209]

Abad versteht nicht Charles Rede, Charles versteht nicht Abads Gedanken. Entsprechend erschwert die Verständigung und Verhaltensabstimmung die Kooperation. Der Partner, der nicht redet, erweist sich als zugespitzte Black Box. Die Argumente der zweiten Begegnungssequenz stehen antithetisch zu denen der ersten:

Toi, tu es trop con, moricaud; j'arrive pas à savoir ce que tu aimes vraiment, mais ce que je sais, c'est que tu es trop con. Je crois que tu n'aimes rien, que tu n'as jamais faim. Moi j'aurais toujours faim, toujours; même quand je n'aurais plus de place pour ranger mon pognon, j'aurai encore faim. Celui qui arrête d'avoir faim, il est déjà mort. Moi je crève de faim et toi, tu es déjà mort, alors, ça ne peut pas coller ensemble.[210]

An die Stelle der geschäftlichen guten Zusammenarbeit rückt die Trennung der Interessen, an die der diskreten Zielgerichtetheit die stumme Dummheit und an die der blutsbrüderlichen Familiarisierung rückt die abwertende Andersartigkeit des Blutes „t'as le sang trop pourri".[211] Eine Reaktion Abads bleibt aus.

Die Uneinschätzbarkeit Abads spitzt sich in der Begegnung mit Koch zu, der ihn bittet, ihn mit der Waffe zu töten, basierend auf der Unterstellung, Abad habe nichts zu verlieren:

Dépêchez-vous, dépêchez-vous, vous avez l'air du genre lent à comprendre pourquoi vous faites quelques chose. Vous n'avez en tous les cas rien à perdre à me laisser faire. [...] Je suis un homme du monde, voilà tout, et vous, non; la rencontre ne peut pas donner lieu à une noce. [...] Par quels chemins passe votre réflexion pour mettre tant de temps? où en est-elle, maintenant? à la ceinture? à la poitrine? [...] Il faudrait vivre chacun de son côté, le regard tourné vers l'intérieur de ses propres terres. Il faudrait interdire les rencontres. Il faudrait extirper la curiosité de la tête des gens. [...] Ne perdons pas, s'il vous plaît de temps à nous regarder.[212]

Noch in der Bitte um den befreienden Tod bietet Abad nicht nur eine Projektionsfläche für Kochs Fremd- und Selbstkonstruktion, sondern auch ein Reflexionsmoment für die Begegnung mit Andersartigkeit allgemein. Insofern lässt sich dieser letzte Quasimonolog als Metareflexion des Theatertextes lesen. Am Beispiel von Abad tritt zugespitzt die generelle Unmöglichkeit des gegenseitigen

209   Koltès. *Quai Ouest*, S. 60.
210   Ebd., S. 61.
211   Ebd., S. 61.
212   Ebd., S. 87.

Verständnisses zu Tage. Mit dem Bild des scheiternden visuellen Abscannens nach Gedankenwegen wird dem Zugriff auf das Denken des_der Anderen eine Absage erteilt. Das face-à-face wird zur Last und das wechselseitige Unverständnis (wie auch im Luhmannschen Sinne) zum Normalfall erklärt. Die Zwischenräumlichkeit der Begegnung wird in die eigene Innen-Ausrichtung des Blickes verkehrt. Abad ist nicht nur eine Figur der Uneinschätzbarkeit gegenüber den anderen Figuren, sondern auch der dramaturgischen Unvorhersehbarkeit: am Ende erschießt er nicht nur Koch auf Wunsch, sondern auch Charles.

4.5 Dramaturgie der glatten Begegnungsfläche

Durch Proxemik und Rede wird das Gelände am Hafendock als glatte Raumfläche konstituiert, auf der unvorhersehbare Begegnungssituationen stattfinden. Sie bietet den Begegnungen die Grundlage; ist als terrain vague zugleich unstrukturiert, unzuverlässig. Horizontalität und Planität ziehen sich bis zum Ende durch an dem die Körper von Charles und Koch auf dem Wasser treiben.

Die Analysen zeigen, dass die Kollision im Raum zur Verhandlung genutzt wird und nicht umgekehrt, „der Kampf eine unausweichliche Konsequenz aus der Begegnung ist [...] und schon den Tod impliziert."[213] Es wird deutlich, dass die Regeln der Verhandlung und Kommunikation erst während der Interaktion im Aushandlungsprozess entstehen, was deren Ausgang unvorhersehbar macht. Sie unterliegen der Kommunikationsdynamik und der Erwartungsgenerierung, dem verbalen Abtasten, der Verhaltensabstimmung, der familiarisierenden Annäherung, deren Annahme oder Ablehnung, des Zurückweichens, der Distanzwahrung und Abgrenzung. Es kommt zur Verhandlung von Raum und räumlicher Orientierung. Zwar erweist sich das Geleit jeweils als Vorwand oder Sprachspiel, doch auch Interaktionen, in denen kein Orientierungsdienst verhandelt wird, erweisen sich als raumbezogen und betreffen Unterstand, Duldung, Fortbewegungsmittel, Raumverhalten und enthalten raummetaphorische Takteme. Situationsbedingte Raumkenntnisse und Raumerwartungen spielen eine Rolle bei der Verständigung. Dabei kommt es zum Übertrag von Raumeinschätzungen auf Fremdkonstruktionen, d.h. es wird von Umweltverhältnissen auf personale Systeme als Teile derselben geschlossen. Jede Figur agiert nach eigenen, beobachteten oder erfahrungsbasierten sprachlichen Taktemen, die bestimmten proxemischen Prinzipien entsprechen. Unterstellungen

---

213   So Freund. *Gefährdetes Gleichgewicht*, S. 61.

und Uneinschätzbarkeiten bestimmen die kommunikativen Orientierungsprozesse, die durch Täuschungsmanöver, Doppeldeutigkeiten, taktische Vagheit und Unterstellungen erschwert werden. Insbesondere nicht oder spät aufgelöste Erwartungserwartungen lassen Interaktionen scheitern. Die Raumsituation lässt sich auf die kontingenten Zusammentreffen übertragen. Im urbanen Morast, aus dem sich jede_r anhand des_der Anderen herausziehen will, sind Aufrichtigkeit und Durchblick nicht zu erwarten. Es geht um die grundsätzliche Begegnung zwischen uneinsehbaren einander andersartigen Figuren auf einem Handlungsfeld der Interaktionen. Insbesondere in den Begegnungen mit Abad wird deutlich, dass anhand des_der Anderen Werteorientierungen und Standpunkte ausgehandelt und Handlungsmöglichkeiten eruiert werden. Insofern ist die Begegnung mit dem_der Anderen orientierungsstiftend, auch und gerade wenn sie im Dissens oder Unverständnis endet: „in der Orientierung an anderer Orientierung dienen gerade Dissens und Konflikt zur Klärung der eigenen Orientierung und werden darum ebenso gesucht."[214] Mit Luhmann bedeutet dies, dass Begegnungen oder Interaktionsphasen als „Differenzauslöser" fungieren können.[215]

Durch umgeleitete, mehrwegige, indirekte oder vermittelte Kommunikationswege ebenso wie durch die Verschiebung von Sachebene und Beziehungsebene erhöht sich die Komplexität und Kontingenz der Begegnungsdynamiken, die sich Festschreibungen von „Dualismus" und „Fatalismus" entziehen.[216]

Die Orientierung in der Interaktion geht über ein bloßes Kommunikationsgelingen oder Nichtgelingen hinaus und findet auf zwei zentralen Ebenen statt. Bereits auf der Ebene des Deals findet Orientierung statt, indem Leistung und Gegenwert verhandelt werden; es kommt zur Wertbildung und Wertverständigung. Zudem geht es um die Selbstkonstruktion anhand der Fremdkonstruktion, nicht nur in Form gegenseitiger Bespiegelung, sondern in Form von wechselseitiger Aushandlung. Koltès setzt dabei auf prozesshafte und narrative Figurenbildung. Diese konstituiert sich erst über Respondenz aus der Umwelt, insbesondere des_der Anderen als Teil dieser Umwelt. Die Handlungsfähigkeit wird durch die räumliche und interaktive Offenheit und Kontingenz beschnitten, es kommt zu Blockaden und Double-bind-Momenten.

---

214 Stegmaier. *Orientierung im Nihilismus*, S. 175.
215 Luhmann. *Soziale Systeme*, S. 328.
216 „Dualismus („deux hommes") und Fatalismus („pas d'autre choix") sind Konstanten jeder Begegnung." (so Freund zur „Unausweichlichkeit des Kampfes" in *Solitude*) sowie „Personenkonstellationen bei Koltès sind immer auf Oppositionen gegründet." Freund. *Gefährdetes Gleichgewicht*, S. 47, 48.

Dafür wirkt das Selbst (Alter) aktiv an der Identitätsaushandlung des_der Anderen (Ego) mit.

Die Dramaturgie erweist sich im Hinblick auf die Problemstellung von Raum und Orientierung als ambivalent. Das Selbstmordvorhaben Kochs gibt dem Stück eine Handlungsausrichtung, die am Ende, wenn auch anders als erwartet eingelöst wird. Die vermeintlich lineare, kausallogische Dramaturgie löst sich jedoch mehrfach auf: Erstens ist Koch nur eine Figur unter vielen, sein Interesse eines unter anderen. Zweitens zerfasert sich die Geschehensführung durch die Unwägbarkeiten des Raumes und die räumliche Bedingtheit der Begegnungen. Insbesondere anhand der Besprechung dramaturgischer Prinzipien via Figurenrede wie denen des Sonnenumlaufes, des Aufschubes und der Beschleunigung des Geschehens, zeigt sich eine Ironisierung klassischer dramaturgischer Versatzstücke, die zudem die Unzulänglichkeit einfacher dichotomer Strukturprinzipien vorführt. Insofern lassen sich die Begegnungen nicht zu einem System oder Figurengefüge reduzieren; sie entziehen sich einem konventionellen strukturalistischen Zugriff. Die Kontingenz als oberstes Prinzip bestimmt alle Ebenen: das Raum-Verhältnis, die Interaktionen und die Dramaturgie. Freilich geht es nicht darum, was verhandelt wird, sondern wie verhandelt wird. Koltès führt die Ökonomisierung der Sprache und Begegnung vor, zeigt jedoch ebenso Momente des unökonomischen Sprachspielens.

5 (Des)Orientierung als Drift. *Mobie-Diq* (1989) von Marie Redonnet

Marie Redonnet (Paris, 1948) verfasst Romane, Novellen, Gedichte, Theatertexte und literaturwissenschaftliche Essays.[1] Während ihre Erzähltexte bereits erforscht werden, finden die Theatertexte bis dato wenig Beachtung. Redonnet wird einer Autor_innengruppe um 1980 zugeordnet, die auf die Generation des *Nouveau Roman* folgt und beim Verlag Minuit vertreten ist.[2] Aufgrund reduzierter sprachlicher und stillistischer Mittel werden die Romane dieser Autor_innen mit Minimalismus in Verbindung gebracht.[3] Redonnets Romane, so wird behauptet, stünden für eine „Trauerarbeit der Moderne" bzw. vertritten eine „sombre postmodernité", enthielten zugleich jedoch Momente eines Sartreschen Entwurfes.[4] Das Roman-Tryptichon *Splendid Hôtel* (1986), *Forever Valley*

---

1   Neben Zeitschriftenaufsätzen auch eine Monographie zu Jean Genet: Marie Redonnet. *Jean Genet. Le poète travesti. Portrait d'une œuvre*. Paris, Grasset, 2000.

2   Nach einer Schreibpause (2005-2015) wechselt Redonnet zum Verlag Le Tripode.

3   Stilistischer Minimalismus meint reduzierte Syntax, Parataxe, einfache Wörter, wiederholte Verben sowie eine reduzierte Formensprache auf der Makroebene (vereinfachte, stereotype Figuren, Rede- und Verhaltensweisen, Dekors), vgl. Fieke Shoots. *'Passer en douce à la douane.' L'écriture minimaliste de Minuit. Deville, Echenoz, Redonnet et Toussaint*. Amsterdam, Rodopi, 1997; sowie Nicole Brandstetter. *Strategien inszenierter Inauthentizität im französischen Roman der Gegenwart. Marie Redonnet, Patrick Deville, Jean-Philippe Toussaint*. München, M-Press, 2006, S.119-130. Motte untersucht minimalistische Kompositionsstrukturen angelehnt an künsteübergreifenden Ästhetiken der 1960er Jahre, so untersucht er symmetrische Ordnungen in der Dramaturgie von Redonnets Theatertext *Tir & Lir*. Warren Motte. *Small worlds. Minimalism in contemporary French literature*. Lincoln, University of Nebraska Press, 1999.

4   Unter der Überschrift „Trauerarbeit der Moderne" macht Asholt Walter Benjamins Melancholiebegriff geltend. Er sieht in Redonnets Texten legendenhafte und zugleich fragmentarische Welten, „allegorische Bruchstücke" wie „melancholische Gesamtsituationen". Mit Bezug auf Sartre und *Les mots* betont er das persönliche Projekt der Protagonistin in *Forever Valley*. Vgl. Wolfgang Asholt. *Der französische Roman der 80er Jahre*. Darmstadt, WBG, 1994, S.127, 128. Sarrey-Strack ordnet die Ansammlung von Katastrophen in der Erzählstruktur der „circularité fatale des répétitions" sowie den Bruch mit der Geschichte einer „dunklen Postmodernität" zu. Damit in Kontrast stellt sie den Widerstand der Protagonistinnen gegen äußere Einschränkungen. Colette Sarrey-Strack. *Fictions contemporaines au féminin. Marie Darrieussecq, Marie Ndiaye, Marie Nimier, Marie Redonnet*. Paris, L'Harmattan, 2002, S. 46-48. Hingegen stehen Van den Meer und Wortmann für einen Bruch mit dem literarischen Erbe ein und lesen eine „perfide Ironisierung des Existenzbegriffes Sartres, die indes ins Leere" laufe. Kathrin van der Meer; Anke Wortmann. „Von Grotten und Imobilien. Erbe und Genealogie

(1987), *Rose Mélie Rose* (1987) wird insbesondere unter Problemstellungen weiblicher Erzählweisen und Mytheme untersucht.[5] Untersucht werden Aspekte von Identitätskonstruktionen wie Körper, Kleidung und Performativität,[6] sowie Erinnerung und Genealogie.[7] Redonnets Theatertexte spiegeln diese Schwerpunkte nur bedingt wider. Durch eine erzählbetonte und nüchterne Figurenrede sowie motivische Analogien äußert sich eine Nähe zu Theatertexten von Marguerite Duras.[8] Mit Figurenkonzeptionen der Passivität, Dramaturgien von Isolation, Agonie und Stillstand sowie alltagskomischen Momenten in der Figurenrede führt Redonnet Samuel Becketts Erbe weiter.

Der Theatertext *Mobie-Diq* (1989) wurde 1989 von Alain Françon im Théâtre de la Bastille uraufgeführt und liegt seit 1990 in deutscher Übersetzung vor.[9] Die titelgebenden Namen *Mobie* und *Diq* bezeichnen die beiden einzigen Figuren des Textes – eine Frau und einen Mann. Das Paar befindet sich nach dem

---

im Werk Marie Redonnets". In: Heinz Thoma; Kathrin van der Meer (Hg.). *Epochale Psycheme und Menschenwissen von Montaigne bis Houellebecq*. Würzburg, Königshausen & Neumann, 2007, S. 237-253, hier S. 249.

5   Sarrey-Strack geht nach postmodernen, poststrukturalistischen, feministischen Markern und Positionierungen im literarischen und theoretischen Feld vor, vgl. Sarrey-Strack. *Fictions contemporaines au féminin*. Stump erarbeitet den Zusammenhang zwischen dem Element Wasser und dem weiblichen Körper anhand der Dualismen von Fruchtbarkeit und Sterilität, Leben und Tod, Schutz und Gefahr. Jordan Stump. „L'eau qui efface, l'eau qui anime. Du tryptique de Marie Redonnet." In: Yolande Helm. (Hrsg.). *L'eau. Source d'une écriture dans les littératures féminines francophones*. New York, Peter Lang, 1995, S. 103-111.

6   Cotea betont den Körper als Zeichen in engem Zusammenhang mit Initiationsriten und der Suche der Identität. Lidia Cotea. *À la lisière de l'absence. L'imaginaire du corps chez Jean-Philippe Toussaint, Marie Redonnet et Éric Chevillard*. L'Harmattan, 2013. Sarrey-Strack verzeichnet eine Vergegenständlichung der Figuren und ihrer Doppelgänger_innen, betont jedoch auch die performative und individualitätsstiftende Bedeutung der Kleidung, vgl. Sarrey-Strack. *Fictions contemporaines au féminin*.

7   Marie Darrieussecq untersucht *Nevermore* und *Candy story* als „récits de la mémoire" mit Fokus auf Erinnerung in Zusammenhang mit raumzeitlichen Strukturen des Bleibens und Aufbrechens. Unter der „mémoire des récits" versteht sie kriminologische Strukturen der Spuren- und Wahrheitssuche. „Marie Redonnet et l'écriture de la mémoire". In: *La revue des lettres modernes minard*, Paris, 1997, S.177-194. Van der Meer und Wortmann betrachten die Genealogie als orientierungsstiftend für die jungen weiblichen Figuren mit Mutter, Großmutter und älteren Frauen als „Anker in der Welt", vgl. Van der Meer; Wortmann "Von Grotten und Imobilien", S. 242.

8   *Seaside* zeigt deutliche motivische und theaterästhetische Bezüge zu *Savannah Bay*, vgl. Marie Redonnet. *Seaside*. Paris, Minuit, 1992; Marguerite Duras. *Savannah Bay*. Paris, Minuit, 1983.

9   Andreas Müry verantwortet die Übertragung ins Deutsche (Suhrkamp, 1990). Ebenfalls übersetzte er *Tir & Lir* (1988), 1993 in Freiburg uraufgeführt (Regie: Martin Horn) und 1994 in der Reihe *Spectaculum* erschienen.

Untergang eines Kreuzfahrtschiffes in einem alten Beiboot und driftet sieben Tage auf dem offenen Meer, bis es zuletzt auf einen weißen Wal zutreibt. Das Stück endet mit Dunkelheit und Cellomusik und lässt offen, ob die Figuren sich im Schlund des Wales befinden, träumen oder tot sind. Sieben Sequenzen bestimmen den Aufbau des Geschehens und entsprechen den Wochentagen in der Abfolge von Donnerstag bis Mittwoch.[10] Es handelt sich um eine Chronik mit deutlich markierten Tagesverläufen. Jede Sequenz beginnt mit dem Aufwachen und Besinnen der Figuren im Boot und endet mit dem Einschlafen. Die Geschehensdauer ist dabei künstlich komprimiert. Es handelt sich um eine instabile, von äußeren Umständen bestimmten Situation des Treibens auf dem Wasser. Der Dialog zwischen Mobie und Diq tendiert zu langen Repliken, in denen es zum Abgleich von Lagebesprechungen, Wahrnehmungen und Erinnerungen kommt.[11] Die Bühnenanweisungen sind spärlich und betreffen Bühnenbild, Requisiten, Kostüm, Gestik, Körperhaltungen und wechselnde Wetter- und Lichtverhältnisse.

Redonnet bedient sich eines Schlüsseltextes der Moderne, Melvilles Abenteuerroman *Moby Dick or, The Whale* (1815), der aus der Perspektive des Matrosen Ishmael Kapitän Ahabs Jagd auf den weißen Wal als bedingungslosen Kampf des Menschen mit der Naturgewalt (und dem Übersinnlichen) erzählt. Sie arbeitet mit einer logbuchartigen Struktur, greift auf nautische Orientierungsmetaphern und kulturhistorische Wahl-Symboliken zurück, die sie variiert, kombiniert und fortschreibt.

Die eröffnende Situation des Schiffbruches bietet sich als eine menschliche Grenzsituation dar, in der Redonnet ihre Figuren einerseits ihr Leben vor dem Einschnitt betrachten und reflektieren und andererseits präsentische und künftige Handlungsmöglichkeiten eruieren lässt. So kommt es neben Handlungseinschränkungen, wirkungslosen Instrumenten und passivem Verhalten ebenso zu Orientierungsversuchen über leibliche Wahrnehmung, Lebenserzählungen und zum Sichten von Phänomenen im Außen. Die an die Semantik des Meeres geknüpften Aspekte von Ausfahrt, leerer und ereignisloser Weite, Offenheit und Horizont bilden ein lebensweltliches Bedeutungsgefüge. Damit führt die Problemstellung von Raum und Orientierung zur Frage nicht nur nach Handlungsmöglichkeiten, sondern vor allem nach Weisen der Auslegung von Zeichen.

Trotz vielfältiger, ineinandergreifender Textschichten durch potenzierte Mimesis – Mobie und Diq sind Schauspieler_innen – intertextueller Verweise

---

10 Marie Redonnet. *Mobie-Diq*. Paris, Minuit, 1982.
11 Sie betragen durchschnittlich zehn Zeilen und stehen im Blocksatz, vgl. ebd.

sowie eine perzeptiv-hermeneutische Metatheorie lässt sich eine klar komponierte raumzeitliche Dramaturgie ausmachen. In dieser kommt die Metapher der Meeresfahrt als Lebensfahrt unter postmodernen Prämissen zu einer neuen Ausformung.

5.1 Glatte Fläche und Seestück-Modell

Mit der ersten Bühnenanweisung entwirft Redonnet ein minimalistisches Bühnenbild: „D'un jour à l'autre, la barque sera placée différemment sur la scène qui représente la mer."[12] Die Bühnenfläche wird als Meer geltend gemacht, die beiden Figuren sitzen in einem Motorboot älteren Models. Indem dieses Tag um Tag (bzw. von Sequenz zu Sequenz) neu ausgerichtet wird, wird eine kontinuierliche Fahrt im Raum des Meeres suggeriert.[13] Die Ergänzungsillusion funktioniert über die vorgestellte Verbindung der Bootspositionen, wobei die Bootsspitze zum Vektor wird, d.h. zum Zeichen für eine vorwärts gerichtete Bewegung. Redonnet nutzt die Analogie zwischen Bühnenfläche und Meeresfläche: Horizontalität, Glattheit und Leere. Das Meer als Raum des Geschehens widerspricht den Prinzipien eines Schauplatzes, als Ort mit festem und stabilem Grund für Figur und Rede. Die Proxemik besteht in der Bootsbewegung im offenen Raum des Meeres. Der eigentliche (gestische) Bewegungsradius der Figuren ist jedoch auf den Raum innerhalb des Bootskörpers beschränkt und es herrscht eine sitzende Haltung vor.[14] Die Bühnenbildangabe „la scène, qui doit paraître immense" hebt nicht nur die immense Weite des Meeres hervor, sondern legt ein bestimmtes Mensch-Raum-Verhältnis zugrunde.[15] Einerseits ruft die Weiträumigkeit das Meer als Gegenstand des Erhabenen ab, was sich mit Burke fundieren lässt im Schrecken angesichts lauernder Lebensgefahr und dem Erschauern ob der „Riesigkeit der Ausdehnung" einer unendlichen leeren Fläche und geheimnisvollen Tiefe.[16] Der Unterschied der Größendimension

---

12   Redonnet. *Mobie-Diq.*, S. 8.

13   Am Beispiel der ersten Sequenz (Donnerstag) zeigt sich, dass das Bühnenbild auf den Theaterraum bezogen und an der Zuschauer_innenperspektive ausgerichtet ist: „Barque de face juste au bord de la scène, sur la droite. Mobie et Diq assis à l'arrière de la barque" Ebd., S. 9.

14   Einzig in der Sequenz „Lundi" übersteigt Diq kurzfristig den Bootsrand zur Erkundung einer Insel. Ebd., S. 65.

15   Vgl. ebd., S. 88

16   Edmund Burke. *Vom Erhabenen und Schönen.* Aus d. Engl. von Friedrich Bassenge. Hamburg, Meiner, 1989, S. 72, 73, 92, 107, 108, 109. Mit Burke vereint der Ozean gleich

zwischen dem Kleinboot als einzigem Raumelement und dem Meer als unendlich vorstellbarem Raum durch die minimalistische Ausstattung ergibt ein Spiel mit dem Maßstab und das Vorstellungsbild einer Nussschale auf dem Wasser.[17] Redonnet stellt eine maritime Konstellation nach: ein modelhaftes „Seestück". Analog zu einem ‚reinen Seestück' findet das Geschehen ausschließlich auf dem (vorgestellten) Meer statt.[18] In dieser Hinsicht unterscheidet es sich von maritimen Sujets mit Hauptgeschehen auf dem Festland, an Start- oder Zielorten.[19] Es handelt sich um einen kulturhistorischen Verweis auf ein Sujet der Moderne und damit um potenzierte Mimesis statt um Repräsentation. Wie Alain Corbin festhält, steigt ab dem 18. Jahrhundert die Beliebtheit des Seestückes (insbesondere des Schiffbruches) im Zuge eines wachsenden Bedürfnisses „sich den Verlauf der Lebensbahn ständig zu vergegenwärtigen".[20] Dies entspricht dem Meer als Reflexionsfigur in Literatur und Philosophie, wo es dem Erdboden und Landleben entgegengesetzt und mit Aufbruch, Freiheit, Sehnsucht und Veränderung in Verbindung gebracht wird. Das Meer gilt symbolisch und metaphorisch als Bewegungsraum, Übergangsraum und Zwischenraum. Entsprechend macht Hans Blumenberg die Seefahrt als Grenzverletzung stark, führt der Mensch doch „sein Leben und errichtet seine Institutionen auf dem Lande".[21] Während Hegel die Meerfahrt geschichtsphilosophisch mit technischem Fortschritt und Neuerung assoziiert, auf der der Mensch mit dem Meer in ein je bestimmtes Verhältnis tritt und sich selbst verwirklicht,[22] bricht Redonnet gerade mit den großen Erzählungen von See-, Entdeckungs- und Eroberungsreisen, in

---

mehrere „Quellen" des Erhabenen, entsprechend bezeichnet er ihn als „Objekt des starken Schreckens", Burke. *Vom Erhabenen und Schönen*, S. 92.

17 Dieses Bild der Nussschale lässt sich bereits bei Shakespeare nachweisen im Kontext des in den Sturm geratenen Schiffes „Gonzalo: I'll warrant him for drowning, though the ship were no stronger than a nutshell and as leaky as an unstanched wench". William Shakespeare. *The Tempest. Der Sturm*, aus d. Eng. von Margarete u. Ulrich Suerbaum. Tübingen, Stauffenberg 2004, S. 53 (I, 1).

18 Zum Seestück als kunstübergreifende motivische Kategorie vgl. Peter Krahé. *Literarische Seestücke. Darstellungen von Meer und Seefahrt in der englischen Literatur des 18. bis 20. Jahrhunderts*. Hamburg, Kabel, 1992.

19 Vgl. z.B. Shakespeare. *The Tempest*; Henrik Ibsen. *Die Frau vom Meer*. In: Ders. *Schauspiele in einem Band*, aus d. Nor. von Hans Egon Gerlach. Stuttgart, Reclam, 1973; Antonin Artaud *La conquête du Mexique*. In: Ders. *Oeuvres complètes*, V. Paris, Gallimard, 1979; Edward Bond. *The Sea*. In: Ders. *Plays*, II. London, Eyre Methuen, 1978, S. 103-169; Duras. *Savannah Bay*.

20 Alain Corbin. *Das Abendland und die Entdeckung der Küste 1750-1840*, aus d. Frz. von Grete Osterwald. Berlin, Wagenbach, 1990, S. 303.

21 Hans Blumenberg. *Schiffbruch mit Zuschauer*. Frankfurt a. M., Suhrkamp, 2014, S.9.

22 Vgl. Michael Makropoulos. „Meer". In: Ralf Konersmann (Hg.). *Wörterbuch der philosophischen Metaphern*. Darmstadt, WBG, 2007, S. 237-238, hier S. 237.

denen sich nautisch und technisch ausgerüstete (männliche) Protagonisten den Naturgewalten stellen. Sie knüpft vielmehr an Denkfiguren der „Seefahrt ohne Hafen" an, wie sie insbesondere in Texten von Seneca, Schopenhauer und Nietzsche Gebrauch finden, in denen die von Ortlosigkeit, Haltlosigkeit und (Des)Orientierung geprägte menschliche Lebensfahrt metaphorisch reflektiert wird.[23] Durch das intertextuelle Bemühen maritimer Metaphern lässt sich *Mobie-Diq* einreihen in Theatertexte, die sich Ende des 20. Jahrhunderts des sinnbildlichen Übertragungspotenzials des Schiffsuntergangs bedienen und dieses weiterschreiben.[24]

In *Mobie-Diq* wird das Mensch-Meer-Verhältnis in der Figurenrede besprochen. Betont wird die instabile Bootslage auf dem Wasser, die nur eingeschränkte, vorsichtige Bewegungen ermöglicht: „Il ne faut surtout pas faire de fausses manœuvres ni de faux mouvements"; „Fais attention, tu déstabilises la barque."[25] Dieses Verhältnis wird in Kontrast gesetzt mit dem Aufenthalt auf dem Kreuzfahrtschiff „Tango":

> La barque nous change complètement du Tango. Du pont du Tango, la mer paraissait toujours égale, presque irréelle, comme un décor. On la regardait de loin. Dans la barque, c'est la vraie mer toute proche, si proche, qu'on a qu'à laisser pendre le bras et on a la main dans la mer.[26]

Das Überblicken des Meeres in der kontemplativen Draufsicht vom Deck des Kreuzfahrtschiffes aus wird der unmittelbar leiblich-haptischen Begegnung mit dem Naturelement entgegengesetzt. Die Figuren sind auf die hygroskopischen Materialeigenschaften des Holzbootes angewiesen. Dieses bietet jedoch keinen verlässlichen Schutz vor dem Sinken. So bieten festgestellte Risse nach einem Sturm Anlass zum Vergleich mit dem schützenden Dach des verkauften Hauses:

> Diq. – [...] Le vieux bois a travaillé et la brèche s'est entrouverte. [...] Le vieux bois avait l'air solide, il était traitre. [...]

---

23   Auf die jeweiligen Konzepte ist noch einzugehen, s. Kap. 5.1., 5.2.2, 5.5.5.; vgl. ebenso Gunter Scholtz. *Philosophie des Meeres*. Hamburg, Mare, 2016, S. 196, 197, 204-209.

24   Losco-Lena untersucht im Kapitel „En vogue la galère" Michel Vinavers *Par-dessus bord* (1972), Hans Magnus Enzensbergers *Untergang der Titanic* (1978), Patrick Kermanns *The great disaster* (1992), Daniel Lemahieus *Bye Bye Lehrstück!* und Eugène Durifs Triologie *Nefs et naufrages* (um 2000). Sie zielt dabei auf Ironie und Humor in Untergangsszenarien ab. Mireille Losco-Lena. *„Rien n'est plus drôle que le malheur". Du comique et de la douleur dans les écritures dramatiques contemporaines*. Rennes, PUR, 2011.

25   Redonnet. *Mobie-Diq*, S. 31, 43.

26   Ebd., S.16.

Mobie. – On ne va pas se laisser couler avec la barque. On n'a pas survécu sept jours pour couler le septième. Je voudrais être à la maison. On n'aurait jamais dû quitter la maison. [...] Le toit de la maison aurait bien tenu jusqu'à la fin. [...] Pourquoi est-ce qu'on a vendu la maison? Elle n'était pas inondable et elle ne risquait pas de couler comme la barque.[27]

Bodenlosigkeit und Dachlosigkeit auf See stehen hier im Kontext mit den aufgegebenen Sicherheiten und Stabilitäten auf dem Land – eine Konstellation, die bereits Nietzsche in seinem Aphorismus „Im Horizont des Unendlichen" formuliert.[28] In *Mobie Diq* entfällt das Zuhause als Heimathafen und Bezugspunkt, wird es doch gegen eine maritime Hochzeitsreise am Lebensabend eingetauscht.[29] Das Meer wird auch in seiner Eigenschaft als unmarkierter und glatter Raum besprochen, jedoch weniger unter Betonung des soziokulturellen Potenzials zur kollektiven Markierung wie bei Deleuze und Guattari.[30] Hier kommen Ortlosigkeit, Haltlosigkeit und räumliche Verunsicherung mangels Anhaltspunkten zum Ausdruck: „Je ne sais même pas dans quelle mer on est. [...] La mer, c'est grand, surtout s'il y a plusieurs mers. On peut sûrement se perdre."[31] Die besprochene Orientierungswidrigkeit des Meeresraumes ist mit Unvorhersehbarkeiten verschränkt: „C'est imprévisible la mer et si grand."[32] Dem Geschehen liegt eine offene, entgrenzte Raumsituation zugrunde. Damit einher geht eine „Möglichkeitsstruktur", die in der Erzählliteratur bereits re-

---

27 Redonnet. *Mobie-Diq*, S. 85.
28 „Im Horizont des Unendlichen. – Wir haben das Land verlassen und sind zu Schiff gegangen! Wir haben die Brücke hinter uns, – mehr noch, wir haben das Land hinter uns abgebrochen! Nun, Schifflein! Sieh' dich vor! Neben dir liegt der Ocean [sic], es ist wahr, er brüllt nicht immer, und mitunter liegt er da wie Seide und Gold und Träumerei der Güte. Aber es kommen Stunden, wo du erkennen wirst, dass [sic] er unendlich ist und dass [sic] es nichts Furchtbareres giebt [sic], als Unendlichkeit. Oh des armen Vogels, der sich frei gefühlt hat und an die Wände seines Käfigs stösst [sic]! Wehe, wenn das Land-Heimweh dich befällt, als ob dort mehr Freiheit gewesen wäre, – und es giebt [sic] kein ‚Land' mehr!" Friedrich Nietzsche. „Die fröhliche Wissenschaft". In: Ders. *Sämtliche Werke* III. München, De Gruyter, 1999, S. 343-651, hier S. 480 (3. Buch, 124. Aphorismus).
29 Redonnet. *Mobie-Diq*, S. 83.
30 Zum Modell des Meeres als glatter Raum vgl. Gilles Deleuze; Félix Guattari. *Tausend Plateaus*. Berlin, Merve, 1992, S. 663-669.
31 Redonnet. *Mobie-Diq*, S. 25f.
32 Ebd., S. 81.

flektiert wird.[33] Wie noch gezeigt wird, prägt die Möglichkeitsstruktur die Dramaturgie von *Mobie-Diq*.

5.2 Lagebestimmung nach Schiffbruch

Zwar besprechen die Figuren die Wetterlage, den Bootszustand und ihre Gesundheit den gesamten Text hindurch, die eröffnende Lagebestimmung zu Beginn ist jedoch besonders ausführlich und vielschichtig.[34] Es ist der überlebte Schiffbruch, der eine elementar-pragmatische, eine räumlich-relationale und eine retrospektive Situierung in Gang setzt. Derart systematisiert, lässt sich die Lagebestimmung schrittweise untersuchen, auch wenn die Ausführungen von Mobie und Diq ungeordnet und achronologisch ineinandergreifen, sich überschlagen. Mit „On s'égare" thematisieren die Figuren ihren assoziativen, abschweifenden Redefluss, den sie sich mit der Grenzsituation erklären: „ça doit être l'effet du choc, on arrête pas de parler depuis qu'on est dans la barque."[35]

Im Zuge der elementar-pragmatischen Lagebestimmung stellen die Figuren ihre Unversehrtheit fest und verschaffen sich einen inventarischen Überblick über zuhandene Mittel. Sie prüfen die Ausrüstung an Bord und eruieren die Funktionstüchtigkeit:

> Mobie. – [...] On a pourtant tout ce qu'il nous faut pour un voyage en haute mer, sauf de l'essence. Il faut que tu arrives à faire marcher le moteur. C'est important pour notre survie. Si le courant ralentit, qu'est-ce qu'on va faire? Tu as vu dans quel état sont les rames. De toute façon, on ne sait même pas ramer.
>
> Diq. – Si je te dis que le moteur ne marche pas, c'est qu'il ne marche pas. Il n'y a rien à faire, Mobie. – Si le moteur de la barque ne marche pas, c'est qu'il a été mal monté. On dirait que c'est un moteur tout neuf qui n'a jamais servi. [...] Qu'est-ce que tu veux que je fasse? Je ne suis pas mécanicien. Je n'ai pas d'outils ni de mode d'emploi. Et il n'y a pas d'essence. Il faut faire comme s'il y avait pas de moteur. Les barques n'avaient pas de moteur autrefois. Cette barque est vieille, c'est normal qu'elle n'ait pas de moteur en état de marche.[36]

---

33   Vgl. Burkhardt Wolf. *Fortuna di mare. Literatur und Seefahrt.* Zürich, Diaphanes, 2013, S. 19; sowie das Kapitel „Erzählen als Navigieren" von Volker Klotz. *Erzählen. Von Homer zu Boccaccio, von Cervantes zu Faulkner.* München, Beck, 2006, bes. S. 119-123.
34   Sie nimmt mit 19 Seiten die ganze und auch längste Stücksequenz ein, vgl. Redonnet, *Mobie-Diq*, S. 9-28.
35   Ebd., S. 14, 19.
36   Ebd., S. 9.

Die Feststellung der Motorpanne und der mangelnden Ausrüstung und Funktionalität des Bootes ergibt eine Enttechnologisierung. Auf Diqs Vorschlag hin, sich von technischen Errungenschaften zu verabschieden, besinnen sich die beiden Figuren auf das grundlegende der Seefahrt – das tragende Holz. Der Stillstand betrifft hier jedoch nicht nur den technischen Ausfall: die Figuren können nicht rudern und haben nur eingeschränkten Einfluss auf eine Bootsbewegung. Eine durchgängig statische und durative Dramaturgie ist damit eingeführt.[37] Aspekte des (Ab)Wartens bilden das zentrale Geschehen, womit Redonnet an Dramaturgien anknüpft, die Raum und Zustand im Gegensatz zur zeitlichen Progression betonen.[38] Zustandshafte Situationen gehen mit Dramaturgien einher, in denen handlungseingeschränkte, -unfähige oder lethargische Figurenkonzeptionen vorherrschen. Sarrazac führt als Füllwerte zustandshafter Theaterstücke das Warten an (exemplarisch Samuel Becketts *En attendant* Godot) sowie das Beschreiben (exemplarisch Heiner Müllers ‚Versteinern‘ und ‚Einfrieren‘ der Geschichte).[39] Er unterschlägt dabei, – und dies trifft auf *Mobie-Diq* zu – dass in statischen Dramaturgien das Geschehen hauptsächlich darin besteht, dass die Figuren ihre Situation besprechen und Vergangenes rekapitulieren.[40] Redonnet legt einen deutlichen Schwerpunkt auf die Lage der Figuren: Eine Bewegung kommt zum Erliegen und Formen der Selbstvergewisserung und Orientierung schließen sich an.[41] Sicher können Immobilität und Panne in engem Zusam-

---

37 Die Stasis gilt als dramenästhetisches Charakteristikum moderner wie zeitgenössischer theatralischer Handlungskonzeptionen. Exemplarisch dafür steht Maeterlincks Konzeption des „drame statique“, auch wenn dort die physische und dialogische Immobilität eine andere, unsichtbare innere (seelische, symbolistische) Handlung begünstigt, vgl. Maeterlinck, „Le tragique quotidien“.

38 Manfred Pfister unterscheidet in seinem Kapitel „Progression vs. Stasis“ zwischen progressiver, fortschreitender Zeit und Zeiträumen von handlungsloser, zustandshafter Dauer. Anstelle der ‚Handlung‘ führt er für statische Dramaturgien den Begriff des Geschehens ein. Pfister. *Das Drama*, S. 375-376, 272.

39 Vgl. „Statisme“ Jean-Pierre Sarrazac. *Lexique du drame moderne et contemporain*. Belval, Circé, 2005, S. 208.

40 Dies muss nicht zwangsläufig mit Erkenntnissen oder Bekenntnissen verknüpft sein, wie dies die von Pfister verwendete Konzeption der „Einsicht der Figuren in ihre Situation“ als einziges Veränderungspotenzial nahelegt, vgl. Pfister. *Das Drama*, S. 375-376, 272.

41 Vgl. die besprochene Autopanne in den Dünnen eingangs von *Seaside*, die in eine kartographische Orientierung und Umgebungserkundung übergeht, vgl. Redonnet. *Seaside*. Das Geschehen in *Tir & Lir* besteht in einer Steigerung von physischem Versagen, vgl. Marie Redonnet. *Tir & Lir*. Paris, Minuit, 1988. Das Kinderstück *Le Cirque Pandor* setzt mit der Pleite eines Zirkus an, der zunehmend auseinanderbricht. Marie Redonnet. *Le Cirque Pandor* suivi de *Fort Gambo*, Paris, P.O.L, 1994.

menhang mit handlungsunfähigen Subjekten gesehen werden.[42] Hier ist die anfängliche Pannensituation jedoch vor allem eine dramaturgische Setzung von Orientierungspotenzial. Die Figuren geraten ins Stocken, besprechen und reflektieren ihre Panne, die als unerwartbare, ,absolut neue Situation' Anlass zur Selbstvergewisserung, lebensgeschichtlichen Einordnung und Orientierung bietet. [43]

5.2.1 Mauerlose Mauerschau, entwirklichende Distanzierung

In *Mobie-Diq* kommt es auch zur relationalen Situierung. Redonnet lässt die Figuren ihre Situation als Überlebende in Verhältnis zur Havarie des Kreuz-fahrtschiffes setzen. Vom Kleinboot aus erfolgt eine Mauerschau auf den Schiffsbruch.[44] Anlass der Mauerschau bildet – so der dramaturgische Trick Redonnets – der Umstand, dass die Brille der kurzsichtige Mobie verloren geht und sie so auf die Schilderung Diqs angewiesen ist.[45]

> Diq. – Tout les canots de sauvetage sont en train de couler, Mobie. Ils n'arrivent pas à prendre le large, les vagues les rabattent contre le Tango, ils se fracassent contre la coque, ils se renversent. C'est un affreux spectacle. Les vagues sont déchaînée autour du Tango [...] Mieux vaut ne pas voir une scène aussi horrible. Racontée c'est moins impressionnant pour toi. Je ne peux pas m'empêcher de regarder. C'est plus fort que moi, une vision pareille.[46]

Redonnet schöpft das ikonographische Potenzial des Schiffbruchs als Unter-gangsszenarios aus. Mit der Naturgewalt gegenüber dem Versagen der Technik

---

42   „Les personnages semblent être porteurs d'une série de pannes, d'une impossibilité à se définir dans une action: en panne d'identité avec le qui suis-je?, qui revient comme un leitmotiv, en panne d'action, car ils sont sans cesse dans le discours de ce qu'ils pourraient bien faire pour en quelque sorte changer d'existence, en panne dans le dialogue car ils ne s'écoutent jamais vraiment." Anstelle zeitgenössischer Beispiele stützt er seine Argumente jedoch auf das Theater von Tschechow (um 1900). Bonnevie. *Le sujet dans le théâtre contemporain*, S.112.

43   Redonnet. *Mobie-Diq*, S. 25.

44   Entgegen der Behauptung Wackers hat dieser Schiffsbruch wenig mit dem Ende der Pequod in *Moby Dick* gemein, außer dass die Erzählerfigur den Schiffbruch überlebt und im Epilog schildert, vgl. „Marie Ndiaye, Marie Redonnet, Enzo Cormann...Usage subversif de la citation dans le théâtre contemporain". In: Florence Fix (Hg.). *La citation dans le théâtre contemporain (1970 - 2000)*. Dijon, EUD, 2010, S.103-114; vgl. dazu Hermann Melville. *Moby Dick oder der Wal*, aus d. Am. von Matthias Jendis. München, Hanser, 2001, S. 865.

45   Vgl. Redonnet. *Mobie-Diq*, S. 10.

46   Ebd., S. 11.

ruft sie das Motiv der Hybris ab.[47] Größe und Kraft der Meeresgewalt, die Passagiere samt Rettungsboote in den Tod reißen, üben eine überwältigende Anziehungskraft auf Diq aus. Er wendet sich unablässig zur Katastrophe hin. In der ambivalenten Gleichzeitigkeit von Schaudern und Faszination liegt das Betrachtungsverhältnis des Erhabenen begründet.[48] Der Akzent der Teichoskopie verschiebt sich vom Betrachtungsgegenstand hin zur Betrachtungsweise:

> Diq. – C'est une chance pour toi de ne pas voir la scène qui se déroule là-bas autour du Tango. Des morts, des noyés, des canots disloqués, l'avant du Tango qui sombre dans la mer, des vagues géantes à l'assaut du Tango, exactement comme dans un film-catastrophe. Et ça nous arrive à nous, c'est la réalité et pas un tournage. [...] On a jamais été voir de film-catastrophe. [...] Ce que je vois en ce moment, c'est exactement ce qu'on aurait vu à l'écran.[49]

Vergleiche mit Filmszenarien bestätigen die Bildgewalt des Szenarios und zeugen von einer mediengeprägten Wahrnehmung. Es handelt sich um eine Besprechung und Reflexion medialer Wahrnehmungsverhältnisse.[50] Dabei wird die Mauerschau als veraltetes Theatermittel mit den Effekten filmischer Katastrophendarstellung konfrontiert.[51] Bei Redonnet – und dies steht beispielhaft für die zeitgenössische Mauerschau – verbleibt die Besprechung medialer Wahrnehmungsverhältnisse ohne szenischen Einsatz von Bildmedien und reißeri-

---

47 Das Hybrismotiv findet sich im 19. und 20. Jahrhundert in künstlerischen Bearbeitungen von Schiffbrüchen. Auf das Paradebeispiel des Untergangs der Titanic greift auch Patrick Kermann zurück, vgl. *The great disaster* [1992]. Carnières-Morlanwelz, Lansmann, 1999.

48 Während Burke die Ambivalenz des Erhabenen zwar andeutet, jedoch das Erschauern als größte Wirkung hervorhebt, insistiert Lyotard unter Bezug auf Kant auf die widerstreitende Spannung zwischen Begeisterung und Schrecken. vgl. Burke. *Vom Erhabenen und Schönen*, S. 73, 91; Jean-François Lyotard. *Die Analytik des Erhabenen*, S. 251.

49 Redonnet. *Mobie-Diq*, S. 15.

50 Mit Ivan Golls *La Chaplinade* liegt ein besonders frühes Beispiel medienreflexiver Wahrnehmung im Theater vor: Goll setzt der Projektion von Postkarten (per Bühnenanweisung angelegt) die Wahrnehmungsbesprechung des bahnreisenden Dichters Charlot entgegen: „Wir sehen auf der Bühne, was Charlot sieht, wir hören, dass und wie er sich mit dem Geschehen auseinandersetzt". Franziska Sick. „Yvan Golls surreales Filmtheater." In: Michael Lommel; Isabel Maurer Queipo; Nanette Rissler-Pipka; Volker Roloff (Hrsg.). *Französische Theaterfilme – zwischen Surrealismus und Existenzialismus*. Bielefeld, Transcript, 2004, S. 39-64, hier S. 50, 51.

51 Redonnet antizipiert den Boom des Katastrophenfilms der 1990er Jahre unter dem Einsatz von Spezialeffekten, die die digitale Bearbeitung ermöglichen, vgl. Werner Faulstich. *Die Mediengeschichte des 20. Jahrhunderts*. München, Wilhelm Fink, 2012, S. 390. Man denke z.B. an Roland Emmerichs *Independence Day* (1996) und James Camerons *Titanic* (1997).

schen Darstellungsformen, von denen sich zeitgenössische Theaterautor_innen bewusst abgrenzen. Das klassische Darstellungsmittel der Mauerschau wird so durch potenzierte Wirklichkeits- und Reflexionsebenen reaktualisiert.[52] Redonnet erweitert das medienreflexive Betrachtungsverhältnis um malerei-geschichtliche Bezüge:

> Mobie. – Je ne vois pas les formes mais, je vois le ciel. Le ciel est tout rouge.
>
> Diq. – Le ciel s'est embrasé juste quand le Tango a sombré. On dirait une vision. C'était impressionnant, l'engloutissement du Tango et l'embrasement du ciel en même temps.
>
> Mobie. – Le ciel, on dirait un tableau impressionniste.
>
> Diq. – Non, on dirait un tableau de l'apocalypse.[53]

Die Teichoskopie wird atmosphärisch-apokalyptisch aufgeladen, indem der Betrachtungsgegenstand vor einem vom Abendrot gefärbten Himmel einge-bettet und ästhetisiert wird.[54] Mangels Sehschärfe vergleicht Mobie die Szene mit einem impressionistischen Gemälde, womit Redonnet auf kunsthistorische Darstellungsdiskurse und Medienkonkurrenzen (Malerei und Fotographie) ver-weist.

Die Mauerschau geht über eine Kontemplation hinaus. Die Figuren setzen sich nicht nur als Zuschauer_innen, sondern auch als Überlebende mit dem Schiffsbruch auseinander. Hans Blumenberg untersucht die Konstellation Schiffbruch mit Zuschauer als Metapher und als Betrachtungsverhältnis.[55] Er basiert sie auf den bei Lukrez angelegten Genuss des Betrachter_innen-standpunktes auf dem Festland mit Sicherheitsabstand zum Unglück. Diese reflexionsermöglichende Distanz sieht Lukrez als idealen Standpunkt des_der Philosoph_in, der_die anhand einer Einzelkatastrophe Überlegungen über die großen Zusammenhänge anstellt. Durch die Beobachtungsposition vom Klein-boot aus herrschen bei Redonnet jedoch andere Betrachtungsbedingungen. Mobie und Diq situieren sich zwar außerhalb der Gefahr: „hors de danger",

---

52   Zur Medienreflexion in der zeitgenössischen Mauerschau vgl. Annika Mayer. „Me-dienkonfrontation im Theatertext. Die zeitgenössische Teichoskopie als Moment in-termedialer Verhandlung von (Un)Darstellbarkeit". In: Lukas Eibensteiner; Frederik Kiparski; Daniela Kuschel; Christina Märzhäuser (Hg.). *Interaktion(en). Brüche, Spuren, Konstruktionen. Beiträge zum 34. Forum Junge Romanistik in Mannheim*. München, AVM, 2021, S. 15-27.

53   Redonnet. *Mobie-Diq*, S. 17.

54   Zur Ästhetisierung als sprachlich-visuelle Distanzierungsstrategie vgl. Mayer. „Medi-enkonfrontation im Theatertext".

55   Blumenberg zeichnet nach, wie diese nautische Konstellation in der (abendländischen) Geistesgeschichte, insbesondere Geschichtsphilosophie, variiert wird. Dabei verschiebt sich die Metaphorik je nach dem damit reflektierten Zeitgeschehen, Kontext und Autorenhaltung. Vgl. Blumenberg. *Schiffbruch mit Zuschauer*.

„à l'abri du danger",[56] betrachten den Schiffbruch jedoch aus leiblicher Nähe und einer instabilen Lage. Ihre leiblich-situierte Involviertheit entspricht einem Verhältnis knapp Entronnener.[57] Mit Arthur Schopenhauer bedingen sich leibliche Gefährdung, Selbstrettungswille und ruhige Betrachtung:

> Träte ein realer einzelner Willensakt ins Bewußtsein (sic) durch wirkliche, persönliche Bedrängnis und Gefahr vom Gegenstande; so würde der also wirklich bewegte individuelle Wille alsbald die Oberhand gewinnen, die Ruhe der Kontemplation unmöglich werden, der Eindruck des Erhabenen verlorengehen, indem er der Angst Platz macht, in welcher das Streben des Individuums, sich zu retten, jeden andern Gedanken verdrängte.[58]

Im Theatertext liegt dementsprechend ein Spannungsverhältnis vor. Die Erhabenheitserfahrung verschiebt sich. Insbesondere fehlt die Voraussetzung für die mit der Selbstgefährdung einhergehende Selbststeigerung: ein Subjekt, das durch Erkenntnis eine transzendente Ebene erreicht.[59] Von einer reflektierenden, sich über die Situation erhöhenden Instanz, kann hier nicht die Rede sein. Vernunftbasierte Sinnzuschreibungen bleiben aus. Mobie und Diq reflektieren den Untergang nicht als zivile oder ideelle Katastrophe, ziehen keinerlei Bilanz über größere Zusammenhänge.[60] In der Mauerschau wird eine Grenzsituation verhandelt. Es ist die Sicht auf Verunglückende, die die Figuren mit der Möglichkeit des eigenen Todes konfrontiert, die Sterblichkeit vor Augen führt. Jaspers entwickelt das Konzept der Grenzsituation vor dem Hintergrund von Dasein als Sein in Situationen – räumlich vorstellbar als historische, gesellschaftliche, physische, intersubjektive Lage der Interessen,

---

56 Redonnet. *Mobie-Diq*, S. 12, 14.

57 Dieses unterscheidet sich jedoch von der Konstellation des „knapp Entronnenen" in Goethes Reflexionen zur Jenaer Schlacht, vgl. Blumenberg. *Schiffbruch mit Zuschauer*, S. 59.

58 Mit Bezug auf Kant arbeitet Schopenhauer das Erhabene nuancierend auf, vl. Arthur Schopenhauer. *Die Welt als Wille und Vorstellung*. Darmstadt, Wissenschaftliche Buchgesellschaft, 1973, S. 288 (III § 39).

59 Vgl. Blumenberg. *Schiffbruch mit Zuschauer*, S. 66.

60 Damit verweigert Redonnet eine geschichtsphilosophische Haltung im Hegelschen Sinne, nach der die Position des_der Zuschauer_in „das Wirkliche, das unrecht scheint, zum Vernünftigen" verklärt und den Untergang vom Besonderen zum Allgemeinen erhebt, als Werk der Geschichte wertet. Vgl. „Die Vernunft in der Geschichte" zitiert nach Blumenberg, ebd., S. 58. In der fehlenden Reflexion besteht nach Schopenhauer das Scheitern des Subjektes, „indem es aus der Zuschauerposition zurückfällt in die Weltverwicklung durch den Willen, der es den Drohungen der Natur ausliefert, statt es ihr gegenüber zu stellen." Ebd., S. 66f.

Einschränkungen und Möglichkeiten des Menschen.[61] Er versteht unter Grenz-
situationen wesentliche, entscheidende Situationen, die aus der Reihe der
Einzelsituationen hervorstechen, da der Mensch in ihnen auf Widerstände und
Widersprüche stößt.[62] Als gespalten in Subjekt und Objekt erfährt er nicht nur
die Grenze seines Strebens, sondern erblickt und reflektiert dieselbe und erlangt
Einsicht in die Haltlosigkeit mangels absoluter Gewissheiten und Stabilitäten.[63]
Die Begegnung mit dem Tod als Widerspruch zum Leben erläutert Jaspers
als einen spezifischen Fall der Grenzsituationen.[64] Zwar kann der eigene Tod
weder erfahren noch vorgestellt, aber die „Beziehungen des Lebendigen zum
Tode" gedacht werden. Jaspers Interesse gilt dem Verhalten zum Tode.[65] In
Redonnets Mauerschau auf den Schiffsbruch wird nicht nur eine Grenzsituation
des Todes in Relation zur eigenen Unversehrtheit besprochen, es wird auch
eine Umgangsweise vorgeführt. Mangels räumlich-leiblicher Distanz – heißt
theatertheoretisch: mangels der Mauer der Teichoskopie – handelt es sich um
eine Form der Distanzierung, die Blumenberg in der Konstellation *Schiffbruch
mit Zuschauer* weder rezeptionsgeschichtlich verzeichnet, noch erwägt.[66] Die
den kontemplativen Abstand ermöglichende Mauer wird dadurch kompensiert,
dass das Unglück ästhetisiert und medial reflektiert wird. Redonnet lässt die
knapp Entronnenen den leibesnahen Schiffbruch aus ihrem Erfahrungsbereich
entrücken, denn mittels visuell-medialer Filter entwirklichen.[67] Diese entwirkli-
chende Betrachtungsdistanz geht mit einer ästhetischen Metareflexion einher.

5.2.2 Lebensorientierender Rückblick

Schopenhauers Interesse an der (vernunftbedingten) distanzierenden Betrachtung ist lebensphilosophischer Art. So lässt sich ein für die Problemstellung von
Raum und Orientierung relevanter Zusammenhang zwischen nautischer und

---

61   Karl Jaspers. *Psychologie der Weltanschauungen* [1954]. Berlin, Springer 1971, S. 229;
     sowie Karl Jaspers. *Philosophie II. Existenzerhellung* [1932]. Berlin, Springer, 1973, S. 202.
62   Jaspers. *Psychologie der Weltanschauungen*, S. 230.
63   Ebd., S. 229, 230.
64   In der Systematik der Grenzsituationen der Existenzerhellung nennt er Tod, Leiden,
     Kampf und Schuld (Situationsgebundenheit, geschichtliche Bestimmtheit der Existenz,
     darunter Zufall als übergreifende Grenzsituationen) vgl. Jaspers. *Philosophie II*, S. 209.
65   Jaspers. *Psychologie der Weltanschauungen*, vgl. S. 261.
66   Blumenberg fokussiert das Verwicklungsverhältnis von Subjekt und Geschichte. Die
     Darstellungs- und Wirkungsebene spart er bis auf einen kurzen Hinweis auf William
     Turners Gemälde aus, vgl. Blumenberg. *Schiffbruch mit Zuschauer*, S. 45.
67   Vgl. Mayer. „Medienkonfrontation im Theatertext".

theatralischer Daseinsmetaphorik knüpfen.[68] Schopenhauer geht davon aus, dass der Mensch neben dem Ertasten unmittelbar räumlich zugegener Dinge und einem anschaulichen, weiträumigen Sehen auch zur abstrakten Erkenntnis fähig ist. Der Mensch kann „neben der engen wirklichen Gegenwart noch die ganze Vergangenheit und Zukunft nebst dem weiten Reiche der Möglichkeit" umfassen und ist damit zu einem Lebensüberblick fähig.[69] Daraus ergeben sich zwei parallele Leben: einerseits ist der Mensch situativ in präsentische Zusammenhänge involviert als „Leben in concreto", andererseits überblickt und reflektiert er das eigene Tun als „Leben in abstracto".[70] Die „allseitige Übersicht des Lebens im Ganzen" denkt und veranschaulicht Schopenhauer in räumlichen Vorstellungsbildern wie dem des Menschen, der „vor dem verkleinerten Grundriss seines Lebensweges" steht oder dem „Schiffer, welcher mittels Seekarte, Kompaß (sic) und Quadrant seine Fahrt und jedesmalige Stelle auf dem Meer genau weiß" im Unterschied „zum unkundigen Schiffsvolk, das nur die Wellen und den Himmel sieht."[71] Noch deutlicher wird der Wechsel zwischen erlebender und betrachtender Seinsweise im Vergleich mit dem

> Schauspieler, der seine Szene gespielt hat und, bis er wieder auftreten muß (sic), unter den Zuschauern seinen Platz nimmt, von wo aus er, was immer auch vorgehn (sic) möge, und wäre es die Vorbereitung zu seinem Tode (im Stück), gelassen ansieht, darauf aber wieder hingeht und tut und leidet, wie er muß (sic).[72]

Wenn diese existenzphilosophischen Sinnbilder auch auf der erkennenden Vernunft des Subjekts gründen, die der Figurenkonzeption in *Mobie-Diq* wenig entspricht, leisten sie dennoch einen Beitrag zum Raum- und Orientierungsdenken. Wenn Schopenhauer mit Erinnerung auch den Aspekt „reiner Erkenntnis als Distanz zum Leben" verbindet,[73] lässt sich ein Grundprinzip für die Analyse von *Mobie-Diq* festhalten: Der Rückblick auf die Vergangenheit und der Vorblick auf die Zukunft bieten dem Menschen Lebensorientierung. Im Theatertext Redonnets bietet die Grenzsituation des Schiffbruchs Anlass für den retrospektiven Blick auf Lebensmomente, sowohl den der Rettungsaktion als auch solche aus dem Leben vor der Kreuzfahrt, zu einem Lebensüberblick kommt es jedoch nicht.

---

68 Blumenberg spürt dies über einen Exkurs zu Galiani auf, welcher den Zuschauer „vom Meeresstrand ins Theater" verlegt, wo er, sicher im Theatersessel sitzend, dem Untergang des Helden beiwohnt, vgl. Blumenberg. *Schiffbruch mit Zuschauer*, S. 68, 69.
69 Schopenhauer. *Die Welt als Wille und Vorstellung*, S. 137, 138 (I, § 16).
70 Ebd., S. 139.
71 Ebd., S. 138.
72 Ebd., S. 139.
73 Zudem setzt er das notwendig Leidvolle zur Erkenntnis des Glücks voraus, vgl. ebd., S. 67.

Bei der Rekapitulation der Rettung greift Redonnet – wie bereits bei der
Mauerschau – auf die Strategie zurück, das Handikap einer Figur zu einem
Anlass vermittelter Rede zu machen: Diqs Erinnerungslücken legitimieren
dramaturgisch Mobies Bericht von der Rettungsaktion.[74] Auch die Rettung wird
entwirklicht: „je ne sais pas comment on a fait pour embarquer. On a agi comme
dans un rêve. Je ne me rappelle plus. [...] cette fois, tu as agis comme une héroïne,
Mobie, une véritable héroine de théâtre."[75] Indem er Mobie zur Theaterheldin
erklärt, wird die Ebene der Selbstbetrachtung eingeführt, die im Gegensatz zu
Schopenhauers Bild hier im Nachgang erfolgt. Traum- und Theatervergleiche
bringen das Außergewöhnliche und Unbegreifliche zum Ausdruck. Versuche,
das Unglück kausallogisch zu erklären, scheitern:

> Pourtant le Tango était un paquebot tout neuf. C'était le plus moderne et le mieux
> équipé de tous les paquebots. Et la mer était calme ce matin. Qui aurait pu croire
> au naufrage du Tango? C'était sa première croisière. Il y avait tous les systèmes de
> sécurité. Je n'arrive pas à réaliser ce qui arrive. [...] Il n'y avait même pas une tempête.[76]

Damit greifen weder technische noch maritime Erklärungsmuster. Während
das *conditionnel passé* „qui aurait pu croire" die Unvorhersehbarkeit betont,
wirft der nachkatastrophische Blick auf den glatten Meeresspiegel die Frage
nach Spuren auf: „Comment est-ce possible? Un si grand paquebot, tant de
passagers, et plus aucune trace?"[77] Die Wasseroberfläche, die sich nach einem
Einschnitt wieder zusammenschließt und alles in der Tiefe verschwinden lässt,
macht die Havarie schier ungeschehen. Es wird, im Konrast zu Deleuze und
Guattaris Konzeption des glatten Raumes keine neue Marke gesetzt, sondern
ein gewaltiges Geschehen vom maritimen Raum verschluckt und zumindest
augenscheinlich negiert. Die oberflächliche Spurlosigkeit des maritimen glatten
Raumes relativiert jegliche Versuche, die Katastrophe nachzuvollziehen oder zu
erklären, die Kontingenzerfahrung wird betont.

Mehr noch als bei der Rettungsrekonstruktion werden die Figuren in rückwärtsgewandten Erzählungen zu Betrachter_innen ihrer Lebensmomente. Der
Lebensrückblick setzt bei der Kreuzfahrt, evaluiert als Lebenshöhepunkt, an
und reicht bis zur bruchstückartigen Erzählung der (scheiternden) Schauspiel-
karriere zurück. Zum Schiffbruch des Kreuzers „Tango" wird ein Parallelbezug
geliefert, das Scheitern eines Theaterprojektes namens „Tango" als Karriereend-
punkt. Indem der Höhepunkt (die Kreuzfahrt) nebst dem Umkehrpunkt (dem

---

74   Vgl. Redonnet. *Mobie-Diq*, S. 21.
75   Ebd., S. 13.
76   Ebd., S. 11, 20.
77   Ebd., S. 21.

Schiffbruch) vor dem Beginn des Geschehens liegen und rekapituliert werden, handelt es sich um eine Dramaturgie nach der Katastrophe.[78] Gegenwartsdramaturgien sind maßgeblich geprägt von einem nachkatastrophischen Geschehensaufbau und einer retrospektiven Ausrichtung, einem „retour – réflexif, interrogatif – sur un drame passé et sur une catastrophe toujours déjà advenue."[79]

In der nachkatastrophischen, räumlich-leiblichen sowie rückwärtig-rekapitulierenden Lagebestimmung in *Mobie-Diq* verschränken sich situative Orientierung und Lebensorientierung.[80] Die Panne, das Scheitern und schließlich der Blick auf den Untergang bilden Einschnitte bzw. Grenzsituationen, die die Figuren auf sich selbst blicken lassen, geben Anlass zum Einordnen und Ins-Verhältnis-Setzen des Erlebten. Für Jaspers gehört zur Grenzsituation ein Moment der Verwirklichung, das er als Sprungbereitschaft auf eine mögliche Existenz hin beschreibt als „das bewusste innere Tun, durch das ich aus einem Vorher in ein Nachher trete".[81] Während sich das präsentische Handeln in zeitgenössischen Dramaturgien in Richtung eines rückwärtsgewandten, rekapitulierenden Erzählhandelns verschiebt, geht damit jedoch noch keine Bewusstwerdung und Folgerung für ein Nachher einher. Die Lagebesprechung, dies zeigt Redonnets Theatertext, entspricht nicht einem veräußerten „inneren Tun", es handelt sich nicht um eine „Existenzerhellung" im Sinne Jaspers, der Aspekt des Vorgreifens auf Handlungsmöglichkeiten oder das Einnehmen von Positionen hinsichtlich möglicher Verwirklichungen bleibt hier aus. Es kommt nicht zu einem gänzlichen Lebensüberblick. Damit bleibt zu untersuchen,

---

78 Der Begriff der Katastrophe ist hier dramaturgisch gemeint und bezeichnet die Umkehrung, den Ausgang, die Auflösung oder den Zusammenbruch der Handlung. Kasper weist darauf hin, dass der griechische Begriff katastrophé in Aristoteles‘ Poetik noch nicht verwendet wird, dessen Bedeutung jedoch im Begriff der lysis angelegt ist. Auch zeigt sie die Struktur der Konversion im jüdisch-christlichen Verständnis der Katastrophe als Niederwendung auf. Judith Kasper. „Für eine Philologie der Kata/ strophe". In: Ottmar Ette; Judith Kasper (Hg.). *Unfälle der Sprache. Literarische und philologische Erkundungen der Katastrophe*. Wien, Turia + Kant, 2014, S. 7-20, hier S. 8, 11. Hélène Kuntz erinnert daran, dass ein katastrophisches Ende nach hegelscher Ästhetik eine vollständige Lösung des dramatischen Konfliktes verlangt und mit einem idealen Kompositionsprinzip einhergeht: der unaufhaltsamen Progression in Richtung eines finalen Sinnes, wobei eine Ideologie des Fortschritts durchscheint. Mit modernen Dramaturgien (Ibsen, Strindberg, Maeterlinck) hingegen setzt eine Verschiebung von der finalen Katastrophe zur eröffnenden Katastrophe ein. Hélène Kuntz. *La catastrophe sur la scène moderne et contemporaine. Etudes théâtrales 23*, 2002, S. 13-26; 40-48.

79 Jean-Pierre Sarrazac. „Le partage des voix". In: Jean-Pierre Ryngaert. *Nouveaux territoires du dialogue*. Arles, Actes Sud, 2005, S.11.

80 Vgl. auch die Anfangssequenz von Redonnets *Seaside* wie frühe Dramaturgien Becketts.

81 Jaspers. *Philosophie II*, S. 206-207.

welche Orientierungs- und Handlungsmodi sich im offenen Raum des Meeres bieten.

5.3 Negierte Navigation: Drift

Redonnet lässt die Figuren sich mit Seefahrern vergleichen und ihren Umgang mit der Situation auf dem Meer fortwährend als „naviguer" bezeichnen.[82] Der Begriff des Navigierens legt Handlungsfelder und Kulturtechniken der Seefahrt nahe: Position und Richtung bestimmen, Festland und Bezugspunkte sichten und ansteuern, Kurs halten, Buch führen, Signale erkennen und senden. Etwaige Handlungen werden jedoch lediglich verbal durchgespielt, es scheitert an Ausrüstung, Erfahrungswissen und Geschick. Die Figuren nennen Messinstrumente und Navigationskarten, die sie an Bord nicht vorfinden stattdessen kramen sie mehr oder weniger nützliche Utensilien hervor: eine Medizinbox, eine Decke, eine Laterne, eine Angel, ein Kassettenrekorder samt Kassette, eine Truhe und ein Schmuckkästchen.[83] Wenn Gegenstände der Seefahrt zum Vorschein kommen, dann als inpraktikable museale Kuriositäten:

> Ça doit être le coffre d'un ancien capitaine. Regarde, c'est plein d'instruments anciens comme on en a vues au musée de la marine. Ils sont trop anciens pour pouvoir marcher. On a besoin d'instruments modernes, pas de pièces de musée. [...] Ce sont de vraies pièces de collection. Je n'en ai jamais vu de pareils au musée de la marine [...] ce sont des pièces très rares, peut-être uniques.[84]

Ein Bordjournal, das die Figuren einem alten Kapitän zuschreiben, geht nicht über die kuriose Spur eines Vorgängers hinaus; verfasst in einer fremden Sprache, bleibt es den Figuren als Informationsquelle verwehrt.[85] Die Instrumente einstiger Seefahrt verweisen auf maritime Vorstellungswelten und literarische Werke. Als Relikte eines Früher stehen sie für unzulängliche, überkommene Mittel und Praxen der Lebensorientierung. Mangels Erfahrung erschwert sich bereits die Positionsbestimmung. Der Versuch, die Reiseroute des Kreuzers nachzuvollziehen, bringt die Desorientierung der Figuren bereits im Vorfeld des Schiffbruches zum Vorschein:

> Mobie. – [...] Tu as une idée de là où on peut être?

---

82   Redonnet. *Mobie-Diq*, S. 35, 34, 36, 43, 44, 45, 61.
83   Ebd., S. 27.
84   Ebd., S. 38.
85   Ebd., S. 38.

Diq.– Aucune. Je n'ai pas étudié les cartes avant de partir, ni l'itinéraire. Je faisais une entière confiance à l'équipage, qui savait où il allait. Je ne sais même pas dans quelle mer on est. Depuis le début de la croisière on a changé plusieurs fois de mer sans s'en apercevoir. C'est la croisière la plus longue, celle qui faisait le tour des mers. On devait être sur le chemin de retour, puisqu'il n'y avait plus qu'une seule escale. Tu étais comme moi, je suis sûr que tu ne sais pas non plus quelle était la dernière escale, ni même la prochaine.

Mobie. – C'est vrai, je ne sais pas.

Diq.– Le courant nous a emportés si vite qu'on a dû faire du chemin depuis le naufrage du Tango.[86]

Die Konstellation einer Seefahrt mit blindem Vertrauen in die Navigation von Kapitän und Mannschaft erinnert an Schopenhauers Gegenüberstellung von Schiffer und Schiffsvolk. Auch die alle Meere umfassende Rundfahrt als Lebensreise zu lesen ist naheliegend. Der existenphilosophischen Irrfahrt setzt Redonnet jedoch eine postheroische Konstellation entgegen: die passiv konsumierte Kreuzfahrt. In einer durchgeplanten Reiseroute werden vorbestimmte, gleichförmige Ziele der Reihe nach angefahren und kurz besichtigt. Die Passagiere buchen eine Rundfahrt ohne Unwägbarkeiten in einem schwimmenden all-inklusiv-Hotel.

Jaspers operiert mit der Raummetapher des Halt gebenden *Gehäuses* als ein geschlossenes Weltbild, einer gefestigten Einstellung oder einer stabilen Werteordnung, die der Mensch vorgefertigt übernimmt (mechanisches, totes Gebäude) oder sich erbaut (lebendiges, wachsendes Gebäude).[87] Ihm nach sind Formen des Festhaltens an Erklärbarkeit, Ordnung, Zweck und Absichten (in) der Welt wie auch an verlässlichen Lehren, Denk- und Handlungsroutinen, lebenserhaltenden Techniken und Mitteln Versuche, das Irrationale und seine Erscheinungsformen von Chaos, Zufall, Sinnfraglichkeit und Unendlichkeit einzudämmen und zu reduzieren.[88] Nun kommt in *Mobie-Diq* gerade keine spezifische Weltanschauung zum Ausdruck, die dem Kreuzfahrtschiff zugesprochen wird. Mit der Abgabe von Überblick, Entscheidung und Orientierung werden Handlungsfähigkeit und Lebensführung verhandelt. Mit Jaspers bedingen sich Gehäuse und Grenzsituationen. Die Gehäuse schützen vor Grenzsituationen und umgekehrt sind es die Grenzsituationen, die die Gehäuse zerstören. Sie

---

86   Redonnet. *Mobie-Diq*, S. 25f.
87   Als spezifische und extremere Gehäuse nennt Jaspers Autoritarismus, Liberalismus und Wertabsolutismus, ebenso führt er eine generelle und mildere, bewegliche Form des Gehäuses an: „die Gerüste, in denen wir aufgewachsen sind". Jaspers. *Psychologie der Weltanschauungen*, S. 304, 305, 319, 321, 323, 326., S. 304, 305.
88   Ebd., S. 306, 307, 308.

„setzen den Schutz des Gehäuses außer Kraft. Der Mensch wird herausgerissen aus dem Gehäuse seiner eingeübten Lebensbewältigung."[89] Der Theatertext führt indes vor, dass die Grenzsituation vormalig bestehende Verlässlichkeiten erst zum Vorschein bringt. Erst in der Lagebestimmung, in der sich die Figuren mit dem Schiffbruch auseinandersetzen, besinnen sie sich auf (vermeintliche) Stabilitäten und ihre *uneigentliche*, denn ein- und festgefahrene Orientierung.[90]

Beim Versuch der Orientierung im Außenraum verdeutlicht sich die isolierte Situation des Paares. Das Boot fällt aus dem Radar, die Mittel der nautischen Signaltechnik werden als Mängel besprochen: es fehlen Nebelhorn, (Radio)Funk und Leuchtraketen.[91] Die Situation besteht im „naviguer sans contact."[92] Andere Schiffe oder Suchflugzeuge sind nicht in Sicht. Das Figurenpaar situiert sich im Abseits „à l'écart de la route maritime," auf unbefahrener See: „On dirait que depuis le naufrage du Tango on navigue sur une mer sans bateaux [...] c'est comme si la mer était vide et que tous les bateaux avaient sombrés avec le Tango."[93] Mobie und Diq, abgeschnitten vom Kontakt zur Welt sind im Nirgendwo der Hochsee auf sich allein gestellt und ohne Anhaltspunkte: „Mobie. – C'est vrai qu'on est seuls tous les deux, abondonnés du monde dans l'autre hémisphère sous une latitude inconnue."[94] Mangels räumlicher Bezüge und zwischenmenschlicher Kontakte verbleiben die Orientierung am Rhythmus der Natur, das Notiznehmen von Regelmäßigkeiten und Veränderungen. Insbesondere der Wechsel von Tag und Nacht ist orientierungsstiftend, ermöglicht er doch das Zählen der Wochentage. Hierbei dient der Schiffbruch als Fixpunkt: „Le naufrage a eu lieu jeudi. C'est le quatrième jour qu'on est naufragés, alors aujourd'hui on est dimanche."[95] Zugleich deregulieren Hemisphärenwechsel, Wettergegebenheiten wie auch Verschiebungen von Tag-Nacht-Abläufen das Zeiterleben.[96] Zeitliche Desorientierungen gelten ebenso für den Lebenslauf:

---

89   Horst-Jürgen Gerigk. „,Gehäuse' und ,Grenzsituation' als Schlüsselbegriffe der Literaturwissenschaft." In: Dietrich von Engelhardt; Horst-Jürgen Gerigk. *Karls Jaspers im Schnittpunkt von Zeitgeschichte Psychopathologie Literatur und Film.* Heidelberg, Mattes, 2009, S. 61-72, hier S. 65.

90   Elm unterscheidet mit Bezug auf Heidegger zwischen ,uneigentlicher' (Verfallens-)Orientierung und ,eigentlicher', d.h. radikaler (Neu)Orientierung, vgl. Ralf Elm. „Orientierung in Horizonten. Analyse und hermeneutische Folgerungen." In: Werner Stegmaier (Hg.). *Orientierung. Philosophische Perspektiven.* Frankfurt a. M., Suhrkamp, 2005, S.79-114, hier S. 91.

91   Redonnet. *Mobie-Diq*, S. 34-36.

92   Ebd, S. 35, 48.

93   Ebd., S. 34f.

94   Ebd., S. 61.

95   Ebd., S. 59.

96   Vgl. ebd., S. 47.

Tout a été décalé. Ça a des conséquences graves, d'avoir mélangé les temps, on ne s'y reconnaît plus. Notre vie aurait été différente si on avait fait notre voyage de noces après notre mariage. Tout est faussé par ce grand décalage de temps.[97]

Räumliche, zwischenmenschliche und zeitliche Orientierungsmöglichkeiten und -mittel werden negierend besprochen.

Was die praktische Situationsbewältigung im Boot auf dem offenen Meer anbelangt, führt Redonnet ungeschickte Figuren vor, lässt sie sich als „maladroit" bezeichnen. Fehlende Alltagsfertigkeiten und Momente des Scheiterns im Umgang mit Alltagswerkzeugen prägen das statische Geschehen.[98] Die durchweg unbeholfenen Versuche der Situationsbewältigung erzeugen Momente slapstickhafter Komik, die auf Buster Keatons *The navigator* verweisen. Aufgrund gleich mehrerer Analogien erweist sich dieser Stummfilm als ein deutlicher intermedialer Bezug und bietet sich zum kontrastierenden Vergleich an. In *The navigator* finden sich ein junges bürgerliches Paar durch Zufälle und Verstrickungen alleine auf einem Kreuzfahrtschiff, dessen Leinen gelöst werden. Die beiden Figuren treiben mehrere Tage auf dem offenen Meer und richten sich ohne nautische Kenntnisse oder alltagspraktische Erfahrungen auf dem überdimensionierten Schiff ein. Während Keaton jedoch die mit Objekttücken und Ungeschick einhergehende Komik mit Lösungen für kleine und große Herausforderungen durch Tüfteln, Improvisieren und Erfinden ergänzt,[99] bleiben in *Mobie-Diq* praktische Tricks aus. Die Figuren stellen zwar Handlungsversuche an, scheitern jedoch und verharren in ihrer Situation. Dieses Verharren angesichts praktisch-situativer Herausforderungen unterscheidet sich von solchem der Dramaturgien Becketts, in denen sich die Figuren mit ziellosen, selbstzweckhaften oder medienbezogenen pantomimischen „Verrichtungen" die Zeit vertreiben und Räume erkunden.[100] Redonnet setzt den Schwerpunkt auf die situationsbedingte Einschränkung der Gestik und das Besprechen der Handlungs(un)fähigkeit in Form der wiederkehrenden täglichen Lagebesprechung.

---

97   Redonnet. *Mobie-Diq*, S. 72.
98   Mobie und Diq können weder rudern noch schwimmen; ihr geht die Angel zu Bruch und er verletzt sich beim Öffnen der Truhe. Vgl. ebd., S. 32, 37, 58, 60.
99   Kochen mit überdimensionierten Utenslilien, Sturm, Leck, Unterwasserkampf mit Schwertfisch und Tintenfisch und eine Begegnung mit Kannibalen vor einer Insel. Beim finalen Schiffbruch steigt ein U-Boot als Deus ex machina empor und liest das Paar auf. Vgl. *The navigator*, Regie: Buster Keaton; Ronald Crisp (USA: Metro-Goldwyn, 1924). Fassung: DVD Kino Lorber, 2012, 49'.
100 Verrichtungen sind zu verstehen als ein komikerzeugendes Hantieren und Auseinandersetzen mit alltäglichsten Objekten, welche prägend sind für die Stummfilmästhetik, derer sich auch Beckett bedient, vgl. Sick. „Yvan Golls surreales Filmtheater", S. 56.

Der *uneigentlichen* Orientierung und Passivität der Figuren lässt sich jedoch auch eine Bewegungs- und Lebensweise entnehmen: die Drift. Wenn auch innerhalb des Handlungsradius des Bootskörpers die gestisch-praktische Handlungseinschränkung dominiert, besteht eine Vorwärtsbewegung des Kleinbootes im Raum des Meeres als durchgängiges Geschehen, suggeriert durch die in der Bühnenanweisung festgelegten Positionswechsel und Neuausrichtungen (vgl. Kapitel 5.1.). Diese vektorielle Bewegung unterscheidet sich deutlich von solcher in Melvilles Roman *Moby Dick*, die schon mit einer konventionellen Navigation bricht. Kapitän Ahab „tritt aus dem kartographischen Dispositiv aus", verwirft Quadrant und Kompass und jagt dem Wal als einem beweglichen Ziel in den Tiefen, am Weltrand, im „Außerhalb" hinterher.[101] Gerade im fehlenden Ziel und negierten Kurs scheidet sich die Fortbewegungsart von Mobie und Diq von einer Jagd als orientiertem Aufspüren und Verfolgen einer Beute.[102] Eine Situation der Desorientierung stellt über das Problem der Positionsbestimmung, der Wo-Frage, hinaus vor allem die Frage nach der Ausrichtung auf Fixpunkte (Wohin?). Der von Diq formulierte Grundsatz „la mer mène toujours à la terre" referiert auf Descartes' Orientierungsempfehlung: verirrt Mensch sich im Wald, müsse er nur konsequent eine Richtung halten und fände so zwangsläufig wieder heraus.[103] Dabei handelt es sich nicht nur um eine Orientierungsstrategie, sondern auch um ein Handlungsmotto: Ungewissheit als Gewissheit zu behandeln und handhabbar zu machen.[104] Angesichts der uferlosen Dimension des Meeres läuft die Bewegung ins Ungewisse, Uferlose. Dafür bietet das offene Gewässer die wirkenden Kräfte der Natur, die ein Treiben unbeweglicher Güter ermöglichen. Wetter- und Wasserverhältnisse, die sonst in die maritime Navigation einberechnet werden, übernehmen hier die Bootsführung. Durch den wechselnden, wind- und gezeitenbedingten Seegang schwimmt das Boot mal regungslos auf der Stelle (Flaute), mal bewegt es sich richtungslos und langsam vorwärts im Auf und Ab der Wellen.[105] Fremdorientierung leisten vor allem die Meeresströme, in die das Boot gerät. Mal treiben diese das Boot von etwas weg – wie anfangs von der Unglückszone – mal bewegen sie es auf potenziell gefährliche oder rettende Phänomene zu: ein Riff, eine Insel und am Ende den weißen Wal. Die Figuren lassen sich treiben. Ihnen bleibt

---

101   Vgl. Wolf, *Fortuna di mare*, S. 242-243, 246.
102   Stegmaier erinnert an die Jagd als eine der ursprünglichen Formen orientierter Bewegung, vgl. Stegmaier. *Philosophie der Orientierung*, S.177.
103   Redonnet. *Mobie-Diq*, vgl. Anm. 9, S. 26.
104   Vgl. Stegmaiers Erläuterungen zu Descartes, Stegmaier. *Philosophie der Orientierung*, S. 252 f.
105   Redonnet. *Mobie-Diq*, S. 41.

die Lenkstange, mit der sie angesichts der unberechenbaren Einflussgrößen minimal Einfluss nehmen können, indem sie sich frühzeitig für oder gegen einen Strom entscheiden und erkennbaren Hindernissen mit mehr Glück als Geschick ausweichen. Redonnet spielt unentwegt mit nautischen Bildern. Wenn es Diq mittels der Lenkstange geradeso gelingt, das Kleinboot unbeschadet durch ein Feld von Riffen zu führen, vergleicht Mobie ihn mit einem Seemann: „tu tiens la barre comme un vrai marin". Die sprachlich-situative Komik entsteht durch die nautische Alltagsmetapher „tenir la barre" (frz. être à la barre - die Richtung halten, führen), die Redonnet rückführt in den Kontext der Schifffahrt, welche wiederum nur auf der Vorstellungsebene der Figuren besteht, d.h. im Kontext der Lebensfahrt zu lesen ist. Mit dem Attribut des Wahren, Echten (frz. vrai) wird diese potenzierte Imitatio des Seemannes überdeutlich angezeigt und der Stereotyp des Helden und Retters persifliert.

Eröffnen die Ströme in Kombination mit der Lenkstange auch Einflussmöglichkeiten, ist mit dem Entscheiden für oder wider eine Strömung noch keine Kursbestimmung vollzogen. Der Strom bildet vielmehr das Gegenprinzip des Kurses:

> Mobie.– [...] Rien ne dit que le courant nous mène là où on voudrait aller. Il vaudrait mieux sortir du courant. [...]
>
> Mobie. – Le courant est traitre. Il est dangereux puisqu'il nous a conduit là où tu dis qu'il nous a conduit, alors qu'on s'était endormis en se croyant en sécurité. [...]
>
> Diq.– [...] Hors du courant, ce serait encore plus dangereux. On ne saurait pas quelle décision prendre. Et il n'y a pas qu'un courant, il y en a beaucoup d'autres, la mer est plein de courants. On pourrait très bien se laisser entraîner dans un autre courant qui serait peut-être plus dangereux que celui-ci. Il faut continuer à suivre le courant, même si ce n'est pas ce qu'on croyait. [...]
>
> Mobie.– C'est un courant irrégulier, on ne peut pas faire une vitesse moyenne. C'est un courant imprévisible, à tout point de vue. [106]

Durch die fehlende Richtungsübersicht (Raum) und die unregelmäßigen Verlaufsformen der Strömungen (Zeit) fehlt es an Entscheidungskriterien. Mit der Drift stellt Redonnet einen reaktiven Orientierungsmodus im offenen und kontingenten Raum des Meeres vor. Was Blumenberg für die Moderne geltend macht, gilt umso mehr für die Postmoderne: „Man hat sich auf das Treiben im Meere dauerhaft einzurichten; von Fahrt und Kurs, von Landung und Hafen ist längst keine Rede mehr. Der Schiffbruch hat seine Rahmenhandlung

---

106 Redonnet. *Mobie-Diq*, S. 26, 31, 33, 35.

verloren."[107] Die Unvorhersehbarkeiten der Seefahrt als Lebensfahrt werden
bewältigt, indem diese sowie die geringen Einflussmöglichkeiten hingenommen
werden. Entsprechend lässt Redonnet die Figuren am siebten und letzten Tag
Bilanz ziehen: „Mobie. – Le canal et la mer ça ne se compare pas. Je ne
connaissais que le canal, maintenant je connais la mer. Diq. – On ne peut pas
connaître la mer, à la différence du canal."[108] Die Gegenüberstellung des Meeres
mit dem Binnenfließgewässer des Kanals erscheint selbstverständlich und
banal. Sie enthält orientierungsrelevante, raummetaphorische Prinzipien. Die
ungerichtete Fahrt ins Offene, ins Wagnis – als unendliche „Spielweite" – wird
hier kontrastiert mit der gerichteten, vorgebahnten Fahrt auf dem Kanal – entsprechend einer vor Unabwägbarkeiten sicheren Lebensbahn.[109] Im Textumfeld
des Meer-Kanal-Vergleiches ist die Rede vom für die Kreuzfahrt verkauften
Haus. Dabei kommt es zum Chiasmus der konträr ausgerichteten Lebenswege.
Der Hauskäufer ist ein Vielgereister und lässt sich am Kanal mit Blick auf die
Schleuse nieder – Mobie und Diq geben ihr Haus für die Ausfahrt auf das Meer
auf. Die Analogie zwischen Schifffahrt und Lebensfahrt führt jedoch ebenso
zurück auf die allegorische Figur der Tyche – maritime Schicksalslenkerin und
„Göttin des Glücks und der Wechselfälle."[110] Deren immanente Versatzstücke
sind angedeutet in der Figur Mobie, die ihrer Kurzsichtigkeit zu Trotz in der
Weite des Raumes Ausschau nach deutbaren Anhaltspunkten hält – ein Verweis
auf die der Tyche attribuierte Augenbinde als Sinnbild für ein unberechenbares,
‚blindes' Schicksal bzw. die Kontingenz des Lebensverlaufes.[111]

5.4 Sich orientieren als Zeichenlesen

Als Relikte der Schiffsführung – hier referiert Redonnet konsequent auf nautische Vorstellungswelten – bleiben das Wahrnehmen, Beschreiben, Lesen

---

107   Dieser Schluss Blumenbergs stammt aus einer Reflexion über die Rede Emile Du
      Bois-Reymonds über die Wissenschaft (Darwin versus Galiani, 1876) und über das
      Bild des Festklammerns an einer „über Wasser tragenden Planke", vgl. Blumenberg.
      Schiffbruch, S. 78.
108   Redonnet. *Mobie-Diq*, S. 83f.
109   Der Begriff der Spielweite fällt bei Jaspers nur in einem Nebensatz, erweist sich hier
      jedoch als äußerst passend für postmoderne Geschehens- und Handlungskonzeptionen.
      Jaspers. *Psychologie der Weltanschauungen*, S. 305.
110   Zu Geschichten und Facetten der Fortuna und der Überlagerung von Handlungs- und
      Navigationskunst siehe die Einleitung von Wolf. *Fortuna die mare*, S. 10-21.
111   Die Augenbinde ist neben Steuerrad, Füllhorn und Kugel eines der Attribute der Tyche,
      vgl. Herbert Hunger. *Lexikon der griechischen und römischen Mythologie*. Wien, Brüder
      Hollinek, 1988, S. 523, 524.

und Deuten der Umwelt. Diese entsprechen den grundlegenden, alltags- und lebenspraktischen Formen, sich zurechtzufinden, Position zu bestimmen und Schlüsse zum Handeln zu ziehen. Auf sich alleine gestellt sind Mobie und Diq auf Informationen aus dem Raum angewiesen. Es ist vor allem Diq, der sieht und beschreibt, Mobie ergänzt z.T. mit olfaktorischen Eindrücken. Neben der Lagebestimmung und den retrospektiven Passagen besteht die Figurenrede größtenteils im Austauschen und Abgleichen von Wahrnehmungen und Deuten von Phänomenen. Diese dialogische Erschließung der situativen Umgebung steht in Kontrast zur Praxis des Logbuches, in dem nautisch erfasste Daten niedergeschrieben werden. Das bereits genannte, enigmatische Logbuch eines (hypothetischen) Kapitäns verweist auf die Tradition des Lesens der Welt und der Überlieferung von Erfahrung und Wissen, in der sich Schiffsführung und Literatur überschneiden. Melville mit seinem praxisversierten und zugleich kulturgeschichtlich verweisreichen Walfangroman steht dafür Pate. In Redonnets Theatertext hingegen wird die unzugängliche Überlieferung betont: „On n'a aucune lecture sur cette barque. La lecture nous manque"; „Il aurait fallu pouvoir déchiffrer le journal."[112] Die Figurenaussagen lassen sich nicht nur auf die abhandene Literatur zur Bewältigung von Langeweile beziehen, sondern vor allem auf fehlende Texte, Anleitungen und Zeichensysteme zur Orientierung im unbekannten, leeren Raum. In Ermangelung sowohl an Erfahrung, Aufzeichnungen und Lektürecodes bleibt dem Figurenpaar das Anstellen eigener Vermutungen. Beispielsweise wird das Riff als Grenze zwischen zwei Meeren gedeutet und vom Schneeaufkommen auf einen Wechsel der Hemisphäre geschlossen. Auf die Einschätzung hin, das durchfahrene Riff sei zuvor nie befahren worden, werden maritime Wissenslücken zum Thema.

> Diq. – C'est une hypothèse, on n'a pas de preuves. Je regrette de ne pas m'avoir intéressé à la géographie marine.
> Mobie. – Je ne suis pas sûre que ça nous servirait, d'être savants en géographie marine. Il y a trop de nuages dans le ciel.[113]

Während Diq das fehlende Fachwissen bedauert, erklärt Mobie dieses für hinfällig angesichts eingeschränkter Sichtverhältnisse. Damit wird das rationalistische Erfahrungswissen angesichts der situativen Erfordernisse für unbrauchbar erklärt. Wissen und Wahrnehmen stehen dabei in einem Bedingungsverhältnis. Spekulative Weltzugänge werden gegen empirische Wissenschaften abgewogen. Die Figuren besprechen und deuten ferne Erscheinungen, die in

---

112 Redonnet, *Mobie-Diq*, S. 38, 62.
113 Ebd., S. 49.

ihrem Wahrnehmungsfeld auftauchen und bringen sie mit ihrer Situation und mit ihrem Körper in Wechselbeziehung.

5.4.1 Selbstbespiegelung und Leibbezogenheit

Angesichts der Grenzsituation und Spielweite des offenen Raumes bieten Eigenbeobachtung und Leibbezug rückversichernden Halt. Die ins Außen gerichtete Wahrnehmung steht in Verbindung mit dem Leib als *situationsräumlicher Nullpunkt der Orientierung*.[114] Attribute der Schönheit, Jugend und des Reichtums werden in der Figurenrede als rückversichernde Erscheinungsbilder besprochen „Tu me rassure, Mobie. Avec ce soleil, tes émeraudes étincellent. On ne voit que ton collier d'émeraudes, un vrai collier de reine" und Mobie verstärkt: „J'aurais l'air d'une mendiante si j'avais pas ce collier".[115] Im Vergleich Mobies mit einer Königin fällt – analog zum Vergleich Diqs mit einem Sehfahrer – erneut das Attribut „vrai" auf, welches die genderbezogene Stereotypisierung wie die mehrfache Mimesis anzeigt. Dadurch, dass es sich um einen Theatertext und bei den Figuren um gescheiterte Schauspieler_innen handelt, die Erscheinungsweisen und Rollenverhalten gegenseitig lesen und besprechen, vervielfacht Redonnet nicht nur die theatralische Mimesis, sondern persifliert sie auch. Anhand von Kostüm und Maske wird die Metatheatralität lebens- und altersbezogen besprochen:

> Mobie.– [...] Depuis Tango, tu as vieilli plus vite que moi. On a beau avoir le même âge, on ne fait plus le même âge.
>
> Diq.– Tu t'avantage, Mobie. Tu oublies que ce qui t'avantage c'est ta belle perruque rousse qui cache si bien tes cheveux blancs. Tu fais illusion avec ton maquillage. Tu connais l'art du maquillage depuis le temps que tu fais du théâtre. Tu sais te servir de tous les artifices pour paraître plus jeune que moi.[116]

Die Textstelle verbindet Alltagsillusion (Kaschieren von Altersanzeichen) mit Figurenillusion und Schauspielberuf (professionelles Anlegen von Masken, Verstellungsfähigkeit). Die bereits in der Bühnenanweisung angelegten Illusionsbrüche, so z.B. Mobies slapstickhafter Verlust der Perücke,[117] werden über die metatheatralische Rede vervielfacht. Redonnet lässt die Figuren die

---

114   Die situationsräumliche Orientierung bei Merleau-Ponty lässt sich von der positionsräumlichen Orientierung bei Husserl unterscheiden, vgl. dazu Elm. „Orientierung in Horizonten", S. 84.
115   Redonnet. *Mobie-Diq*, S. 39.
116   Ebd., S. 21f.
117   Ebd., S. 64.

Theatermittel offen legen und Illusionsbewusstsein besprechen.[118] In besonderer Weise fächert der Metadiskurs in *Mobie-Diq* die Darstellungsebenen auf und zeigt Betrachtungsverhältnisse an. Die Figurenrede geht über eine gegenseitige Bespiegelung hinaus.[119] Es wird ein hypothetischer Außenblick konstruiert und es besteht eine Form der distanzierten Selbstbetrachtung, die sich von der Schauspieler-Zuschauer-Spaltung nach Schopenhauer unterscheidet. Es sind die Figuren selbst, die sich wechselseitig und in den Augen eines potenziellen Publikums spiegeln. Das Selbstbild und das Bild für ein potenzielles Publikum überlagern sich. Redonnet operiert nicht nur mit Stereotypen, sondern führt slapstickartig die Unverlässlichkeit und Brüchigkeit von Selbstbildern vor. Die Edelsteine des Colliers stellen sich als ‚unecht' heraus, „se décolorent et le doré se rouille",[120] Die Begriffe „toc" und „loques", Bilder des Rostes und der Entfärbung verdeutlichen Verfall und Entwertung. Sie bieten kurzfristigen, situativen Halt und ermöglichen erprobendes Posieren. So ist Diqs Wunsch, als Angler Pose zu stehen und fotografiert zu werden, dem Angeln als Nahrungsbeschaffung vorrangig.[121] Diese Aspekte von Entwirklichung machen die Seefahrt als Rollenspiel sichtbar.

Neben der Bespiegelung des äußeren Erscheinungsbildes bestehen Formen der leibzentrierten Selbstbezüglichkeit. Die Figuren wenden sich zu ihrem Leib hin und achten auf Symptome und Anzeichen. Dies geht mit der Spaltung in wahrnehmendes Subjekt und wahrgenommenes Objekt, d.h. Körper sein und Körper haben einher. Die Vergewisserung über die leibliche Funktionstüchtigkeit bietet Rückhalt in Hinsicht auf Handlungspotenzial. Dies lässt sich der Figurenrede Mobies entnehmen, in der das Überleben mit der Lebensenergie in Korrelation gesetzt wird: „Tu n'as jamais été si jeune que pendant la croisière, et maintenant tu dis qu'on est vieux. On ne peut pas être vieux. Si on était vieux, ce ne serait pas nous les seuls survivants du Tango."[122] Das Alter wird hier metatheatralisch gewendet: Wenn die Katastrophe am Anfang des Stückes überlebt wird, kann das Spiel noch nicht zu Ende sein. An der leiblichen Faktizität von Organen und Stoffwechsel lassen sich Verfall und Zeit ablesen. Auch dies lässt Redonnet die Figuren stabilisierend wenden. Insbesondere anhand

---

118 Schmitzt untersucht diskursive metatheatralische Verfahren unter anderem in Becketts *Fin de partie* und Ionescos *Le roi se meurt.* Sie spricht dem Theatetext *Théâtres* von Olivier Py die größte metatheatralische Komplexität zu, vgl. Stefanie Schmitz. *Metatheater im zeitgenössischen französischen Drama.* Tübingen, Francke, 2015, S. 179-229.

119 Just während Diqs einziger kurzfristiger Abwesenheit bei der Inselerkundung thematisiert Mobie den fehlenden Spiegel, Redonnet. *Mobie-Diq,* S. 64.

120 Ebd., S. 77.

121 Ebd., S. 48, 60.

122 Ebd., S.23.

Mobies Rede lässt sich eine Abwehr des Alterns durch Körperwahrnehmung und -deutung aufzeigen. Sie liest Zeichen aus ihrer Körpermitte und nutzt diese als Argumente für ihre Jugendlichkeit und Fruchtbarkeit. Die Behauptung, noch nicht in der Menopause zu sein, steigert sich im Laufe des Stückes zur Scheinschwangerschaft.[123] Redonnet lässt sie die Strategie der Rückversicherung offenlegen: „Parler de ma grossesse, ça m'aide à maîtriser ma peur."[124] Die Leibbezogenheit lenkt nicht nur von der untergangsgefährdenden Situation ab, sondern birgt ein sinneröffnendes (Über)Lebenspotenzial. Bei dieser Orientierung zum Körperzentrum hin sind Lektüre und Konstruktion von Zeichen eng verquickt.[125] Weitere Symptome wie Unterleibsschmerzen, außerregelmäßige Blutung, Brustschmerzen lässt Redonnet Mobie auf die Scheinschwangerschaft hin deuten.[126] Derart verknüpfen die Figuren einzelne Leibeszeichen miteinander zu einem Netz aus Sinnbezügen. Wenn dennoch stufenweise Anzeichen von Altersschwäche durchdringen – Müdigkeit, Schwächeanfälle, Übelkeit, Magenkrämpfe, Bluthochdruck, Herzrasen, Blutstau in den Füßen, werden diese situationsbedingt auf die Seekrankheit zurückgeführt.[127] Aus einer aufgefundenen Medikamentenkiste werden entsprechende Mittel hervorgeholt: Kreislauftablette, Brausetablette, Schlaftablette, Tablette gegen Seekrankheit.[128] Bereits die Benennung und Einordnung der Symptome verschafft Rückversicherung:

> Diq. – On traverse une crise de désarroi. Ça arrive à tous les naufragés. Elle se produit le troisième jour. On n'est pas les premiers naufragés, il y en a beaucoup d'autres avant nous dans l'histoire. Mobie. - Ça me réconforte de pouvoir donner un nom à ce que je ressens et de savoir que je ne suis pas la première à le ressentir [...].[129]

---

123 Redonnet. *Mobie-Diq*, S. 23.
124 Ebd., S. 32.
125 Unter dem vielversprechenden Unterkapitel „Savoir lire les signes – savoir lire le corps" geht Cotea nur kurz auf das Lesen des Körpers ein. Anhand des Romans *Rose Mélie Rose*, der um die Initiation einer jungen Frau Mélie kreist, thematisiert sie den Blick auf den Körper und das Körperbewusstsein unter Betonung der genealogischen Weitergabe von Körperwissen. Die Verbindung zur toten Mutter Rose sei darin über ein „livre des legendes" garantiert: „elle savait lire les signes. [...] Moi, je n'ai jamais vu les signes. Rose disait qu'à mon âge c'est normal de ne pas les voir. [...] C'est sûrement un signe que j'ai mes règles le jour de mon douzième anniversaire qui est le jour de la mort de Rose." Marie Redonnet. *Rose Mélie Rose*. Paris, Minuit, 1987, S.12; zitiert nach Lidia Cotea. *A la lisière de l'absence*, S. 130.
126 „Je sens une oppression à la poitrine. J'espère que ce n'est pas la pleurésie. Avec ma grossesse, ce serait contre-indiqué." Redonnet, *Mobie-Diq*, S. 36.
127 Ebd., S. 50, 61, 63, 64, 66.
128 Ebd., S. 51, 60, 61, 76, 81.
129 Ebd., S. 51.

Die Zirkulation des Blutes - zwischen Stau und Hochdruck – wird mit der Bewegung des Meeres analogisiert: „le sang circule mieux quand il y a de la houle."[130] Über das zirkuläre Fließen von Flüssigkeit werden so der Leib als inneres und das Wasser als äußeres Funktionssystem aneinander gekoppelt, wodurch eine naturräumlich-kosmische Anbindung an das Außen konstruiert wird. Die leibzentrierte Orientierung bildet die Rückversicherung, in naturkosmische Zusammenhänge involviert und in die Umwelt eingebettet zu sein.

Neben dem Lesen und Deuten von leiblichen Symptomen besteht die Orientierungsarbeit im Versuch, äußere Widerfahrnisse einzuordnen und in Zusammenhänge zu bringen. Deutungsschemata der Selbstbezüglichkeit ziehen sich durch.

5.4.2 Koinzidenz als kontingenzbewältigendes Erklärungsmuster

In Redonnets Theatertext tauchen Daten, Namen und Bilder doppelt auf. Bereits die Schiffsreise wird von den Figuren als ein Doppelphänomen besprochen. Sie findet zur goldenen Hochzeit statt und bildet zugleich die in jungen Jahren nie vollzogene Hochzeitsreise.[131] Der Kreuzer wird dabei mit Bedeutung aufgeladen: „quelle heureuse coïncidence que la Tango fasse comme nous sa première croisière. [...] Tango, c'était un beau nom, un nom qui devait porter chance."[132] Die Jungfernfahrt des Schiffes wird mit der ersten Keuzfahrt des Paares parallelisiert und der Name Tango glücksverheißend gedeutet. Foucault macht das Motiv der Hochzeitsreise als eine Krisenheterotopie ausfindig, da die Defloration dabei im gesellschaftlichen und geographischen Außerhalb stattfindet: „La défloraison de la jeune fille ne pouvait avoir lieu ‚nulle part' et, à ce moment-là, le train, l'hôtel du voyage des noces, c'était bien ce lieu de nulle part, cette hétérotopie sans repères géographiques".[133] In Mobie-Diq setzt Redonnet mit der Menopause dazu ein Gegenmotiv. Über die namentliche Überschneidung mit dem geschcitcrten gemeinsamen Theaterprojekt, wird „Tango" an anderer Stelle zum Inbegriff des Unglücks, was durch den Parallelismus hervorgehoben wird: „Tango, c'est un nom qui porte malheur".[134] Orientierungssemantisch steht

---

130 Redonnet. *Mobie-Diq*, S. 61.
131 Ebd., S. 19. Das Motiv der Hochzeitsreise liegt auch im Keaton-Film vor: Die Schiffsreise ist vom männlichen Protagonisten als Hochzeitsreise vorgesehen. Nachdem die Auserwählte den Antrag ablehnt, finden sich die beiden per Zufall in einer Paarkonstellation auf dem Schiff und besiegeln in der Rettungssequenz am Ende ihre Zusammengehörigkeit. *The navigator* (Regie: Keaton; Crisp).
132 Redonnet. *Mobie-Diq*, S. 19.
133 Vgl. Foucault. „Des espaces autres", S. 757.
134 Redonnet. *Mobie-Diq*, S. 85.

Tango für die tastende, intuitive und im Moment und zur Musik entstehende Körperbewegung eines Paares als ein gemeinsames Gehen ohne festgelegte Schritte noch vorgegebenen Raumweg.[135] Bei Versuchen, das Schiffsunglück zu erklären, kommt es zu einer negativen Parallelsetzung. Das Schiff Tango erweist sich als das exakt gleiche Modell eines vormalig untergangenen Kreuzfahrtschiffes. So wird die Katastrophe hypothetisch auf einen Konstruktionsfehler rückgeführt: „il doit y avoir un défaut caché et fatal dans la conception du modèle qui se retrouve dans les deux paquebots, puisqu'ils étaient identiques."[136] Redonnet lässt die Figuren anhand nachträglich gezogener Parallelen und Mehrfachparallelen Bezugsstrukturen konstruieren und diese mal als glückliche, mal als unglückliche Fügung auslegen.

Neben der retrospektiven Koinzidenz wird auch situative Koinzidenz als Erklärungsmuster konstruiert und positiv oder negativ ausgelegt. So ist neben dem zufallsbedingten rettenden Boot die Rede vom zufallsbedingten rettenden Strom: „Le courant est notre salut."[137] Suggerierte äußere Einflussinstanzen wie der Zufall bestärken den bereits genannten Verweis auf Tyche. Desweiteren zeigt der Text wie Glück und Unglück in einem Phänomen zusammenfallen bzw. auch umschlagen. Ein an der Insel gestrandetes Holzboot (das dem in einer Hütte sitzenden toten Kapitän zugeordnet wird) bildet einen mysteriösen, augenscheinlichen Doppelgänger des Rettungsbootes (gleiches Material, gleiches Model, gleiche Ausstattung).[138] Ersteres bietet Anlass für eine rückversichernde Vorgängerspekulation, aus der Mobie und Diq als Nachfahrer_innen hervorgehen, womit sich die vermeintlich einzigartige Erfahrung von Mobie und Diq relativiert – ein Verfahren von Inauthentizität, das hier die allgemeinmenschliche Lebensreise betont.[139] Bei näherer Betrachtung wird der vermoderte

---

135   Tango ruft Imaginäre der Ferne, Leidenschaft und Melancholie ab, wie sie im argentinischen Sainete und in Filmen Gardels der 1930er Jahre verhandelt werden. Die Tanzform vereint die Vorstellung miteinander verschmelzender Körper mit der des Dialoges der Füße. Elsner macht darauf aufmerksam, dass Tangopartner_innen weder die Füße noch den Körper des_der Anderen sehen, dessen Bewegungen erraten und antizipieren, woraus eine gemeinsam abgestimmte Bewegung im Zwischenraum des Paares entsteht. Vgl. Monika Elsner. „El diálogo de los pies. Intermedialidad e historiografía de la danza." In: Michael Rössner (Hg.) *¡Bailá! ¡Vení! ¡Volá! El fenómeno tanguero y la literatura.* Frankfurt a. M., Vervuert, 2000, S. 203-221.

136   Redonnet. *Mobie-Diq*, S. 21.

137   Ebd., S. 20.

138   Ebd., S. 65.

139   Inauthentizität wird von Brandstätter als ein postmodernes Literaturparadigma formalästhetisch erarbeitet: Verwischung von Erzählperspektiven, scheinbare Simplifizierung der Romanwelt, Irrealitätseffekte mythischer Elemente, Recycling bestehender Formen. In Bezug auf Redonnets Romanwerk macht sie ein „kohärentes ästhetisches Programm"

Zustand des Bootes zum Negativvorzeichen eines drohenden Unterganges und anhand der formalen und materiellen Parallele zwischen Hütte, Kiste und Boot als Sarg negativ aufgeladen.[140] Holz als vergängliches, unzuverlässiges Material veranlasst Mobies Vorahnung „J'ai eu un pressentiment quand j'ai vu la barque pourrie de l'île. Mais je ne voulais pas y croire. Le vieux bois avait l'air solide, il était traitre."[141] Dem Erklärungsmuster der Parallelphänomene und Parallelereignisse wohnt eine zeitliche Dimension inne. Mal sind sie rückwärtsgerichtet, mal zukunftszugewandt. Mal manifestieren sich die Vorzeichen in der vorausgesagten Bedeutungsdimension, mal in der entgegengesetzten.[142] Mal werden sie rückversichernd eingesetzt, mal als desillusionierend.[143] Durch die deutende Herstellung von Koinzidenz verschaffen sich die Figuren Halt in Situationen der Konfrontation mit Unbegreiflichkeiten.[144] Vorgänger- und Folgephänomene stiften Orientierung dadurch, dass Zusammenhänge konstruiert und der bloßen Kontingenz entzogen werden.

5.4.3 Sichten und Auslegen am Horizont

Hauptsächlich besteht das Orientierungsverhalten der Figuren in *Mobie-Diq* im verbalisierten Sichten und Auslegen von Phänomenen, die ihnen im weiträu-

---

anhand der Strategien Minimierung, Repetition und Scheinmotivation (unterteilt in Perspektivenkonstruktion und Irrealitätseffekte) fest. Sie stellt namentliche, berufliche oder physische Analogien zwischen den Figuren heraus, schicksalshafte Wiederholungen und Geschehensordnungen deutet sie lediglich an. Vgl. Brandstetter. *Strategien inszenierter Inauthentizität*, S.119-153, 121, 130-131.

140 Redonnet, *Mobie-Diq*, S. 28, 36. Auch in Redonnets Stück *Seaside* ist das aufs Meer treibende Boot deutlich mit dem Motiv des Sarges verknüpft. Redonnet. *Seaside*. Im Epilog von Melvilles *Moby Dick* besteht das umgekehrt Prinzip: Der aus dem Untergangsstrudel emporspringende Sarg rettet den Protagonisten, der auf dem Meer treibend als einziger die Havarie überlebt und erzählt. Melville. *Moby Dick*, S. 865.

141 Redonnet. *Mobie-Diq*, S. 85.

142 Es handelt sich nicht um eine Orakelstruktur im Sinne antiker Dramen, die Rosset als Illusion der Doppelung erkennt. Die Überraschung darüber, dass sich das prophezeite Ereignis erfüllt hat – obgleich es sich um ein anderes, eine das Modell verschiebende Kopie handelt – bestätigt dabei geradezu den Glauben an ein Schicksalswirken. Vgl. Clément Rosset. „Le Réel et son double." In: Ders. *L'École du Réel*. Paris, Minuit, 2008, S. 31, 32.

143 Für Rosset sind die beiden Ausformungen nicht zu vereinbaren. Den verunsichernden Charakter des Doppelmotivs ordnet er den Genres der fantastischen Literatur und dem Horrorfilm zu. Da die Bewertung des Doppels jeweils vom Status des Realen abhängt, komme es in Fällen bedrohlicher Realität zu wünschenswert und stabilisierend erscheinenden Dopplungseffekten oder auch zu komischen Effekten, vgl. ebd., S.150, 151.

144 Vgl. Redonnet, *Mobie-Diq*, S. 18,19.

migen Raum begegnen. Dabei spielen sowohl intratextuelle als auch intertextuelle Verweiszusammenhänge eine Rolle.

Im Kontext möglicher Rettungsszenarien werden Ausguck und Fernrohr besprochen und vorausgesetzt.[145] Anhand des maritimen Ausschau-Haltens wird der Fern-Seh-Sinn betont, den die Weite des Meeres erfordert. Ebenso auffällig ist die negative Besprechung des Sichtens: die Seherschwernisse. Neben der Kurzsichtigkeit Mobies sind es Umwelteinflüsse, die das Sehen beeinträchtigen: Nebel, Dunkelheit bei Gewitter, bewölkter Himmel, Nachteinbruch.[146] Schlechte Sicht wird mit Orientierungsproblemen verknüpft:

> Diq. – [...] On y voit presque rien. Il y a du brouillard partout autour de nous. Il y a plein de récifs au millieu de ce brouillard. [...]
>
> Mobie. – [...] Réfléchis Diq, ne te fie pas seulement à ta vue, ta vue peut te tromper. [...]
>
> Mobie. – [...] Dans le brouillard, on ne peut plus se fier à sa vue. [...]
>
> Mobie. – Sans mes lunettes, je me sens perdue. [...]
>
> Diq. - C'est la faute à ce brouillard. On ne sait plus ce qu'on fait dans ce brouillard.[147]

Wie sich hier zeigt, lässt Redonnet die kurzsichtige Mobie nicht nur ihren eigenen, sondern den Sehsinn generell als unverlässlich deklarieren. Neben dem Früherkennen von Gefahren, welche mit dem Gelingen und Scheitern der Schifffahrt verknüpft sind, interessiert hier insbesondere das fernorientierende Sichten handlungsrelevanter Bezugspunkte einer möglicher Rettung, eines möglichen Handelns, möglicher Ziele.[148] Die Abwesenheit solcher spitzt sich im Blick auf den Horizont zu: „Diq. – C'est dommage que tu ne puisses pas voir l'horizon. C'est tout clair maintenant. Je n'y vois rien à l'horizon, rien qu'une ligne absolument pure."[149] Als reine horizontale Linie im sonst leeren Raum wird der Horizont vom stückinternen Betrachter Diq als (leeres) Wahrnehmungsfeld und zugleich Wahrnehmungskonzept thematisiert.[150] Der

---

145   „Les bateaux ont des longues-vues très puissantes, ils verront nos signaux de détresse"; „Il faut guetter l'apparition du prochain paquebot", Redonnet. *Mobie-Diq*, S. 35, 84.

146   Ebd., z.B. S. 29ff., 42, 50.

147   Ebd., S. 29, 30, 31, 33.

148   Entsprechend besteht in Melvilles Walfangroman eine der zentralen Aufgaben im Ausgucken und Aussingen der Beute auf dem Masttop. Melville. *Moby Dick*, S. 269, 258-267.

149   Redonnet. *Mobie-Diq*, S.42.

150   Ähnlich gehen zeitgenössische Künstler über die Darstellung des reinen Seestücks hinaus und beschäftigen sich konzeptuell mit dem Horizont, so die Serie *Sea* von Gerhard Richter (1960er- 1990er Jahre) wie die fotographisch-zeichnerische Serie *Horizon* von Jan Dibbets (1970er- 2000er).

nautischen Terminologie entstammend,[151] wird der Horizont zur Orientierungsanordnung. Die Bindung an den Gesichtspunkt des_der Betrachter_in wird
ebenso expliziert wie die horizontale Sichtgrenze und gleichzeitige Weite des
Raumes. Die nach beiden Seiten hin unendlich auslaufende Linie zwischen
Himmel und Meer lässt sich kreisförmig weiterdenken. Es handelt sich nicht
um einen eingeengten Horizont sondern um einen weiträumigen Horizont
als *Spielraum* und *Feld des Möglichen*.[152] Der objektleere Horizont bildet ein
Sicht- und Handlungsfeld fehlender Fixpunkte für die Ausrichtung und Orientierung.[153] Umso nachdrücklicher suchen die Figuren den Raum des Meeres und
des Himmels nach erscheinenden Objekten ab: „Diq. - Je ne vois que la mer
toute lisse. Il n'y a même pas un oiseau dans le ciel. Mais on ne va pas tarder
à voir apparaître un autre paquebot."[154] Meer und Himmel entsprechen sich als
objektleere Wahrnehmungsräume, werden anhand des Horizontes als Achse
gespiegelt und durch die vorwärts gerichtete Zeitdimension zu einem Erwartungsraum verbunden. Die Erwartung eines rettenden Schiffes löst sich nicht
ein, der Horizont bleibt leer: „Je ne vois pas de paquebot à l'horizont."[155] Entgegen
der Mauerschau auf den Schiffbruch, in der das Zusammenspiel von Meer
und Himmel als Hintergrund beschrieben wird, vor dem sich die Katastrophe
ereignet, wird hier die Berührungslinie als Grenze hervorgehoben. Sie fasst die
Sicht raum-zeitlich ein und weist zugleich vor auf ein potenzielles Dahinter.[156]
Mit Albrecht Koschorke impliziert der Horizont als Grenzphänomen eine mögliche räumliche Erweiterung in der Zeit: „durch Verlegung des Blickpunktes,
durch Progression auf das Unbekannte zu" – eine „virtuelle Überschreitung",
die Erkenntnis und Fortschritt verspricht.[157] Diese moderne Horizontkonzeption
wird hier durch die Betonung der Grenze, der Leere, der fehlenden Ausrichtung
und aktiven Vorwärtsbewegung unterlaufen.[158] Die leere Horizontlandschaft

---

151 Vgl. Albrecht Koschorke. *Die Geschichte des Horizonts. Grenze und Überschreitung in
     literarischen Landschaftsbildern.* Frankfurt a. M., Suhrkamp, 1990, S. 95.
152 Merleau-Ponty. *Phänomenologie der Wahrnehmung*, S. 498, 506.
153 Vgl. Redonnet, *Mobie-Diq*, S. 42.
154 Ebd., S. 82.
155 Ebd., S. 85.
156 Zur vorauswandernden Grenze vgl. Koschorke. *Die Geschichte des Horizonts*, S. 92.
157 Ebd., S. 76, 81.
158 Koschorke stellt für die moderne Ästhetik der zweiten Hälfte des 19. Jahrhunderts
     eine beginnende Schließung des Horizontes fest, die des „subjektiven Zurückbleibens
     vor dem Horizont" als Reflexionsfigur der unmöglichen Überschreitung. An die Stelle
     des Überschreitungsdranges treten Erfahrungen von Weiträumigkeit, Kreis und Wie-
     derholung. Dies zeigt Koschorke unter anderem mit Melvilles *Moby Dick*, in dem die
     Bedeutung des Horizontes, gegeben mit dem Drang Ishmaels zur Fahrt in die ungewisse
     Ferne, durch mehrfache Kreismotive relativiert wird. Vgl., ebd., S. 230, 256, 308-314.

zeigt: Der Raum ist längst nicht mehr „Koordinatensystem von Orientierung und Entscheidung, dem in der Zeitdimension die Kategorie der Entwicklung entspricht."[159] Zwar legt die betonte leere Weiträumigkeit eine postmoderne Handlungslähmung nahe und bestätigt die fehlende raumzeitliche Übersicht, gleichzeitig wird jedoch am Horizont als Erwartungsraum festgehalten.

In *Mobie-Diq* ist der Horizont über den Verhaltensmodus der Drift und des Sichtens zu bestimmen. In einer gemächlichen, fremdangetriebenen und reaktiven Bewegungsweise lassen die Figuren Phänomene aus dem Weitwinkel des Raumes auf sich zukommen. Sie driften ziellos dem sie allseitig umgebenden ungewissen Horizont entgegen, abwartend, bis irgendein Zeichen erscheint, das ihnen einen Hinweis gibt, wohin die Reise führt. Damit geht ein Verständnis von Handeln als Wahrnehmen, Lesen und Deuten einher. Der Horizont wird Hintergrund eines möglichen wahrnehmbaren Gegenstandes, welcher sich seinerseits konstituiert im Zuge der Ablösung von diesem Hintergrund und sich den Betrachter_innen als Fixpunkt anbietet und damit wiederum den Horizont erst konstituiert, auf den dann andere Horizonte folgen. Eine im Sinne Merleau-Pontys so verstandene Horizontkonzeption der wechselseitigen Verschränkung von wahrnehmender Instanz, Welt und Gegenstand führt die situationsräumliche Orientierungsnotwendigkeit des Leibes vor Augen.[160] Auf diese Grundvorstellung aufbauend weist Stegmaier orientierungsphilosophisch auf die Notwendigkeit der Einschränkung des Sichtfeldes und des Möglichkeits-bereiches hin: „Horizont ist der Begriff oder die absolute Metapher dafür, dass man nur etwas sehen und verstehen kann, wenn man die Sicht begrenzt, sie ‚konzentriert' und dabei nicht zugleich auf die Grenze sieht, sondern sie am Rand, an der Peripherie, im ‚Hintergrund' lässt."[161] Im Umkehrschluss bedeutet das, dass solange kein Objekt am Himmel oder auf dem Meer gesichtet werden kann, die horizontale weiträumige Sicht und die tiefenräumliche Sichtgrenze vorherrschen. Die Konzeption des leeren Horizontes negiert eine situativ-räum-liche Orientierung.

---

159   Koschorke. *Die Geschichte des Horizonts*, S. 256.
160   Der Begriff des Horizontes findet philosophiegeschichtlich unterschiedliche Verwen-dung ohne explizit konzeptualisiert zu werden. Elm leistet einen Beitrag zur Nuan-cierung des Horizontverständnisses bei Aristoteles, Kant, Husserl, Heidegger und Merleau-Ponty in Verbindung mit der Fragestellung der Orientierung. Es ist die Ver-flechtungsstruktur in der Wahrnehmungsphänomenologie, die Merleau-Pontys Ansatz vor den anderen herausstellt und hier relevant für die Untersuchung macht. Vgl. Elm. „Orientierung in Horizonten", S. 91.
161   Den Begriff der „absoluten Metapher" bezieht Stegmaier von Blumenberg, vgl. Steg-maier. *Philosophie der Orientierung*, S. 197.

Erscheinen dennoch Phänomene, heften die Figuren sich wahrnehmend, deutend an diese: Albatrosse, ein Stern, ein großer Fisch, ein toter schwarzer Wal, eine Insel, ein weißer Wal. Das besprochene Sichten ist prozessual gestaltet. Plötzlich in der Ferne erscheinende Gegenstände werden hypothetisch eingeordnet und bei verringerter Entfernung näher bestimmt und (um)gedeutet. Bei einem am Nachthimmel erscheinenden Stern übergibt Diq der kurzsichtigen Mobie die Richtungsentscheidung:

> Diq. – [...] La lune s'est levée avant que le soleil soit couché. C'est la pleine lune. Tu as trouvé quelle direction on va prendre? ça fait longtemps que tu cherches. *La nuit tombe lentement.*
>
> Mobie. – Je viens de trouver, juste quand la nuit est tombée, une inspiration subite en regardant le ciel. On va suivre l'étoile du Berger. C'est la seule étoile que je vois briller dans le ciel. C'est l'étoile que suivaient les rois mages.
>
> Diq. – On n'a rien à voir avec les rois mages. Il y a des millions d'étoiles qui brillent dans le ciel. Ce n'est pas une bonne raison, de suivre l'étoile du Berger parce que c'est la seule que tu vois. Tu confonds les histoires et les époques et tu n'y vois plus clair sans tes lunettes.
>
> Mobie.– J'y vois peut-être moins clair que toi, mais je pense que tout est clair, ou presque. L'étoile du Berger est la meilleure étoile. Ce n'est pas de ma faute si toutes les histoires se ressemblent et toutes les étoiles aussi. [162]

Plötzlichkeit und Eingebung betonen die willkürliche, intuitive Richtungsbestimmung. Mangels Alternativen bietet sich der Stern als einziger möglicher Fixpunkt dar. Mit der Leuchtkraft und Bedeutungsaufladung durch den biblischen Verweis auf den Stern Bethlehems wird er zum Anhalt in der Leere. Redonnet spielt auf den Polarstern als hellsten Stern am Himmel an und verweist auf die kulturhistorische Verknüpfung von Ortung und Ordnung, dem astronomisch-geographischen Navigationssystem mit dem Glaubenssystem.[163] Als Einzelfixpunkt taugt der Stern nicht zur maritimen Bestimmung von Lage und Kurs, sondern wird, bezogen auf ein Körpersymptom, als Bestätigung der Schwangerschaftshypothese gedeutet. Das Absuchen des Raumes nach Anhaltspunkten und die prozessuale Konstruktion von Zeichen und Bedeutung weisen auf eine phänomenologische Konzeption des lebensweltlichen Orientierungs-

---

162 Redonnet. *Mobie-Diq,* S. 42 f.
163 Der Polarstern als traditioneller Orientierungspunkt der Schifffahrt dient nicht nur der Nordausrichtung der Kompassnadel und Berechnung der Breitengrade, sondern ist als stella maris oder Marienstern aufgeladen mit christlicher Symbolik. Er entspricht bei der geografischen Orientierung auf dem Festland dem Osten (Jerusalem). Vgl. Wolf. *Fortuna di mare,* S. 72, S. 135, 136.

horizontes hin, der auf dem Dialog zwischen Leib und Welt beruht. Anstelle einer einseitigen Bewegung und Gerichtetheit auf ein Objekt hin entsteht der gesichtete Gegenstand in der Verflechtung von Erscheinung (Welt), Wahrnehmung (Leib) und Situationsrelevanz.[164] Er wird als Zeichen im Hinblick auf die (Lebens)Situation gedeutet. Zugleich ist die Situation Voraussetzung dafür, dass er sich vom Horizont abhebt, überhaupt gesichtet und als relevant eingestuft wird. Wenn Diq die Relevanz und Bedeutung anderer Geschichten für das eigene situative Erleben auch in Frage stellt, zeigt der Hirtenstern als intertextueller Anhaltspunkt den kulturgeschichtlichen Aspekt des Orientierungshorizontes auf. Der schiffbrüchige Kapitän auf der Insel deutet eine Robinsonade an, die Schussszene den weißen Wal und den biblischen Jona. Motivische Relikte großer (nautischer) Erzählungen werden zu Anhaltspunkten und Vorzeichen der Zuversicht gemacht, unabhängig davon, ob sie sich als solche einlösen. Ob in räumlicher oder zeitlicher Dimension: ein Zeichen macht Bezüge im Auslegungsprozess erforderlich – einen Orientierungshorizont (Bezugsfeld) oder ein weiteres Zeichen (Bezugspunkt). Die Horizontlandschaft erweist sich damit auch als räumliche Realisation eines hermeneutischen Modells, als „Bedingungsrahmen der Verweisungen zwischen den Zeichen",[165] die – postmodern gedacht – mangels eines finalen Sinnes je nur situativ mit potenziellem Sinn versehen werden.

Am Beispiel eines auftauchenden Fisches lässt sich zeigen, wie die Figuren verschiedene Zeichen miteinander in Bezug setzen und zu einem auf sie selbst und ihre Situation bezogenen Zeichensystems kombinieren. Sichtet Diq einen aus dem Meer springenden großen Fisch mit silbernem Schimmer, bestimmt Mobie diesen näher als einen Wal.

> Diq. – Je vois un très gros poisson qui fait des bonds énormes hors de la mer. La lune éclaire son dos, son dos est tout argenté. C'est dommage que tu ne le voies pas. Il nage dans la même direction que nous.
>
> Mobie.– Oh Diq, c'est une baleine, une baleine juste dans notre direction. J'avais raison de dire qu'il fallait suivre l'étoile du Berger. C'est de bon augure, d'apercevoir une baleine en pleine nuit juste dans la direction de l'étoile du Berger.
>
> Diq.– Ce n'est pas un assez gros poisson pour être une baleine en pleine nuit juste dans la direction de l'étoile du Berger.
>
> Mobie.– J'ai beau ne pas voir à plus de dix mètres, je sens que c'en est une. Je sens que c'est une baleine comme je sens dans mon ventre l'heureux événement que j'attends.[166]

---

164   Vgl. Elm. „Orientierung in Horizonten", S. 91, 93, 94.
165   Koschorke. *Die Geschichte des Horizonts*, S. 85, 92.
166   Redonnet. *Mobie-Diq*, S. 44.

Herbeisehnen, Sichten und Deuten greifen ineinander und werden an Leib und Selbstbezüglichkeit rückgebunden. Die situative Sinngebung vollzieht sich „zu gleicher Zeit zentrifugal und zentripetal".[167] Redonnet lässt Mobie mit dem ‚Bauchgefühl' argumentieren und Zeichen aus dem Außenraum mit Zeichen aus der Körpermitte kombinieren. Aus den Richtungsweisern Hirtenstern und Wal und der Schwangerschaft entsteht eine Zeichentrias des (Über)Lebens, dabei wird der Wahl – über den Bedeutungskonnex von Säugetier und Mutterleib – neben der Richtungsbekräftigung auch zum Glücksbringer erklärt.[168]

Dieses Netz glückverheißender Vorzeichen kippt im Verlaufe des Stückes. Die Drift ermöglicht kein Kurshalten auf Fixpunkte, Anhaltspunkte geraten aus dem Horizont, erweisen sich als unhaltbar, was mit leiblichen Beschwerden in Analogie gebracht wird.[169] In einer Reihe degradierender Erscheinungen verschieben sich positive Vorzeichen hin zu negativen Vorzeichen. Auf den Wal als Lebenssymbol folgt ein im Meer treibender Walkadaver, der als tote, übelriechende Masse ein Spektakel der Verwesung bietet: „cette masse qui ne bouge pas et qui dégage comme tu le dis l'odeur pestilentielle. Tous ces oiseaux qui volent au-dessus, attirés par l'odeur, c'est incroyable comme spectacle."[170] Über Größe und Form des schwimmenden Objektes ziehen die Figuren den Vergleich zum Kreuzfahrtschiff und sehen die „funeste vision" der Havarie im verwesenden Wal noch gesteigert: „Le Tango en train de sombrer, c'était un spectacle horrible, mais grandiose. Le Tango a sombré intact."[171] Der Wal wird mit dem Tod besetzt und zum Unglückszeichen für den Fortgang des Geschehens.[172] Eine ähnliche Struktur weist das Sichten einer Insel auf, deren plötzliche Erscheinung „comme une apparition" aus der Fernsicht Rettung verspricht.[173] Sie bietet jedoch nur kurzfristig Aussicht auf einen Neuanfang.[174] Mangels einer Quelle erweist sie sich als „vallé de la mort", „encore plus sinistre que la mer".[175] Dies steigert sich in der Schilderung eines vorgefundenen toten Kapitäns in einer Holzhütte:

Diq. - La baleine était morte aussi, mais on est restés à distance, et puis, une baleine morte, ça n'a rien d'humain, ça ne fait pas le même effet. J'étais si proche qu'il m'aurait

---

167 Merleau-Ponty. *Phänomenologie der Wahrnehmung*, S. 499.
168 Redonnet. *Mobie-Diq*, S. 60.
169 Vgl. ebd., S. 48.
170 Ebd., S. 52.
171 Ebd., S. 53.
172 Ebd., S. 53, 54.
173 „terre d'asile pour les naufragés", ebd., S. 61, 62.
174 Bereits in Shakespeares *Storm* steht die Insel für eine Utopie und den möglichen Neuanfang unter der Voraussetzung des Überlebens der Havarie, vgl. Shakespeare. *The Tempest*, S. 101.
175 Redonnet. *Mobie-Diq*, S. 70.

suffi d'étendre le bras pour toucher le mort. Il n'y a pas de mots pour dire ce que j'ai vu dans la cabane. [...] Il faisait sombre à l'intérieur. Il y avait un coffre au pied du mort. C'est le même coffre qu'il y a dans notre barque. [...] Et sur les genoux du mort, Mobie, il y avait un livre ouvert. Ce n'est pas un livre. C'est écrit à la main, la dernière phrase n'est pas terminée. C'est son journal. Il est mort en écrivant son journal. [...] [176]

Vergleich um Vergleich rückt der Tod auf die Figuren zu. Im Gegensatz zum entfernteren Wal wird die mehrfache Nähe zum Tod aufgezeigt. Es handelt sich um einen toten Menschen in physischer Reichweite. Anhand von Ähnlichkeitsmerkmalen gleicher Gegenstände (Boot, Schatztruhe, Tagebuch) erscheint dieser anscheinende Vorfahrer wie ein Vorgriff auf das eigene Schicksal. Die Phänomene, die den Figuren in der Kontingenz des offenen Erwartungsraumes begegnen, geben kurzfristig Anhalt als vermeintliche Glücksbringer.[177] Der Lektüre- und Deutungsprozess der Zeichen liegt nicht in einem festen Symbolsystem begründet, sondern ist dynamisch, vergleichend und relational, was auch in der horizontbedingten Differenz zwischen Fernsicht und näherer Betrachtung liegt.

Die am Horizont gesichteten und sich nähernden Gegenstände gleichen Opportunitäten, auf die reagiert werden kann, sie eröffnen und verschließen neue Möglichkeiten. Im Zuge der nautischen Lebensmetaphorik handelt es sich um potenzielle Ausgangspunkte nicht nur für Situationsbestimmungen sondern auch für Lebensentwürfe. Am Beispiel einer im Boot gefundenen Schatztruhe werden *Entwurf* und *Verwurf* explizit durchgespielt:

> Diq. – [...] Avec le coffre, notre avenir est assuré. Tu te rends compte de la chance qu'on a. On a fait naufrage, on a risqué ce matin de se fracasser contre les récifs en plein brouillard, et on se retrouve riches grâce au coffre de la barque. [...]
> Mobie. – C'est drôle tout à coup, cette autre vie qui s'ouvre devant nous. Tout est boulversé sans qu'on l'ait prévu.[178]

Unter der Betonung von äußeren Einflussfaktoren – Glück und Unvorhersehbarkeit –projizieren die Figuren ein Leben nach dem Schiffbruch. Sie sehen über die momentane Situation hinweg und imaginieren die Eröffnung einer

---

176   Redonnet. *Mobie-Diq*, S. 68.
177   Jean H. Duffy beschäftigt sich in seiner Untersuchung von Rose Mary Rose mit „treshold signs", d.h. den Dingen und Zeichen mit Talisman-Charakter. Er fokussiert dabei das selbstständige Erkunden der labyrinthischen Außenwelt und die Konfrontaion mit neuen zu dekodierenden Codes, die das alte, überlieferte Alphabet ablösen, vgl. „Liminality and Fantasy in Marie Darrieussecq, Marie NDiaye and Marie Redonnet". *MLN*, 124, N°4 *French Issue*, 2009, S. 901-928, hier S. 912.
178   Redonnet. *Mobie-Diq*, S. 39, 41.

Music-Hall (namens Tango) und eine Filmproduktion über das Erlebte. Indem der Schatz an anderer Stelle als unecht identifiziert wird, versperrt sich die Verwirklichungsmöglichkeit. Eine Sturmsituation bietet Anlass zur Diskussion, ob er über Bord zu werfen sei.[179] Steht das Motiv des Ins-Meer-Werfens literaturgeschichtlich auch für eine „gefahrenabwehrende Verschwendung" und Opferung an das Meer,[180] liegt der Fokus hier deutlich auf dem Verwerfen eines Projektes. Die Figurenrede bespricht das Festhalten am Schmuck als einem Festhalten am Projekt des (Über)Lebens selbst. Bereits die Feststellung „Nous voilà rejeté à la mer" beim Verlassen der Insel – mit dem Präfix „re-" als Rekurs auf den Wurf ins Meer beim Schiffbruch – spielt Redonnet parodistisch auf eine Existenzmetaphorik an.[181] Im Kontext der Drift, der Passivität und Ungeschicktheit der Figuren löst sich diese jedoch nicht ein. Stattdessen zeigen Ent- und Verwurf hier auf, dass der Prozess des Sichtens nicht nur Lektüre und Deutung umfasst, sondern vor allem mögliche Geschehensvarianten auffächert.

Situationsräumlich stiftet das Sichten zweifachen Halt. Indem sich die Figuren intentional ausrichten und mit dem erscheinenden Gegenstand in Bezug setzen, werden sie sich ihrer Situation gewahr. Indem sie die Phänomene aufeinander beziehen und in Sinngefüge bringen, bilden sich (zumindest kurzfristig und potenziell) ansteuerbare Navigationsziele. Das „Sichten der Situation auf erfolgversprechende Handlungsmöglichkeiten hin, die dann auch Ziele ins Auge fassen lassen", bildet nach Stegmaier den Beginn eines Orientierungsprozesses.[182] Wo jedoch Stegmaier von einer Auswahl aus vielen sich darbietenden Möglichkeiten und der notwendigen Limitierung und Selbsteinschränkung auf Dinge von Belang ausgeht, beruhen die Orientierungsprozesse im Stück auf einem leeren Horizont, vor dem die Figuren alles Auftauchende als relevant und bedeutsam für das Selbst und die eigene Situation einstufen. Daraus bilden sich fragile Anhaltspunkte neuer Sinnhorizonte und es eröffnet sich allenfalls ein Handlungspotenzial, das zu verfolgen die Figuren nicht in der Lage sind. Stegmaier geht aus von einem „Sich ausrichten der Sicht auf Sinn."[183] Dazu führt er das Modell eines Spielraumes mit verschiedenen, sich darbietenden Handlungsoptionen vor Augen. Er wendet sich vehement gegen Sartres Begriff der Handlungsfreiheit und der Wahl und betont seinerseits die Bedeutung des Haltes. Der Mensch sei verdammt „zum Spiel eines Spielers, der unter ständiger Ungewissheit, ‚auf gut Glück' setzen und laufend auch Verluste einstecken

---

179   Vgl. Redonnet. *Mobie-Diq,* , S. 40.
180   Vgl. Wolf, *Fortuna di mare,* S. 82, 83.
181   Redonnet. *Mobie-Diq,* S. 72.
182   Stegmaier. *Philosophie der Orientierung,* S. 181.
183   Ebd., S. 191.

müsse."[184] Mit dem Theatertext *Mobie-Diq* setzt Redonnet noch eine Stufe tiefer an und zeigt auf, wie die Figuren im Sichtungsprozess nicht nur mit gegebenen Möglichkeiten umzugehen, sondern eigene Anhaltspunkte erst zu konstruieren, mögliche Sinnhorizonte erst zu bilden haben.[185] Darüber hinaus wird die Instabilität der (Be)Deutungen und Sinnhorizonte und die lahmgelegte Handlungsfähigkeit vorgeführt.[186] Redonnet banalisiert die Konzeption der Sartreschen Wahl. Heißt es im Stück „c'est à toi de choisir",[187] ist damit nicht die bedeutungsaufgeladene Entscheidung für oder gegen einen Handlungsvollzug gemeint – eine solche wird vielmehr ironisiert – sondern die beliebig einnehmbare Richtung als eine Zugmöglichkeit in einer weiträumig offenen, kriterienlosen Raumsituation. Eine solche, räumlich strukturierte Ausrichtung auf-gut-Glück enthält einen spielerischen Aspekt und rückt damit in die Nähe von Stegmaiers (post)modernem horizontgebundenen Handlungsbegriff als eine dem Subjekt vorliegende Option im Spielraum der (zu) vielen Möglichkeiten. Sie unterscheidet sich davon jedoch durch die fehlenden Angebote. In *Mobie-Diq* entpuppt sich die Wahlmöglichkeit als Wahllosigkeit. Die Drift macht die Wahl obsolet und der Handlungsvollzug erscheint als mehrfach verstellt. Dieses spielbewusste Konzept von Handlungs(un)fähigkeit ist verwandt mit dem aus Becketts *Fin de Partie*. Darüber hinaus erscheinen die auftauchenden Phänomene allesamt künstlich und bildhaft. Die Figuren betonen vor allem deren sinnliche Erscheinung und Wirkung, zweifeln deren Wirklichkeitsstatus an – mal als Vision (z.B. die Insel), mal als Alptraum (das Riff).[188] Auffällig ist auch, dass neben dem szenischen Raumkonzept auch die Requisiten modellhaft anmuten. Die Angel liegt laut Bühnenanweisung in Kindergröße vor und vom Holzboot besteht ein in Form, Material und Ausstattung exakt gleiches zweites Exemplar.[189] Mit der Bildhaftigkeit der Erscheinungen und der Modellhaftigkeit der Hilfsmittel entsteht der Eindruck eines Spielsets.

---

184 Stegmaier. *Philosophie der Orientierung*, S.18, 225.

185 Ich insistiere auf dem Plural, denn der Horizont (seit dem Verständnis Husserls) wandert von Situation zu Situation mit dem Standpunkt des Betrachters mit und eröffnet dabei – bis ins Unendliche – den nächsten Horizont. vgl. Elm. „Orientierung in Horizonten", S. 86.

186 Man könnte hier von ‚Entmöglichkeiten' sprechen – im Kontrast zu Husserls Begriff der ‚Vermöglichkeiten' als die in der Macht des Subjektes liegenden vollziehbaren Handlungsoptionen im Modus des „ich kann", vgl. ebd., S. 87.

187 Redonnet. *Moby-Diq*, S. 42.

188 Ebd., S. 30, 31.

189 Vgl. ebd., S. 59.

5.5 Void und Sog

Die letzte Sequenz ist orientierungsmetaphorisch und intertextuell komplex
sowie aufschlussreich für die Dramaturgie. Es handelt sich um den letzten Tag
der Drift. Die Figuren stellen einen Wassereinbruch im Boot fest und werden
durch einen Strom auf den weißen Wal zugetrieben. Sie sehen einen Zusam-
menprall mit dem Meeresriesen kommen, rufen ihr Ende aus und schließen
die Augen. Es erfolgt ein Bruch im Geschehender durch eine Verdunklung des
Raumes sowie durch eine klangliche Veränderung markiert ist: Die Figurenrede
setzt sich in gedämpfter Akustik fort. Mobie und Diq kommen zu sich, vergewissern sich ihrer Unversehrtheit und der Theatertext schließt wie er beginnt,
mit der Lagebestimmung nach einem Unfall:

> Diq. – Qu'est-ce qui s'est passé? Je n'ai pas entendu le choc. Je n'ai rien entendu du
> tout.
> Mobie. – On a dû perdre connaissance longtemps. On vient juste de reprendre
> connaissance. [...]
> Diq. – Tu sais où on est?
> Mobie. – On ne peut être que dans la baleine. Où est-ce qu'on serait sinon? Il y avait
> que la baleine devant nous qui barrait tout le courant.
> Diq. – C'est drôle, on est assis dans la barque. Comment c'est possible? On est peut-être
> en train de faire le même rêve pour la première fois. On n'est pas secoués du tout. On
> dirait qu'on ne bouge plus. On n'a pas l'impression d'être quelque part.[190]

Mangels sinnesräumlicher Informationen und Erklärungen schließen die Figuren über die Rekonstruktion der Situation kurz vor dem Bewusstseinsverlust,
die Richtung des Stromes und die Bewegung auf den Wal zu, darauf, nur im
Walkörper sein zu können. Das Bild des unversehrten Menschen (Jona) in der
Bauchhöhle eines Wales verweist auf die christliche Symbolik von Verschlin-
gung, Passage und Auferstehung bzw. auf vorchristliche Mythologien von Tod
und Wiedergeburt.[191] Redonnet ruft das Bild des Todes als Schlund auf, auf den
der Mensch sich trotz aller Abwehr stetig zubewegt. Die Unsituierbarkeit, die
Anspielungen auf ein Nirgendwo und die extreme Dunkelheit legen einen Sturz

---

190   Redonnet. *Mobie-Diq*, S. 89.
191   Zusätzlich besteht die Verknüpfung zwischen Wal und Sarg, vgl. Burkhard Wolf.
      „Livyatan melvillei. ‚Moby Dick' und das überhistorische Wissen vom Wal." In: Hans
      Jürgen Scheuer; Ulrike Vedder. *Tiere im Text. Exemplarität und Allegorizität literarischer
      Lebewesen.* Frankfurt a. M., Peter Lang, 2015, S. 97-112, hier S. 105; sowie Clemens
      H. Zerling. „Wal". In: Ders. *Lexikon der Tiersymbolik. Mythologie, Religion, Psychologie.*
      Klein Jasedow, Drachenverlag, 2012, S. 314-315, hier S. 315.

in den Abgrund hinter dem Horizont nahe. Die Struktur des Schiffbruchs nach dem Schiffbruch spielt auf die nautische Daseinsmetaphorik Schopenhauers an:

> Das Leben selbst ist ein Meer voller Klippen und Strudel, die der Mensch mit der größten Behutsamkeit und Sorgfalt meidet, obwohl er weiß, daß (sic), wenn es ihm auch gelingt, mit aller Anstrengung und Kunst sich durchzuwinden, er ebendadurch (sic) mit jedem Schritt dem größten, dem totalen, dem unvermeidlichen und unheilbaren Schiffbruch näher kommt, ja gerade auf ihn zusteuert, dem Tode: dieser ist das endliche Ziel der mühseligen Fahrt und für ihn schlimmer als alle Klippen, denen er auswich.[192]

Mit dem Tod als letztem Schiffbruch setzt Schopenhauer eine Reihe von Schiffbrüchen voraus. Die ambivalente Gewichtung des Todes als finales und zugleich unausweichliches Ziel ist hierbei bereits angedeutet. Der Theatertext *Mobie-Diq* liefert Deutungsangebote des offenen Endes in einer Reihe aus drei Träumen, die sich als unterschiedliche Vorzeichen lesen lassen. Der erste unabgeschlossene Traum gilt der Faszination von der Tiefe des Meeres und ist ein positives Vorzeichen:

> Mobie. – [...] je rêvais qu'on était dans un berceau tous les deux. On était deux jumeaux. Le berceau s'enfonçait lentement dans la mer, on n'était même pas mouillé. On regardait les poissons, les étoiles de la mer. C'est très beau, Diq, les profondeurs de la mer. Dire que depuis la barque on ne voit que la surface et jamais les profondeurs. Quel dommage. La surface ne donne pas une idée des profondeurs. En ne voyant que la surface, on perd toute la beauté de la mer.[193]

Der zweite Traum beinhaltet das Eingeschlossen-Sein im Bauch eines springenden Wals, bei dem das Thema Tod fällt, jedoch ausgeräumt wird:

> Mobie. – J'ai fait un mauvais rêve. On était tous les deux dans le ventre de la baleine. On ne pouvait ni parler ni bouger. La baleine n'arrêtait pas de faire des bonds. J'avais mal au cœur. J'étais très malheureuse. Quand je me suis réveillée, j'ai cru que tu étais mort. Quand tu dors, tu ressembles à un mort. Je t'ai tâté le pouls, il battait régulièrement. Alors j'ai été rassurée, j'ai su que tu n'étais pas mort.[194]

Beim dritten Traum handelt es sich um einen Alptraum, in dem ein Wal das Boot zum Untergang bringt:

---

192   Vgl. Schopenhauer. *Die Welt als Wille*, S. 429 (4, § 57).
193   Redonnet. *Mobie-Diq*, S. 30.
194   Ebd., S. 48.

Diq. – C'est mon pire cauchemar. Je n'aime pas la neige. Dans mon cauchemar, la baleine n'était pas morte. Elle chargeait la barque, la barque coulait. Tu disparaissais dans les profondeurs de la mer. Je t'appelais, je te cherchais, mais tu avais disparu. Dans mon cauchemar, ce n'était pas comme dans ton rêve, les profondeurs de la mer étaient toutes noires.[195]

Drei unterschiedliche Mensch-Meer-Verhältnisse und Wal-Begegnungen werden vorgestellt. Deutlich steigern sich die Visionen ins Negative hin zum möglichem Verlust und Tod des_der Partners_in. Die Analogie zwischen den nautischen Wogen und dem beruhigenden, geborgenen Wiegen deutet auf eine sanfte Bewegung in den Schlaf.[196] Diese wird wie auch die Faszination an der Unterwasserwelt im zweiten Traum durch den Leviathan ersetzt, der den Menschen in den tödlichen Abgrund zieht. Im dritten Traum wird die schwarze Tiefe des Meeres betont. Die drei Träume stehen nicht nur als Vorzeichen für das Ende, sondern auch als dessen gleichwertige Deutungsmöglichkeiten. So wie alle drei Träume die Vorstellung eines Schwellenübergangs in die Dunkelheit enthalten, wird auch in der finalen Sequenz das Gleiten in einen schwarzen Nachtraum – ob Wahlschlund, Abgrund oder Tod – nahegelegt:

Mobie. – [...] C'est notre nuit la plus noire [...]
Diq. – Ce sera notre plus longue nuit.
Mobie. – Je n'ai pas peur du noir, cette nuit.[197]

Die Betonung von Dunkelheit und Schwarz wird im Verlaufe des Stückes bereits durch Vorzeichen angekündigt: der schwarze Himmel, der schwarze Wal, die Dunkelheit in der Totenhütte, das tiefschwarze Meer in Diqs Traum. Die Rede vom räumlich und zeitlich unbegrenzten Schwarz deckt sich mit der Bühnenanweisung. Mit der Abdunklung wird der szenische Raum entgrenzt und damit der Bühnenboden als angedeutete Meeresfläche (und Horizontlinie) aufgelöst. Die Bühnenanweisung betont die immense Weite und Ausdehnung des Raumes in Relation zu den Figuren „comme perdu dans cette immensité".[198] Die Dunkelheit steigert sich zum Ende hin ins Tiefschwarze, das die Figuren verschluckt und allmählich ausblendet. Der starke Meeresstrom, ein besprochener anziehender Wohlgeruch des Wals, sowie die zunehmende Verdunklung und Auflösung des Raumes wirken zusammen.[199] Es entsteht die Vorstellung einer

---

195 Redonnet. *Mobie-Diq*, S. 57-58.
196 Vgl. ebd., S. 27.
197 Ebd., S. 90.
198 Ebd., S. 88.
199 Diq. - [...] Ça sent bon [...]; Mobie. – C'est vrai, ça sent bon. Je ne connais pas cette odeur." Ebd., S. 87. Die Vorstellung vom süßlichen und den Menschen anziehenden

sogartigen Anziehung in Richtung eines Dunkels, einer Tiefe.[200] Der Wal bildet hier kein Aufnahmegefäß, sondern steht als Schwellenraum für die Fahrt ins schwarze Nichts.[201] Es handelt sich weniger um einen „mythischen Raum" als um eine besprochene Raumerfahrung des Übergangs.[202] Dafür spricht auch das Cello-Solo als Ausklang des Theatertextes. Dieser rekurriert auf das Cellostück, welches die Figuren während der Drift drei Mal per Kassette abspielen, wobei

---

Duft des Wales ist kulturhistorisch nachweisbar und lässt sich bis zum Physiologus zurückverfolgen, vgl. Zerling. *Lexikon der Tiersymbolik*, S. 314. Auch Melville nimmt darauf Bezug, vgl. Melville. *Moby Dick*, S. 824.

200   Bereits Darrieussecq stellt das Bild des Abgrundes auf, der sich im Meer, Wasser oder See öffnet. Über einen kurzen Hinweis auf *Mobie-Diq* kommt sie zur Deutungsformel des „gouffre melvillien de la mer" – allerdings für die Analyse Redonnets Romane. Sie legitimiert dies mit dem Hinweis auf ein Walskelett in einer Meeresgrotte am Ende des Romans Nevermore. Darrieussecq deutet den Abgrund als Riss, als „faille absolue" der Erinnerung und hebt das Meer als „grand lieu de l'oublie chez Redonnet" hervor: „Tout se perd dans la mer, dans l'eau noire." Vgl. Darrieussecq. „Marie Redonnet", S. 192,193.

201   Der Begriff des Schwellenraums ist vom anthropologischen Ansatz Van Genneps geprägt auf den auch Duffy seinen Aufsatz mit Fokus auf die Initiationsriten der Adoleszenz bei Redonnet aufbaut „Liminality and Fantasy", S. 904. Van Gennep beschäftigt sich zwar mit der Reise eines Individuums durch das Leben, in dem es mehrere Etappen durchläuft, untersucht Schwellenräume jedoch stets im Kontext von Gemeinschaften. Arnold Van Gennep. *Übergangsriten*. Frankfurt a. M., Campus, 1999. Hier jedoch handelt es sich um einen Schwellenraum außerhalb einer Gemeinschaft und zudem um eine Lebensphase, für die Van Gennep kein Ritual beobachtet (zwischen Heirat und Bestattung wird kein weiterer Ritus thematisiert).

202   In den Untersuchungen zu Redonnet wird wiederholt vom „mythischen Raum" gesprochen, der jedoch weder erläutert noch konzeptualisiert wird. Asholt zählt „mythisch infizierte Zentralorte" in den Romanen Redonnets auf: „Moor, Presbyterium, Einsiedlergrotte, einsames Rettungsboot". Außer dem Hinweis auf „Zivilisationsmythen", die in den Romanen *Silsie* und *Rose Mélie Rose* im Ende (Grotte bzw. Meer) fundiert seien, bleibt die Begriffkombination unklar. Vgl. Asholt, *Der französische Roman der 80er*, S. 131, 134. Van den Meer und Wortmann behaupten, „Redonnet setze der Postmoderne einen mythischen Raum entgegen", verzichten jedoch auf begriffliche Klärungen oder Erläuterungen. Vgl. Van den Meer; Wortmann, „Von Grotten und Imobilien", S. 241. Ueckmann stellt den Raum des Dazwischen heraus: „Topographien (in den Romanen von Redonnet) spiegeln einen Zustand zwischen dem Nicht-Mehr und dem Noch-Nicht". Auf der Grundlage einer feministischen Relektüre von C.G. Jungs Archetypen und von matriarchalen Mythologien betont sie die Naturräume „Moor, Meer, Gebirge, Tal, Wald, Höhle" als identitätsrelevante Räume eines sozialen Außerhalb, vgl. Natascha Ueckmann „Mythische Räume bei Marie Redonnet. Ein Beitrag zur weiblichen Identitätsfindung." In: *SCRIPT*, Nr. 7, 1995, S. 20-26, hier S. 23, 24.

es aufgrund schwacher Batterie jeweils abbricht.[203] Laut Bühnenanweisung erklingt es am Ende ohne zugeordnete Quelle aus dem Off, läuft komplett durch und breitet sich im gesamten Theaterraum aus: „L'obscurité se fait peu à peu sur eux. On entend le morceau de violoncelle solo en entier, très pur, dans tout l'espace.“[204] Es handelt sich hier um eine Form der Raumerzeugung durch Musik, wie sie bereits im Theater von Marguerite Duras untersucht worden ist.[205] Redonnet erzeugt mittels des Cello-Solos einen Klangraum, der in engem Verhältnis mit der ästhetischen Verhandlung des Meeres als Raum der Tiefe steht. Unter dem Konzept „Bruit de mer" denkt Michel Serres die Verbindung von Meer, Klang und Raum. Er geht von einem Grund-Geräusch des Meeres aus. Dieses Geräusch rumort unabänderlich in der Tiefe, unter der Oberfläche der scheinbaren Stille:

> L'espace est envahi, entier, par la rumeur; nous sommes occupés, entiers, de la même rumeur. Cette agitation est dans l'ouïe, en deçà des signaux définis, en deçà du silence. Le silence de la mer est une apparence. Le bruit de fond est peut-être le fond de l'être. Peut-être l'être n'est il pas en repos, peut-être n'est il pas en mouvement, peut-être l'être est-il agité. Le bruit de fond ne cesse jamais, il est illimité, il est continuel, perpétuel, inaltérable. Il n'a pas lui-même de fond, il n'a pas de contradictoire.[206]

Diesem räumlich sich ausbreitenden Klang, den Serres auf dem Grund allen Seins vermutet, kommt das monophonische Musikstück nahe, das den Figuren-dialog und damit die Zeichenhaftigkeit und Zeitlichkeit der Sprache ab- und auflöst. In Verbindung mit der Verdunklung wird der Klangraum autonom und die musikalische Verräumlichung betont.[207] Die Figuren verschwinden gleich so, als würden sie in die Tiefe des Klangraumes abtauchen. Die passive Bewegung des strombedingten Driftens und der Übergang zum zeitlosen entgrenzten Raum entspricht dem Sog, den Mladen Dolar der Unmittelbarkeit von Musik

---

203 Redonnet, *Mobie-Diq*, S. 54, 55, 62. Das allmähliche Entleeren der Batterie ist ein weiteres Zeichen für das Driften auf den Tod zu.

204 Ebd., S. 91.

205 Helga Finter zeigt auf, inwiefern die soufflierten Wortstimmen und Instrumental-stimmen im Werk von Marguerite Duras den theatralischen Raum bilden. Ihr nach handelt es sich um ein „Theater des Wortes, das fehlt." Helga Finter „Die Passionen der unmöglichen Leidenschaft: Eine Annäherung an die Welt der Marguerite Duras". In: Dies. *Die soufflierte Stimme.Text, Theater, Medien. Aufsätze 1979-2012*. Frankfurt a. M., Peter Lang, 2014, S. 101-128.

206 Michel Serres. *Genese*. Paris, Grasset, 1982, S. 32.

207 Der Bruch mit der Linearität und die tiefenräumliche Wirkung von Musik werden mit dem Aufkommen der Minimal Music experimentiert und erforscht, zur Verräumlichung von Musik vgl. Johannes Voit. *Klingende Raumkunst. Imaginäre, reale und virtuelle Räumlichkeit in der neuen Musik nach 1950*. Marburg, Tectum, 2014.

zuerkennt und mit der Wirkungskraft eines schwarzen Lochs vergleicht.[208] Die von den Figuren besprochene Raumerfahrung läuft damit in ein ästhetisches Void aus, ein anziehender Hohlraum, in dem jedoch keine absolute Leere herrscht.[209] Orientierungstheoretisch gelesen stellt das Void die Auflösung von Verortung und Richtung dar. Das Bild der Sogwirkung des Meeres wird bereits in der Moderne verhandelt, einmal vom Land her als sehnsüchtige Anziehung des Unbekannten,[210] einmal vom Wasser aus als hydrologischer Sog, der alles in die Tiefe zieht und jegliche Einflussnahme und Kontrolle des Menschen sowie Raum und Zeit außer Kraft setzt. Letzterer ist neben metaphorischen Aspekten eingebunden in hydrologisch erklärbare Zusammenhänge wie dem erzeugten Strudel eines untergehenden Schiffes oder der Aufhebung des Magnetismus beim Mäelström.[211] Im Epilog von Melvilles *Moby Dick* wird das Bild eines schwarzen Strudels gezeichnet: „Um und um trieb ich [...] immer näher zu dem schwarzen Gebrodel in der Mitte dieses sich langsam drehenden Kreises dahin, bis gerade als ich im Zentrum anlangte, der schwarze Strudel

---

208 So zumindest stuft Mladen Dolar Freuds Verhältnis zur Musik ein – im Aufsatz „Der Moses des Michelangelo", 1914: „sollte er sich ihrem Zauber ergeben, würde sie ihn verschlingen wie ein schwarzes Loch". Gemeint ist dabei eine Form der Ergriffenheit, die (im Gegensatz zu anderen Künsten) jeglichen analytischen Zugang verstelle und keine Distanz zulasse. Mladen Dolar. *His masters voice. Eine Theorie der Stimme.* Frankfurt a. M., Suhrkamp, 2007, S. 172-173.

209 Void (aus engl. Leere, Nichts, Hohlraum) ist ein Fachterminus der quantenphysischen Forschung zum Nichts. Im physikalischen Sinne ist ein leerer Raum unmöglich, selbst im Falle eines Vakuums besteht zumindest energetische Ladung. Frank Close. *Das Nichts verstehen. Die Suche nach dem Vakuum und die Entwicklung der Quantenphysik.* Heidelberg, Spektrum, 2009. Künstlerische Konzeptionen von Void stehen in engem Zusammenhang mit einer (post)minimalistischen Formensprache, so das *Schwarze Quadrat* des Konstruktivisten Kasimir Malevitch, das raumentgrenzende Blau und das Denken der Leere in den Arbeiten Yves Kleins sowie die skulpturalen Hohlräume im Werk von Anish Kapoor (z.B. Descent into Limbo, documenta IX, 1992). Mathieu Copeland weist nachdrücklich darauf hin, dass das Void als Erfahrung zwar mit Abwesenheit, Negation und dem Gegenteil von Leben in Verbindung gebracht wird, jedoch nicht als absolute Leere zu verstehen ist „it is about a whole, yet a whole which has no noticeable reality. The void does not have a positive or a negative connotation. It just is." Mathieu Copeland "Qualifying the Void". In ders.; Jon Hendricks. *Voids/Vides. A Retrospective of Empty Exhibitions.* Paris, Editons du Centre Pompidou, 2009, S.167-170, hier S. 167.

210 „Ellida. Oh, wie das zieht – wie es mich nimmt und mit sich reißt – hin in das Unbekannte! – Das ist wie der Sog. Die ganze Gewalt des Meeres liegt darin." Ibsen. *Die Frau vom Meer,* S. 774 (V).

211 Beim verschlingenden Sog in Hemmingways *Maelström,* greift die Aufhebung des Magnetismus am Nordpol, der bei der (nördlich ausgerichteten) Kompassnadel zum Nullpunkt der Orientierung wird. Wolf. *Fortuna di mare,* S. 168.

aufwärtsbrach [...]".[212] Während Ishmael durch den hochschnellenden Sarg
gerettet wird, endet Redonnets Theatertext unerklärbar und mehrdeutig in
einer auflösenden Dunkelheit. Es handelt sich um ein Void als Nullpunkt der
Desorientierung und Orientierung des Lebens und als Auflösung der Horizonte
in einem „Schwarzraum".[213] Die postmortale sowie pränatale Raumerfahrung,
die der Schwarzraum eröffnet, ist deutlich in der Figurenrede angelegt, auch
durch das vorgreifende Sinnbild der Wiege im ersten besprochenen Traum. Die
ambivalente Bedeutungsstruktur des Todes liegt auch in der Metaphorik der
nautischen Lebensfahrt begründet, in der der Tod als letzter Schiffbruch zugleich
als Abgrund und Hafen des Lebens gelten kann.[214]

Für die Deutung des Voids als Abgrund des Lebens spricht die von den
Figuren wahrgenommene eisige Kälte. Der Tod als Hafen ist jedoch nicht als
erklärtes oder motiviertes „Ziel" zu verstehen sondern als ein unvermeidlicher
vormarkierter Endpunkt hinter vielfachen Horizonten, auf den die Figuren
zutreiben.[215] Als unendliche Nacht besprochen, wohnt dem Tod auch eine
Behaglichkeit inne:

Diq. − [...] Tu ne veux pas finir ta vie dans cette vieille barque? On ne peut plus se
tromper de chemin maintenant. [...]

---

212 Melville. *Moby Dick*, S. 865.

213 Redonnet setzt auf den „Elementarismus der Black Box", die in zeitgenössischen Kunst-
     austellungen, insbesondere in Film-, Video-, Licht- und Wahrnehmungsinstallationen
     seit den 1960er Jahren Einzug gehalten hat. Beispielhaft, konzeptionell und wirkungs-
     ästhetisch relevant erscheint hier die von Ralf Beil untersuchte Arbeit Eric Orrs *Zero
     Mass Space* (1971-73), die 1987 im Kunstmuseum Bern unter dem Titel *Fundamental
     Void* gezeigt wurde: Die Rauminstallation erzeugt durch geräuchgedämpfte Schuhe
     und einen entgrenzten, da abgerundeten Raum ein von den Zuschauern erfahrenes
     „schwarzes Nichts". Ralf Beil. „Der Schwarzraum Phänomen, Geschichte, Gegenwart".
     In: Ders. (Hg.). *Black Box. Der Schwarzraum in der Kunst.* Ostfildern-Ruit, Hatje Cantz,
     2001, S. 9-24.

214 Während Schopenhauer den vorprogrammierten Schiffbruch betont, wird die Figur
     des Lebenshafens bei Seneca noch trostspendend verwendet: „In diesem stürmischen
     und jedem Unwetter ausgesetzten Meere gibt es für den, der es befährt, nur einen
     Hafen, und das ist kein anderer als der Tod." Seneca. „Trostschrift an Polybius". In Ders.
     Philosophische Schriften, 2, aus d. Lat. von Otto Apelt. Hamburg, 1993, S. 22f, zitiert nach
     Scholtz. *Philosophie des Meeres*, S. 197.

215 Asholts sieht den Tod als Lebensziel der Romanfiguren Redonnets, so deutet er am
     Beispiel der Protagonistin *Silsie* des gleichnamigen Romans die Reise ins Zentrum des
     Meeres als Todeswunsch und „im Sinne der Homophonie von ‚Mer/Mère' als Endpunkt
     der Regression", „bei dem das Wiedereingehen in den Mutterleib und damit auch der
     Tod, keine Strafe für eventuelle Grenzüberschreitungen, sondern das eigentliche Ziel"
     darstelle. Vgl. Asholt, *Der französische Roman der 80er*, S. 134.

Mobie. – Je n'ai pas peur du noir, cette nuit. Cette fois, ce sera une nuit inoubliable pour tous les deux, tu ne trouves pas? On ne court plus aucun danger. Il ne peut plus rien nous arriver.[216]

Das Umhertreiben, Erschließen neuer um neuer Horizonte und die Angst vor dem Tod werden durch den Tod aufgehoben. Anhand des Wales und der mehrmaligen und explizit angelegten formalen Analogie zwischen Schiffsbauch und Mutterleib sowie dem ausbleibenden Ende des Musikstückes lässt der Theatertext die Deutungsmöglichkeit der Rückkehr in den vorgeburtlichen Zustand zu. Dies lässt sich mit der Haltung begründen, die die Figuren einnehmen, bevor sie ausgeblendet werden. Eingewickelt in eine weiße Decke, formen Mobie und Diq „qu'une seule petite boule" und schlafen ein.[217] Der Theatertext hinterlässt als letzten Eindruck einen weißen Punkt im Schwarzraum. Nicht nur die dichotomen Konzepte von Anfang und Ende, Geburt und Tod, Zeit und Raum, Drinnen und Draußen fusionieren im Void sondern auch die Dualität von Mobie und Diq. Redonnet verweist implizit auf Malewitschs weißes Quadrat auf schwarzem Grund, anhand dessen bereits Lyotard deutlich macht, dass es in manchen avantgardistischen und postmodernen Arbeiten weniger darum geht, nichts darzustellen, sondern "darzustellen, daß [sic] es Undarstellbares gibt".[218]

5.6 Dramaturgie der (des)orientierten Lebensbahn

Es ist die Ambivalenz des Endes, von dem her sich die Dramaturgie des Theatertextes erschließen lässt. In der (des)orientierten Bootsfahrt als Lebensfahrt verschränken sich die metaphorische und dramaturgische Ebene in räumlicher wie zeitlicher Dimension. Ein kompositorisches Prinzip, das der Parallelen und Doppelerscheinungen, ist bereits herausgearbeitet (Vgl. Kapitel 5.4.3.). Zum Zusammenhang von Dramaturgie und Orientierung in *Moby-Diq* interessieren vor allem Überlagerungen von linearen, zyklischen und ungerichteten Anordnungen.

Mit den chronologisch fortschreitenden Wochentagen liegt ein lineares Ablaufen der Zeit vor. Dieses deckt sich semantisch mit dem Prozess der zunehmenden Schwächung und des Alterns – einer Regression, deren Stufen die

---

216   Redonnet. *Mobie-Diq*, S. 84.
217   Ebd., S. 91.
218   Jean-François Lyotard u.a.. *Immaterialität und Postmoderne*, aus d. Frz. von Marianne Karbe, Berlin, Merve, 1985, S. 93.

Figuren via Rede nachverfolgen.[219] Die sich steigernde Reihe von Todesvorzeichen unterstützt diese lineare Geschehensstruktur auf der semantischen sowie stückinternen hermeneutischen Ebene. Damit ist die passiv-reaktive Bewegung der Figuren ausgerichtet und vorbestimmt. Sie führt vom ersten Schiffbruch weg zum letzten Schiffbruch hin und damit am Ende hin auf den Wal als dramaturgischen Sog, „point focal, abismal".[220] Die fremdorientierte Bahn – vorstellbar als Fahrtlinie eines Bootes im Raum des Meeres (oder Lebens) – läuft auf den Tod zu und überwindet eine Reihe von Horizonten. Dieser gerichtete Geschehensverlauf ist von zyklischen Elementen überlagert. Da der festgelegte Wochenverlauf des Stückes an einem Donnerstag einsetzt und an einem Mittwoch endet, trägt er Wochenanfang und -ende in der Mitte. Insofern wird die Woche als Kreislauf betont. Temporale Ausdrücke wie „Tout recommence", „de nouveau pour la première fois" und die Frage nach „refaire la [...] vie" zeigen bereits auf Sprechtextebene die zyklische, rekursive Zeitkonzeption an.[221] Durch die formale Analogie zwischen Schiff und Wal sowie zwischen dem ersten und dem zweiten Schiffbruch besteht die Rekursion darin, dass die Figuren dramaturgisch wie semantisch an den Ursprung zurückgelangen.

Der vorliegende Hauptstrom verzweigt sich in potenzielle Nebenströme, die sich jeweils als Sackgassen herausstellen. Während der Begriff der *dérive* von der Gruppe der Situationisten besetzt ist als eine subversive und urbanismuskritische Praxis des Umherschweifens und des Unterlaufens bzw. Gegenlaufens von städtebaulichen Ordnungen und Strukturen, steht die im Theatertext *Mobie-Diq* benannte maritime *dérive* für das passiv-reaktive Treibenlassen als ungerichtete, unvorhersehbare Bootsbewegung im glatten Raum.[222] Die Weiträumigkeit des Meeres und die Horizontstruktur sind der Metaphorik der Lebensreise zuträglich.[223] Die am Horizont gesichteten Hindernisse oder

---

219 Redonnet, *Mobie-Diq*, S. 72. Dieser Aspekt gleicht auch der graduellen Verschlechterung des Zustandes der Figuren in Redonnets Theatertext *Tir & Lir*.

220 Darrieussecq verwendet diesen Begriff in der Untersuchung von Redonnets Romanen hingegen im Sinne eines „souvenir perdu, ou simplement du blanc, un non-dit, un indicible, quelque chose de refoulé. " Darrieussecq. „Marie Redonnet", S. 191.

221 Redonnet, *Moby-Diq*, S. 25, 56, 84. Rekursivität besteht, wenn ein Geschehen am Ende wieder an den Anfang anknüpft. Am Beispiel der Odyssee zeigt Wolf, wie eng rückbezügliche Erzählverfahren mit der Seefahrt verknüpft sind. Er stützt sich auf Ana Ofak, Philipp von Hilgers (Hg.). *Rekursionen. Von Faltungen des Wissens.* München, Fink, 2010, vgl. Wolf, *Fortuna di mare*, S. 35.

222 Das Verb „deriver" wird durch mehrfache Wiederholung hervorgehoben. Redonnet. *Moby-Diq*, S. 46, 55, 59, 79.

223 Seefahrer und Wanderer gelten somit als Stellvertreter der Lebensreise, die „zwischen verschiedenen Wegen und Optionen entscheiden müssen." Vgl. Michael Lommel. *Im Wartesaal der Möglichkeiten. Lebensvarianten in der Postmoderne.* Magdeburg, Herbert

Chancen bieten im Sprechtext besprochene Geschehensvarianten an, die jeweils im Konjunktiv verbleiben. Sie werden verbal durchgespielt. Damit liegt eine postmoderne Dramaturgie vor, in der sich narrative und virtuelle Aspekte verschränken.[224] Angesichts der weit aufgespannten Leere des Meeresraumes handelt es sich jedoch nicht um einen „Wartesaal der Möglichkeiten".[225] Es eröffnen sich allenfalls Sichtungsfelder und fragile Anhaltspunkte, die sich von Unglück zu Glück und von Glück zu Unglück verkehren und die Figuren stets auf dem Strom ihres passiven Driftens zurücklassen. Diese Gegenstände, Umstände und Einflussgrößen erscheinen als Visionen. Wie Schilder deuten sie mögliche Geschehensverläufe an, die sich jedoch als verstellte Möglichkeiten erweisen. Die Figuren driften im unendlichen Raum des Meeres, in dem Bild-

---

von Halem, 2011, S. 34. Zum Erzählen als Navigieren im Zusammenhang mit abschweifenden und verzweigten Erzählstrukturen vgl. Klotz. *Erzählen*, S.122.

224 Sick erarbeitet den Begriff virtuell aus der Erzählung *Der Garten der Pfade, die sich verzweigen* von Jorge Luis Borges und exemplifiziert ihn in seinen unterschiedlichsten Ausgestaltungen in postmodernen Dramaturgien (Theaterstücke von Perec, Pinget, Vinaver, Reza und dem Film *Lola rennt* von Tom Tykwer). Borges Konzept des Labyrinthes als einem Spiel im Raum lässt sich übertragen in die zeitliche Struktur der Narration, in dem mehrere offene Handlungsalternativen angeboten werden. Diese optionalen Geschehensabläufe können von den Figuren umgesetzt, gewählt oder zumindest verbal durchspielt werden und ergeben iterative, zufällige oder kombinatorische Handlungskonfigurationen. Vgl. Sick. „Konfigurationen von Drama, Spiel und Geschichte", S.130-156.

225 Nach Lommel sei der Wartesaal der Möglichkeiten ein „zweideutiger Raum, ein Nicht-Ort, ein Zwischenraum, in dem sich Reales und Imaginäres vermischen, indem Erinnerung und Erwartung ineinanderfließen. [...] bezeichnet jedoch keinen realen Raum, sondern virtuelle Lebensräume." Offen bleibt, was Lommel mit virtuellen Lebensräumen genau meint, außer, dass er sie von Topoi des Wartens und Wartesälen aus dem Alltag abgrenzt. Er fokussiert die räumlichen Situationen des Wartens, in denen sich Vergangenheit, Präsenz und Zukunft des Subjektes – mindestens in dessen Kopf – kreuzen, sich Lebensalternativen darbieten und verzweigen, für oder gegen diese entschieden werden kann. Lommel. *Im Wartesaal der Möglichkeiten*, S. 33. Lommel stützt sich nicht nur auf Sicks o.g. Aufsatz, sondern übernimmt auch deren Korpus (Borges, *Drei Mal Leben* und *Lola rennt*), den er um Romane und Fotoserien erweitert. Er stellt die Lebensvarianten als virtuelle Biographien ins Zentrum und kommt dementsprechend zu einer anderen Systematisierung als Sick, interessiert sich auch für ausgeschlossene und verworfene Möglichkeiten. Den Begriff der Virtualität klärt er auf etymologischer Grundlage als „ein Vermögen, eine Kraft, die nicht physisch vorhanden ist, aber dennoch Auswirkungen hat." Damit betont er das Potenzial des „‚mehr‘ als nur möglich" gegenüber von Handlungsverwirklichungen, vgl. ebd., S.10-11. Lommel stützt sich jedoch auch auf Sartres existenzialistische Denkbilder von Spiel und Theater als Probehandeln und führt aus: „Sich-vorweg-Sein heißt, sich im Virtuellen, in Möglichkeitsspielräumen aufzuhalten." Fraglich ist, ob Sartres Projekt-Konzeption einem postmodernen Begriff von Virtualität und Möglichkeiten standhält. Vgl. Lommel. *Im Wartesaal der Möglichkeiten*, S. 151.

zeichen auftauchen, die sie situativ auslegen. Ähnlich wie Aktionskarten eines Brettspiels oder Tarotkarten verleihen sie dem Theatertext einen virtuellen Charakter. Die erscheinenden und zu lesenden Phänomene bilden keine Sinnhorizonte aus. Sie sind, je nach Situation immer auch anders deutbar, bleiben dynamisch und unzuverlässig. Das Leben erscheint als ein Spiel der Zufälle, Lese- und Deutungsmöglichkeiten. Mit dem via Figurenrede metatheoretisch besprochenen Zeichenlese- und Deutungsprozess enthält der Theatertext seine eigene Hermeneutik. Redonnet greift dazu auf ein Arsenal von intertextuellen und intermedialen Bezügen, Mythemen und Symbolsystemen zurück, die sie verschiebt, aufbricht und mehrfachkodiert. Erst über das Zusammenspiel der Zeichen, über Parallelen, Bezüge und Umkehrungen finden fragile, stückinterne Bedeutungskonstruktionen statt. Das Hauptaugenmerk liegt nicht auf der Suche nach oder der Wahl zwischen mehreren Handlungsmöglichkeiten, sondern auf dem Umgang mit alten und neuen Zeichen- und Deutungssystemen, die als Handlungshorizonte und Orientierungsmarken erst zu konstruieren sind. Ein weiterer postmoderner Zug des Theatertextes besteht in der expliziten intertextuellen Aneignung und Fortschreibung von Melvilles Roman *Moby Dick*, der seinerseits mit zahlreichen prätextuellen Verweisen bestückt ist und bereits dem „Trieb des Menschen zur Deutung der Welt, zur Selbstvergewisserung im Reden und Schreiben" gilt.[226] Die darin zum Ausdruck kommenden (männlichen) Erzählprinzipien und Symbolsysteme werden dynamisiert und ironisiert und durch (weibliche) Mytheme ergänzt oder unterwandert. In *Mobie-Diq* führt Redonnet die Bedeutungskonstruktion im Prozess der Lektüre und Auslegung von Zeichen in Verweisungszusammenhängen vor – eine Form des Umgangs mit Zufälligkeiten und Unvorhersehbarkeiten der offenen Meeresfahrt als Lebensfahrt.

---

226 Göske sieht darin eines der wesentlichen Themen von *Moby Dick*, begründet durch die Sprachbetontheit, Intertextualität und Vielstimmigkeit des Romans. Vgl. Daniel Göske. „Nachwort". In: Hermann Melville. *Moby Dick oder der Wal*, aus d. Am. von Matthias Jendis. München, Hanser, 2001, S. 869-909, hier S. 870.

6 (Des)Orientierung in Geschichten: *De quelques choses vue la nuit* (1992) von Patrick Kermann

Von Patrick Kermann (Straßburg, 1959-2000) liegen neben 14 Theatertexten auch drei Opernlibretti vor.[1] Der Theatertext *A* galt einer Soundinstallation und zeugt von einem klangräumlichen Ansatz.[2] Als Übersetzer übertrug Kermann u.a. drei Dramen aus dem Deutschen bzw. Griechischen ins Französische.[3] Seine Theatertexte sind mehrschichtig, anspielungsreich, entziehen sich den konventionellen Zugriffen und Aufführungsweisen. Anstelle ausgestalteter, physisch agierender Figuren lässt Kermann Stimmen von ruhelosen Toten, Schatten oder Gespenstern zu Wort kommen, die Erfahrungen und Wahrnehmungen ‚durchkauen'. Dafür steht sein am meisten aufgeführter und untersuchter Theatertext *La mastication des morts* (1995-97).[4] Dieser trägt den Untertitel „Oratorio in progress", wodurch sich eine musikalische Dramaturgiekonzeption wie auch die Nähe zur dokumentarischen Ästhetik äußert.[5] Ein Ich-Sprecher lauscht verschiedenen Stimmen aus den Gräbern eines Dorffriedhofes, deren Geschichten sich inhaltlich überkreuzen und verstricken, sodass sich durch Querverbindungen dunkle Geschehnisse im Dorf aufdröseln. Auch in *The great disaster* (1999), welches den Untergang der Titanic zum Sinnbild nicht nur einer, sondern der Katastrophen des 20. Jahrhunderts werden lässt, werden die Möglichkeiten und Grenzen von Ereignisrekonstruktion und Erinnerung vorgeführt. Die Dramaturgie dieses Textes beruht auf einem assoziativen und polyphonen Monolog der Stimme eines versunkenen Tellerwäschers aus der

---

1   *La Blessure de l'ange* (1998), *Diktat* (1999) und *Vertiges* (2000).

2   Das Typoskript von *A* enthält präzise Anweisungen für den Einsatz von Klangquellen. Die Überlagerung von aufgenommenen Stimmen und Stimmen physisch anwesender Sprecher_innen ist im Hinblick auf Lautstärke, Abstand und Rhythmus unter besonderer Berücksichtigung der klangräumlichen Wirkung und Interaktion mit potenziellen Zuschauer_innen gestaltet. Vgl. Béatrice Dernis, „La Blessure de l'Ange de Patrick Kermann". In: *Sken&agraphie*, 3, 2015, journals.openedition.org/skenegraphie/1234 (08.05.2019), S. 105-114, hier S. 105, 106.

3   Thomas Bernhards *Deutscher Mittagstisch*, Euripides' *Elektra*; Senecas *Thyestes*.

4   Patrick Kermann. *La mastication des morts*. Carnières-Morlanwelz, Lansman, 1999. Er wurde 1999 von der Gruppe „Merci" in der Chartreuse d'Avignon aufgeführt.

5   Peter Weiss' Theatertext *Die Ermittlung* (1965) trägt den Untertitel *Oratorium in elf Gesängen*.

Tiefe des Meeres.[6] Mit Kermanns letztem Theatertext *Le jardin des reliques* (2000) steigert sich die assoziative Schreibweise weiter ins Fragmentarische. Es lässt sich kein Plot mehr bilden, lose Sequenzen vom Bewusstseinsstrom eines lyrisch-dramatischen Ichs werden von geisterhaften Stimmen unterbrochen.[7]

Der frühe Theatertext *De quelques choses vue la nuit* (1992) wurde 1997 beim Festival d'Avignon in der Chartreuse uraufgeführt.[8] Stimmen ruheloser Wiedergänger einer zerstörten Stadt bringen bruchstückhafte Erzählungen und Wahrnehmungen von Angst, Verlust und Gewalt vor.[9] Diese lassen deutliche Bezüge zur Gegenwartsgeschichte, zu griechischen und biblischen Mythen erkennen. Aufgrund heterogener Redeweisen und -anordnungen liegt ein zerklüfteter Theatertext vor. Dennoch verleiht eine Sonderfigur dem Theatertext eine dramaturgische Zuglinie: Ein „guide" führt durch den Sprechtext. Dieser lädt eine mit „vous" angesprochene potenzielle Besucher_innengruppe zu einer Besichtigungstour durch das Ruinenfeld der toten ‚Stadt der sieben Tore' ein, ihren Stimmen zu lauschen. Mittels Ankündigungen und Überleitungen lässt Kermann den „guide" wie ein Spielleiter die losen Einzelerzählungen zu einer Reihe auffädeln und dabei verschiedene orientierungsrelevante Funktionen einer musealen Führung übernehmen: Raumführung, Vermittlung zwischen den Zeiten, Moderation, Präsentation der Exemplare und metatheoretische Kommentierung. Es handelt sich um eine räumliche, zeitliche, inhaltliche und metatheoretische Orientierungsanordnung als Angebot an eine vorgestellte, explizit angesprochene Hörer_innenschaft. Dieser Pfad durch den Theatertext vereinfacht und klärt jedoch mitnichten Lektüre, Verständnis und Deutung. Lässt Kermann den „guide" auch seine Dienstleistung betonen, so nur, um diese an anderer Stelle zu verweigern oder ironisch zu brechen.

Der Theatertext besteht aus achtzehn Sequenzen. Zehn Monologe und Dialoge der Totenstimmen stehen im Wechsel mit acht verbindenden Zwischenreden des „guide", ergänzt um dessen weitere moderierenden Eingriffe. *De quelques choses vues la nuit* besteht wie alle Theatertexte Kermanns ausschließ-

---

6   Er lässt die Stimme eines Giovanni Pastore eine Lebensgeschichte vortragen, sowie auch andere Stimmen wie die der Schiffsmannschaft und Passagiere vor dem Untergang einfließen und zwischen Erinnerung und Traum schweben. Vgl. Kermann. *The great disaster.*

7   Der posthum veröffentlichte, unabgeschlossene Theatertext, entstand im Rahmen seiner Residenz in der Chartreuse in Avignon; die entschieden fragmentarische Form ist belegt, vgl. Patrick Kermann. *Le jardin des reliques* [2000]. Les Matelles, Espaces 34, 2014.

8   Regie: Solange Oswald / Guy Martinez; Musik: Bruno Baudry; Bühnenbild: Joël Fesel.

9   Patrick Kermann. *De quelques choses vue la nuit* [1992] Saint-Gély-du-Fesc, Espaces 34, 2012.

lich aus Sprechtext. Der Autor verzichtet auf jegliche Bühnenanweisungen und ordnungsstiftende Elemente (Figurenliste, Nummerierung der Sequenzen etc.), nur wenige Sprechinstanzen werden auf Namen zurückgeführt, andere sind lediglich nummerisch, geschlechtlich oder alphabetisch gekennzeichnet (garçon, fille oder 1, 2; A, B; X, Y) oder gänzlich ohne Angabe. Der Figurenrede ist in Minuskeln und ohne Interpunktion gesetzt.[10] Eine weitere spezifische Textqualität besteht in der Versform der Rede des „guide". Dadurch wird ein Sprechrhythmus unterstützt, der an die Ästhetik des Vortragstheaters anknüpft und die Bezeichnung als dramatisches Gedicht nahelegt.[11]

Es liegen erste Artikel zu den Aufführungen von Kermanns Theatertexten vor – mit Fokus auf Erinnerung, Fragment, Zeug_innenschaft und Chor.[12] Diese Untersuchungen sind deutlich auf literarisch-ästhetische Erinnerungs- und Umgangsformen mit der Shoa ausgerichtet.[13] Die einzige Theatertextanalyse zu *De quelques choses vues la nuit* ist mit der Aufführungsanalyse vermischt, mit „écrire après le génocide" überschrieben, und auf Agambens *Ce qui reste d'*

---

10   Der Verzicht auf Satzzeichen hebe laut Reverdy die konzeptuelle Mündlichkeit und Schwierigkeit der Totenstimmen, die Sprache zu ergreifen, hervor. Vgl. Marie Reverdy. „Le personnage essoufflé l'absence de ponctuation noire dans la partition théâtrale de Patrick Kermann". In: *Littératures*, 72, 2015. journals.openedition.org/litteratures/378 (08.05.2019).

11   „Le texte (La mastication des morts) est un poème dramatique". Beatrice Dernis. *La voix des revenants dans l'œuvre de Patrick Kermann: étude d'une écriture contemporaine dans son rapports à la scène.* Université de Grenoble, Littératures, 2011. tel.archives-ouverte s.fr/tel-01558456 (08.05.2019), S. 129. Der Poesie im Theater von Kermann wird bereits Rechnung getragen, vgl. Marie-Isabelle Boula de Mareuil. „Les Langues de cendre de Paul Celan et Patrick Kermann". In: Marianne Bouchardon; Florence Naugrette (Hg.). *La poésie dans les écritures dramatiques contemporaines.* Paris, Garnier, 2015, S. 91-102.

12   Vgl. Sophie Lucet. „Mémoire en fragments". In: *L'avenir d'une crise. Écritures dramatiques contemporaines (1980-2000). Études théâtrales* 24/25, 2002, S. 49–58; Marie-Isabelle Boula de Mareuil. „„Comment continuer'? La parole abîmée du chœur dans Thrène et Leçon de ténèbres de Patrick Kermann". In: Florence Fix; Frédérique Toudoire-Surlapierre (Hg.). *Le chœur dans le théâtre contemporain (1970–2000).* Dijon, EUD, 2009, S. 31–41. Christine Felbeck. *Erinnerungsspiele. Memoriale Vermittlung des zweiten Weltkrieges im französischen Gegenwartsdrama.* Tübingen, Francke, 2008. Marie-Isabelle Boula de Mareuil. „Le témoignage comme drame (du) contemporain: ‚différend' et ‚différence' (Lagarce, Minyana, Kermann). In: Catherine Naugrette-Christophe (Hg.). *Qu'est-ce que le contemporain?* Paris. L'Harmattan, 2011, 167-172.

13   Felbeck behauptet, die Theatertexte Kermanns kreisen „allesamt um die Darstellung des Lebens nach Auschwitz" *Erinnerungsspiele*, S. 230. Vgl. auch Sophie Lucet. „Les dramaturgies de la Shoah, ou l'envers des images (Charlotte Delbo, Charles Reznikoff, Patrick Kermann)". In: Françoise Dubosquet Lairys (Hg.). *Les failles de la mémoire théâtre, cinéma, poésie et roman: les mots contre l'oubli.* Rennes, PUR, 2016, S. 43-55.

Ausschwitz gestützt.[14] Darin betont wird die Katastrophe im Singular und die Figur des „guide" wird als Erstzeuge und einziger Überlebender herausgestellt.[15] Dabei werden nicht nur die biblischen und antiken Intertexte, sondern auch die Referenzen auf soziale und politische Verhältnisse der 1980er und 1990er Jahre durch die Anlehnung an gemischte Nachrichten außer Acht gelassen.[16] Die mit der Anachronie der Einzelerzählungen einhergehende spezifische Zeitstruktur und die metatheoretische Reflexion von historiographischem und literarischem Schreiben werden übergangen. Die Bearbeitung der Frage nach Raum und Orientierung lässt sich nach Untersuchungsebenen systematisieren, wenn sie sich auch zeitlich, räumlich und sprachlich überlagern: der erzählte nachkatastrophische Raum der Stadt, die in den Monologen und Dialogen der Wiedergänger_innen besprochenen und evozierten Raum-Verhältnisse und schließlich der Status des „guide" in der Besichtigungs- und Vermittlungsanordnung.

6.1 Das postkatastrophische Feld der Stimmen

Ohne Bühnenanweisung ist kein Bühnenbild, kein konventioneller Schauplatz zu erwarten. Der Raum wird ausschließlich sprachlich evoziert. Anstelle einer Wortkulisse überlagert sich eine von Wiedergänger_innen stimmlich gebildete Klangräumlichkeit mit dem vom „guide" lyrisch vorgetragenen Narrativ eines Ruinenfeldes.

---

14   In ihrer Monographie gruppiert Dernis die Theatertexte Kermanns in „Dramaturgie de l'après" und „Dramaturgie sonore" ein, Text und Uraufführung von *De quelques choses vues la nuit* unter ersteres. Schwerpunkte bilden die Krise der Figur, Zeug_innenenschaft, lückenhafte Rede als Anzeichen für die Unsagbarkeit der Katastrophe sowie der Parcours der Zuschauer_innen bei der Aufführung, vgl. Dernis. *La voix des revenants,* S. 130.

15   „Le guide à survécu la catastrophe, aussi apparaît-il comme le premier témoin qui dévoile le caché." Ebd., S. 132.

16   Kermanns Einbindung von „faits divers" zeigt gesellschaftspolitisches wie kriminologisches Interesse auf. Dafür stehen seine Krimi-Übersetzungen (z.B. von Jürgen Alberts, Norbert Klugmann, Bernhard Schlink), sowie sein Artikel über den deutschsprachigen Krimi, „centré sur la réalité sociale et politique". Vgl. Patrick Kermann. „Allemagne. Du nouveau à l'Est." In: *Le magazine littéraire,* 344, 1996, S. 67-68. Zur Kermanns Übersetzungen vgl. Online-Katalog der BNF: catalogue.bnf.fr/changerPage.do?mo tRecherche=&;index=AUT3&numNotice=12318813&nbResultParPage=10&afficheRegroup=false&affinageAtif=false&pageEnCours=1&nbPage=5&trouveDansFiltre=NoticePUB&triResultParPage=5&typeNotice=p (08.05.2019).

6.1.1 Ouvertüre und Ausklang des offenen Klang(zeit)raumes

Die eröffnende Redesequenz besteht in einem Wortwechsel zwischen den Stimmen A und B. Es handelt sich um das brüchige Gerüst einer Wortkulisse. Die Situierung im Hier und Jetzt der Redesituation wird durch die wiederholte Lokaldeixis „ici" geliefert. Aus den einsilbigen und elliptischen Redeanteilen lässt sich folgender Plot herausarbeiten: A schlägt B vor, sich an einem unbestimmten Ort niederzulassen. B zögert, was A als Angst deutet. B wendet diese Einschätzung aus mangelndem Anlass oder nicht zugegebenen Gründen ab, woraufhin A von B ein Eingeständnis fordert. Am Ende der Sequenz erklären sich A und B einverstanden, sich in der angedeuteten Gegend aufzuhalten. Im Dialog wird jenes *Hier* wiederholt und die Wirtlichkeit des Ortes diskutiert, jedoch nicht näher bestimmt.

A - ici

B - bof [...]

A - alors

B - sais pas

A - moi sais

B - sais quoi

A - pas bien ici

B - et quoi

A - peur[17]

Nach dem Prinzip einer Ouvertüre fungiert die Sequenz als motivische, programmatische und klangliche Einstimmung vor der Erzählung des „guide". Es wird ein Raum-Figuren-Verhältnis des Unbehagens, der unbestimmten, abstrakten Angst eingeführt.[18] Die kurzen und einsilbigen Wortfetzen der Stichomythie erzeugen den Eindruck eines Echos, einem Hin und Her von Lauten als „pratique du saut ou du rebond sonore".[19] Die Wörter werden als

---

17 Kermann. *De quelques choses vue la nuit*, S. 11.

18 Zu Tradition und Aufbau der Ouvertüre vgl. Kurt Haider. *Einführung in die Musiktheorie.* Frankfurt a. M., Peter Lang, 2000, S. 444ff.

19 Sandrine Le Pors. *Le théâtre des voix. A l'écoute du personnage et des écritures contemporaines.* Rennes, PUR, 2011, S. 43. Basierend auf der Annahme eines „jeu sur la surface du language", wird die Bedeutungsdimension außer Acht gelassen. Der festgestellte sonore Duellcharakter der Sequenz lässt sich auf inhaltlicher Ebene jedoch nicht halten. Die Untersuchung ist ausschließlich auf eine Klangästhetik und deren Wirkung in der potenziellen Aufführung ausgelegt: „Proposer des textes dramatiques soutenus par des espaces phonés, c'est ainsi laisser les significations et les implications ouvertes de telle manière à ce que soient interrogés à la fois la façon dont peut être structuré le plateau et le positionnement de l'acteur [...]." Ebd., S. 57.

akustisches Ereignis betonnt und bilden einen Klangraum der Unwirtlichkeit und Unheimlichkeit.[20] Ein solcher Raum, der „von Klängen selbst aufgespannt wird", lässt sich mit Gernot Böhme als „akustischen Raum" bezeichnen.[21] Im Theatertext wird dieser Klangraum aufrechterhalten und läuft mit den Klängen der finalen Sequenz aus. Diese ist ähnlich einsilbig, in der Art einer Stichomythie gestaltet und bildet das atmosphärische Pendant zur Ouvertüre: einen angstatmosphärischen Ausklang, dessen Motiv auf das zeitliche Ende hindeutet. Kermann lässt eine Mädchen- und eine Jungenstimme von der Angst in den letzten Lebensminuten sprechen. In einem finalen Countdown wird das Ende ausgezählt:

> Garçon – [...] ça suffit / on dirait tous les deux / c'est fini / définitivement / personne ne peut nous empêcher / tu veux dis / avec moi / tous les deux / je compte jusqu'à sept / et puis on dit / stop / c'est fini / fini / tu veux / n'aie pas peur / prends-moi tout contre toi / ferme tes yeux / c'est bientôt fini
> Fille – je veux oui
> Garçon – un
> Fille – je t'aime
> Garçon – deux
> Fille – continue
> Garçon – trois
> Fille – la mort n'est rien
> Garçon – quatre
> Fille – une lueur dans nos corps
> Garçon – cinq
> Fille – à jamais unis
> Garçon – six
> Fille – si loin déjà si près
> Garçon – sept
> Garçon et Fille – c'est fini[22]

Im Herunterzählen von eins bis sieben überschneiden sich die letzten Atemzüge vor dem Tod, der Untergang der Stadt, die Anspielung auf die Endzeit (entsprechend der Wiederholung der Sieben in der Apokalypse nach Johannes) und das dramaturgische Ende des Theatertextes. Die spezifische klang-räumliche Qualität von Ouvertüre und Ausklang entspricht einem stimmlichen Abklopfen

---

20   Zur akkustischen Atmosphäre vgl. Gernot Böhme. *Atmosphäre. Essays zur neuen Ästhetik* [2000]. Frankfurt a. M., Suhrkamp, 2013, S. 271ff.
21   Ebd., S. 159, 270.
22   Kermann. *De quelques choses vues la nuit*, S. 79-80.

als spezifische Erfahrungsdimension von Raum und Zeit. Die Rede der Stimmen und ihre Anordnung bilden einen akustischen Rahmen um das durch Begrüßung und Verabschiedung markierte Geschehen der geführten Tour.

6.1.2 Untergangsnarrativ – die Stadt der sieben Tore

Mit der Rede des „guide" wird das Vorstellungsbild einer zerstörten Stadt aufgebaut, die sich als zentrales Motiv des Theatertextes erweist. Die Schilderung und Erzählung der Stadt ist in eine Einladung zur Besichtigung eingebettet:

> je mène des curieux à travers les ruines d'un empire
> montrant des cadavres encore chauds
> des palais effondrés
> des vestiges de gloire passée
> suivez le guide
> je connais des lieux où gisaient jadis la vie
> et les splendeurs d'une civilisation à jamais disparue[23]

Nach Art eines Fremdenführers adressiert der „guide" Schaulustige, denen er Ruinen und frische Leichen zur Besichtigung anpreist. In der Ankündigung der Überreste der Bauten und Paläste ist das Niedergangsnarrativ einer ehemals prunkvollen, fluktuierenden Stadt angelegt. Weitere Motive des Zerfalls und des Todes besiegeln den endgültigen Untergang einer Zivilisation, eines großen Reiches, einer Welt:

> un monde ici a sombré
> dont l'éclat traverse le temps
> quelques traces éparses
> comme prises dans une coulée de lave
> et surprises par la mort
> le soleil ne se lèvera plus sur ces fastes
> jamais ne réchauffera ces pierres séculaires
> la nuit éternelle est tombée sur la ville[24]

Der kundige Vermittler schildert deiktisch zeigend („ici" und „ces") und mit epischem Pathos das Bild einer erstarrten Zerstörung. Die Stadt wird über den Zustand des Danach, den katastrophischen Einschnitt bestimmt. Krisennar-

---

23 Kermann. *De quelques choses vues la nuit*, S. 17f.
24 Ebd., S. 22.

rativ und Katastrophennarrativ greifen hier ineinander.[25] Kermann greift auf räumliche Metaphern zur Zeitmarkierung zurück.[26] An den Bruchstücken sind verschiedene Zeitschichten ablesbar. Das Alter der Bausubstanz weist in die ferne Zeit der Stadterbauung zurück, die Relikte des Prunkes zeugen von einer Zeit des Glanzes, die Spuren der Zerstörung halten das Katastrophenmoment für die Dauer fest, die Irreparabilität negiert die Zukunft.

Zudem betont Kermann mit Ende und ewiger Finsternis die Unumkehrbarkeit des vernichtenden Ereignisses. Zwar ist die Rede von der Zerstörung der (einen) Stadt, anstelle einer Referenz auf einen bestimmten Stadtuntergang finden sich hingegen Anspielungen auf unterschiedliche kulturhistorische und mythologische Szenarien von Katastrophe und Apokalypse – ohne eschatologische Perspektive.[27] Der Vergleich mit erkalteter Lava im Kontext der materiellen Fixierung der Zerstörung ruft das Untergangsmotiv des Vulkanausbruchs ab, jedoch als Zustand des Danach.[28] An anderer Stelle spielt Kermann auf das Katastrophenmotiv der brennenden Stadt an.[29] Finsternis und Kälte deuten auf höhere Gewalt und Endzeitstimmung hin. Die Bezeichnung „la ville au sept portes" referiert auf Theben.[30] Aleida Assmann führt Theben als exemplarischen

---

25   Vgl. Annika Mayer. „Die verdeckte Krise in der zeitgenössischen französischen Dramaturgie. Eine Führung durch die tote Stadt und ihre Stimmen. Patrick Kermanns ‚De quelques choses vues la nuit'". In: Roswitha Böhm; Susanne Grimaldi (Hg.). *Krisenumschreibungen. Strategien und Narrative in der Romania des 19. Bis 21. Jahrhunderts.* Berlin, Neofelis, 2020, S. 133-149.

26   „Zeitliche und räumliche Fragen bleiben immer ineinander verschränkt, auch wenn die metaphorische Kraft aller Zeitbilder anfangs den räumlichen Anschauungen entspringt." Reinhart Koselleck. „Einleitung". In: Ders. *Zeitschichten. Studien zur Historik.* Frankfurt a. M., Suhrkamp, 2000, S. 9-16, hier S. 9.

27   Die Trost- und Erlösungsszenarien, die in der Johannes-Offenbarung die Katastrophenschilderungen ergänzen werden in der Kulturgeschichte wenig dargestellt, vgl. Christoph Zuschlag. „Die Johannes-Offenbarung in der bildenden Kunst. Zwei Beispiele aus den 1990er Jahren: Rune Mields und Horst Haack". In: Lothar Blum (Hg.). *Untergangsszenarien: apokalyptische Denkbilder in Literatur, Kunst und Wissenschaft.* Berlin, Akademie-Verlag, 2013, S. 71-96.

28   Der Vulkanausbruch des Vesuvs und die Zerstörung der Stadt Pompeji gehören zu den bekanntesten Katastrophendarstellungen der Kunstgeschichte so. z.B. die Gemälde von Turner und Brüllow, vgl. Jörg Trempler. *Katastrophen. Ihre Entstehung aus dem Bild.* Berlin, Wagenbach, 2013, S. 118. In der Bildtradition der Vulkankatastrophen wird jedoch das spektakuläre Ausbruchsmoment dargestellt und nicht die von Lava zerstörte Stadt danach. Auf den Aspekt der Zeitlichkeit in den Katastrophendarstellungen geht Trempler nicht ein.

29   Siehe Gemälde und Narrative von Troja, Sodom etc., vgl. François Walter. *Katastrophen. Eine Kulturgeschichte vom 16. Bis ins 21. Jahrhundert.* Stuttgart, Reclam, 2010, S. 77.

30   Amphion und Zethos, Söhne des Zeus, versehen die Unterstadt Thebens mit sieben Toren, um sie vor der umliegenden Nachbarschaft zu schützen. Zu ihrer endgültigen

Gedächtnisort auf. Sie bezieht sich auf den griechischen Alexander-Roman und die vorkatastophische an die Heroen von Theben erinnernde Stadtbesichtigung, mit der der Stadtdichter Ismenias versucht, den Eroberer Alexander den Großen von der Zerstörung abzuhalten.[31] Die retrospektiven Verse über die letzte Stunde sind hier jedoch auch sprachbildlich angelehnt an die vorgreifende Untergangsvision des Chores, der sich in *Sieben gegen Theben* flehend an die Götter wendet.[32]

> tout d'abord
> la poussière est monté de la pleine
> légère
> puis nuage épais
> brouillard entourant la ville
> et vers midi lentement elle est retombée
> en fines particules diaphanes
> et le soir ils étaient là
> aux sept portes de la ville
> dans leurs armures blanches
> étincelantes dans le soleil couchant
> muets immobiles
> une armée d'outre-tombe
> la mort les avait précédés
> le reste a déjà été écrit tant de fois
> que vous dire encore les soldats aux remparts
> les archers aux créneaux
> les femmes en lamentation
> les prêtres aux sacrifices
> le roi avec ses généraux
> peut-être mais vous le savez
> la peur l'effroi la douleur
> choses communes aussi
> la nuit la dernière dans cette ville éternelle

Zerstörung durch die Epigonen, die Nachkommen der sieben Angreifer um Polyneikes, gibt es wenig Überlieferungen. Die scheiternde Eroberung Thebens durch die Sieben findet sich in der Thebais. Vgl. Ludwig Preller. *Griechische Mythologie. Band II Die Heroen* [1861]. Reimer, Berlin, 2005, S. 30, 366.

31   Aleida Assmann. *Erinnerungsräume. Formen und Wandlungen des kulturellen Gedächtnisses.* München, Beck, 2009, S. 307.

32   Aischylos. *Sieben gegen Theben.* Aus d. Gr. von Emil Staiger, Stuttgart, Reclam, 2015, S. 53, 61 (V. 80ff, 321-343).

les adieux
femme et mari
parents et enfants
la peur oui
et la certitude de la fin
comme une évidence qui vous frappe
l'aube ultime s'est levée
et la plaine n'est que soldats en armes
et fracas de fer[33]

Neben dem aufsteigenden Staub und der Zersetzung der Stadt in Schutt und Asche zeigen auch die Momentaufnahmen der Stadtbevölkerung, die den Eroberern gegenübergestellt werden, deutliche Parallelen zu Aischylos Drama auf: die Postierung der Bogenschützen an den Zinnen und Schießscharten, das Klagen der Frauen, die Opfergaben der Priester, die Vorbereitung des Königs und der Generäle sowie seitens der Bevölkerung die Gesten der Verzweiflung im Angesicht des Untergangs.[34] Die Beschreibung der kunstvollen und bedrohlichen Rüstung vor den sieben Stadttoren entspricht der der sieben auf Theben zukommenden Angreifer. Mit dem Bild der Armee aus dem Jenseits referiert Kermann jedoch auch auf die apokalyptischen Reiter.[35] Topoi der Dekadenz klingen zudem an, wenn die Leichen nach der Rede des „guide" die Reste von angeordneten Feiern tragen: „ils ont dans les yeux la poussière d'un monde qui s'est effrité / dans leur gorge les relents des fêtes somptueuses / accordées par un état au faîte de sa puissance".[36] Das Untergangsnarrativ der Stadt der sieben Tore erweist sich als eine motivische Überlagerung verschiedenartiger malerischer und literarischer Katastrophendarstellungen. Mittels Überdeterminierung verweigert Kermann die Festlegung auf eine bestimmte Katastrophe bzw. referenzielle Stadt zugunsten der zivilen Katastrophen im Plural. Hinweise auf die Überlieferungstradition unterstreichen den Wiederholungs- und Bekanntheitsgrad der Ausführungen: „le reste a déjà été écrit tant de fois".[37]

---

33   Kermann. *De quelques choses vues la nuit*, S. 18, 19.
34   Ebd. 19.
35   Es sind die Angreifer um Polyneikes, vgl. ebd., S. 63-71 (V. 377-652). Siehe auch *Die apokalyptischen Reiter* Dürers oder die Totenarmee in *Der Triumpf des Todes* von Brueghel. Walter. *Katastrophen*, S. 77f.; sowie Zuschlag. „Die Johannes-Offenbarung in der bildenden Kunst", S. 71-96. Kermann verwendet den Begriff der Apokalypse synonym zur Katastrophe, vgl. Kermann. *De quelques choses vues la nuit, S. 28.*
36   Ebd., S. 22.
37   Ebd., S. 19.

An die detaillierte Schilderung der zerstörten Stadt schließt die der Raumsituation des Danach an:

Sept portes qui n'ouvrent plus sur rien
Sept portes pour les âmes qui n'ont pas trouvé le repos
Qui errent sur le champ de ce qui ne fut même pas une bataille[38]

Mit den sieben Toren, die sich auf ein Nichts hin öffnen, evoziert Kermann eine Raumsituation der Erwartungslosigkeit ohne Handlungshorizont. Die Verneinung sowohl eines Stadtraumes durch das Bild des leeren Feldes; als auch die eines Ereignisses durch die Anzweiflung einer manifesten Schlacht, deutet auf eine immaterielle Erschütterung hin. Es handelt sich um den nachkatastrophischen Raum eines offenen, strukturlosen Feldes der Leere, auf dem ruhelose Schattenwesen umherirren. Wie Redonnet in *Mobie-Diq* vermeidet auch Kermann eine effektvolle sinnliche Darstellung oder „ästhetische Sublimierung" der Katastrophe.[39] Auch er setzt, anstelle einer auf ein Finalspektakel ausgerichtete Katastrophen-Dramaturgie,[40] auf eine durch kunstfertige Vermittlung distanzierte verbale Schilderung. Es handelt sich auch hier um eine Dramaturgie nach der Katastrophe (vgl. Kap. 5.2.2.) nicht wegen der Untergangserzählung, sondern weil anstelle einer fortschreitenden Handlung die nachkatastrophische Raumsituation betont wird.[41] Diese eröffnet statt einer handlungsorientierten Ausrichtung auf die Zukunft einen retrospektiven Horizont aus – den, der möglichen Klärung, wie es dazu kam.[42] Im Gegensatz zu zeitgenössischen Dramaturgien nach der Katastrophe, die auf einem einzelmenschlichen Lebensrückblick basieren,[43] fällt in *De quelques choses vues la nuit* die nachkatastrophische

---

38   Kermann. *De quelques choses vues la nuit*, S. 19.
39   Walter. *Katastrophen*, S. 24, 86.
40   Vgl. die dramaturgische Katastrophendarstellung im 19. Jahrhundert. Schläder schlägt einen Bogen von Wagners Walküre zu Francis Ford Coppolas Film *Apokalypse now*, lässt jedoch Katastrophen-Dramaturgien im Theater des 20. Jahrhunderts aus. Vgl. Jürgen Schläder. „‚Gnade für unser Verbrechen!' Katastrophen-Dramaturgie auf dem Theater des 19. und 20. Jahrhunderts." In: Jürgen Schläder; Regina Wohlfarth (Hrsg.). *AngstBilderSchauLust. Katastrophenerfahrungen in Kunst, Musik und Theater*. Berlin, Henschel, 2007, S. 85-104.
41   Vgl. Mayer. „Die verdeckte Krise in der zeitgenössischen Dramaturgie".
42   Ein solcher „retour – réflexif, interrogatif – sur un drame passé et sur une catastrophe toujours déjà advenue." lässt sich mit Sarrazac als übergreifendes dramaturgisches Merkmal zeitgenössischer Dramaturgien festmachen. Jean-Pierre Sarrazac. „Le partage des voix", S.11.
43   Hierzu kontrastierend: die familieninterne Rekonstruktion in Jean Luc Lagarce. *J'étais dans ma maison et j'attendais que la pluie vienne* [1995]. Besançon, Solitaires Intempestifs, 2007. Sowie die isolierten Einzelstimmen aus verschiedenen Generationen in Renaude *A tous ceux qui* oder die seriell-räumliche Anordnungen für das

Dramaturgie mit dem Topos der Stadt zusammen. Darin überlappen sich die von Jean-Luc Nancy unterschiedenen zwei Register einer „Chrono-Logik des Danach": die spezifische Situation nach der Katastrophe als einschneidender Bruch oder Verlust und die historische Sicht auf das zwanzigste Jahrhundert und seine vom Menschen verantworteten, sich wiederholenden Zerstörungen und Erschütterungen, die die Tragödie als sinnkonstruierende Form und Ethik enden lassen.[44] Kermann bietet nicht die Geschichte einer Katastrophe sondern eine Geschichte der multiplen Mikrokatastrophen und Versuche, solche darzustellen. Wie sich in der Rede ad spectatores bereits ankündigt, geht Kermanns theater-ästhetische Auseinandersetzung mit der (Un)möglichkeit der Darstellung von Katastrophen über die vermittelnden Verfahren von Vergegenwärtigung und nachträglicher Verstehens- und von Erklärungsversuchen hinaus. Er bemüht auch die poetologische Metaebene einer

> multiple explosion/diffraction stylistique, dramaturgique et idéologique qui témoigne d'un après-apocalypse, d'une post-catastrophe située dans et au-delà des luttes, actualisée par un dialogue avec les morts et la mort de tous et de tout [...] un travail de complexification, de mise en opposition, d'exploration des mots, des phrases et des lieux scéniques[45]

wie sie Christian Biet auch bei Heiner Müller, Edward Bond und Howard Barker feststellt. In seinen Theatertexten evoziert Kermann via Figurenrede metaphorische Erinnerungsräume wie Garten, Friedhof, Meer oder wie hier ein urbanes Ruinenfeld. Dabei handelt es sich um einen „katastrophischen und aporetischen Mnemotop", d.h. die Möglichkeit auf Erinnerung wird angedeutet, ist jedoch durch die fehlende Spezifität, Raumstruktur und Topographie und die damit verbundene Rekapitulationsmöglichkeit eingeschränkt.[46] Ein zentraler

---

Erzählen von Lebensepisoden einzelner Figuren in Minyanas *Inventaires* [1993]. Philippe Minyanas. *Cambre. Inventaires. André.* Paris, Éditions Théâtrales, 2012.

44   Jean-Luc Nancy. *Nach der Tragödie. In memoriam Philippe Lacoue-Labarthe*, aus d. Frz. v. Jörn Etzold; Helga Finter. Stuttgart, Legeuil 2008, S. 21-24.

45   Christian Biet. „L'après-apocalypse". In: Michel Azama. *Anthologie des auteurs dramatiques de langue française 1950-2000. III. Le bruit du monde.* Montreuil, Éditions théâtrales, 2004, S. 83-86, hier S. 86.

46   Der Begriff Mnemotop ist nicht gleichzusetzen mit dem des Erinnerungsortes (Pierre Nora). Es handelt sich vielmehr um eine sakral oder mythisch aufgeladene Topographie oder Landschaft, z.B. auch Schlachtenfelder als „totemic landscapes", die diskursiv und literarisch konstruiert sein können und keine Referenz in der außerfiktionalen Welt voraussetzen, nicht selten mehrfachkodiert sind. Pethes gibt jedoch nur Beispiele mit geographischen Bezügen oder zu durchschreitenden Raumordnungen an. Als negative Mnemotope nennt er Auschwitz und Hiroshima. Vgl. Nicolas Pethes. „Mnemotop". In:

Aspekt des Mnemotop-Konzeptes besteht darin, dass die räumliche Orientierung die (Un)Möglichkeit von Vergangenheitsrekonstruktion bedingt.[47] Das unzulängliche und mehrfachkodierte Zerstörungsnarrativ, das während der nächtlichen Besichtigung vorgetragen wird, löst die im Singular angekündigte „histoire de sang et de meurtres de viols et de ravages" nicht ein.[48] Die eine Makroerzählung der zerstörten Stadt splittet sich nach dem Prinzip einer Polyphonie von Wiedergänger_innenstimmen in mehrfache Einzelerzählungen auf.

6.2 Vielfältige, disparate Mikrogeschichten

Indem die Wiedergänger_innen als Bewohner_innen der Stadt und Zeug_innen der Katastrophe angekündigt werden, sind Berichte einer kollektiven Katastrophenerfahrung und ein rekapitulierender Nachvollzug mit Vorzeichen, Hinweisen und Erklärungen zu erwarten. Dem hingegen liegen unterschiedlichste vereinzelte Geschichten mit Sujets von Angst, Obsession, Gewalt und Verlust vor. Abgesehen von der bereits untersuchten eröffnenden und ausklingenden Stimmensequenz, lassen sich die übrigen Einzelgeschichten wie folgt zusammenfassen: eine Mädchenstimme „Siris" klagt um den Verlust ihrer Mutter und Namensgeberin, Stimme 1 prahlt vor Stimme 2 von seinem Mord an einem (brasilianischen) Fußballspieler mit dem Namen Zeubio, eine Stimme stammelt Bruchstücke einer Augenzeugenschaft, C. legt Geständnis von der Vergewaltigung eines (ausländischen) Anhalters ab, X und Y (zwei Clowns) diskutieren metasprachlich über Liebe (Sprachversagen und Stilmittel), ein zeitgenössischer Sisyphos bringt seine Obsession der Löcher und Wiederholung vor, die Stimmen Eliphaz de Teyman, Bildad de Shouakh, Sophar de Naamah halten Lobreden auf den Kapitalismus und lassen ihren Freund Boj (Verweis auf den biblischen Job) nicht zu Wort kommen.

Jörg Dünne; Andreas Mahler (Hg.). *Handbuch Literatur & Raum*. Berlin, De Gruyter, 2015, S. 196-204.

47   Pethes macht darauf aufmerksam, dass „literarische Texte, die eine anfängliche Raumorientierung zunehmend zugunsten diskursiver Verkettungen und Vernetzungen aufgeben, [...] auf die Grenzen der Reichweite eines literaturwissenschaftlichen Mnemotop-Konzepts für die Poetik der Erinnerung" verweisen. Ebd., S. 201.

48   Kermann. *De quelques choses vues la nuit*, S. 18.

6.2.1 Heterogenität der Redeanordnungen und Redeweisen

Abgesehen vom vagen thematischen Nexus sind keine übergreifenden kohärenzstiftenden Merkmale oder formale Ähnlichkeiten zwischen den Redesequenzen der Wiedergänger feststellbar. Sprachstil, Sprechweise und Aussageebenen divergieren. Auch in der Gestaltung der Rede-Anordnungen der Stimmen besteht ein gattungsübergreifendes Nebeneinander von Dialog, Monolog, Erzählung und Wahrnehmungsschilderung, bei denen sich Stychometrie, Anekdote, Bekenntnis, Verhör, Reflexion ausmachen lassen. Nicht nur unterschiedliche Perspektiven wie Täter, Opfer, Beobachter_in sind enthalten, auch wechselt die Deutlichkeit und Ausführlichkeit von Stimmsequenz zu Stimmsequenz. Das Spektrum reicht von lückenhaften, vagen Andeutungen, Stottern und unzusammenhängenden Ausrufen bis hin zu detaillierten Berichten und ausschweifenden Plaudereien. Lücken und Leerstellen weisen auf die Unzulänglichkeit und Undarstellbarkeit von erinnertem Geschehen hin. Fragmentarische Redeweisen sind in Kermanns Theatertexten bereits festgestellt worden.[49] Zudem prägen ein elliptischer Satzbau, Stammeln, Stottern und Sprachfehler (z.b. „pfuit" und „repfuit")[50] den Klangraum und zeigen eine Darstellungsskepsis an. Das weite Spektrum der Redeweisen – von umgangssprachlichem Register und konzeptueller Mündlichkeit bis zu den lyrischen Passagen des „guide" – findet bisher keine Berücksichtigung in der Forschung. Auf der Grundlage dieser Heterogenität gilt es, die fragmentarische Ästhetik auf der Ebene der Dramaturgie zu untersuchen und herauszuarbeiten, wie die heterogenen Bruchstücke zueinander in Verhältnis stehen. Dass eine fragmentarische, nichtlineare und ungeordnete Schreibweise sich einer einheitlichen, ganzen und kohärenten Darstellung der Katastrophe widersetzt, trägt bereits Maurice Blanchot vor: „Ich sage nicht das Desaster ist absolut, im Gegenteil, es nimmt dem Absoluten die Orientierung, es kommt und geht, nomadische Unordnung".[51] Als Theaterautor setzt Kehrmann der einheitlichen Darstellung zudem auf der dramaturgischen und generischen Ebene eine Zusammenstellung von vielfältigem dramatischem und nichtdramatischem Textmaterial entgegen. Der Theatertext gibt kaleidoskopartig Einblick in einzelne Mikrogeschichten und fächert Möglichkeiten der scheiternden, verweigerten, anekdotischen und dokumentarischen Geschehensdarstellung auf. Damit kombiniert Kermann zwei gegenpolige

---

49   Vgl. insbesondere Dernis. *La voix des revenants*, S. 130, 142.
50   Kermann. *De quelques choses vues la nuit*, S. 31.
51   Maurice Blanchot. *Die Schrift des Desasters. Genozid und Gedächtnis.* München, Wilhelm Fink, 2005, S. 12.

Strategien der „Anti-Repräsentation": Nichtdarstellbarkeit und Realismus.[52] Das Makronarrativ der Stadtkatastrophe wird durch eine Sammlung von kleinen, dezentrierten Ersatzerzählungen umschrieben.[53] Es handelt sich um Schlaglichter auf mehr oder weniger spezifische Geschehnisse und Konstellationen, Mikrokatastrophen die das Scheitern und die zwischenmenschlichen Gewalt andeuten, jedoch keinerlei Erklärungen oder strukturierende Bezüge liefern. Die Zusammenstellung des Heterogenen ist ohne erkennbares Ordnungsprinzip. Durch Vielstimmigkeit, Dialogizität und Multiperspektivität entsteht ein polyphoner, heterogener und raumbildender Zusammenklang, der dem Prinzip einer „Echokammer des Weltgeredes" entspricht.[54] Narrative Versatzstücke aus unterschiedlichen Epochen (Antike, Klassik, Moderne, Gegenwart) und kulturellen Zusammenhängen (Popkultur, Alltagskultur, Kanon) werden in einer räumlichen Anordnung nebeneinander gestellt, so dass sich über die Zwischenräume ein assoziatives Verweissystem ausbildet. In Kermanns reihender Zusammenstellung des Heterogenen verschränken und überlagern sich die von ihm transformierten, fortgeschriebenen und literarischen Geschichten und Spuren der Katastrophe. Das anachronistische Verfahren durchwirkt die Mikro- und die Makroebene, erschwert die Zusammenschau und die zeitliche Einordung, die Orientierung in und zwischen den Geschichten, die lose zusammengestellt, jedoch nicht zusammengefügt sind.

---

52 Gegen Adornos Postulat – keine Kunst nach Auschwitz – führt Rancière einerseits das besondere Erfahrungs- und Reflexionspotenzial der künstlerisch-sinnlichen Rekonstruktionsarbeit ins Feld (am Beispiel von Claude Lanzmanns Film *Shoa*) und andererseits das Dokumentarische als Träger einer kritischen Funktion: „Das Zeitalter der Anti-Repräsentation ist nicht das Zeitalter des Nicht-Repräsentierbaren. Es ist das des großen Realismus". Jacques Rancière. *Geschichtsbilder*. Berlin, Merve, 2013, S. 44, 45, 68, 69.

53 Ebenso in *La mastication des morts*. Dort kommt jedoch durch Varianten von Sichtweisen und Bezügen auf gleiche Ereignisse die Serialität stärker zum Ausdruck. Losco-Llena argumentiert mit dem Fokus auf eine Parade der Toten, in einem „mouvement dialectique de sérialisation et de singularisation, en sorte que la répétition potentiellement uniforme se métamorphose en variation proliférante. " Daraufhin deutet sie den Einzelcharakter der Geschichte vom Dorffriedhof bezogen auf die Shoa als eine „résistance à la fosse commune, à la chambre à gaz, à la crémation en masse des corps anonymes." Losco-Lena. *„Rien n'est plus drôle que le malheur"*, S. 153. Allerdings bietet auch dieser anachronistische Theatertext kaum Anlass für einen solchen Shoa-Bezug.

54 Florence Baillet. „L'hétérogénéité". In: Jean-Pierre Ryngaert (Hg.). *Nouveaux territoires du dialogue*. Arles, Actes Sud, 2005, S. 26-30, hier S. 28.

6.2.2 Anachronismus und zeitliche Desorientierung

Bereits im Untergangsnarrativ der Stadt wird das lineare Zeitverständnis vom Modell der unterschiedlichen Zeitschichten abgelöst.[55] Zwar ist der chronologische Verlauf eines intakten Davor, eines unmittelbaren Davor, eines Momentes der Zerstörung und eines Zustandes des Danach angelegt, es herrscht jedoch die Gleichzeitigkeit des Ungleichzeitigen vor. Kermann lässt den Fremdenführer Zeug_innenstimmen ankündigen und spielt mit der Erwartung informativer, rekapitulierender Berichte. Dies wird nicht eingelöst, es handelt sich nicht um eine schlicht zeitlich umgekehrte Geschehensordnung einer rückläufigen Dramaturgie.[56] Das Zeitverhältnis zwischen dem Untergangsnarrativ und den Mikrogeschichten im Plural ist komplexer und zeigt eine skeptische Reflexion linearer Zeitordnung auf.

Die Redebeiträge der Stimmen sind explizit auf die Stadt bezogen,[57] stehen jedoch in einem anachronistischen Verhältnis zu den antiken, biblischen Untergangstopoi. Sie enthalten zeitdiagnostische Elemente wie Anspielungen auf den kalten Krieg, den Mauerfall 1989, öffentliche Diskriminierungen, das Erstarken rechtsextremer Parteien, das französische Wohnrechtsgesetz für Sinti und Roma,[58] den beschleunigten globalisierten Kapitalismus. Gemeinplätze einer (westlichen) Freizeit- und Unterhaltungskultur bilden Gegenwartsmarker: länderübergreifende Fußballverträge, Campingbus, Trampen, Handkamera, Kirmes mit Autoskooter. Kermann greift nach dem Prinzip der faits divers (vermischte Nachrichten) auch Tatbestände aus der Presse der 1980er Jahre auf, die er perspektiviert und zuspitzt. Ein Junge erzählt einem Mädchen von den Verboten und Ausschlussmechanismen einer antiziganistischen Dorfgemeinschaft, die Tätererzählung eines Fußballfans enthält die Schilderung

---

55   Vgl. Kosellek. „Zeitschichten", S. 19.

56   Vgl. z.B. Hélène Kuntz. „L'invention d'une dramaturgie à rebours. Les revenants d'Ibsen et La Maison brulé de Strindberg". In: *Mise en crise de la forme dramatique 1880-1910. Etudes théâtrales* 15/16, 1999, S. 60-67.

57   Kermann. *De quelques choses vues la nuit*, z.B. S. 36.

58   Die nach dem Minister Louis Besson benannte „Loi Besson I" von 1990 soll das Wohnrecht sicherstellen. Artikel 28 sieht vor: „Toute commune de plus de 5000 habitants prévoit les conditions de passage et de séjour des gens du voyage sur son territoire, par la réservation de terrains aménagés à cet effet. Dès la réalisation de l'aire d'accueil définie à l'alinéa ci-dessus, le maire ou les maires des communes qui se sont groupées pour la réaliser pourront, par arrêté, interdire le stationnement des gens du voyage sur le reste du territoire communal." Service public. „Loi n° 90-449 du 31 mai 1990 visant à la mise en œuvre du droit au logement (1)". In: *Legifrance. Le Service publique de la diffusion du droit.* https://www.legifrance.gouv.fr/affichTexte.do? cidTexte=JORFTEXT000000159413 &dateTexte=&categorieLien=id (23.05.2019).

eines rassistisch motivierten Mordes an einem Fußballspieler.[59] Das Opfer wird
in Stammtischmanier vergegenständlicht als „cet avant-centre / un prix fou
qu'ils avaient payé / du Brésil il venait j'crois" und „Zeubio" genannnt.[60] Durch
Name, Spielerposition und Herkunftsvermutung ist eine Anspielung auf den
in den 1960er und 1970er Jahren bekannten portugiesischen Ausnahmestürmer
Eusébio Silva Ferreira zu erkennen.[61] Mit dem Täterverhör eines Vergewaltigers greift Kermann nicht nur zeitgenössische Presseberichte auf, sondern
verwendet forensisches Dokumentenmaterial. Das detaillierte Geständnis von
„C.", vom Fremdenführer eingeführt als „un jeune homme de bonne famille"
von seiner Vergewaltigung am Anhalter „Palazs" entspricht detailgenau dem
Opferbericht des Soldaten Palász Falvay, der vom Unteroffizier Pierre Chanal
vergewaltigt wurde.[62] Während Kermann sich hier an Realnamen anlehnt,[63]
referiert er an anderer Stelle auf mythologische oder biblische Figuren und
bindet diese in zeitgenössische Kontexte ein. So lässt er die biblischen Stimmen
Boj (Job) und seine drei Gefährden über Kapitalismus und Kommunismus
diskutieren und entwirft einen Sisyphos-Avatar der Gegenwart.[64] Zugleich lässt
er den „guide" die Aktualität der Stoffe relativieren, das Neue und Originelle der
Themen anzweifeln.[65] Stattdessen wird die Wiederholung des Immergleichen
hervorgehoben und die Toten als ewige Wiederkehrer_innen bezeichnet, die
im fortwährenden Aufsagen ihrer Geschichten festhängen „condamnées au

---

59 Diese überspitzte Gewaltgeschichte leitet Kermann von einer Welle rassistischer Dis-
    kriminierungen im Fußball der 1980er und 1990er Jahre ab, vgl. z.B. „Lange Liste rassis-
    tischer Vorfälle in Italien" In: *Süddeutsche Zeitung* www.sueddeutsche.de/sport/rassim
    us-im-fussball-stadion-boatengs-zeichen-gegen-die-affen-in-den-kurven-1.1564963-2
    (21.03.2016).

60 Kermann. *De quelques choses vues la nuit*, S. 24.

61 Die Vermutung brasilianischer Herkunft verweist auf die Herkunft Eusébios aus
    Mosambik (ehemalige portugiesische Kolonie).

62 Vgl. z.B. „L'affaire de l'adjudant-chef Chanal à Mourmelon Sous-officier
    et gentlemen". In: Libération http://www.liberation.fr/evenements-libe/2013/04/08
    /l-affaire-de-l-adjudant-chef-chanal-a-mourmelon-sous-officier-et-gentlemen_894434
    (21.03.2016). Sowie die Zeugenaussage des Opfers „Déclaration de Palász Falvay
    aux enquêteurs de la SR de REIMS, 10 août 1988". In: *Les disparus de mour-
    melon.* www.disparusdemourmelon.org/documents/base%20de%20documents/temoig
    nages/Audition%20Palazs%20Falvay%2010081988.pdf (24.03.2016).

63 Die Hypothese einer Transzendenz der anonymen Geschichten in *De quelques choses
    vues la nuit* ist hiermit widerlegt. Entgegen der Behauptung Dernis' ist insbesondere C.
    ein immanentes Beispiel der Namen und Geschichten, vgl. Dernis. *La voix des revenants*,
    S.149.

64 Kermann. *De quelques choses vues la nuit*, S. 54.

65 Ebd., S. 19.

ressassement de la parole vaine".[66] Auch in deren Rede finden sich Motive und
Strukturen von sinnloser Wiederholung und Zirkularität, wie die Redeschleifen
des zeitgenössischen Sisyphos, die die Zeitkonzeption der Makrogeschichte
thematisiert: „chaque fois même histoire / n'arrête pas / sait bien sûr / oui
que rien / que jamais rien ne changera / et pareil toujours."[67] Der Zweifel an
Veränderung, Fortentwicklung und Erfahrungszuwachs als begründende Elemente der modernen Geschichtswissenschaft wird in dieser Figur der zyklischen
Wiederkehr der Geschichten und Geschehnisse deutlich.[68] Damit bricht Kermann mit einer postkatastrophischen Zeitkonzeption, denn „das ‚Danach' wird
zum ‚Vorher'".[69] Die zyklisch wiederkehrende Katastrophe zeigt die fehlende
Aussicht auf Veränderung an und führt Utopien und Geschichtsschreibung
selbst als ein Narrativ vor: „la fiction d'un développement temporel orienté
par une fin à venir, le grand récit d'un tort infligé et d'une justice promise à
une victime universelle".[70] Der durch die Überlagerung von mythologischen,
antiken und zeitgenössischen Stoffen erzeugte Anachronismus zielt in zwei
Richtungen ab: die Überlagerung aktueller Themen mit kulturhistorischen
Stoffen sowie die Variation und Fortschreibung letzterer. Durch den Verzicht
auf lineare und kausallogische Zeitmuster unterwandert Kermann jede rück-
läufige, präsentische oder vorläufige Erklärung oder Sinnzuschreibung einer
Katastrophe. Literarisch und dramaturgisch reflektiert er, was Blanchot essayis-
tisch vorführt: Die Katastrophe sprengt die lineare Zeitordnung. Vergangenheit
und Zukunft fallen zusammen und machen eine Erfahrung des Präsentischen
unmöglich: „Das Desaster hat die Gefahr schon hinter sich gelassen, selbst, wenn
wir unter Androhung stehen von- . Es ist der besondere Zug des Desasters,
dass man in ihm jederzeit nur unter seiner Androhung steht und derart die
Gefahr hinter sich lässt."[71] Jedoch lässt sich das Prinzip der Überlagerung
von Zeitschichten auch unabhängig von der katastrophischen Zeiterfahrung
als eine selbstreflexive Geschichtenschreibung betrachten. So entsprechen die

---

66   Kermann. *De quelques choses vues la nuit*, S. 19.
67   Ebd., S. 55.
68   Zur Geschichte als Erfahrungswissenschaft und zum diachronen Ablauf als Erfahrungs-
      zuwachs vgl. Reinhart Kosellek. „Erfahrungswandel und Methodenwechsel". In: Ders.
      Zeitschichten. Studien zur Historik. Frankfurt a. M., Suhrkamp, 2000, S. 27-77, hier S. 47.
69   „die ganze Geschichte des Abendlandes und mit ihr jene der Welt offenbart sich als
      Tragödie oder als Abfolge von Tragödien" Nancy. *Nach der Tragödie*, S. 25.
70   Rancière setzt in seinem Kapitel „Temps, récit et politique" an bei Marx' Konzeption
      möglicher Gerechtigkeit im Zuge der historischen Entwicklung der Produktions- und
      Tauschverhältnisse. Jacques Rancière. *Les temps modernes. Art, temps, politique*. Paris,
      La fabrique, 2018, S. 13.
71   Blanchot. *Die Schrift des Desasters*, S. 12.

temporalen Erfahrungsmodi, die Kermann in seinem Theatertext überlagert, denen, die Koselleck in seiner frühen Studie „Vergangene Zukunft" vorstellt: die Irreversibilität (hier: die Unumkehrbarkeit der Katastrophe), die konstruierte, unterstellte Wiederholbarkeit von Ereignissen oder ihren Konstellationen (hier die kleinen Katastrophen der Mikrogeschichten), die Gleichzeitigkeit des Ungleichzeitigen als zeitliche Brechung z.b. durch prognostische Strukturen (hier die mehrfachen Zeitschichten und Anachronismen).[72] Kermann schöpft aus einem kulturhistorischen Arsenal antiker, biblischer und zeitgenössischer Mytheme, die er anachronistisch zusammenstellt und vom „guide" bezeichnen lässt als „fables enfouis au plus profond de notre mémoire / qui surgissent la nuit dans notre endormissement".[73] Es handelt sich um eine Sammlung von Spuren, in den Tiefen des kollektiven Gedächtnisses, die des nachts zeitlich ungeordnet auftauchen, im Sinne Didi-Hubermans von „Spuren, die sich keineswegs auf die gegenständliche Existenz materieller Überreste reduzieren ließen, sondern auch in Formen, in Stilen, in Verhaltensweisen, in der Psyche fortbestehen".[74] Damit verfolgt Kermann ein ähnliches anachronistisches, desorientierendes Konzept von Geschichte wie es Didi-Hubermann bei Aby Warburg festmacht:

Weil das Nachleben aus longes durées und kritischen Augenblicken, alterslosen Latenzen und brutalem Wiedererscheinen gewebt ist, wird die Geschichte am Ende anachronistisch. Damit zerfällt jedes chronologische Verständnis von Dauer. Durch das Nachleben wird erstens die Gegenwart anachronistisch. [...] Zweitens wird die Vergangenheit durch das Nachleben anachronistisch. [...] Denn das Nachleben schlägt eine Bresche in die üblichen Entwicklungsmodelle. Es enthüllt dort Paradoxien, Ironien des Schicksals und Veränderungen, die nicht geradlinig verlaufen. Es läßt selbst die Zukunft anachronistisch werden.[75]

Der Unterschied besteht in der Art der Anordnung der Elemente. Während Kermann stimmliche Geschichten lose, assoziativ anordnet, kartographiert Warburg auf der Grundlage von gestischen Kohärenzen und Analogien übergreifende „Pathosformeln" zu einem Bilderatlas. In *De quelques choses vues la nuit* reicht der Anachronismus bis in die zeitlich gegenläufige Ausrichtung zwischen und innerhalb der einzelnen Stimm-Sequenzen: rückwärtsgewandte

72   Reinhart Kosellek. „Geschichte, Geschichten und formale Zeitstrukturen". In: Ders. *Vergangene Zukunft. Zur Semantik geschichtlicher Zeiten*. Frankfurt a. M., Suhrkamp, 1979, S. 130-157, hier S. 132.

73   Kermann. *De quelques choses vues la nuit*, S. 18.

74   Didi-Hubermann spezifiziert so den Begriff der Spur im Kontext von Warburgs Anachronismusmodell und dem Konzept vom „Nachleben der Antike", vgl. Georges Didi-Huberman. *Das Nachleben der Bilder. Kunstgeschichte und Phantomzeit nach Aby Warburg*, aus d. Frz von Michael Bischoff. Frankfurt a. M., Suhrkamp, 2010, S. 66.

75   Kermann. *De quelques choses vues la nuit*, S. 95, 97, 98.

Erzählungen, Schilderungen und Dialoge im Präsenz, aber auch Vorblicke. Eindrucksvoll ist der anachronistische Widerstreit zwischen den Zukunftsvisionen der Stimmen Eliphaz de Teyman, Bildad de Shouakh und Sophar de Naamah und dem nostalgischen Rückblick von Boj (Alias des biblischen Jobs) auf das alte (sozialistische) System. Die drei Stimmen (in der Bibel: die drei Freunde Jobs) propagieren das Bild einer Gesellschaft, die aus den Ruinen aufsteigt:

> [...] voici venir un autre temps / et de ces ruines fumantes / naîtront des choses plus belles encore / plus de divisions plus de haine / nous serons un vaste monde / [...] des jets apporteront la nourriture / des pipelines fourniront l'eau / les marchandises circulent / l'offre et la demande / plus de passe-droit / plus d'attente / tout / tout de suite / ce sera un nouveau monde [...] la marchandise est un remède radical Boj / l'offre et la demande / l'homme ne sera qu'heureux / tu vois Boj / le bonheur naît de ces décombres / quitte ta nostalgie / vois cet avenir radieux de la marchandise
>
> [...] voici venir un autre temps / de ces ruines fumantes naît enfin la liberté / la poussière retombe lentement / les remparts sont effondrés / les portes sont ouvertes / rien ne retient plus rien / [...] plus de haine plus de divisions / nous sommes des hommes libres / plus de chaînes / notre souffle nos pas sont nos seules limites / tout est permis dans le règne de la marchandise Boj / tu n'as plus besoin de te cacher / tu parles et tout le monde t'entend / tu peux tout dire / même la haine de la marchandise tout Boj / c'est la liberté / [...] quitte ta nostalgie / vois cet avenir radieux de la liberté
>
> [...] voici venir un autre temps / de ces ruines fumantes naît enfin la certitude / fini le règne du doute Boj / les errements les erreurs / les tâtonnements les atermoiements / enfin le sens est relevé / qui est l'absence de tout sens / [...] le sens est là / avec la marchandise avec la liberté / nous n'avons plus à chercher / plus d'illusions / fini le temps de l'utopie Boj / dépassée l'ère du scepticisme / la certitude te fait joyeux enfin / [...] quitte ta nostalgie / vois cet avenir radieux de la certitude [76]

Die monologischen Passagen muten wie drei Loblieder an. Rhetorisch sind sie jeweils auf eine ideologische Säule des verkündeten Systems ausgerichtet: auf die Ware (marchandise), die Freiheit (liberté) und die Gewissheit (certitude). Die dreiteilige Zukunftsvision besticht durch die Wiederholung finalisierender und totalisierender Wörter (tout, plus, fini) sowie durch gebetsmühlenartige Parallelismen. Die Stimmen zeichnen drei übersteigert positive Visionen des globalisierten liberalen Kapitalismus, die sich zu einem einstimmigen Fortschrittsnarrativ Verblendeter überlagern. Die Sequenz steht antithetisch zum leeren Horizont, der auf das Nichts öffnenden sieben Toren der Stadt, der zu Anfang etabliert wird und eine Fortschrittsskepsis implementiert. Es ist beachtenswert,

---

76   Kermann. *De quelques choses vues la nuit*, S. 68, 69, 70, 71, 72.

dass wenige Zeit vor Kermanns Theatertext Francis Fukuyamas Artikel *The end of History?* (1989) erscheint. Die Stimm-Sequenz von Boj und seinen Gefährten lässt sich wie eine satirische Antwort auf die umstrittene These lesen, dass das Ende des kalten Krieges das Ende der fortschreitenden Geschichte einläute. Dieses basiert Fukuyama mit Hegel auf den Kampf der Ideologien, der triumphierend vom alle vereinenden demokratischen Liberalismus abgelöst würde.[77] Kermanns anachronistische Dramaturgie nach der Katastrophe samt der diffusen inner- und intertextuellen Bezüge betont hingegen die Zeitbrüche und die Unvorhersehbarkeit historischer wie künftiger Katastrophen. Anstelle von Vorhersagen wird die teleologische Geschichtsschreibung in Frage gestellt und eine Erschütterung der Geschichtskultur vorgeführt – ohne dabei in konservative posthistorische Argumentations- oder Darstellungsmuster zu verfallen. Ähnlich weist auch Koselleck die metahistorischen Kategorien „Erfahrungsraum" und „Erwartungshorizont" als raumsemantische Orientierungsdimensionen der Geschichtsschreibung in ihre Schranken, indem er Erfahrung als generationell und institutionell vermittelt und Erwartung mittels der Horizontmetapher als überholbar ausweist.[78] Mit sprachlichen und dramaturgischen Mitteln erzeugt Kermann dementsprechend anstelle einer Fügung der Geschehnisse in eine sinnstiftende Zeitordnung eine komplexe, assoziative, Ebenen übergreifende Anordnung und Bildsprache zeitlicher Desorientierung.

6.3 Evozierte und besprochene Räume der spektralen Rede

Die spärliche Bühnenanweisung „une voix" eröffnet ein Theater der Stimmen und zeigt eine Nähe zum Hörspiel auf, wie bereits Artauds *Il n'y a plus de firmament* und die späten Stücke Becketts wie *Nicht Ich*. Gerade vor dem Hintergrund spektakulärer Aufführungen und dem zunehmend visuellen Medienalltag in den 1980er Jahren setzt Kermann auf Stimme und Rede. Die Stimmen weisen einen paradoxen Status auf, der nicht nur konzeptuell, sondern auch in der Rede des Fremdenführers zum Ausdruck kommt. Entsprechend der Anachronie der Zeitschichten und Geschichten wandeln die Stimmen zwischen den Zeiten.

---

77 Auf Englisch erschien der Artikel im *The National Interest* im Sommer 1989 und wurde im gleichen Herbst in der französischen Zeitschrift *Commentaire*, 47, 1989 wiederaufgenommen. Das Buch Fukuyama *The End of History and the Last Man* erschient 1992 – im gleichen Jahr wie Kermanns Theatertext.

78 „Gehegte Erfahrungen sind überholbar, gemachte Erfahrungen werden gesammelt." Reinhart Koselleck. „„Erfahrungsraum' und „Erwartungshorizont' zwei historische Kategorien". In: Ders. *Vergangene Zukunft. Zur Semantik Geschichtlicher Zeiten*. Frankfurt a. M., Suhrkamp, 1979, S. 349- 369, hier S. 354, 357.

Wenn auf der Oberfläche des Textes auch eine Stationendramaturgie angedeutet ist, bedeutet das nicht, dass die Stimmen an bestimmten Stellen im Raum erklingen. Es sind körperlose, ortlose Redeinstanzen, die als einzelne Hörbeispiele in der Dunkelheit verbalsprachlich Mikroschauplätze sowie Raumverhältnisse evozieren und thematisieren.

6.3.1 Paradoxer Status akusmatischer Stimmen

Die Stimmen werden vom „guide" als Überlebende, Zeug_innen und Bot_innen vorgestellt.[79] Die paradoxe Semantik des Sehens/Nichtsehens bereits im Titel von *De quelque choses vues la nuit* relativiert den Zeug_innenstatus – im medialen Sinne von Bezeugen als „Kundgabe der Wahrnehmung eines vergangenen Ereignisses."[80] Dieses Modell lässt sich zwar auf konventionelle Botenberichte in Theatertexten beziehen, simultane Anordnungen wie die der Mauerschau können damit jedoch nicht erfasst werden. In der siebten Sequenz thematisiert eine anonyme Stimme ihre Augenzeugenschaft ohne Wahrnehmungsgegenstand. Sie wird als geblendeter Zeuge der letzten Stunden vor der Katastrophe vorgestellt, der die Augen über seinem Geheimnis geschlossen hält: „témoin aveugle [...] / ébloui par la lueur finale / yeux clos dorénavant sur son secret / mais à qui il reste la voix / chien furieux il porte la parole de porte en porte."[81] In der Rede dieser Stimme kommt die Ambivalenz von Sehen und Nichtsehen zum Ausdruck:

> pas vu pas vu
> oh que si oh que si
> a vu a vu
> bien vu
> et même le reste
> tout
> a vu [...]
> Moi là
> Moi tout vu a vu
> Oui moi moi [...]
> a vu vu avec de
> oui de

---

79   Kermann. *De quelques choses vues la nuit*, S. 17, 18, 22, 28.
80   Vgl. Sybille Krämer. *Medium, Bote, Übertragung. Kleine Metaphysik der Medialität.* Frankfurt a. M., Suhrkamp, 2008, S. 257, 258.
81   Kermann. *De quelques choses vues la nuit*, S. 28.

tout et reste et autre

quand où eux comment et quoi [...]

eux jamais

si a vu

a vu tout

moi

quoi a vu quoi quoi

et où

là-bas a vu moi là-bas[82]

Das wiederholte Insistieren auf die Augenzeugenschaft mit deiktischer Geste wird zur alleinigen Hauptaussage und thematisiert damit den sprecher_innen-bezogenen Geltungsanspruch: „Nicht die Wahrheit des Satzes, vielmehr die Wahrhaftigkeit der Person bildet den Angelpunkt beim Bezeugen."[83] In dem Kermann den Botenbericht derartig aushöhlt, insistiert er auf das Bezeugen als beglaubigte Geste und auf die Undarstellbarkeit und Unzulänglichkeit des Wahrnehmungsgegenstandes. Auch wenn das zeiträumliche Dazwischen der Stimmen das Dilemma des Überlebenszeugen unterläuft,[84] wird die Kluft zwischen dem Wahrgenommenen und dem (Un)Bezeugbaren vorgeführt. Im formelhaften Wiederholen und Durchdeklinieren des Bezeugens und dem Gang von Tür zu Tür ist die botenhafte Medialität des Zeugen angezeigt, wird jedoch im Bild der umherirrenden Suche nach Gehör in Frage gestellt.

Wenn Kermann den „guide" die Stimmen als „anges déchus aux ailes brisées" bezeichnen lässt, bemüht er die Metapher des gefallenen Engels.[85] Dieses Bild ist mehrfachkodiert, die biblische (diabolische) Dimension des Verstoßes aus dem Mittleramt steht jedoch nicht im Fokus.[86] Es geht vielmehr um das Scheitern beim Hinübertragen zwischen Zeiträumen. Durch den Motivkomplex von Katastrophe, Trümmeranhäufung und brüchiger Zeitstruktur ruft Kermann auch die Figur des *Engels der Geschichte* wach, die Walter Benjamin anhand von Paul Klees *Angelus novus* entwickelt. Der durch den Wind der progressiven Zeit von der Hinwendung zur Geschichte fortgetragene Engel, kann die Versöhnung mit der Vergangenheit nicht leisten, wodurch die Gegenwart zur einreißenden

---

82 Kermann. *De quelques choses vues la nuit*, S. 29, 30, 31.
83 Krämer. *Medium, Bote, Übertragung*, S. 254.
84 Nicht nur fallen in der Überlebenszeugschaft Opfersein und Zeugnisgeben zusammen, auch wird darin „die durch die Toten hinterlassene Leerstelle des Zeugens markiert", d.h. die Unmöglichkeit der Zeugschaft von Katastrophen durch den_die Überlebende_r verkörpert. Ebd., S. 259, 260.
85 Kermann. *De quelques choses vues la nuit*, S.17.
86 Vgl. dazu Krämer. *Medium, Bote, Übertragung*, S. 131.

Kluft wird.[87] Bereits Heiner Müller hat mit dem „glücklosen Engel" eine Variante von Benjamins Sinnbild geschrieben.[88] Kermann variiert die Figur, indem er sie nicht im Wind der Zukunft verfangen und mit aufgerissenen Augen und offen stehendem Mund zeichnet, sondern gestürzt, mit gebrochenen Flügeln und geblendeten, zugestaubten Augen.[89] Der Autor veranschaulicht so seine Konzeption der medialen Stimmen im Dazwischen der Zeiträume.[90] Im Bild des scheiternden Engels verschränkt er den raumüberbrückenden Verkünder mit dem Vermittler zwischen den Zeiten und zieht so messianistisch wie fortschrittsgläubig orientierte Geschichtsmodelle in Zweifel.

Die Augen sind auch Thema des dem Stücktext vorangestellten intertextuellen Zitats das dem unheimlichen Blick des (Un)Toten gilt, der die Lebenden heimsucht: „Il mourut et rouvrit aussitôt les yeux. Mais il était mort et regardait comme un mort"[91]. Neben dem Spiel mit den Verbtempi und -modi wird über die Gleichzeitigkeit von Augenaufschlag und starrem Blick der Schwebezustand zwischen Leben und Tod angedeutet.[92] Beim letzten Augenblick eines Ster-

---

87   Die IX. Reflexion zum Begriff der Geschichte ist dem Bild des Engels gewidmet „[...] Er hat das Antlitz der Vergangenheit zugewendet. Wo eine Kette der Begebenheiten vor uns erscheint, da sieht er eine einzige Katastrophe, die unablässig Trümmer auf Trümmer häuft und sie ihm vor die Füße schleudert. Er möchte wohl verweilen, die Toten wecken und das zerschlagene zusammenfügen. Aber ein Sturm weht vom Paradiese her, der sich in seinen Flügeln verfangen hat und so stark ist, daß (sic) der Engel sie nicht mehr schließen kann. [...]" Walter Benjamin. *Über den Begriff der Geschichte (Handexemplar)*. Frankfurt a. M., Suhrkamp, 2010, S. 35.

88   „Der Glücklose Engel. – Hinter ihm schwemmt Vergangenheit an, schüttet Geröll auf Flügel und Schultern mit Lärm wie von begrabenen Trommeln, während vor ihm sich die Zukunft staut, seine Augen eindrückt, die Augäpfel sprengt wie ein Stern, das Wort umdreht zum tönenden Knebel, ihn würgt mit seinem Atem. Eine lange Zeit lang sieht man noch sein Flügelschlagen, hört in das Rauschen die Steinschläge vor über hinter ihm niedergehn, lauter je heftiger die vergebliche Bewegung, vereinzelt, wenn sie langsamer wird. Dann schließt sich über ihm der Augenblick: Auf dem schnell verschütteten Stehplatz kommt der glücklose Engel zur Ruhe, wartend auf Geschichte in der Versteinerung von Flug Blick Atem. Bis das erneute Rauschen mächtiger Flügelschläge sich in Wellen durch den Stein fortpflanzt und seinen Flug anzeigt." Heiner Müller. „Glücksgott" [1958]. In: Ders. *Die Stücke*, 1. Berlin, Suhrkamp, 2000, S.180.

89   Kermann. *De quelques choses vues la nuit*, S. 22.

90   Kulturhistorisch, dies wird auch bei Krämer deutlich, ist der Engel vor allem ein bildnerisches Phänomen und wirft Fragen zur unmöglichen visuellen Darstellung und Körperlichkeit auf: „Die Körperlichkeit der Engel ist die Inkarnation ihres Gesehenwerden- und Gehörtwerden-Könnens. Der Engelkörper hat kein eigenes Gewicht." Krämer. *Medium, Bote, Übertragung*, S. 128, 135.

91   Kermann. *De quelques choses vues la nuit*, S. 9.

92   In der Kurzgeschichte „Die Rache" werden die Augen und Blicke betont. Es tauchen hybride Gestalten auf: aus den Gräbern aufsteigende Tote, Luftgestalten, sprechende

benden schwingt auch die Frage nach dem letzten wahrgenommenen Bild mit. An anderer Stelle im Theatertext werden die Stimmen als Seelen oder Schattenwesen bezeichnet. Damit wird die Verweisfunktion auf Lebende hervorgehoben, auf das Darstellungshybrid Gestalt/Gestaltlosigkeit hingewiesen und ebenso auf das leibliche Paradox von Anwesenheit/Abwesenheit. Boten und Engel weisen als raumüberbrückende mediale Überbringer die Struktur der „Drittheit" auf.[93] Qua Rede des „guides" verbleibt die Rede der Wiedergänger_innen ohne nachweislichen Urheber und Empfänger, sie ist ungerichtet und diffundiert in den menschenleeren Raum: „au vent aux pierres à la lune", „leurs rêves parlent avec le ciel".[94] Die Ruhelosigkeit und Ortslosigkeit der Stimmen kommt mehrfach zur Sprache. Es wird die Vorstellung von umherirrenden körperlosen Wesen erweckt: „ombres perdues qui croiseront notre promenade" und „qui n'ont pas trouvés le repos / qui errent sur le champ [...] / qui errent inlassable et inquiètes", „ombres qui hantent ces lieux déserts".[95] Über das Verb „hanter" ist anstelle einer Verortung der Stimmen deren Umhergeistern in der verlassenen Gegend angelegt. Es handelt sich um akusmatische Stimmen. Sie sind zu hören, können jedoch nicht auf einen szenisch präsenten Körper als Klangquelle rückgeführt werden.[96] Auch wenn Kermann nicht auf Speichermedien oder Tonkonserven zurückgreift, wird hier vom Text aus eine solche Stimmenkonzeption verfolgt.[97] Dies erscheint insofern paradox, als dass die Stimme generell gerade Präsenz bezeugt, ist sie doch Phänomen leiblicher Äußerung. Damit schwebt das Gesprochene im Raum und lässt sich lediglich verbürgt über die Rede des „guide" Sprechinstanzen wie Schattenwesen zuordnen. Szenische Gespenster haben Theatertradition, bilden jedoch die Ausnahme. Sie sind in der

---

Seelen und Traumerscheinungen, vgl. Nicolai Gogol. „Die Rache". In: Ders. *Sämtliche Erzählungen*. München, Winkler, 1974, S. 179-228, hier S. 184, 198, 199, 223, 224.

93   Zum Aspekt der „Drittheit" im Botenmodell vgl. Krämer. *Medium, Bote, Übertragung*, S.114.

94   Kermann. *De quelques choses vues la nuit*, S. 28, 33.

95   Ebd., S. 18, 19.

96   Helga Finter. „Der (leere) Raum zwischen Hören und Sehen". Vor dem Hintergrund von Finters Ausführungen erscheint eine Wortbildung wie „personnages-acousmates" fragwürdig. Sandrine Le Pors. *Le théâtre des voix*, S. 26.

97   Der Filmwissenschaftler Chion definiert, aufbauend auf die musikwissenschaftlichen Untersuchungen von Pierre Schaefer, akusmatisch als „was man hört, ohne die tatsächliche Ursache des Klanges zu sehen", bzw. „was Klänge hörbar macht, ohne eine Vorstellung von ihren Verursachern zu haben". Damit wären Radio, Schallplatte oder Telefon, die Klänge absondern, ohne deren Quellen zu zeigen, qua Definition akusmatische Medien und dem „visualisierten Hören" als „begleitet von einer Visualisierung der Klangverursacher" entgegenzusetzen. Michel Chion. *Audio-Vision.Ton und Bild im Kino*. Berlin, Schiele & Schön, 2012, S. 65.

Regel lebenden Figuren zugeordnet, die sie heimsuchen und denen sie bekannt oder anverwandt sind - so der väterliche Geist in Aischylos *Die Perser* oder Shakespeares *Macbeth*. Bühnengespenster beschäftigen die bisherige Forschung vor allem im Hinblick auf die visuelle Darstellung.[98] Bei Kermann handelt es sich um sonore Phänomene, d.h. auf Stimmen reduzierte Gespenster, die neben dem Fremdenführer die Hauptträger der Rede sind. Die Stimmen haben medialen Status insofern, als dass sie Geschichten aus anderen Zeiten und anderen Raumsituationen darbieten, jedoch nicht in Form der Botenrede sondern in Form präsentischer szenischer Rede. Sie berichten nicht, sondern führen im Hier und Jetzt zu Ohren.[99] Wenn via Rede des „guide" eine Entkopplung von Rede und Klangquelle angedeutet wird, unterstützt dies die These des medialen Trägers einer Stimm-Spur: „La parole qui sort de sa bouche".[100] Der Eindruck einer von der Sprechinstanz dissoziierten, sich verselbstständigenden Stimme wird in der rhetorischen Figur des Echos gestützt. Kermann lässt den Fremdenführer darauf hinweisen, dass die Worte siebenmalig wiederkehren, was sich als implizite Bühnenanweisung verstehen lässt: „car ces paroles proférées / ne sont répétées sept fois par l'écho / enfouies sitôt la bouche close / dans le plus profond silence / pour n'en jamais plus sortir".[101] Während in Becketts *La dernière bande* die Stimme medial und räumlich auf Schleife läuft und laut Bühnenanweisung vor- und rückgespult wird,[102] hängen die Stimmen bei Kermann im Aufsagen des Immergleichen fest. Die wiederkäuende Rede der Stimmen vermittelt nicht zwischen den Zeiten, sondern spukt mit aller Eindringlichkeit in der Kluft zwischen Vergangenheit und Zukunft. Es sind

---

98   Zur visuell-räumlichen Darstellung von Gespenstern vgl. Gerald Siegmund. „Theater Gespenster Unfug". In: Lorenz Aggermann; Ralph Fischer; Eva Holling; Philipp Schulte; Gerald Siegmund (Hg.). *‚Lernen mit den Gespenstern zu leben'. Das Gespenstische als Figur, Metapher und Wahrnehmungsdispositiv*. Berlin, Neofelis, 2015, S. 219-227. Corvin widmet sich den Gespenstern im zeitgenössischen Theater, erwähnt die Möglichkeit des Gespensterhörens von Shakespeare bis Beckett, bleibt jedoch der visuellen Präsenz verschrieben „Est fantôme celui dont on perçoit conjointement l'absence (il n'est que l'image d'un mort) et la présence (il est visible)." Michel Corvin. *L'homme en trop. L'abhumanisme dans le théâtre contemporain*. Besançon, Les solitaires intempestifs, 2014, S. 229. Für die Anordnung von Stimmen im Raum in Gegenwartsdramaturgien wäre neben Kermann insbesondere Sarah Kane anzuführen.

99   Während in Corneilles *Illusion comique* der Magier-Regisseur mittels Schauspieltechnik und szenischen Tricks dem stückinternen Zuschauer in der dunklen Höhle „spectres parlants" vor Augen führt, sind die nächtlichen Wiedergänger_innen bei Kermann auf Stimmen reduziert und erscheinen ungerufen. Vgl. Pierre Corneille. *Œuvres complètes I*. Paris, Gallimard, 1980.

100   Kermann. *De quelques choses vues la nuit*, S. 68.

101   Ebd., S. 17.

102   Vgl. Samuel Beckett. *La dernière bande*. Paris, Minuit, 1959.

die Gespenster, die sich „aus einer unbewältigten und unabgeschlossenen Vergangenheit in die Ordnungsraster der Gegenwart einschleich(en)."[103] Darunter
zählen mit Christian Sternad die durch das Paradox der spektralen Leiblichkeit
bedingte ontologische und fundamentale zeitliche Irritation: „das Erbe der
Vergangenheit und das Geschick der Zukunft widersetzen sich der Verfügungs-
gewalt der Gegenwart, die einer fragmentierten Präsenz zeitlicher Lineamente
Platz macht."[104] Zeitirritation, Penetranz, Ortlosigkeit und Leiblosigkeit der
Stimmen lassen die Wiedergänger_ innen erst zu Gespenstern werden. Die
akusmatischen und atopischen Stimmen schwören erst substanzlose Wesen in
der Dunkelheit herauf. Kermann unterläuft damit nicht nur die Repräsentation
von Gespenstern, sondern reflektiert theaterästhetisch das Gespenstige des
(zeitlichen, räumlichen und ontologischen) Dazwischen und das ‚Mitsein' mit
den Gespenstern, welches Derrida ein Jahr später in *Spectres de Marx* ausarbeitet:

> Lernen, *mit* den Gespenstern zu leben, in der Unterhaltung, der Begleitung oder der
> gemeinsamen Wanderschaft, im umgangslosen Umgang mit den Gespenstern. [...]
> Und dieses Mitsein mit den Gespenstern wäre auch – nicht nur, aber auch – eine
> Politik des Gedächtnisses, des Erbes und der Generationen.[105]

Derrida antwortet mit der in die Zukunft gerichteten Frage „Wohin geht der
Marxismus" – (ähnlich wie Kermann in seiner Sequenz zu Jobs Gefährten)
auf Fukuyamas Ausrufung vom Ende der Geschichte, indem er fragend zurecht-
rückt, ob es sich nicht vielmehr um „das Ende eines bestimmten Begriffs der
Geschichte" handele.[106] Interessant ist auch Derridas Geste des vervollständi-
genden Wiederzitierens der von Marx zitierten Gespenster-Anrede Hamlets:
„[...] And still your fingers on your lippes I pray, / The time ist out of ioynt:
Oh cursed spight, / That ever I was born to set it right. / Nay, come let's
goe together."[107] Das Erscheinen des Gespenstes hebt nicht nur die Zeit (Tod/
Leben) aus den Angeln, sondern bietet Anlass zur Erwägung, ob den (noch)
Lebenden die Aufgabe des Zusammenfügens zukommt. Hamlets Mitnehmen des
Gespenstes auf den Weg erscheint als ein Zugeständnis an das ‚Mitsein' unter
der Voraussetzung von Phasen des Schweigens des Gespenstes.

---

103 Christian Sternad. „Die Zeit ist aus den Fugen. Auf der Jagd nach sterblichen Gespens-
     tern mit Emmanuel Lévinas und Jacques Derrida." In: Lorenz Aggermann; Ralph Fischer;
     Eva Holling; Philipp Schulte; Gerald Siegmund (Hg.). ‚*Lernen mit den Gespenstern
     zu leben*'. *Das Gespenstische als Figur, Metapher und Wahrnehmungsdispositiv.* Berlin,
     Neofelis, 2015, S.60-71, hier S. 59.
104 Ebd., S. 60.
105 Jacques Derrida. *Marx' Gespenster* [1995]. Frankfurt a. M., Fischer, 1996, S. 11.
106 Ebd., S. 33, 34.
107 Ebd., S. 15 (Hamlet, I, 5).

Während Finter mit der Konzeption der *akusmatischen* Stimme auf das leibliche Paradox abzielt und den fehlenden Klangkörper in engen Zusammenhang mit der „Krise der Repräsentation und der Figur" sowie der Nutzung auditiver Medien stellt,[108] betonen Doris Kolesch und Mariko Harigai mit der *atopischen* Stimme die Klangraumbildung der ortlosen Stimme(n) im Theaterraum.[109] Atopie meint dabei einen „unqualifizierbaren, nicht lokalisierbaren ‚Ort' [bzw. Standpunkt]", der die Hörenden durch eine zentripetale und eine zentrifugale Kraft auf sich hin zieht. Dabei bilden sich zwei Orte, der Entstehungsort oder Standpunkt der Stimme als das Woher der ‚hier' sagenden Stimme und der Versammlungsort als Berührungspunkt der Appellierenden und Zuhörenden.[110] Für Kermanns Theatertext lässt sich die Ausbildung eines Klangraumes anhand der Stimmen der Mikrosequenzen sowie der verräumlichenden, immersiv wirkenden Rede ad spectatores der Vermittlerfigur geltend machen.

6.3.2 Dunkelräume, Verschlussräume, Löcher

Die Stimmsequenzen gleichen intimen Momentaufnahmen, sind ausschnitthaft und diegetisch unangebunden. Es werden darin Räume besprochen, topographielose und nichtreferentielle Geschehens- und Tatorte genannt sowie Sprechsituationen räumlich evoziert. Neben den vagen deiktischen Ortsangaben „ici" (in der ersten Sequenz) und „là-bas" (in der siebten Sequenz) geben raumseman-

---

108 Finter verwendet akusmatisch und atopisch synonym. Sie bindet den Einsatz der akusmatischen Stimme, als Trennung von Stimme und Körper, an die Krise der Repräsentation im modernen Theater seit Artaud und diskutiert dies im Zusammenhang mit dem Eingang auditiver Medien ins Theater und unserem mediengeprägten Alltag. Vgl. Finter. *La voix atopique.*

109 Wie bereits Finter berücksichtigt Kolesch die medialen Möglichkeiten zur Modellierung und Verzerrung der technisierten Stimme (Mikrofone, Vocoder, Mikroports). Sie legt jedoch einen neuen Schwerpunkt auf die Ausstellung der physischen Qualitäten und Artikulationsmöglichkeiten der Stimme (Schreien, Flüstern) und die Erzeugung von Klanglandschaften. Sie argumentiert aufführungsbezogen mit Fokus auf Performativität, Leiblichkeit und Raumwirkung. Vgl. Doris Kolesch. „Szenen der Stimme. Zur stimmlich-auditiven Dimension des Gegenwartstheaters". In: *Theater für das 21. Jahrhundert. Text+Kritik*, 11, 2004, 156-165. Harigai erarbeitet aus aktuellen Aufführungen sechs verschiedene leibesunabhängige „topologische Stimmgesten": mythisches Echo, Sirenen, Maschine der Revolution, Wiederholung eines alten Liedes, Zaudern und Warten. Ihr Fokus liegt auf der relationalen, topologischen und medialen Dimension der Stimme in der Aufführungssituation, d.h. auf dem zwischenräumlichen Verhältnis zwischen appellierenden Stimmen und zuhörendem Publikum. Vgl. Mariko Harigai. *Ortlose Stimmen. Theaterinszenierungen von Masataka Matsuda, Robert Wilson, Jossi Wieler und Jan Lauwers.* Bielefeld, Transcript, 2018.

110 Ebd., S. 55, 56, 273.

tische Konzepte Auskunft über das Verhältnis zwischen Raum und den durch den Sprechtext evozierten Figuren. In zwei Stimmsequenzen wird der Wald als abseitiger Raum der Stadt bzw. dem Dorf entgegengestellt. Im Wald vor der Stadt parkt C. seinen Campingbus, in dem er sein Opfer vergewaltigt: „un endroit où il m'arrive de dormir [...] le calme et la tranquilité".[111] In der Geschichte der Jungenstimme, die der Mädchenstimme aus der Kindheit erzählt (letzte Stimmsequenz) bildet der Waldrand einen Gegenraum zum Dorf und wird den Schausteller_innen zugeordnet, die einmal jährlich auf dem Dorfplatz Buden und Karusselle errichten. Die Jungenstimme referiert die vorurteilsbehaftete Redeweise der Erwachsenen, die diese mit Attributen des Nomadischen und des Anderen versehen.[112] Die jährlich aus dem Wald auftauchende Menschengruppe regt die Phantasie der Kinder an:

oui il fallait bien fermer les portes quand ils venaient

d'on ne sait où

allaient et venaient de ville en ville

puis surgis soudain

de la forêt qui entourait le village

jaillis du feuillage obscur et souvent humide

comme s'il nous guettaient toute l'année

de cette forêt profonde

qui les tenait cachés

et qui maintenait nos jeux d'enfants à l'orée claire

avec le désir cependant de s'y enfoncer

de se perdre à jamais dans leur mains voleuses

et partir loin

au-delà du fleuve[113]

Analog zu der fremdartig beschriebenen Menschengruppe wird der Wald als fremder unbekannter und verbotener Raum semantisiert, dessen Dunkelheit und Tiefe das geheimnisvolle Andere verborgen hält. Entsprechend zieht er die Kinder an und beflügelt ihre Freiheits- und Ausbruchsphantasien.

Neben dem Wald kommen weitere Orte der Dunkelheit, Tiefe und Verborgenheit vor – so im Kontext von Verbrechen und Obsessionen. Der Camper von C., als Wohnfahrzeug für Flexibilität und Freiheit stehend, verkehrt sich

---

111 Kermann. *De quelques choses vues la nuit*, S. 37.

112 Kermann zeigt exotistische und rassistische Vorurteile gegenüber Sinti und Roma an: gebräunter Teint, lange verschmutzte Röcke, Verkauf von Tür zu Tür, Klauen, Betteln, vgl. ebd., S. 76.

113 Ebd., S. 75.

im Laufe der Täterbefragung vom okkasionellen, wirtlichen Unterschlupf zur
präparierten Vergewaltigungs-Zelle.[114] Tatort der Erwürgung von Zeubio bildet
laut der Prahlerei von Stimme 1 ein U-Bahn-Schacht: „[Il] dirigaient vers une
bouche / la lumière peut-être / où l'air frais / [...] et près d'l'échelle j'lui ai
sauté d'ssus / à deux mains".[115] Stimme 2, der am offenen Ende des Dialogs
nachgegeben wird, insistiert auf eine Führung zum Tatort:

> 2 – où
> où c'était
> exactement [...]
> 2 – dis tu m'montres où
> où c'était
> 1 – qu'est-ce que ça peut faire
> y est plus
> j'y ai rien laissé
> 2 – juste comme ça
> pour voir
> 1 – t'es spécial
> 2 – alors
> 1 – si t'y tiens [116]

Der Wunsch nach der Begehung des Tatortes verdeutlicht die Schaulust der
Stimme 2, befördert durch die sparsamen, vagen Informationen von Stimme 1.
Die Sequenz deutet eine räumliche Sprechsituation in einem gastronomischen
Kontext im Untergeschoss an, der die stammtischartigen Parolen atmosphärisch
einbettet.[117]

Es sind wirtlich-unwirtliche, abseitige, dunkle und verborgene Räume. Auch
der Hort der Wiedergänger_innenstimmen liegt laut Aussage des „guide" in der
Dunkelheit: „dans les caves obscures / bannis de la lumière".[118]

Im Fall der Rede der zeitgenössischen Sisyphos-Stimme ist eine deutliche
Analogie zwischen der Besichtigungsstelle, einem Erdloch, und dem besprochenen Raum, einem Loch, angelegt.

> beau dire déjà vu déjà dit déjà fait

---

114   „je lui ai proposé de l'héberger dans mon camping-car", Kermann. *De quelques choses
      vues la nuit*, S. 38ff.
115   Ebd. S. 26.
116   Ebd., S. 26f.
117   Gekennzeichnet durch den Gegensatz zu Oben und einem Bedienungskontext „vous
      Maryse vous pouvez servir". Ebd., S. 23.
118   Ebd., S. 22.

et puis quoi
pourquoi pas comme ça
faut oui faut
et chaque fois au trou
dans le fond
pas d'issue
sauf le grand trou mais là c'est rien
le sentira même pas
alors un soulagement de tous ça
de tous ces trous
de la vase dans le nez[119]

Das repetitive und iterative Besprechen einer Tätigkeit wird hier in Zusammenhang mit dem mehrfachkodierten „trou" gebracht: das Nichts, die Tiefe, die Nasenöffnung, die Kloake und die damit in Verbindung stehenden Verben wie das unaufhörliche Eindringen, Graben, Austreten von Sekreten, Ausscheiden, (Ent)Leeren. Die Betonung der Lochtiefe geht einher mit der exhaustiven Bemühung des Heraufholens, Herausbeförderns und Heraufsteigens:

sortir
hors du trou hors du cloaque
et vois la douleur de tes cuisses
promesses encore
monte grimpe
courage
traîne pas
ton sang sec
suis la trace
tu connais le chemin non
viens
parti pour un dernier tour
avance
regarde pas en bas
avance[120]

Sowohl die körperliche Anstrengung und unaufhörliche Aufwärtsbewegung auf einem bekannten Weg als auch die unendliche Wiederholung erinnern an eine raummetaphorische Sisyphusarbeit, die auf das Wühlwesen in Kafkas

---

119 Kermann. *De quelques choses vues la nuit*, S. 56.
120 Ebd., S. 62.

unvollendeter Kurzerzählung *Der Bau* referiert. Darin sitzt eine Figur im Erdloch, gräbt sich mühsam ein System unterirdischer Gänge, nur um sich in
der schützenden Tiefe seines Hauptbaus gefahrenlauernd zu verkriechen.[121]
Die Raumpoetik der Löcher, Zellen und Tiefenräume sind mit Sujets des
Nachforschens, Hineinwollens, Hinauswollens und Hochbeförderns verknüpft
und lassen sich auf physische Hohlräume wie Mund und Magen sowie solche
im Gedächtnis beziehen. Auf der Ebene der Figurenrede lässt sich dies wieder-
finden, wenn der „guide" von den Worten der Wiedergänger_innen sagt, sie
seien „englouti au fond d'eux-mêmes"[122] und von der ausgestoßenen Rede
zum Bild des Verschlusses übergeht „enfouies sitôt la bouche close / dans le
plus profond silence / pour n'en jamais plus sortir".[123] Insoweit kündigen die
Konzepte der Verschlussräume, Löcher und Dunkelstellen eine Metaphorik des
Tiefgangs, Grabens und Nachforschens an. Die evozierten Vorstellungsbilder
von Körperräumen konfligieren mit den leiblosen Schattenwesen.

Die Semantik des Lochs berührt auch die metasprachliche Ebene. In einer
Mikrosequenz irren zwei Stimmen, die vom „guide" als absolut liebende traurige
Clowns vorgestellt werden, im Sprachsystem umher:

Y- je cherche mes mots

X- je sue

Y- je perds ma syntaxe

X- je mouille ma chemise

Y- j'oublie mes conjugaisons

X- je dégouline

Y- j'ai des trous

X- je bégaye

Y- eh oui je bégaye [...]

X- je cherche mes mots

Y- je sue

X- je perds ma syntaxe

Y- je mouille ma chemise

X- j'oublie mes conjugaisons

Y- je dégouline

X- j'ai des trous

Y- je bégaye

---

121   Franz Kafka. „Der Bau" In: Ders. *Die Erzählungen und andere ausgewählte Prosa.*
        Frankfurt a. M., Fischer, 2006, S. 465-507.
122   Kermann. *De quelques choses vues la nuit*, S. 33.
123   Ebd., S. 17.

X- eh oui je bégaye[124]

Bei der stichometrischen, echoartigen Replik zwischen X und Y kehren die Wortlaute leicht variiert in einem Hin und Her immer wieder. Verhandelt wird der Verlust der stützenden und logischen Sprachstrukturen. Die Fokussierung des Loches als Leerstelle des Sagbaren steht hier im Kontext von Begehren, als einer Sprechsituation, bei der die Syntax auseinanderbricht, das sprachliche Ausdrucksvermögen versagt und der Redefluss ins Stocken gerät. Kermann lässt die beiden Stimmen X und Y ihr sprachliches Unvermögen besprechen und im Vergleich zum Tier die vermeintlich höher entwickelte Kultur des Menschen in Frage stellen, insbesondere Möglichkeiten sprachlicher Darstellung und die Vorführung von Desorientierung im Sprachmaterial.

6.4 Parcours durch den nächtlichen Klangraum

Mit der Konzeption der akusmatischen bzw. atopischen Stimmen ist eine Anordnung der Verunklarung, ein „dispositif vocal brouillé", gegeben.[125] Sind in einem Hörraum keine Quellen auszumachen, wird dies als desorientierend erfahren: „Nur verliert sich normalerweise das Ich nicht ans Hören und bewahrt sich selbst, indem es die Stimmen, Töne und Geräusche auf ihre Quellen hin distanziert und damit die Erfahrung des Zwischen überspringt."[126] Kermann potenziert das desorientierende Moment der atopischen Stimmen durch den bereits im Titel verkündeten konturlosen Raum der Nacht und das weiträumige postkatastrophische Feld. Diesen räumlichen Unwägbarkeiten wird durch das Angebot des Fremdenführers Abhilfe geschaffen. Dieser führt und begleitet den Parcours durch die tote Stadt, der den dramaturgischen Hauptstrang des Theatertextes bildet. Die verbal evozierte Raumbewegung wird wie eine festgelegte wiederholbare Besichtigungstour besprochen. Deutlich drängt der Fremdenführer darauf, den räumlichen und zeitlichen ‚Ablauf' einzuhalten: „il vous est difficile de poursuivre la visite / mais [...]",[127] „poursuivrons [...] notre route".[128] Er führt jedoch nicht nur durch das Ruinenfeld, sondern vor allem durch eine Sammlung unverortbarer Stimmen, denen die Besucher_innen im nächtlichen Raum in Form eines „Mitseins" begegnen. Kermann entwirft vom Text aus einen

---

124   Kermann. *De quelques choses vues la nuit*, S. 46f.
125   Dernis bezieht diesen Begriff jedoch auf die Aufführung, vgl. Dernis. *La voix des revenants*, S. 367.
126   Vgl. Böhme. *Atmosphäre*, S. 274.
127   Ebd., S. 64.
128   Ebd., S. 67.

virtuellen audio walk durch heterogene Hörbeispiele und erzeugt so eine immersive Ästhetik.[129] In Ansprache und Einladung des „guide" und seiner Begleitung durch den Klangraum ist ein progressives Eintauchen angelegt.[130] Mit dem Konzept der virtuellen, immersiven Führung durch den postkatastrophischen Raum der Stimmen und der Aneinanderreihung disparater und austauschbarer Einzelsequenzen erweitert Kermann die Funktionen eines „meneur de jeu", d.h. einer unterhaltenden und überleitenden Spielleiter_innenfigur.[131]

6.4.1 Katabasis und Spurensuche

Die Rhetorik des „guide" verspricht zwar einen topographisch nachvollziehbaren Raumweg durch den strukturlosen Raum des Ruinenfeldes, bleibt jedoch vage und metaphorisch. Er wird in der zweiten Sequenz nach der Ouvertüre angekündigt „le sentier est court qui conduit au coeur de la ville au sept portes"[132] und in der vorletzten Sequenz zum Abschluss gebracht: „nous approchons de la fin de notre visite [...] allez je m'en vais merci et adieu."[133] Das angekündigte ‚Herzstück' der Stadt der sieben Tore wird nicht näher bestimmt. Auch die Etappen und Haltepunkte liegen vereinzelt und unverbunden vor: so ein Baum als Rastplatz und ein Erdloch.[134] An letzteres schließt sich der Gang durch einen Erdschacht an, wozu der „guide" die „passionnés d'archéologie / amateurs d'histoire ancienne"[135] unter den Besucher_innen auffordert, ihm zu folgen:

attention aux marches
nous descendons oui
quelques mètres sous terre
suivez la lumière de ma torche
et prenez garde aux pierres anguleuses
voilà nous y sommes
un trou effectivement

---

129   Die Immersion als „imaginative Verschmelzung der Rezipient/innen (sic) mit dem von ihnen wahrgenommenen Kunstwerk" löst die Illusion ab. Vgl. den von Oliver Grau festgestellten kunstübergreifenden Paradigmenwechsel, erläutert von Claudia Benthien; Brigitte Weingart. „Glossar". In: Dies. *Handbuch Literatur & visuelle Kultur.* Berlin, De Gruyter, S. 2014, S. 561-592, hier S. 575.
130   Die „Dramaturgie de l'écoute", die Dernis bei der Aufführung feststellt, legt Kermanns bereits im Theatertext an. Dernis, vgl. Dernis. *La voix des revenants,* S. 367, 368.
131   Vgl. z.B. den Spielleiter und Moderator in Philippe Minyanas *Inventaires.*
132   Kermann. *De quelques choses vues la nuit,* S. 18.
133   Ebd., S. 73f.
134   Ebd., S. 64.
135   Ebd., S. 53.

un puits peut-être
les specialistes n'ont pas achevez leur travaux
alors les hypothèses diverguent[136]

Die Redepassage verdeutlicht nicht nur den haptischen und zeigegestischen Charakter der Raumführung, sondern versinnbildlicht auch das archäologische Verfahren von Freilegung, Spurenkonstruktion und Deutung. Durch die bereits genannten Anspielungen auf das antike Theben knüpft Kermann an die archäologisch-mythographische Tradition des Reiseführers an, die sich auf Pausanias zurückführen lässt. Dessen verschriftlichte Erkundungen und Auslegungen griechischer geographisch-mythologischer Orte und Überreste berücksichtigen auch Thebens Ruinen, Gräber und Brunnen (z.b. die spekulative Situierung des Ödipusbrunnen).[137] Der spätantike Prätext moderner Reiseführer erscheint für die Untersuchung von Kermanns Theatertext nicht nur durch die Art und Weise der Übermittlung als relevant. Auch beruft sich Pausanias auf das „Hörensagen", den „glaubwürdigsten Bericht" und zieht Dichter wie Homer als „Zeugen" hinzu. Zudem kombiniert er eine Katabasis, einen Abstieg in die Unterwelt, mit der Gleichzeitigkeit des Ungleichzeitigen im Kontext der Trophoniushöhle.[138] Neben geographischen Angaben und einer Beschreibung der Stätte als einem „Erdschlund, der nicht einfach natürlich, sondern künstlich und sorgfältig aufs genaueste gebaut ist", liefert Pausanius Informationen über den Kultus dieser Orakelstätte, in der unter Anleitung von Priestern die Zukunft vorausgesagt wird, nachdem ein Wasser des Vergessens und eines des Erinnerns getrunken wird.[139] Kermann verzichtet auf Ortsbeschreibungen oder kartographische Anhaltspunkte, kulturhistorische oder mythologische Einordnungen. Das Erdloch steht für die Ausgrabungsstelle per se und weist auf die Leerstelle im Raum und im Wissen hin. Es entzieht sich der einfachen Auslegung und regt Spekulationen an. Die Metaphorik des Freilegens von Tiefenschichten und des Abtragens von Segmenten, die bereits in den ersten Versen des „guide" anklingt, zeigt eine Nähe zu Pausanias Verfahren auf, insbesondere wenn auf das Vorbereitungsritual des Vergessens (auch bekannt durch den Lethe-Mythos) angespielt wird: „venez à moi mes tendres agneaux / boire le lait de l'oubli / je le sais / assoifées de torpeur / vous allez de couches en couches / et vous tournez en tous sens pour tomber dans le sommeil."[140] Kermann knüpft mit Schlaf und Vergessen

---

136 Kermann. *De quelques choses vues la nuit*, S. 53f.
137 Vgl. Pausanias. *Reisen in Griechenland, III. Delphi*. Zürich. WBG,1986-1989, S. 129-166. (Buch IX Boiotien, V. 5.6 - 25.2).
138 Vgl. ebd., S. 131, 199 (Buch IX Boiotien, V. 5.10, 39.13, 39.14).
139 Vgl. ebd., S. 197-200 (Buch IX Boiotien, V. 39.6-39.14).
140 Ebd., S. 17.

und der Metaphorik des archäologischen Vordringens in Richtung verborgener und tieferliegender Schichten an einschlägige Erinnerungstopologien an,[141] die er zudem mit der epischen Katabasis (Homer, Ovid, Dante) verknüpft.[142] Während Dante in *Inferno* das lyrische Ich von Dichter und Reiseleiter Vergil entlang von Seelen und ihren Lebensgeschichten durch die symbolischen Stufen des Höllentrichters führen lässt und damit eine moralisch und vertikal orientierte Topographie vorlegt, die in *Paradis* mit dem Aufstieg in den Himmel endet,[143] basiert das Konzept der Raumführung in *De quelques choses vues la nuit* auf Horizontalität, Klangräumlichkeit und einem kurzen unterirdischen Erkundungsgang. Anstelle eines Zielpunktes lässt der „guide" die Besucher_innengruppe auf dem offenen Feld, im Raum der Stimmen alleine zurück. Dennoch bildet die *Commedia* durch den besprochenen Raum, die dialogische Führung, das dadurch erreichte theatrale und virtuelle Potenzial ein relevanter Prätext.[144] Auch Kermann erreicht eine vorgestellte Raumerkundung im Hier und Jetzt, indem er den „guide" die Ansprache direkt an die Rezipient_innen richten lässt und mit verbalen Zeigegesten wie „ici" und „ces" den Eindruck des Vor-Ort-Seins erweckt. Imperative lenken die Besucher_innengruppe und binden sie perzeptiv und motorisch mit ein:

---

141 Vgl. insbesondere „Ausgraben und Erinnern" von Walter Benjamin: „Es (das Ge-dächtnis) ist das Medium des Erlebten wie das Erdreich das Medium ist, in dem die alten Städte verschüttet liegen." Walter Benjamin. *Erzählen. Schriften zur Theorie der Narration und zur literarischen Prosa*, hg. von Alexander Honold. Frankfurt a. M., Suhrkamp, 2007, S. 196.

142 Zu Funktionen und Ausformungen der Unterweltsführung vgl. Markus Janka. „Ovids Unterwelten im Wandel. Die Katabasis der Metamorphosen zwischen Imitation und Innovation." In: Ders. u.a. (Hg.). *Ovid. Werk. Kultur. Wirkung*. Darmstadt, WBG, 2007, S. 195-237, hier S. 204, 221ff. Auf Dantes *Inferno* als Intertext wird in der Forschung zu Kermann bereits hingewiesen Vgl. Felbeck. *Erinnerungsspiele*, S. 232. Bereits Freud re-feriert auf die Katabasis, beschreibt anhand des Abtragens von Schichten das Verfahren der Traumdeutung und nutzt den Mythos der Katabasis um die Psychoanalyse als wissenschaftlich fundierte Therapiemethode zu konzeptualisieren vgl. Isabel Platthaus. *Höllenfahrten. Die epische „katábasis" und die Unterwelten der Moderne*. München, Fink, 2004, S. 55ff.

143 Stierle stellt die Frage der Orientierung aus hermeneutischer Perspektive und liest die dreiteilige Reise Dantes als eine Odysee „im großen Meer des Sinns." Karlheinz Stierle. *Das große Meer des Sinns. Hermenautische Erkundungen in Dantes ‚Commedia'*. München, Fink, 2007, S. 12.

144 Zur Virtualität der *Commedia* vgl. ebd., S. 11. Zu ihrem theatralischen Potenzial vgl. Finters Untersuchung zur *lecture performance* anhand von Romeo Castellucci (2008, Avignon) und Carmelo Bene (1981, Bologna) und der Tradition der öffentlichen *lectura Dantis* von Bocaccio (1373, Florenz). Vgl. Helga Finter. „Dante lesen als Performance" [2008]. In: Dies. *Die soufflierte Stimme. Text, Theater, Medien. Aufsätze 1979-2012*. Frankfurt a. M., Peter Lang, 2014, S. 517-526.

Droites
Sans honte ni pitié
Ne vous bouchez pas les oreilles
Ne baissez pas les yeux
Venez messieurs dames
L'un derrière l'autre [...]
Mais taisons-nous c'est son heure
Il va se mettre à parler
Ne vous effrayez pas [...]
Chut maintenant
Chut[145]

Höflich, achtsam und bestimmt lässt Kermann den „guide" die Besucher_innen-gruppe lenken, regt an, Ohren und Augen zu öffnen. Der unterirdische Gang wird als herausfordernd betont:

Je comprends votre hésitation
Il vous est difficile de poursuivre la visite
Mais je vous avais prévenus
Les âmes ne sont jamais suffisamment fortes
Alors courage
Asseyons-nous près de l'arbre
Prenons un peu de repos
Nous en avons tous besoin[146]

Serviceorientiert fängt der Fremdenführer mit dem Angebot einer Rast die An-strengungen für die ‚sensiblen Seelen' auf und ergänzt mit einer Erholungspause nach dem Aufstieg. In der raumpoetischen Reihe von Wald, Zelle und Loch sowie mit den Bedeutungskomplexen von Archeologie und Katabasis, verweist Ker-mann nicht nur auf die Erinnerungsmetaphorik des Grabens nach Verborgenem unter Betonung des Zeitaspektes, sondern auch auf das philologische Deuten.[147] Es sind Geschichten, die hochbefördert und Spuren, die freigelegt werden. Dass dies weder immer gelingt, noch immer gewollt ist, zeigt der „guide" am Beispiel des antiken ‚Hundes' (der skeptizistische Philosoph Diogenes, der geläufig mit Hund und Laterne dargestellt wird): „il est des noms frappé d'interdit qu'il faut éviter de répandre aux oreilles indélicates / ou trop profondément enfouis dans

---

145 Kermann. *De quelques choses vues la nuit*, S. 53, 54.
146 Ebd., S. 64.
147 Zum Erinnerungsmetaphorischen Zusammenhang zwichen Archeologie und Philo-logie vgl. Aleida Assmann. *Erinnerungsräume*, S. 163-165.

une mémoire oublieuse et peureuse".[148] Statt einer Stimme zu lauschen, wechselt Kermann hier das Medium und lässt den „guide" die Überreste schriftlicher Überlieferungen verlesen.

> des fragments d'un parchemin / retrouvé ici-même / enterré à quelques pieds sous terre / l'humidité et les vers l'avaient rongé / mais il fut reconstitué par une savante patience / l'auteur / d'après ce que nous avons appris de ce personnage / ce destin aurait eu sa préférence / un titre / apogryphe alors / épitaphe pour un chien / peut-être[149]

Die archäologische Rekonstitution, die unsichere Quelle, fehlende Wertschätzung und Kanonisierung zeigen die Unvollständigkeit und Unzuverlässigkeit von überlieferten Geschichten an. Es handelt sich um eine lose Ansammlung von 17 Kürzestanekdoten aus dem Leben des Diogenes. Die Fragmente transportieren mündliche Überlieferungen und Stimmen: die des Hörensagens „On dit qu'il [...] On rapporte qu'il",[150] sowie Direktzitate und Dialoge. Die Sequenz thematisiert nicht nur die Differenzen und Vermittlungsstufen von mündlicher Überlieferung und schriftlicher Fixierung und Aufbewahrung, sondern zeigt auch auf die Stimmen in Texten hin. Eine solche archäologische und konservatorische Metatheorie zeigt den Konstruktionscharakter von Spuren an.[151] Spätestens an dieser Stelle des Textes erweist sich die Führung als eine Besichtigung von Spuren, deren Verstreuung bereits zu Beginn angekündigt wird.[152] Die nächtliche und unterweltliche Besichtigung gleicht einer Spurensuche als „Aktivität, die nur durch intensive Beschäftigung mit dem Material, das als Feld möglicher Spuren in Frage kommt, Spuren überhaupt freizulegen vermag".[153] Das bedeutet,

> dass nur zur Spur wird, was im Zusammenhang einer plausiblen Erzählung, die einen Zusammenhang herstellt zwischen Sichtbarem und Unsichtbarem, seinen wohlbestimmten Ort bekommt. Die gestörte Ordnung, der sich alle Spurbildung

---

148   Kermann. *De quelques choses vues la nuit*, S. 67.
149   Ebd., S. 64.
150   Im Unterschied zur Rede der Stimmen fällt hier die Majuskel am Satzanfang auf. Kermann markiert hier auch typographisch die schriftliche Überlieferung.
151   Die Konstruiertheit von Spuren ist eine der zentralen Thesen Krämers. Sie denkt die Spur als Inversion des Botenmodells (Engel, Zeugen) insofern, als dass die Spur durch die Empfänger der Botschaft erst ‚beauftragt' wird, Informationen zu übertragen, vgl. Krämer. *Medium, Bote, Übertragung*, S. 280, 282.
152   „traces éparses" Kermann, *De quelques choses vues la nuit*, S. 22.
153   Krämer. *Medium, Bote, Übertragung*, S. 281.

verdankt, ist somit in eine neue narrative Ordnung zu integrieren, indem das spurbildende Geschehen als eine Geschichte rekonstruiert wird.[154]

Bei einer archäologischen oder kriminologischen Spurensuche ist es die einordnende Erzählung und die Bedeutungsgenerierung, die die Spur als stummes Ding im Akt der Lektüre erst ‚zum Sprechen' bringt.[155] Der Spurensuche gehen Hypothesen voraus, die die Suche entsprechend orientieren. Mit dem Makronarrativ der toten Stadt spannt Kermann einen Deutungshorizont auf, ein Gesamtnarrativ lässt sich aus den Hörbeispielen jedoch nicht bilden. Der „guide" leistet eine vage und spärliche Einordnung der Fundstücke, die Anhaltspunkte für eine assoziative Rekonstruktion des Gesamten bieten. Seine Hauptfunktionen sind das Zeigen und Sichtbarmachen. Neben dem Zeigen als Grundlage des Spurenlesens betont Krämer die Wissensgenerierung und Orientierungsleistung: „Durch die Identifikationsleistungen, die mit dem Lesen von Spuren verbunden sind, kann Orientierung geschaffen, kann Ungewissheit in Gewissheit transformiert werden. Das Lesen von Spuren ist eine Kulturtechnik der Wissenserzeugung."[156] Im Spurenlesen greifen archaische Orientierungstechnik und moderne (human)wissenschaftliche Methoden des Sammelns, Ordnens, Erzählens, Rekonstruierens, Beobachtens, Beziehens und Reflektierens ineinander.[157] Durch die Metaphorik des Dissoziierten, der Tiefe, des Dunklen und der Anstrengung stellt Kermann die Erschwernisse des Spurenlesens in den Vordergrund: das Verborgene und das Störende der Spur. Krämer denkt die Spur mehr oder weniger implizit als sichtbare, materialisierte. Die klangliche oder stimmliche Spur zieht sie nicht in Betracht.[158] Dabei lässt sich mit Marx' Begriff der gespenstischen Stimme das Prinzip des Störenden der Spur denken: so kann eine fremdartige Spur Narrative, Ordnungen und Episteme stürzen und auf Unzulänglichkeiten hinweisen.[159] Auf ein solches Moment des Störens spielt Kermann an, wenn er den *„guide"* die zynischen Sätze von Diogenes vortragen lässt und das Spurenmaterial für selbstsprechend hält: „le passé parle tout seul à qui sait l'entendre".

---

154 Krämer. *Medium, Bote, Übertragung*, S. 281.
155 Vgl. ebd., S. 281.
156 Vgl. ebd., S. 283, 184.
157 Vgl. ebd., S. 284.
158 Vgl. Sybille Krämer. „Was also ist eine Spur? Und worin besteht ihre epistemologische Rolle? Eine Bestandsaufnahme." In: Dies.; Werner Kogge; Gernot Grube (Hg.). *Spur. Spurenlesen als Orientierungstechnik und Wissenskunst*. Frankfurt a. M., Suhrkamp, 2007 S. 11-33, hier S. 15.
159 Krämer sieht im Verborgenen und Störenden der Spur weniger die Schwierigkeiten als die Funktionen. Vgl. Emmanuel Levinas. *Die Spur des Anderen*. Freiburg, Alber, 1983, S. 231, zitiert nach Krämer. *Medium, Bote, Übertragung*, S. 286.

6.4.2 Paradox der sonoren Besichtigung

Der Titel des Stückes *De quelques choses vues la nuit* kündigt nicht nur die Nacht als Zeit-Raum des Geschehens an, sondern wirft ein ästhetisches Paradoxon auf: das Sehen von Dingen bei Dunkelheit als ein Sehen/Nichtsehen. Einzige Lichtquelle des Stückes bildet die Fackel bzw. Taschenlampe als Leuchtmittel für den unterirdischen Abstieg.[160] Mit dieser Lichtquelle wird die Geste des Zeigens unterstützt, die sich bereits in der eröffnenden Einladung verbal ankündigt.[161] In der wiederholten Thematisierung der *Besichtigung* („visite") ist die visuelle Rezeption und Erkundung vor Ort deutlich angelegt. Doch worin besteht das Wahrnehmungsverhältnis bei Gegenständen, die des Nachts zum Vorschein kommen? Mit dem Appell des Fremdenführers „écoutez et ouvrez vos yeux en vous" verschiebt sich die visuelle Anordnung hin zu einer Hör-Anordnung, die Bilder im Gedächtnisraum evoziert.[162] Die Nacht bildet einen Tast- und Hörraum erschwerter Orientierung. Sie verweist auf das Geheimnisvolle, Unbekannte und die vorlogischen Denkformen und Erscheinungen, begünstigt die Erfahrung von Unheimlichkeit und die Begegnung mit dem Gespenstischen.[163] Beispielhaft dafür steht in der Theatergeschichte die Höhle des Magiers in Corneilles *Illusion comique*.[164] Dem Nachtraum eigentümlich ist eine besondere Qualität der Tiefe, die von der des Tagraumes zu unterscheiden ist: „die – sich aller Quantifizierung entziehende – Tiefe ist die einzige Dimension dieses Raumes. Es ist eine unbegrenzte Umhüllung, in der alle Richtungen gleich sind".[165] Die Nacht schluckt die Blicke, der Mensch ist mit sich alleine und das Innen und Außen wird durch die umhüllende und durchdringende Wirkung aufgelöst. Die Nacht ist gerade nicht der Raum des Sehens, sie „zeigt nicht, sie kann nur reden oder schweigen".[166] Maurice Blanchot unterscheidet zwei Nachtkonzeptionen. Die erste Nacht ist die des leeren, alle Konturen verwischenden Schwarzraumes, der Stille und des Todes, sie ist einladend. Die zweite Nacht denkt Blanchot als die, die gerade das Abwesende zur Erscheinung bringt: „Das Unsichtbare

---

160   „suivez la lumière de ma torche" Kermann. *De quelques choses vues la nuit*, S. 53.
161   „je mène des curieux [...] montrant [...]", ebd., S. 17.
162   Diese Stelle zeugt von dem „konstruktivistische(n) Impetus" einer postmodernen Land-
       schaftskonzeption, vgl. Manfred Schmeling; Monika Schmitz-Emans. „Einleitung". In:
       Dies. (Hg.). *Das Paradigma der Landschaft in Moderne und Postmoderne. (Post-)Modernist
       Terrains: Landscapes-Settings-Spaces*. Königshausen & Neumann, 2007, S. 21-36, hier S.
       S.34.
163   Bollnow bezieht sich insbesondere auf Minkowsky und Merleau Ponty, vgl. Otto
       Friedrich Bollnow. *Mensch und Raum*. Kohlenhammer, 2010, S. 225, 226.
164   Vgl. Mayer. „Raum und Orientierung im Illusionstheater".
165   Bollnow. *Mensch und Raum*, S. 226, 227.
166   Ebd., S. 227.

ist nun das, was man nicht aufhören kann zu sehen, das Unaufhörliche, dass sich zeigt. […] Sie ist der Tod, den man nicht findet, ist das Vergessen, das sich vergisst, das inmitten des Vergessens die ruhelose Erinnerung ist."[167] Der Nachtraum in *De quelques choses vues la nuit* lässt sich mit der zweiten Konzeption bestimmen. Er begünstigt Traum- und Erinnerungsbilder und wird auch in den übrigen Theatertexten Kermanns bemüht. Das textinterne Wahrnehmungsverhältnis wird metaästhetisch besprochen und gibt Auskunft über Kermanns theaterästhetische Position. Zugunsten des Nacht- und Hörraumes weist er die szenische Visualisierung zurück und gibt der bilderevozierenden und immersiven Rede den Vorzug. Die Nacht erscheint als der „(leere) Raum zwischen Hören und Sehen",[168] allerdings nicht durch die szenische Entzweiung des Auditiven und Visuellen sondern durch das autonome Auditive und die visuelle Ergänzung eines imaginativen Sehens. Es entsteht ein Kopftheater, das sich zu dem der Avantgarden umgekehrt verhält. Während Autoren wie Artaud die Bühne einen subjektiven Raum werden lassen, indem sie ein Kopftheater in den Bühnenraum projizieren,[169] evoziert Kermann ein Bildertheater im Kopf des angesprochenen Publikums. Hinter dem Verschluss der Augen eröffnet sich ein nächtlicher, unbegrenzter Wahrnehmungsraum. Dieser steht in Wechselwirkung mit dem sonoren Außenraum und wird zum Schauplatz eines Theaters, das sich aus einem Bilderreservoir des kulturellen Gedächtnisses speist. Im Hörraum der Nacht erfolgt ein Sehen sprachlich evozierter Vorstellungen. Die „fables enfouies au plus profond de notre / mémoire / qui surgissent la nuit dans notre endormissement" werden abgerufen.[170] Die Ansprache des „guide" liest sich als implizite Bühnenanweisung für ein mentales, auditiv unterstütztes Bildertheater. Das Hören geht einher mit einem inneren Sehen. Aufgrund der atopischen, mitwandernden Stimmen lässt sich die Dramaturgie von *De quelques choses vues la nuit* mit einem musealen audio guide mit Tonbeispielen vergleichen.

Mangels Angaben zu Status oder Auftrittsform des „guide" ist nicht ausgeschlossen, dass Kermann auch ihn als akusmatische Stimme entwirft, wenn diese sich durch ihre dichterische Sprache auch deutlich von den anderen Stimmen absetzt. Dieser Sonderstatus der kundigen Stimme mit leitender

---

167 Maurice Blanchot. *Der literarische Raum*. Zürich, Diaphanes, 2012, S. 167, 168.
168 Zur Trennung von Hören und Sehen durch akusmatische Stimmen und der Fiktion ihrer Verschmelzung vgl. Finter. „Der (leere) Raum zwischen Hören und Sehen"
169 Helga Finter. *Der subjektive Raum, I. Die Theaterutopien Stéphane Mallarmés, Alfred Jarrys und Raymond Roussels. Sprachräume des Imaginären*. Tübingen, Narr, 1990 sowie *Der subjektive Raum, II. '… der Ort, wo das Denken seinen Körper finden soll'. Antonin Artaud und die Utopie des Theaters*. Tübingen, Narr, 1990.
170 Kermann. *De quelques choses vues la nuit*, S. 18.

Funktion, lässt sich mit Mladen Dolar als akusmatische Meisterstimme ohne sichtbaren Körper denken.[171] Sie führt nicht nur räumlich und zeitlich durch den sonoren Textraum, sondern nimmt auch eine moderierende, orchestrierende und vermittelnde Funktion, eine Zwischenräumlichkeit ein. Es handelt sich jedoch nicht um einen „Führer durch Patrick Kermanns ‚théâtre de la réminiscence'",[172] auch wenn sich dies durch die metatheatralischen Kommentare stützen ließe. Die Erwartung von Einordnung, Deutung und Erklärung der Stimmbeispiele, gemäß dem sonoren Spurenlesen, wird zurückgewiesen.

6.4.3 Diskursive Orientierung

Sprecherautorität und Orientierungsleistung lassen sich genauer untersuchen. Die Stimme des „guide" vereint vielfältige, mehrschichtige dramaturgische Funktionen. Er ist Wärter der Stimmen, nennt sie beim Namen und kündigt sie an. Er ist profitunabhängig,[173] Wächter und Konservator der Relikte wie auch Hüter der sprachlichen Form, die er selbst mittels des Pathos eines antiken Dichters wahrt.[174] Er ist Hirte der Besucher_innen,[175] Connaisseur der Stimmen und Erzähler der Untergangsgeschichten, Fremdenführer und Unterhalter, Spielführer, Moderator und Kommentator, Dichter und Dramaturg, Zeigender und Ausleuchtender. Er verfolgt und thematisiert museale Aufgaben: sammeln, bewahren, forschen, ausstellen und vermitteln. Auf dramaturgischer Ebene gewährleistet er den raumzeitlichen Wandelpfad durch den Raum der Stimmen und Mikrogeschichten. Damit entsteht die dramaturgische Zugkraft des Theatertextes samt ihren Abwegen. Durch den Sonderstatus und die Stellung im räumlichen und fiktionalen Zwischenraum erinnert der „guide" an den antiken Chor. Prologartig führt er das Geschehen über das Thema des Stadtuntergangs ein, epilogartig verabschiedet er sich. Er vermittelt zwischen der gegenwärtigen Lebenswelt und dem Jenseits der Stimmen, zwischen Publikum als Besucher_innengruppe und den Fiktionsebenen. Er bedient sich der direkten Ansprache – wie Vergil in der *Commedia*, das verirrte lyrische Ich (Dante) als räumlich

---

171   Diese Konstellation lässt sich bis auf die von Pythagoras zurückverfolgen, dessen akusmatische Lehrmethode im Unterrichten hinter dem Vorhang bestand, mit dem Ziel, die physische, visuelle Ablenkung zu verhindern und die Konzentration auf das Gesagte zu lenken. Vgl. Dolar. *His Master's voice*, S. 83.

172   Felbeck. *Erinnerungsspiele*, S. 246

173   Eine abgrenzende Anspielung auf den Fährmann Charon: „je ne vous demanderai pas l'obole non / guide désinteressé" Kermann. *De quelques choses vues la nuit*, S. 17.

174   „je suis également celui qui veille au respect des lieux / à la sauvegarde du patrimoine / au bon goût moral / et stylistique", ebd., S. 50.

175   „venez à moi mes tendres agneaux", ebd., S. 17.

orientierender Reiseleiter sowie Seelenführer über die irdischen Schicksale der Verdammten aufklärt. Durch die desillusionierenden und metatheoretischen Worte und Gesten besteht jedoch auch eine enge Verwandtschaft zu Formen der Vermittlung im epischen Theater, die Kermann über die akusmatische Rede erweitert: zwischen den Zeiten, zwischen den Räumen, zwischen dem zu Hörenden und den Zuhörenden, zwischen den Ohren und den Augen. Es handelt sich jedoch nicht um eine Meisterstimme, sondern um eine mediale Stimme der moderierenden, nichthierarchisierenden Gesprächsleitung ohne Machtanspruch. Zwar bestimmt er den Parcours und achtet auf die Einhaltung eines wiederholbaren ‚Programmes', lässt durchscheinen, einen Überblick über Raum, Zeit und Stimmen zu haben und die (Ver)Sammlung der Stimmen gut zu kennen. Eine Systematisierung oder ein Ordnungssystem ist jedoch nicht erkennbar. Kermann kehrt die poetologische, ironische und selbstironische Reflexion der orientierenden Stimm-Instanz in den Vordergrund.

6.4.4 Serviceorientierung: Moderieren, Unterhalten

Eine der diskursiven Funktionen des „guide" besteht darin, die zu hörenden Stimmen anzusagen, namentlich vorzustellen und Mytheme oder Kontexte anzudeuten. Die Stimmen werden präsentiert wie Kuriositäten in einem Museum: „un specimen intéressant".[176] Gesten des Zeigens und Hinweisens werden ergänzt durch Appelle des Hinsehens und Hinhörens, die die Aufmerksamkeit steuern: „voici",[177] „laissez-moi vous présenter",[178] „observez-bien",[179] „écoutez",[180] „vous avez entendu",[181] „C'est alors le tour de [...] de prendre la parole",[182] „mais taison nous".[183] Nach Art einer Gesprächsmoderation werden den Stimmen Redezeiten zugeteilt. Es bleibt jedoch nicht nur beim Auffädeln der Einzelstimmen zu einer Reihe. Der „guide" schaltet sich auch in die Rede ein, tritt in Dialog mit den Wiedergänger_innen, fordert sie zum Sprechen auf, korrigiert und prüft den Wahrheitsgehalt. In der neunten Sequenz stellt der „guide" die Täterstimme C. mit einem Kurzportrait vor und führt ein Verhör durch. Das eindringliche Nachhaken zielt dabei nicht nur auf die detaillierte und faktische Rekonstruktion des Tathergangs der Vergewaltigung. Es werden

---

176 Kermann. *De quelques choses vues la nuit,* S. 54.
177 Ebd., S. 19, 22, 68.
178 Ed.,, S. 22, 28.
179 Ebd., S. 43.
180 Ebd., S. 64.
181 Ebd., S. 33.
182 Ebd., S. 68, 70, 71.
183 Ebd., S. 54.

auch unterhaltende, abwegige Fragen gestellt, was metasprachlich kommentiert wird: „nous nous égarons."[184] Damit bewegt sich die Redeweise des „guide" zwischen einer juristischen und einer journalistischen: „regrettez-vous / répondez / oui ou non".[185] Während der Führung durch die Stimmenexemplare unterhält er in der Art eines Conferencier mit Exkursen und Anekdoten. Während der Pause am Baum betont er den unterhaltenden und kompensatorischen Charakter des Geschichtenerzählens „venez je vous conterai des choses qui vous divertiront de votre pesanteur".[186] Auf der Ebene der Dienstleistung nimmt der „guide" die Besucher_innengruppe an die Hand und zeigt sich um ihr Wohl bemüht „vous pouvez vous rafraichir en attendant."[187] Serviceorientiert teilt er die Gruppe nach Bedürfnissen auf, ortskundig stellt er die Trittfestigkeit sicher und beleuchtet den unterirdischen Weg. Dem pastoralen Blindenführer, der in Maeterlincks *Les Aveugles* unbemerkt stirbt und die Gruppe in völliger Unsicherheit und Desorientierung zurücklässt,[188] setzt Kermann – freilich nicht ohne Ironie – einen umsichtigen und kundenorientierten zeitgenössischen Museumsführer entgegen.[189]

6.4.5 Rezeptionsorientierung: illusionsbrechende Kommentierung

Mit Überleitungen wie „dans la ville au sept porte vivait aussi [...]" bettet der „guide" die Hörbeispiele in seine Gesamterzählung ein und stellt so einen Bezug zwischen Makro- und Mikroebene her.[190] Kermann lässt den Fremdenführer mit der Metaebene spielen, das interne Rezeptionsverhältnis und die eigene Theaterpoetik thematisieren. Neben den genannten Erinnerungsmetaphern kommen auch erinnerungstheoretische Aussagen zur Verlässlichkeit der Stimmen vor, deren Wahrheitsgehalt im Verhältnis zur Einbildungskraft ironisch in Frage gestellt wird: „vous savez les témoignages sont sujet à caution peu fiable après tant de temps / est-ce la mémoire ou l'imagination qui projette des images / auxquelles nous ne voulons désormais croire".[191] Kermann spielt mit Erwartung und Erwartungsenttäuschung, indem er den „guide" Wahrheiten und Informationen versprechen und an anderer Stelle ironisch verwerfen lässt.

---

184   Kermann. *De quelques choses vues la nuit*, S. 36.
185   Ebd., S. 42.
186   Ebd., S. 64.
187   Ebd., S. 64.
188   Maeterlinck. „Les Aveugles", vgl. auch Kapitel 3.1.
189   Janka macht auf die Reiseleiterin Sybille aufmerksam, die auf Wohl und Sicherheit des Geführten bedacht ist. Vgl. Janka. „Ovids Unterwelten im Wandel", S. 221ff.
190   Kermann. *De quelques choses vues la nuit*, S.68.
191   Ebd., S. 28.

Lockt dieser anfangs noch mit frischen Leichen, führt er an späterer Stelle die Neugier und morbide Schaulust des Publikums vor „votre goût des choses mortes" und weist die Curiositas zurück: „ne vous laissez pas tenter par une curiosité morbide / vous le regretteriez / je vois déjà des visages friands et avides".[192]

Die in der Rede des „guide" besprochene Rezeptionsebene steht übergreifend für die ästhetische Haltung des Autors. Durch ironische Appelle und Kommentare, distanziert Kermann sich kritisch von wirkungssteigernden Strategien wie Unterhaltung, emotionale Anrührung, Identifikationspotenzial und spektakulärer Bann-Kraft. Kommentare wie „Mais je me laisse émouvoir"[193] und „n'ayant pas peur du ridicule"[194] werden deutlich illusionsbrechend eingesetzt und laden die Besuchergruppe zur Distanznahme ein. Dieser rezeptionsästhetische Metadiskurs wird um einen literarischen Metadiskurs zeitgenössischer poetologischer Problemstellungen ergänzt:

> oh ce n'est pas une histoire
> le temps des fables est hélas révolu
> nos écrivains n'en ont plus le goût
> comment en écrire après la tragédie qui s'est déroulée ici
> mais ce n'est guère l'endroit où disserter des mœurs littéraires
> et je ne suis pas qualifié[195]

Nicht nur das Ende der Fabeln wird ausgerufen, sondern auch die Frage von Schreibweisen ‚nach der Tragödie' wird gestellt. Zugleich spricht sich der „guide" die Kompetenz für etwaige metaliterarische Ausführungen ab. Damit drosselt Kermann dessen theoretische Kompetenz gegenüber der der Schriftsteller_innen und relativiert den Status des Fremdenführers gegenüber der Besucher_innengruppe und den Wiedergänger_innen. Kermann lässt die Grenzen der metaliterarischen Kommentierung und Deutungshoheit vorführen und zugleich die Aussagekraft der stimmlichen Spuren anheben „le passé parle tout seul / à qui sait l'entendre".[196] Die Stimme des Fremdenführers bleibt unzuverlässig und seine Informationen unvollständig: „je ne vous en dirai pas plus",[197] Kermann lässt den „guide" die Verweigerung von Einordnung und Kontextualisierung thematisieren.

---

192 Kermann. *De quelques choses vues la nuit*, S. 53.
193 Ebd., S. 74.
194 Ebd., S. 73.
195 Ebd., S. 64.
196 Ebd. S. 28.
197 Ebd., S. 64.

6.5 Orientierungsskepsis und -ironie

Einordnendes Spurenlesen und ethisch-didaktische Einwirkung auf die Besucher_innengruppe werden zurückgewiesen. Während Kermann mit der Kritik der Einfühlung und Illusion zwar deutlich an Brecht'sche Theaterprämissen anknüpft,[198] bricht er dessen Theaterästhetik auf der Ebene der Fabel, die für Brecht das ,Herzstück', ausmacht.[199] Wenn Brecht im Theater die Aufgabe sieht, die Fabel durch Verfahren der Verfremdung und Verwunderung auszulegen, zielt er auf das Potenzial der Umwälzung der gesellschaftlichen Verhältnisse. Die Voraussetzung für Verfremdungseffekte sieht Brecht darin gegeben, dass die Gesellschaft und ihre Subjekte die Zustände als historisch und veränderbar betrachten.[200] Diesem utopischen Potenzial steht Kermanns Skepsis hinsichtlich Utopien, Wahrheiten, Meistererzählungen und internalisierten Deutungen entgegen. Besonders deutlich wird die Zurückweisung wertungsorientierender, moralisierender Auslegungen in der betont sachlichen und wertfreien Befragung des Vergewaltigers C. Mit der Stimme des „guide" geht Kermann deutlich über die Brecht'sche distanzierende Vermittlungsfigur und Zuschaueraktivierung hinaus. Spöttisch stellt er das Urteilsvermögen des Menschen in Frage, insistiert auf radikalem Zuhören und Befragen und lehnt einen didaktischen Impetus ab: „je ne suis pas là pour donner des leçons".[201] Während die epische Katabasis durch einen Auftrag oder eine Intention einen sinnstiftenden Fluchtpunkt in Aussicht stellt,[202] die Brecht'schen Lehrstücke auf eine implizit angelegte Deutung hinsteuern, arbeitet Kermann eine ironisch besprochene metatheoretische und metapoetologische Orientierungsskepsis aus. Die Hörer_innenschaft wird von einer Stimme geführt, die räumliches und moderierendes Geleit bietet, weitere Orientierungsleistungen jedoch relativiert. Der Weg durch den Raum überlagert sich sinnbildlich und dramaturgisch mit der Redeführung eines Vortrags. Der Fremdenführer lenkt mit Anekdoten ab, verfällt ins Plaudern und führt wieder auf den eingeschlagenen Weg des Besichtigungsparcours zurück. Umwege, Ambivalenzen, Mehrdeutigkeiten und Formen der Ironie dienen als Strategien der spielerischen Desorientierung der Zuhörer_innenschaft. Kehrmann verfährt in der Aktivierung der Rezipient_innen anders als Brecht: Er

---

198 Berthold Brecht. *Kleines Organon für das Theater* [1948]. Frankfurt a. M., Suhrkamp, 1960, S. 25, 42.
199 Brecht definiert die Fabel als „Gesamtkomposition aller gestischen Vorgänge, enthaltend die Mitteilungen und Impulse, die das Vergnügen des Publikums ausmachen sollten." Sie setzt sich aus Einzelgeschehnissen zusammen, vgl. ebd., S. 38, 65.
200 Vgl. ebd., S. 48, 49, 69.
201 Kermann. *De quelques choses vues la nuit*, S. 28.
202 Platthaus. *Höllenfahrten*, S. 92.

verknüpft Verfahren der Immersion mit besprochener Metatheorie, Visualisierungs- und Assoziationsleistungen eines Publikums, dem die Orientierung trotz Vermittlerfigur nicht abgenommen wird. Zugleich legt der Text auch implizit eine poetologische Orientierungsbewegung offen: die durcharbeitende Suche des zeitgenössischen Autors durch Mytheme, gesammelten Nachrichten, Zeitschichten, literarische Relikte, Erinnerungsmetaphern und Stilformen.

7 (Des)Orientierung im Theater der Worte *L'Espace furieux* (1997) von Valère Novarina

Der Theaterautor und bildende Künstler Valère Novarina (1942, Genf) hat sich erst spät etabliert. Erste Theatertexte wurden von den Verlagshäusern abgelehnt. Erste Inszenierungen stießen bei Presse und Publikum auf Unverständnis.[1] Hingegen stellt der TXT-Mitherausgeber Christian Prigent Novarinas Arbeiten bereits zu einem frühen Zeitpunkt als das „objet littéraire le plus littéralement ‚poétique', le plus énigmatique et le plus fascinant qu'ait produit notre modernité récente" heraus.[2] Bis heute wird in der Forschung seine Unklassifizierbarkeit betont.[3] Novarinas Werk umfasst bis dato 20 Theatertexte, sieben theaterpoetologische Essay- und Aphorismensammlungen und vier lyrische Texte. Als Durchbruch in der Theaterszene gilt sein erster von ihm selbst inszenierter Theatertext *Le drame de la vie* beim Festival d'Avignon 1986. Für dieses unökonomische und künsteübergreifende Konzept mit Überlänge und 2587 Figuren malte Novarina ein abstraktes Bühnenbild. Seit der Eigeninszenierung von *L'acte iconnu* in der Cour des Papes in Avignon (2007) ist er als wichtige Referenz für französischsprachiges Gegenwartstheater unumstritten.[4] Dies spiegeln

---

1   Bereits die frühen Theatertexte brachen mit dem zeitgenössischen Erwartungshorizont und den Gattungsvorstellungen. Didier Plassard sieht die zehnjährige Missachtung Novarinas als Anzeichen für eine „crise du discours de la critique dramatique". Didier Plassard. „Le chemin de reconnaissance. Notes sur la réception critique des premièrs textes de Valère Novarina." In: Nicolas Tremblay. *La bouche théâtrale. Etudes de l'œuvre de Valère Novarina*. Montréal, XYZ, 2005, S. 17-27, hier S. 18. Eindrücklich schildert Novarina Umstände und Wirkung der Premieren seiner ersten Stücke. Valère Novarina. *Dialogue avec Marion Chénetier-Alev. L'Organe du langage, c'est la main*. Paris, Argol, 2013, S. 52ff. Einzuräumen ist, dass Novarina in der Literaturzeitschrift TXT, in der er veröffentlichte, auf Interesse stieß.

2   Christian Prigent. *Ceux qui merdrent*. Paris, P.O.L., 1991, S. 299.

3   „une dramturgie unique qui œuvre sans presque aucune ressemblance avec ceux de ces contemporains". Michel Corvin. „Préface", S.9. Corvin feiert Novarina als Ausgang aus einer ‚negativen Theaterästhetik' des 20. Jahrhunderts. Vgl. Corvin. *L'homme en trop*. Laure Née schließt sich an und ergänzt mit Nietzsche den Aspekt des Unzeitgemäßen („l'inactuel"). Laure Née „L'écriture vive." In: Dies. (Hg.). *Valère Novarina*. Paris, Garnier, 2015, S. 7-16, hier S. 9.

4   *L'acte inconnu* wurde zusammen mit der Essaysammlung *Devant la parole* ins Programm des Baccalauréat aufgenommen. Vgl. „dossiers pédagogiques" auf http://www.novarina.com/Valere-Novarina XE "Novarina, Valère" -au-programme-du; Paris 1999-2017 (21.11.2017).

auch Übertragungen ins Deutsche,[5] Aufführungen und Besprechungen in der deutschsprachigen Theaterlandschaft wider.[6]

Novarina beschäftigt sich wortspielerisch mit alten und neuen Konzeptionen von und Verhältnissen zwischen Körper – Schauspieler – Text – Sprache – Bühne – Raum – Zeit. In diesen Reflexionen, ihren kulturgeschichtlichen und neugeschöpften Sprachbildern und einer assoziativen Schreibweise überlagern sich die Theatertexte und Essays. Damit entgrenzt Novarina nicht nur Gattungskategorien, sondern auch Textsorten und seine eigenen Texte, zumal er ein ausuferndes Fort- und Umschreiben praktiziert.[7] Seine Theatertexte zeichnen sich durch eine auffällige Länge, sprachbildliche und metatheoretische Dichte aus. Während in *L'Atelier volant* noch ein deutlicher Plot erkennbar ist – die Übernahme einer Fabrik durch Arbeiter_innen – lösen sich die Handlungsstrukturen ab *Le Babil des classes dangereuses* zunehmend auf. Novarina experimentiert mit der französischen Sprache, bricht sie auf, erfindet sie neu. Durch Wortkombinationen, Ableitungen von Fremdsprachen und Dialekten, durch Präfixe und Suffixe entstehen Neologismen bzw. Novarinismen.[8] Es handelt sich um assoziative Redekompositionen, bei denen sich Einzelsequenzen oder Mikroeinheiten wie Figurenerzählungen, sprachspielerische, metatheatralische, clowneske und philosophische Dialoge sowie lyrische, musikalische und tänzerische Einlagen ausmachen lassen.

In der Forschung zu Novarina herrscht der literaturgeschichtliche, intertextuelle Ansatz vor. Es wird auf Formulierungen aus Novarinas arbeitsbegleitenden

---

5   Bisher sind die Essays *Brief an die Schauspieler* und *Für Louis de Funès* von Katja Douvier beim Alexanderverlag sowie *Lichter des Körpers* und *311 Gottesdefinitionen* von Leopold von Verschuer bei Matthes & Seitz erschienen. Bis dato liegen fünf von Leopold von Verschuer übertragene Theatertexte vor: *Die eingebildete Operette* beim Alexanderverlag, *Die Szene, Der rote Ursprung* und *Der unbekannte Akt* beim Verlag der Autoren (*Scène n°5, n°6, n°12*), *Der Monolog des Adramelech* bei Matthes & Seitz.

6   *Der Rote Ursprung* wurde beim Berliner Theatertreffen 2008 deutschsprachig uraufgeführt. Die Lesung und Diskussion des Essays *Lichter des Körpers* war 2011 Teil des Programms des Roten Salons der Volksbühne, die Novarina als „radikal subjektiven Denker" ankündigt und die Reflexion von Schauspiel, Raum, Text und Körper in den Vordergrund rückt. Vgl. „Lesebühne Valère Novarina". In: *Volksbühne*. https://volksbu ehne.adk.de/praxis/lesebuehne_valere _novarina/index.html (27.05.2019).

7   Dubouclez bezeichnet diese, sich ständig erweiternde kumulative Schreibweise als „réecriture germinative" mit der Kurzform des Aphorismus als kleinster ‚Denkzelle'. Er leistet eine textimmanente Grundlagenforschung zu Novarinas Theatertexten. Über den Fokus auf Handlung, Dialog und Dramaturgie gelangt er zur These eines „théâtre de la défiguration". Oliver Dubouclez. *Valère Novarina. La physique du drame*. Dijon, Presses du Réel, 2005, S. 71-74.

8   Es handelt sich um poetische und spielerische Wortneuschöpfungen auf Basis französischer Wortstämme, eng verknüpft mit der assoziativen Schreibweise.

Essays zurückgegriffen, mit denen dann die Theatertexte oder Inszenierungen paraphrasiert werden.[9] Dabei stehen entweder Inszenierungsverfahren und Aufführungskonzeptionen im Zentrum des Forschungsinteresses,[10] oder aber Schreibverfahren, die mit Gewebemetaphern beschrieben werden.[11] Scheinbar naheliegend durch die erschwerte Zugänglichkeit der Lektüre wird rezeptionsbezogen argumentiert und Leser_in eine Lektürehilfe an die Hand gegeben.[12] Aus theaterwissenschaftlicher Perspektive verbindet Kerstin Beyerlein die Textproduktion Novarinas mit der kollektiven, szenischen Textrezeption bei der Aufführung zu einem „postdramatischen Literaturtheater" der leiblich-sinnlichen Spracharbeit und Erfahrung des sich ereignenden Textes.[13] Ein dritter Zugang hebt die Leere zugunsten von Novarinas Schreibweise und Umgang mit der Sprache hervor. In seiner Analyse von *Vous qui habitez le temps* erklärt Patrice Pavis konventionelle, handlungsbasierte Analysekategorien für hinfällig: „De quoi ça parle? De rien [...] Qu'est-ce que ça raconte? Rien! [...] Qu'est-ce que ça fait? Rien du tout [...]."[14] Er fokussiert die sprachphilosophische

---

9   Dies beobachtet bereits Parisse: „C'est toujours au risque de la paraphrase que l'on aborde le théâtre de Valère Novarina, abondamment et brillament commenté par l'auteur lui-même, dans ces gloses généreuses [...]" Lydie Parisse. *La "parole trouée". Beckett, Tardieu, Novarina.* Caen, Lettres Modernes Minard, 2008, S. 115.

10 Buchvald stellt sowohl einen Deklamationsstil fest als auch avantgardistische (Be)Züge in der Öffnung mentaler Räume (Craig, Appia, Artaud). Vgl. Claude Buchvald. *Valère Novarina. En scène.* Vincennes, PUV, 2014, S. 111, 112.

11 Hersant sieht im Schreibverfahren ein Patchwork aus heterogenen und wiederkehrenden Motiven und Textflächen und greift auf Gewebemetaphern aus *Devant la Parole* und Jean-Pierre Sarrazacs Untersuchungen zum Rhapsodeischen zurück und versteht die textübergreifende Schreibmethode Novarinas als Recycling, zu dem sie eine Tabelle der Textfortschreibungen vorlegt. Céline Hersant. *L'Atelier de Valère Novarina, Recyclage et fabrique continue du texte.* Paris, Garnier, 2016, S. 12-14; 53ff., 138, 139. Bereits Corvin nutzt die Metapher des Flechtwerks und betont die „composition tabulaire" als schwer erfassbare, nichtlineare Redeführung, vgl. Michel Corvin. *Marchant ensemble Novarina! Vade mecum. Panorama critique.* Besançon, Les solitaires intempestifs, 2012, S. 23.

12 Corvin bietet eine alphabetisch geführte Stichwortsammlung zu Textpassagen Novarinas an („Age quod agis", „Cathédrale de souffle", „Dieu, super-néant", „Valse à patapons" etc.), die er kurz – und dezidiert subjektiv – kommentiert und in die er mit den Hauptaspekten Sprachmaterial, Sonorität, Rhythmus, Prozesshaftigkeit, Mündlichkeit und Choralität einleitet. Corvin. *Marchant ensemble Novarina!* S. 11-12, 14-16, 25.

13 Beyerlein stützt ihre Analyse auf ihre Aufführungsbeobachtungen und den Essay *Lichter des Körpers*, vgl. Kerstin Beyerlein. *„Theatrogene Textzonen' oder „ein Theater der Ohren'? Das postdramatische Literaturtheater von Valère Novarina.* Würzburg, Königshausen & Neumann, 2015.

14 Dieses Kapitel zu Novarina fehlt in der deutschsprachigen Ausgabe. Ansonsten handelt es sich – entgegen der unterschiedlichen Titel – um die gleichen Untersuchungen.

und parodistische Auseinandersetzung durch Neologismen, Umformungen und Klangbilder.[15] Ähnlich zielt Constanze Fröhlich in punktuellen Textanalysen auf die „Sprachproliferation", d.h. die überbordende Fülle von Sprachmaterial mit pflanzlichen, organischen Metaphern wie Aufkeimen, Pulsieren, Wuchern, In- und Exkorporation von Text ab. Auch sie attestiert Verweigerungen von Form, Sinn, Kommunikation und kommt zum Schluss, dass der „Topos der Leere" und seine „chaotische(n) Kehrseite des Überflusses" das gleiche Ergebnis anstreben: Sinnverlust durch Erschöpfung.[16] Unter den Untersuchungen zu Sprache und Stil überzeugt die von Chenetier-Alev zur konzeptuellen Mündlichkeit („style orale"), avantgardistischen Wortkunst und Verräumlichung von Sprache.[17] Andere Forscher_innen rücken nach mystischen Vorbildern oder karnevalesken Weltbildern die Rhetorik der Gegensätze und Paradoxa wie Licht und Nacht, Geburt und Tod, Fülle und Leere in den Vordergrund.[18] Dabei wird insbesondere auf Madame Guyon,[19] sogar auch auf Bibelexegeten verwiesen.[20] Demgegenüber überzeugen Ansätze, die verdeutlichen, dass Novarina sich

---

Patrice Pavis. *Das französische Theater der Gegenwart. Textanalysen von Koltès bis Reza.* München, Epodium, 2008; Pavis. *Le théâtre contemporain*, S. 124.

15   Pavis. *Le théâtre contemporain*, S. 125, 128, 132-138. Pavis erkennt Novarinas Theatertexten jegliche Metatheatralik ab – womit er sie abgrenzt vom „théâtre de l'absurde", vgl. ebd., S. 130.

16   Fröhlich schließt deutlich an Pavis an und beruft sich ebenso auf Umberto Ecos *Die Grenzen der Interpretation* und das Konzept des hermetischen Textes. Sie geht von der Leere als dessen eigentlicher Bedeutung aus, vgl. Constanze Fröhlich. *Poetik der Fülle. Sprechen und Erinnern im Werk Valère Novarinas.* Heidelberg, Universitätsverlag Winter, 2014, S. 21-23, 193ff.

17   Chénetier-Alev bezeht sich auf Henri Meschonics Konzepte von Rhythmus und Materialität und reflektiert darüber hinaus die Möglichkeiten einer Autorenstimme, vgl. Chénetier-Alev. *L'oralité dans le théâtre contemporain.*

18   Parisse bezeichnet Novarina als „fils spirituel de Jeanne Guyon", der die „folie sacrée" mit der „idiotie" zusammenführe. Vgl. Parisse. *La ‚parole trouée'*, S. 128, 129, 133, 139, 141, 142, 147, 151,154. Sie sieht eine enge Verwandtschaft zwischen avantgardistischen Theatertheorien und mystischem Denken und arbeitet anhand von Maurice Maeterlincks Infragestellung des Sichtbaren, Verbalisierbaren eine paradoxale Negativität im symbolistischen Theater heraus, die sie von zeitgenössischen Theaterautor_innen weitergeführt sieht. Vgl. Lydie Parisse. „Discours mystique, littérature et théâtre dans le dernier tiers du XIXe siècle." In: Dies. (Hg.) *Le discours mystique dans la littérature et les arts de la fin du XIXe siecle à nos jours.* Paris, Garnier, 2012, S. 67-92.

19   Der Rückbezug auf mystische Traditionen wird in Novarinas expliziter Referenz auf Madame Guyon fundiert. Gemeinsam mit Jacques Le Brun, Mare-Louise Gondal u.a. initiierte Novarina eine Tagung zu Guyon mit Herausgeberschaft: *Madame Guyon. Rencontres autour de la vie et de l'œuvre de Madame Guyon.* Grenoble, Million, 1997.

20   Sepsi bezieht sich auf Meister Eckart und Dietrich Bonhoeffer vgl. Enikő Sepsi (Hg.). *Le Théâtre et le sacré, autour de l'œuvre de Valère Novarina.* Budapest, Ració Kiadó, Eötvös Collegium, 2009; sowie Denis Guénon (Hg.) *Littérature*, N°176, 2014.

an der theologischen Rhetorik und Poetik, insbesondere an den Figuren der Negation und der Umkehrung, abarbeitet.[21] Ebenso ist die Brechung des Heiligen durch das Komische und Groteske herauszustellen.[22] Einleuchtend sind auch Lesarten nach dem Bachtinschen Karnevalesken in einer Reihe mit Rabelais, Alfred Jarry und Antonin Artaud.[23]

Problemstellungen von Raum und Desorientierung werden in der Forschung angedeutet, jedoch aufführungs- bzw. rezeptionsbezogen abgehandelt. Insbesondere Didier Plassard macht auf den Raum als wiederkehrendes Thema der bühnenkünstlerischen Reflexion Novarinas aufmerksam.[24] Er stellt die These eines Bühnenraumes der Gabe und des Verlustes auf,[25] macht zudem einen undenkbaren Raum fest, der mit dem Verlust von Anhaltspunkten einhergeht: einem „gouffre où tous les repères disparaissent."[26] Die Überlegungen anderer Forscher_innen zur Orientierung beschränken sich auf die Lektüre-Rezeption der durch „déviations métaphoriques" und „détours" gekennzeichneten Theatertexte.[27] Insbesondere Sprache und Dramaturgie werden als destabilisierend eingestuft; einzig die Schauspieler_innen würden den „spectateurs désorientés" Unterstützung bieten.[28] Auch Susanne Hartwig argumentiert rezeptionsbe-

---

21   Vgl. Natalie Dupont. *Valère Novarina – opus incertum*. In: *Littérature*, N°176, 2014, S.47-56, hier S. 48.

22   Vgl. Denis Guénon. Avant-propos. In: *Littérature*, N°176, 2014. S. 3-4, hier S. 4. Ramat stellt die These einer „hyper-religiosité loufoque" auf, bei der Mystik und Burleske ineinandergreifen und beruft sich auf das Groteske nach Wolfgang Kayser, dass sie formalästhetisch in Momenten des Hybriden, des Zerfalls, des Fremdartigen fasst. Christine Ramat. „La théomania comique de Valère Novarina." In: *Littérature*, N°176, 2014, S. 37- 46 ; sowie Christine Ramat. *Valère Novarina. La comédie du verbe*. Paris, L'Harmattan, 2009, S. 16-18.

23   Vgl. Christian Prigent. *Ceux qui merdrent*.

24   Plassard hebt, neben der Umkehrung und dem ‚Umweg' über die Malerei, das raumbezogene eröffnende Schwellenmoment der Inszenierungen hervor. Vgl. Plassards Artikel zu den Theatertexten *Le Repas* (1996), *L'Operette imaginaire* (1998), *Vous qui habitez le temps* (1989) und die Essays *Pendant la matière* (1991) und *Devant la parole* (1999). Didier Plassard. „Espace es-tu là? Espace scénique et dramaturgie chez Valère Novarina." In: Christine Hamon-Siréjols; Anner Surgers. *Théâtre. Espace sonore, espace visuel*. Lyon, PU, 2003, S. 277- 285, hier S. 284, 285, 278.

25   Didier Plassard. „Valère Novarina, Didier-Georges Gabily. Pour un potlatch des représentations." In: Patricia Duquenet-Krämer; Sieghild Bogumil. *Bernard-Marie Koltès au carrefour des écritures contemporaines*. Louvain-la-Neuve, Centre d'Etudes Théâtrales, Université Catholique, 2000, S. 67-75.

26   Plassard. „Espace es-tu là?" S. 280.

27   Corvin empfiehlt, sich entlang einzelner ‚Bojen', d.h. Schlüsselbegriffe wie Loch, Leere, Körper, Atem, Gott, Fleisch und Tier zu folgen. Michel Corvin. *Marchant ensemble Novarina!*, S.19-23.

28   Vgl. Née „L'écriture vive.", S. 8-13.

zogen, wenn sie die Zerstörung traditioneller dramatischer Anhaltspunkte zugunsten eines Chaos hervorhebt, in dem sich Leser_innen und Zuschauer_innen
verlieren, um sich in einem labyrinthischen Kosmos der sprachlich-musikali-
schen Klänge und Resonanzen zu retten.[29]

In einer textnahen Untersuchung soll nun gezeigt werden, dass Raum und
(Des)Orientierung in L'Espace Furieux in der Rede besprochen werden – erstens
als erzählte Raum-Figur-Verhältnisse innerhalb eingebetteter Lebens- und Situ-
ationserzählungen, zweitens in Form von metatheoretischen Befragungen und
Spekulationen und drittens in Reflexionen der Wahrnehmungsverhältnisse im
Hier und Jetzt einer potenziellen Theateraufführung.

Der Theatertext L'Espace furieux, ist eine szenische Umschreibung des lyrischen Vortextes Je suis (1991) und bildet ein Scharniertext innerhalb Novarinas
Textarbeiten.[30] Im Zuge seiner Uraufführung 1997 im Theatre de la Bastille
(Regie: Laurence Mayor) erschien er bei P.O.L.;[31] mit der ins Repertoire der
Comédie Française aufgenommenen Eigeninszenierung Novarinas 2006,[32] er-
folgte eine Neuauflage. Wenngleich derart institutionell etabliert, bildet L'Espace
furieux eine deutliche Forschungslücke. Abgesehen von einer mystisch-reli-
giösen Lektüre von Je suis und L'Espace furieux und einer sartreschen von
Je suis,[33] liefert Isabelle Babin die bislang konsequenteste Primärtext-Unter-
suchung von L'Espace furieux. Sie arbeitet Formen des Ankündigens und
Aufzählens heraus, insbesondere das verbale vor Augen-Führen vorstellbarer
Landschaften mittels „appel-apparition".[34]

---

29   Susanne Hartwig. „Le culte du signifiant et la chaosmogonie du signifié. Le théâtre de
     Valère Novarina". In: Lendemains. 128, 2007, S. 10-21, hier S. 10, 11, 18.
30   Der Einfluss auf die neueren Theatertexte, insbesondere auf L'Acte inconnu ist deutlich.
31   Vgl. Valère Novarina. L'Espace furieux. Paris, P.O.L, 2006, S. 189.
32   L'Espace furieux stellt damit das erste und bisher einzige Stück des Repertoires dar, das
     noch zu Lebzeiten seines Autors aufgenommen wurde.
33   Dieuzayde stellt in beiden Texten das Gottesverständnis ins Zentrum, unterfüttert
     anhand der Mystik von Jeanne Guyon und Meister Eckhart, vgl. Louis Dieuzayde.
     „Le théâtre de la chasse à l'homme". In: Yanick Butel (Hg.). Incertains regards. Cahier
     dramaturgiques. Le verbalisme: langage théâtral et déconstruction. Aix-Marseille. Presses
     Universitaires de Provence, 2013, S.11-23. Bessière insistiert mit Sartre auf die Verbin-
     dung zwischen Sein und Nichts und ergänzt um das Paradox zwischen Unendlichkeit
     und Sterblichkeit, vgl. Jean Bessière. „Du théâtre et de sa fiction. Que l'animal incarné,
     l'homme, est bien un sujet vivant. A propos de 'Je suis' de Valère Novarina." In: Patricia
     Duquenet-Krämer; Sieghild Bogumil. Bernard-Marie Koltès au carrefour des écritures
     contemporaines. Louvain-la-Neuve, Centre d'Etudes Théâtrales, Université Catholique,
     2000, S. 77-87.
34   Isabelle Babin. „Faire lever des figures. L'espace furieux de Valère Novarina." In: Yanick
     Butel (Hg.). Incertains regards. Cahier dramaturgiques. Le verbalisme: langage théâtral
     et déconstruction. Aix-Marseille. PUP, 2013, S. 25-34, hier S. 26.

Der Text von *L'Espace furieux* umfasst über 180 Seiten und ist generisch heterogen aufgebaut. Er enthält dialogische, reflexive und narrative Passagen, die sich überschneiden und ineinander übergehen. Die Aufteilung in drei Akte mit jeweils thematisch übertitelten und nach Auf- und Abtritten der Figuren unterteilten Sequenzen täuscht über die assoziative Redeführung hinweg. Die Figurennamen zeigen einen spielerischen Umgang mit den Elementen des Dramas auf. Es sprechen: L'Enfant d'Outrebref und L'Enfant Traversant – zwei geschwätzige Kinder mit philosophisch-clownesken Beiträgen, Le Vieillard Carnatif, Jean Singulier, La Figure Pauvre, Sosie – vier Figuren mit Lebenserzählungen sowie drei Figuren mit vornehmlich Schwellen- oder zeremoniellen Funktionen: „L'Ouvrier du Drame", „Le Prophète" bzw. „Une femme de Suresnes", „L'Illogicien" und „musicien". Sie deuten auf künstliche Sprechwesen hin.[35] Bühnenanweisungen zu Kostüm fehlen gänzlich, das Bühnenbild beschränkt sich auf einen Neonschriftzug. Mangels eines Plots sind einzelne bruchstück- oder ausschnitthafte Erzählungen oder Anekdoten von Situationen des Scheiterns auszumachen sowie Fragen und Überlegungen um Themenkerne wie Herkunft und Handlungsmöglichkeiten, Anfang und Ende, Lebensraum und Bühnenraum.

Mit dem Titel *L'Espace furieux* referiert Novarina auf Ariosts *Orlando Furioso*, setzt aber den Raum an die Stelle des vormodernen komischen Helden. Ariosts Epos zeichnet sich durch vielzählige Orte, fantastische Figuren und Erzählungen aus, die sich begegnen und kreuzen, so dass eine labyrinthische, verzweigte, wuchernde und polyzentrische Erzählweise entsteht.[36] Roland, der aus Eifersucht seinen Verstand verliert, wütet, indem er Bäume ausreißt, bis ihm ein anderer Ritter den Verstand vom Mond zurückholt.[37] Versatzstücke eines gestischen Wütens sind in *L'Espace furieux* vorhanden: Würfe an den Kopf, Fußtritte.[38] Auch heißt es in einer Figurenrede, dass das Sprechen generell damit beginne, mit der Keule zu schlagen.[39] Interessant für die Lektüre von *L'Espace Furieux* ist Serres räumliche Konzeption dieses „furor", der Raum und

---

35   Die Ausarbeitung der Figuren findet bei Novarina außertextuell statt: in zeichnerischen, malerischen oder inszenatorischen Aufführungsentwürfen.

36   Italo Calvino betont diese Erzählweise in seiner Zusammenfasssung, vgl. Italo Calvino. *Ludovico Ariosts Rasender Roland nacherzählt von Italo Calvino*, aus. d. Ital. von Burkhart Kroeber. Frankfurt a. M., Eichborn, 2004, S. 22, 41, 42, 237.

37   Vgl. Ludovico Ariosto. *Der rasende Roland*, aus. d. Ital. von Johann Diederich Gries. München, Winkler, 1980, S. 630-634 (Band I, 24 Strophen 4-14), S. 262-267 (Band II, 34 Strophen 70-87).

38   Novarina. *L'Espace furieux*, S. 160.

39   Ebd., S. 120.

Platz einnimmt, besetzt, und sich wie eine These aufstellt.[40] Indem Novarina den Raum als zentrales Thema setzt, verfasst er ein Plädoyer für das Theater als Raumkunst und leitet zugleich ein Raumdenken vom Text aus ein. Um zu klären, was unter einem rasenden Raum zu verstehen ist und inwiefern dieser mit der Problematik der (Des)Orientierung zusammenhängt, gilt es zunächst, den in der Bühnenanweisung festgeschriebenen, szenischen Raumentwurf zu untersuchen.

7.1 Leerer Raum, Neonschrift

Anstelle eines Bühnenbildes legt Novarina ein minimalistisches Raumkonzept vor: Nichts als eine Neonschrift, in der die Aussage „Je suis" („Ich bin') aufleuchtet. Es sind zwei Bühnenanweisungen, die den übrigen Stücktext umrahmen. Eröffnend heißt es „Au lointain, est allumé le néon ‚Je suis'".[41] Die das Stück schließende Anweisung lautet „Au lointain le néon ‚Je suis' est toujours allumé."[42] Der wiederholte Ausdruck „au lointain" (in der Ferne) steht vor allem für eine die Bühnenfläche und -wände übergreifende Raumvorstellung der Weite und Entgrenzung. Zugleich bezieht er sich implizit – qua deiktischem Verweis – auf das szenische Hier. Die Neonschrift nimmt nicht nur den Titel des lyrischen Vortextes auf, sondern leuchtet hier als Hypothese über dem gesamten Stück. Novarina lehnt sich an die Leucht-Installationen der Konzept-künstler_innen an, die die Formensprache der Werbeindustrie aufgreifen und sowohl auf die „modernen Lichtmythen der Städte" (Fortschritt, Lebensgefühl, Glamour) als auch auf die abendländische Lichtikonographie Bezug nehmen und mit minimalen Sätzen, Paradoxa, Verdrehungen und Verschiebungen mit Bedeutung und Textwirkung spielen.[43] Wie sie setzt auch Novarina auf die

---

40   Unter dem Stichwort „Fureurs héroïques" macht Michel Serres Lärm und Tobsucht als Antrieb alles Tragischen geltend, darunter fallen für ihn antike Geschichtsschreibung, antike Epik und die antikenbezogene Tragödiendichtung bei Shakespeare, Corneille, und Racine. Serres erinnert jedoch auch an die ursprünglich griechische Bedeutung des Wortes: „La thèse est l'action de poser quelque chose en un lieu." Vgl. Michel Serres. *Genèse*. Paris, Grasset, 1982, S. 139, S. 95.

41   Novarina. *L'Espace furieux*, S. 9.

42   Ebd., S. 186.

43   Joseph Kosuth, Bruce Nauman, Maurizio Nannucci und Jenny Holzer bringen ab den 1960er Jahren Leuchtschriftzüge in Ausstellungsräumen an, bzw. ab den 1980er Jahren auch im öffentlichen Raum, z.B. In den ortsbezogenen Arbeiten Naumans wie „Human Nature / Life Death" (Chicago, 1983) oder in Nannuccis „Blending the invisible with the visible" (Parc de la Vilette, Paris, 1991) Vgl. Andrea Domesle. *Leucht-Schrift-Kunst. Holzer, Kosuth, Merz, Nannucci, Nauman.* Berlin, Reimer, 1998, S. 205, 222, 223, 227.

ambivalente Wirkung von Neonwörtern als fixierte, materielle Schrift bei einer zugleich immateriellen Wirkung.[44] Über den Elementarsatz „Je suis" spannt sich zwischen Subjekt (das Ich als überindividuelles, philosophisches Ich und Stellvertreter-Pronomen für den Menschen), Sein (die aktuale Präsenz und das Grundverb menschlicher Existenz) und Raum (das szenische Hier und der Raum der Weite) ein Bezugssystem auf. Damit enthält diese Triade die Grundpfeiler einer Bühnenrede. Durch die Angabe ‚immer noch' in der abschließenden Bühnenanweisung wird sie um die Zeit – die Dauer des Lichtes erweitert. Es sind die Komponenten des sowohl weltlichen als auch theatralischen Aufenthaltes, die aus der Raumtiefe aufleuchten, zur Disposition und sprachlichen Exploration gestellt werden.

Das Subjekt der textlichen Aussage „Je suis" ist unbestimmt, die Stimme als subjektkonstituierendes Element fehlt. Dennoch ist die Aussage grammatikalisch und phänomenologisch vollständig. Die Äußerung des Ich bleibt, mit Jacques Derrida, bedeutungsvoll und verständlich, auch wenn Sprecher_in unbekannt oder tot ist.[45] Das Ich steht für „die sich selbst bezeichnende Redende (Person)"; ‚Ich bin' steht für den Nullpunkt: Ich Jetzt Hier.[46] In der Sekundärliteratur wird „Je suis" als Referenz auf das biblische Tetragrammaton JHWH gelesen.[47] Es liegt jedoch näher, den Satz als Verweis auf eine philosophische Reihe von Subjekt- und Seinsbestimmungen im Anschluss an das cartesianische *Cogito ergo sum* (Ich denke also bin ich) zu lesen. Diese steht formelartig für das Verständnis eines denkenden, vernunftbestimmten Subjektes und ist vielfach interpretiert und variiert worden.[48] Die meisten Philosophen, die sich mit dem Cogito-Argument beschäftigen, arbeiten sich an der Struktur der logischen Schlussfolgerung über das Bindewort ergo ab, d.h. an der Frage nach der

---

44 Vgl. Domesle. *Leucht-Schrift-Kunst*, S. 289, 296.

45 Jacques Derrida. *Die Stimme und das Phänomen*, aus d. Frz. von Jochen Hörisch. Frankfurt a. M., Suhrkamp, 1967, S. 155.

46 Ebd., S. 152.

47 Die Szene Moses mit dem brennenden Dornbusch wird angeführt, vgl. Dieuzayde. „Le théâtre de la chasse à l'homme", S. 11-23. Babin verbürgt die Referenz auf den Exodus über den Ausspruch „A propos de je suis. Est-il celui qui est?" Sie führt das göttliche „Je suis" als „énergie verbale" zusammen mit dem singulären „Je suis" als „manière de conduire cette énergie." Babin. „Faire lever les figures", S. 29, 30.

48 Brand macht in seiner Geschichte der (Um)Deutungen deutlich, dass Descartes diese Wendung nicht selbst gesetzt, sondern sie aus dessen Einzelaussagen nachträglich von Dritten gebildet wurde und spricht folglich vom „Cogito-Argument". Er hebt mit Bezug auf Schopenhauer hervor, dass der Satz in der Philosophiegeschichte für wichtig gehalten und vielzitiert wird, jedoch weiterhin ungeklärt und unverstanden bleibt. Hartmut Brands. ‚*Cogito ergo sum*' *Interpretationen von Kant bis Nietzsche*. Freiburg, Karl Alber, 1982, S. 9, S. 228.

Bedingung der Existenz eines Subjektes. Setzt das Sein ein Denken voraus oder ergibt sich das Sein notwendigerweise aus dem Denken?[49] Noch grundlegender stellt sich jedoch die Frage nach der Bedeutung der einzelnen Wörter.[50] Am radikalsten stellt Nietzsche das Cogito-Argument in Frage, wenn er behauptet, Descartes verfange sich „im Fallstrick der Worte", stütze sich auf unbewiesene, anzweifelbare Voraussetzungen; insbesondere die fragliche Existenz eines „Ichs" und die Unbestimmtheit des Seinsbegriffs.[51] Diese Vagheit trifft auch auf den szenisch installierten, aufleuchtenden Satz zu, der von einer Sprechinstanz entkoppelt ist und die im Textverlauf auch bleibt. Rein philosophisch betrachtet, macht dieses Stellvertreter-Ich die isolierte Aussage unüberprüfbar, wahrheitslos, bedeutungslos.[52] Im Theatertext eröffnet der Elementarsatz „Je suis" jedoch einen Raum und wirft gerade in seiner Unbestimmbarkeit auch theaterpraktische und theatertheoretische Fragen auf: Wer spricht? Gibt es ein „Ich"? Was bedeutet „Ich"? Was bedeutet Sein – zeitlich, räumlich, szenisch, theatralisch? Wie steht der Satz im Verhältnis zum bekannten und mitgedachten modernen „cogito"? In welchem Verhältnis steht „Ich bin" zum (rasenden) Raum? Es handelt sich vor allem um eine bühnenräumliche Setzung. Ohne Verortung, ohne greifbare Position im Raum hält die Neonschrift die beiden Wörter Ich und Sein während des gesamten Stückes in dieser leuchtenden Schwebe über der Bühne.

Die im Raum der szenischen Rede schwebende Aussage wird in der Figurenrede parodierend aufgegriffen. Kommentierungen wie „ce néon stupide, n'a pas à dire ,Je suis' puisqu'il est" oder „Le pauvre néon Je suis maintenant est éteint" spielen mit der Personifizierung des Neonlichtes als Sprechinstanz, d.h. auf die Problemstellung des Aussagesubjektes an.[53] Syntaktische Variationen oder Negationen wie „J'étais non pas Je suis, mais un néant qui était" oder

---

49   Insbesondere Hegel legt in seiner Geistesgeschichte die Untrennbarkeit von Denken und Sein dar, vgl. Brands. ,Cogito ergo sum' S. 152, 205 ff.

50   Als einer der ersten bemängelt Schelling die Aussagekraft und Validität des „sum." Er deckt auf, dass es sich bei dem Ich um ein höchst subjektives Ich handeln muss, stimmt es doch mit dem aussprechenden Subjekt überein. Hingegen gäbe es im Falle einer akustischen Äußerung zwei Aussagemöglichkeiten: die des bestimmten Ichs, d.h. der den Satz äußernden Person, oder die des Übergangs von ,Ich bin' 1 qua Äußerungsakt in ,Ich bin' 2, vgl. Brands Untersuchung zu Schellings Cogito-Reflexion, ebd., S. 147.

51   Nach Nietzsche moniert auch Heidegger die Unbestimmtheit des Begriffes „Sein" im Cogito-Argument von Descartes, was zur Frage führt, ob das Sein generell bestimmbar ist, vgl. ebd., S. 249, 263, 264.

52   Dazu müsse er einen richtigen oder falschen Wert annehmen können, was wiederum an den Akt des Aussprechens gebunden sei. (Die verneinte Aussage „Ich bin nicht" wäre dann zumindest ein pragmatischer Widerspruch) vgl. ebd., S. 146, 149.

53   Novarina. *L'Espace furieux*, S. 69, 134.

„Nous, les humains nous n'étions encore que des chiens à l'écoute de Je suis. Et de sa misérable inscription ici faussement représentée" stellen die Existenz der sprechenden Figur bzw. des Menschen generell in Frage.[54] Novarina deutet sprachspielerisch an, dass der Satz „Je suis" bereits seine eigene paradoxale Logik enthält. Mit Derrida trägt die Affirmation des aktualen phänomenologischen Seins bereits ihre Negation, d.h. den kommenden Tod des Subjektes in sich:

> „Insofern das Ich bin nur als ein Ich bin präsent erlebt werden kann, setzt es selbst die Beziehung zur Präsenz überhaupt, zum Sein als Präsenz. Das Sich-selbst-Erscheinen des Ich im Ich bin ist also ursprünglich nichts anderes als die Beziehung zum eigenen möglichen Verschwinden. Ich bin will demnach sagen: Ich bin sterblich."[55]

Zudem verstärkt Novarina mit dem Neonlicht und dessen potenziellem Erlöschen diesen Aspekt des in der Präsenz eingeschriebenen Endes. Auch Michel Serres arbeitet sich in seinem Essay *Genèse* am Cogito-Argument ab. In der Textpassage „Pensées" variiert er den Satz, indem er das Verhältnis zwischen Ich, Denken und Sein aufspaltet, getrennt betrachtet, jeweils verneint sowie neu kombiniert. Er relativiert das Ich durch die Zweideutigkeit von *personne* und betont seine Virtualität und Potenzialität als ein mögliches Werden, vergleichbar mit einem weißen Dominostein oder einem Joker.[56] Es wird sich zeigen, dass das Ich bei Novarina nicht nur als Stellvertreter, sondern auch als szenische Möglichkeit in der Konzeption von austauschbaren Figuren auftaucht.

Zur Frage nach dem szenischen Raum- und Figurenverhältnis geben spärliche Bühnenanweisungen Aufschluss. Es zeichnet sich ab, dass sich Novarina, nach Weise der Theateravantgarden, auf eine vorgestellte, leere Bühne bezieht und keinen anderen Ort als das szenische Plateau setzt.[57] Dieses wird durch Ortsangaben zur Positionierung von Figuren und Objekten wie Bühnenboden, Bühnenseite, Bühnenrand umrissen.[58] Programmatisch setzt er damit auf die autonom wirkende begehbare und beschaubare Bühne und so auf die theatralischen Grundbedingungen, wie sie Peter Brook konzeptualisiert: „Je peux prendre n'importe quel espace vide et l'appeler une scène. Quelqu'un traverse cet espace vide pendant que quelqu'un d'autre l'observe, et c'est suffisant pour

---

54   Novarina. *L'Espace furieux*, S. 70, 128, 160.
55   Derrida. *Die Stimme und das Phänomen*, S. 109.
56   Serres. *Genèse*, S. 59, 60.
57   Zur Geschichte des leeren Aufführungsraumes, der Lichträume von Appia, des „tréteau nu" von Copeau und Brechts Voliebe für die leere Bühne vgl. Lehmann. *Postdramatisches Theater*, S. 56.
58   Novarina. *L'Espace furieux*, S. 186, 166, 176, 169.

que l'acte théâtral soit amorcé".[59] Mit der Lichtschrift im leeren dunklen Raum
macht Novarina vom Text aus eine ästhetische Setzung, mit der er über Brook
hinaus geht: Er kündigt selbst die kahlen Wände auf und entwirft einen dunklen,
entgrenzten Raum für Sprache mit dem Bühnenboden als Tragfläche für den
Auftritt der Redeinstanzen.[60]

Das Verhältnis zwischen Figur und Raum äußert sich bei Novarina vor allem
auf der Ebene der Figurenrede. Diese enthält eine Vielzahl an besprochenen
Orten und Räumen, die sich in drei Kategorien einteilen lassen: Orte und Räume
des erzählten Geschehens, sprachliche, theoretische Raumkonzeptionen und
den thematisierten Bühnen- und Theaterraum.

7.2 Vier gleichförmige Lebens-Durchläufe

Die Rede der Figuren Jean Singulier, La Figure Pauvre, Sosie und Le Vieillard
Carnatif besteht aus narrativen Vorträgen von Lebensstationen und Lebenssituationen. Es handelt sich um „nichtaktionale" monologische Repliken, die
keine Situationsveränderung herbeiführen.[61] Sie sind an eine vage Hörinstanz
gerichtet und weisen dennoch einen dialogischen Aspekt auf, indem sie durch
Aufforderungen und Nachfragen anderer Figuren vorangetrieben werden. In
zeitgenössischen Theatertexten halten Formen von Lebenserzählungen Einzug.
Bezogen auf die Aufführung wird dem „récit de vie" bereits Rechnung getragen:
„effectué généralement à la première personne, se concentre sur la trajectoire
d'une existence, contée par un seul individu avec un certain recul."[62] Pavis
Konzept impliziert Linearität, Kohärenz und einen Überblick ermöglichenden
Ich-Erzählerstandpunkt, davon abweichende Formen führt er als Ausnahmen

---

59   Peter Brook. *L'espace vide. Écrits sur le théâtre.* Paris, Seuil, 1977, S. 25. Unter dem viel-
     versprechenden Titel versammelt der Theatermacher vier Aufsätze zum bürgerlichen,
     sakralen, rohen und lebendigen Theater. Außer der Aussprache gegen illusionistischen
     Bühnendekor und einem Plädoyer für eine reduzierte Ausstattung und für Räume
     (auch) außerhalb der Theaterhäuser, konzeptualisiert er den leeren (Bühnen)Raum
     nicht weiter.

60   Dies trifft jedoch nicht auf Novarinas eigene szenische Umsetzung in der Comédie
     Française zu, für die er vergrößerte Malereien zu einem Bühnenbild angeordnet hatte.

61   Vgl. Pfister. *Das Drama*, S. 90-91.

62   Sarrazac macht den Begriff erstmals für das zeitgenössische Theater fruchtbar. Jean-Pi-
     erre Sarrazac. *Théâtres intimes.* Arles, Actes Sud, 1989, S. 119. Pavis unterstreicht die
     gattungsübergreifende und universelle Gültigkeit, vgl. Patrice Pavis. „Recit de vie". In:
     Ders. *Dictionnaire de la performance et du théâtre contemporain.* Paris, Armand Collin,
     2014, S. 223.

an.[63] Der Aufführungsfokus verstellt Pavis jedoch den Blick für die avantgardistischen Experimente mit Lebenserzählungen in den Theatertexten von Jean Cocteau, Samuel Beckett und Margerite Duras sowie für die prägnante Tendenz der zeitgenössischen Erzähldramaturgien zu deren Vertreter_innen neben Koltès, Redonnet, Kermann auch Novarina gehört.[64] Die Lebenserzählung gilt als subjektbildend und orientierungsstiftend, indem sie in geradliniger Ordnung Handlungszusammenhänge, Kohärenz und Kontinuitäten konstruiert und am Ende eines Lebens von einer Person erzählt werden kann.[65] Hanna Arendts Ansatz vom linearen Erzählbogen der Lebensgeschichte, der sich zwischen den weltlichen Grundereignissen „Erscheinen" (Geburt) und „Verschwinden" (Tod) aufspannt, bietet sich allenfalls als Gegenschablone für die achronologischen, brüchigen Formen der Lebenserzählung im zeitgenössischen Theatertext an.[66] Entsprechend sind auch die monologischen Passagen in *L'Espace furieux* durch Vergangenheitsbezug, Inkohärenz, Kontingenz, Disparatheit, Zusammenhangslosigkeit, Nebeneinander und Überbordung bestimmt und lassen sich in ein postmodernes Modell dezentrierter und disparater Selbst-Erzählungen einordnen.[67] Legt Novarina seinen Figuren in den Mund „La vie s'exprime par la parole",[68] betont er den sich verselbstständigenden Fluss der ausgedehnten, assoziativen, ungerichteten und abschweifenden Lebenserzählungen. Der Autor bricht nicht nur mit einer erkenntnisbringenden Erzählstruktur, sondern lässt seine Figuren Schlüsse und Lebensbilanzen ironisieren: „Voici bilan. Voici mes luttes de vie."[69] Hinzukommt, dass die Mikro-Erzählungen der vier Figuren strukturelle und inhaltliche Parallelen aufweisen. Die Erzählthemen und Erzählweisen kreuzen und überlagern sich, schreiben sich von einer zur nächsten Figur fort. Die Lebenserzählungen in Novarinas Text tragen weder zur Ausbildung

---

63 Er nennt drei Beispiele für gegenläufige und besondere Ausprägungen: Handkes *Über die Dörfer* und die darin enthaltenen lyrischen Tiraden bzw. „mini-récits", Noëlle Renaudes experimentellen Umgang mit Erzählmaterial ohne Zuordnung zu Figuren und Patrick Kermanns Totengespräche in *La mastication des morts*. Unter radikalen und ‚dekonstruktivistischen' Ansätzen nennt er lediglich Erzählformate in Aufführungen mit Rückbezug auf Dario Fo und Antoine Vitez, vgl. ebd. S. 224.

64 Zur Systematik und Bedeutung zeitgenössischer Erzähldramaturgien vgl. Annika Mayer. „Zeitgenössische französischsprachige Erzähldramaturgien (1980-2000)". In: Christiane Müller-Lüneschloß; Rolf Lohse (Hg.). *Postdramatik*. Bonn, Verlagslabor, 2022, S. 17-32.

65 Vgl. Hannah Arendt. *Vita activa oder vom tätigen Leben*. München, Piper, 2016, S. 116, 117.

66 Vgl. Mayer. „Zeitgenössische Erzähldramaturgien", S.22.

67 Vgl. Wolfgang Kraus. *Das erzählte Selbst. Die narrative Konstruktion von Identität in der Spätmoderne*. Pfaffenweiler, Centaurus, 1995, S. 234.

68 Novarina. *L'Espace furieux*, S. 32.

69 Ebd., S. 133.

eines Subjektes bei, noch enden sie bei der Aufspaltung und Zersetzung des Subjektes.[70] Die gleichförmigen Lebenserzählungen implizieren die Austauschbarkeit von Figuren, die sich doppelgängerisch ergänzen. Bereits die Figurennamen persiflieren die Einheit des Subjektes. Während der Figurenname Jean Singulier die Einzigartigkeit behauptet, jedoch nicht einlöst, verweist Sosie namentlich auf die Theatertradition des Doppelgängertums.[71] Novarinas Sosias bleibt ohne verwechselbares Bezugs-Subjekt, vielmehr lässt Novarina in dessen Rede die Individualität, wortwörtlich die Ungeteiltheit eines Subjektes, in Frage stellen: „Il (moi) m'a dit Je suis, il m' a appellé être, au lieu de me rappeler à lui. Il est derrière moi et je l'entends. Cette sensation ne vaut rien pour agir."[72] Die Figurenrede Sosias' setzt das doppelte Ich zudem in Zusammenhang mit fehlendem Handlungsantrieb.

Es handelt es sich um Erzählungen von Fremdbestimmung, Randständigkeit und Scheitern. Paradoxerweise enthalten sie – ganz im Sinne von Arendts dramaturgischem Bogen des Lebens – Informationen über Geburt und Herkunft sowie über das Lebensende der Sprechenden. Ergänzt werden diese durch einzelne Lebensstationen und Schlüsselsituationen, in denen sich das Verhältnis der Figuren zur Welt äußert. Eine zeitliche und räumliche Situierung der Figuren fehlt und die Erzählperspektive ist schwer zu greifen, was sich insbesondere in der Draufsicht des erzählenden Ichs auf die eigene Geburt und den eigenen Tod äußert.

Statt die Lebenserzählungen Figur für Figur abzuhandeln, bietet sich eine figurenübergreifende, dreischrittige Systematisierung nach Raum- und Orientierungsbezügen an, die sich aus Fragen der Figurenrede herleiten lassen: Woher? Wo? (Herkunft und Aufenthaltsort), Was tun? (Handlungsmöglichkeiten) und Wohin? (Fluchtmöglichkeiten). Diese Fragen weisen eine hohe Ähnlichkeit mit denen auf, die Michel Serres' Buch *Atlas* gliedern: Wo sein? Was tun? Wer sein? Wie tun? Auf welchem Weg wohin gehen?[73] Bei beiden Autoren sind die Fragen nicht auf Handlungsziele ausgerichtet. Serres betont das Wie und die Art und Weise und fasst so Handlungsmodi ins Auge. Die Fragen geben seinem essayistischen Text eine orientierte Struktur, die in Bezug auf den Titel *Atlas* mit der Erwartung räumlicher Ordnung bricht. Novarina lässt seine Figuren die Fragen „quoi faire" und „où aller" punktuell einstreuen, was die Vorstellung einer irrenden Suchbewegung nahelegt und die Handlungsfähigkeit der Figuren

---

70   Entgegen der von Sarrazac verzeichneten Gegenwartstendenz in *Théâtres intimes*, S. 130.
71   Novarina verweist auf die Figur Sosias in Sophokles (und Molières) *Amphitryon*.
72   Ebd., S. 67.
73   Vgl. Michel Serres. *Atlas*, aus d. Frz. von Michael Bischoff. Berlin, Merve, 2005.

infrage stellt. Deutlich wird bei beiden Autoren der enge Zusammenhang zwischen räumlicher Orientierung und menschlichem Handeln.

7.2.1 Woher? Wo? Listen von Lebensstationen

Innerhalb der Lebenserzählungen finden sich aufgezählte Orte, die zunächst wie räumliche Bezugspunkte erscheinen. Mittels des Bindewortes „puis" werden sie zu Lebensstationen aufgereiht. Jean Singulier, auf die Welt gekommen im „hôpital de A", zählt nicht nur seine Wohn- und Bleibestätten auf „j'ai habité en département D, intérieur de la ville de V, près du croisement du boulevard B; puis j'ai séjournée huit ans dans la tour aux trios temps: futur, passé, présent [...] puis j'ai marché de N à N', puis en sens inverse de U à U."[74] An anderer Stelle folgen seine Ausbildungsstätten wie

> un huit de VIII, au neuf de la rue du Docteur-Potain, puis 10 rue L'Infirmière-Turban, puis 9 rue des Pestilences, puis 8 rue du Chantre, puis 9 rue de la Faute à Challes-les-Eaux, puis 12 rue de la Route à Sarcelles, puis 27 rue des Mauvaises-Paroles, puis 11 rue Flinguerie, puis 8 rue du 23-novembre-1654, puis 11 rue des Mécaniciens-de-la-Honte[75]

und seine Arbeitsstätten „mis en usine pratique chez Lapauge-Fils", „puis en usine mécanique," „puis en usine métrique", zum Teil an Beschäftigungsbezeichnungen geknüpft wie „terrassier chez Jean Urbain, videur chez Brute, sauveteur dans des clubs de villégiature, pisteur a Occidorama, puis la suite chez Bicentenaire, chez Sécotine, puis [...]."[76] Das Aufzählen unbestimmter, abgekürzter oder fiktiver Orte, Firmennamen und Unternehmensbezeichnungen führt nicht nur das Übermaß und die Unübersichtlichkeit von Lebensstationen vor. Novarina präsentiert von Ort zu Ort weitergereichte und weitergetriebene, fremdbestimmte Erzählfiguren. Entsprechend dominieren Passivkonstruktionen wie „Qui m'a mis [...]?".[77] Durch das Mittel der Reihung von Daten wird der kohärente, sinnstiftende Lebenslauf parodiert. Ebenso liefert auch die Figure pauvre einen komprimierten Lebensbericht in Form einer Reihe von Adressdaten „[...] dix-sept, vingt-Trios; ville de huit-huit, poste C3, escalier 8, code 63: de la naissance à la mort, j'ai vécu seule rien que dans un corps et j'ai écrit ça ici dans l'air."[78] In gleicher Weise sind auch Erzählungen von

---

74   Novarina. *L'Espace furieux*, 20-21.
75   Ebd., S. 26-27.
76   Ebd., S. 30-31.
77   Ebd., S. 31.
78   Ebd., S. 52-53, 66.

Einzelgeschehen übermäßig mit Lokalangaben versehen wie „Sortant des Alpes, à Station 6, à Borne 27, à Bidon 3, station Pablo Neruda, tout d'un coup, bref, au gens du compartiment j'ai crié [...]."[79] Es handelt sich um pseudoto-pographische Angaben insofern, als dass sie detailliert und überausführlich wirken, geographisch und administrativ exakt anmuten, semantisch jedoch unterbestimmt sind. Die Lebenserzählung der Figur Sosie zeigt deutlich auf, dass das Listen lokaler Angaben zu Herkunft und Lebensstationen einer Logik von Ortsbezeichnungen und Silbenvariationen gehorcht, einen parallelistischen, litaneihaften Rhythmus erzeugt und sich zu verselbstständigen scheint:

> Manque de veine, j'ai commencé ma vie sans moi-même. A Uble, à Gâble, à Brébleau, au Vif, à Précy-les-Plâtres, à Paris XXII et en autres villes [...]
>
> A Uble, à Gâble, à Brébleau, je parlais d'la bouche close à des oreilles ouvertes [...] A Uble, à Albe, à Châble, à Brébleau, à l'âge de sept mois, je me fis graver sur mon corps mon nom [...] A Gâble, à Uble, à Magdala, à Thorulbe-sur-Brébleau, l'une des cent trente-sept femmes que j'ai connues me fit honte de m'avoir par elle-même amené jusqu'en bas.[80]

Die Ortsnamen referieren mehr und oder weniger auf die außertheatralische Wirklichkeit. Novarina nutzt zwar französische Stadt- und Ortsbezeichnungen als Vorlage, wandelt diese jedoch ab, variiert sie lautlich-assoziativ und rhyth-misiert sie. Es handelt sich um eine sprachliche Parade von Ortsnamen und Pseudoortsnamen, die literarische Ortsmythen und das französischsprachige Bezeichnungswesen für Verwaltungseinheiten ad absurdum führen. Im wörtli-chen Sinne eines Lebenslaufes durchlaufen die Figuren Stationen – ohne Plan, ohne Entwicklung und ohne Sinnhorizont. Bereits das Ereignis der Geburt wird als kontingent betont, so thematisiert die Rede von Jean Singulier: „Je venais d'avoir été mis en naissance au hasard par erreur. J'entrai alors par deux sujets ouvrir un temps qui passe sans moi – dont je sortis fautif d'extrême justesse. J'aillai, je vins; je revins et j'allais."[81]

Neben den Listen von Wohn- und Arbeitsstätten enthält die Figurenrede jedoch auch erzählte und beschriebene Räume und Raumsituationen wie Fabrik, Baustelle, Supermarkt, Einkaufszentrum, Stadt, Autobahn, Straße und Tank-stelle. Es handelt sich um bezugslose Durchgangsräume der Produktion, des Konsums und der Fortbewegung. In der Lebenserzählung des Vieillard carnatif

---

79   Novarina. L'*Espace furieux*, S. 125.
80   Ebd., S. 87, 89.
81   Ebd., S. 21.

wird die Straße vom Arbeits- zum Todesort. Als Aufsteller von Stop-Schildern wird er beim Austauschen einer Ampel überfahren.[82]

> Je partirai de mon cadavre à l'heure dite. [...] J'allais alors avec ma tête toute en cendres, et je jetais mes cendres à la tête des animaux, sur des publics, dans des parkings Lobeau, dans des centres de loisirs commerciaux, dans des surfaces de Livry-les-Plâtres, de Gargan, j'allais jeter mes restes de cendres sur des bretteles d'autoroutes de U, et les disséminer dans des nationales bordées, dans des Y, en ville de B, en ville de A, à Parthénaux, à Laroche-sur-Iteaux [...][83]

Indem die Figur erzählt, wie sie ihre eigene Asche entlang der Straßen verteilt, wird deutlich, dass selbst für die sterblichen Überreste keine lokalisierbare Ruhestätte gegeben ist. Die mit „Chantier Magma" übertitelte Sequenz thematisiert eine Baustelle, die jedoch keinen (erzählten) Geschehensort bildet, sondern lediglich eine Station, von der aus weitere industrielle Arbeitsstätten angelaufen werden.

> La Figure Pauvre. J' viens d' dire c' que j'avais vu là.
> Le Veillard Carnatif. Où ça?
> La Figure Pauvre. A Chantier Magma.
> Le Veillard Carnatif. Qu'est-ce-que c'est que ça?
> La Figure Pauvre. Des objets en pierre et en bois. Des objets en prière et sans toi. Chantier Magma! Alors j'allais alors au bord de la métallurgie, à Savianges-Servianges, faire action; puis un tour dans l'Industrie en Charcruterie, à Blatigny-Olida, puis [...][84]

Die Beschreibung, die die Figure Pauvre auf die Ortsfrage liefert, reduziert sich auf Stein und Holz, Materialien der gebauten Umgebung. In der Geschichte der Figure Pauvre werden ein Supermarkt namens „prisunic" und eine unbestimmte Stadt angedeutet. In beiden Fällen erzählt die Figur von der „multiplicité des objets qui me parlaient" und zählt darunter Neonlichter, Signalschilder und Spruchbänder, die ihr imperativisch entgegenschreien:

> Ville répondait: Ognidrif. Pancarte disait: Écusson. Objets criaient: Lélé. Pancarte criait: A a. Ville répondait: Hurluf. Pancarte criait: Vivajiviande. Ville redisait: Réop. Passant tombait; ville criait plus. Passant passait: Achetez Hougy. Ville répondait: Viens par ici! Feu rouge, feu vert, feu blanc; au bleu j'entendais entrer c'te ville en bête costume urbesque à l'intérieur de nous – et les rues marcher sans moi – et la ville

---

82   Novarina. *L'Espace furieux*, S. 129.
83   Ebd., S. 126.
84   Ebd., S. 51.

descendre en moi tant elle me sortait par les yeux… Néon dit: Je suis. Tous les néons de la ville disent Je suis.[85]

Schilder des Konsums und Verkehrszeichen vermischen sich zu einem schwindelerregenden Text- und Lichtraum, durch den sich die Figur bewegt, die Zeichen bis zur Überfülle in sich aufnehmend, sich verlierend.

7.2.2 Was tun? Stagnation und Minimaltätigkeit

Die vier Figuren stelle jeweils die Frage „Quoi faire?" und schildern Situationen der Passivität und Ziellosigkeit. Sosie erzählt in einer Sequenz vom Innehalten, Atmen und der Vorstellung, sich zu ertränken. Es handelt sich um eines der wenigen erzählten Geschehen, das auf einen tatsächlichen Ort referiert: die Getreidemühle Pantin am Kanal d'Ourcq, Paris.

> Ainsi, un jour, devant le canal de l'Ourcq, en terre de Ourcq et devant le canal susdit, près du moulin de Pantin […] Par respirations courtes, j'ai mimé que le monde m'arrivait. Puisqu'il m'attendait. J'ai bu en respirations courtes de l'air poché avant de me dissoudre en son intérieur. Et ainsi de suite. Rechaque fois que j'étais sur le point d'avoir une pensée, j'allais boire un verre d'eau. Puis je recommençais la chose ensuite pour faire passer la gorgée précédente à ma place. […] Puis le lendemains j'allai trouver des autres situés sur le même sur-place.[86]

Die Minimaltätigkeiten des Atmens und Wassertrinkens überlagern sich zu einem Bild des portionierten Luft-Trinkens. Mit der Präfix-Bildung „rechaque fois" wird das repetitive Tun betont, auch die Angabe „sur le […] sur-place" macht deutlich, dass die Figur auf der Stelle tritt. Das Bild der Mühle und der Kreisbewegung der Mühlradschaufeln, sowie der Ausdruck „moulin à rien"[87] verdeutlichen das zirkuläre, getaktete ausführen einer immer gleichen und leeren Tätigkeit. In einer Erzählsequenz von Jean Singulier wird das Warten auf die Ausführung einer (unbestimmten) Aktion geschildert.

> J'ai beau été, j'ai rien pu faire sur terre ni séjourner: alors je me suis assis au bord de moi en attendant ma catastrophe. J'attendais. J'étais Jean Minuscule chez les non-advenus. Où que j'allasse et quoi que je fusse, rien m'y menait. Alors, grand pantalon, j'ai changé de direction, largué Longy pour Malakoff, puis Paris XI, puis Marseille XII, puis Saint-Fulbert-les-Bains pour Notre-Dame-d'Aldabradulbe d'Aldabratet. C'est là

---

85   Novarina. *L'Espace furieux*, S. 42-43.
86   Ebd., S. 65-66.
87   Ebd., S. 101.

que j'avais voulu pour la première fois faire une action. Par exemple en passant publiquement aux actes.[88]

Bereits das Aufhalten auf der Erde wird in Frage gestellt und durch ein Warten auf den Tod ersetzt. Das Vorhaben zu Handeln steht in Verbindung mit einer Richtungssuche und Ortsauflistung, bleibt jedoch unkonkret. Neben dem zyklischen Auf-der-Stelle-treten und dem Warten bildet das Festsitzen in Jean Singuliers Ansprache an den Baum eine Vorstellung von Stagnation:

> Alors je lui (à l'arbre) dis: 'Seigneur, qui a guidé notre troupeau hors de l'Egypte et qui nous a fait traverser vingt-huit déserts, ne me laisse pas en rade dans le quatrième! J'ai vu trop de malheur à l'intérieur même du malheur pour cesser d'espérer de ne plus persister à demeurer moi-même à l'intérieur du malheur premier où j'étais déjà pas si mal assis. Je vivais dans un monde hors de moi où je n'étais plus ma vie; je n'étais plus ma vie, mais je vivais toute seule ma suite au milieu [...][89]

Gleich mehrere Verbalkonstruktionen (laisser en rade, demeurer, être assis à l'intérieur du malheur) veranschaulichen eine Situation des Ver- und Ausharrens. Novarina bemüht den biblischen Mythos der Führung aus der Wüste als Kontrastfolie zum fehlenden Leitsystem.[90] In allen drei Erzählsequenzen steht die ausbleibende Handlung in Verbindung mit einer Raumsituation. Damit knüpft Novarina an Samuel Becketts Theater an, setzt jedoch statt auf szenische Anweisungen auf den Modus des Erzählens und besondere sprachliche Mittel wie passivisch gebrauchte Verben des Widerfahrens. Sätze wie „le monde m'arrivait"[91] steigern die Passivität der Figuren zur Ohnmächtigkeit nicht nur gegenüber allem Weltgeschehen sondern dem Auf-der-Welt-Sein selbst, das dem Menschen qua Geburt ‚passiert'. Damit parodiert und hebelt Novarina die Sartre'sche Geworfenheit aus, die ja impliziert, dass der Mensch sich nach und nach zurechtfindet, sich die Welt durch eigenmächtiges Handeln aneignet. Novarina lässt Sosias eine spekulative Erklärung der ausbleibenden Handlung mit dem Prinzip des unauflösbaren Widerspruchs beitragen: „Les actions ne valent plus la peine d'être agies...Là où nos actions ont lieu, ce sont des noeuds de contradictions qui gisent sans nous. Je déclare ici qu'aucun mouvement vaut plus la peine d'être bougé."[92] Die syntaktische Verbindung eines Nomens mit dem Verb gleichen Wortstammes oder gleicher Bedeutung ist ein geläufiges

---

88   Novarina. *L'Espace furieux*, S. 34-35.
89   Ebd., S. 157.
90   Zum fehlenden Leitsystems vgl. auch die Sequenz um den Ausdruck „personne au volant", ebd., S. 93.
91   Ebd., S. 65.
92   Ebd., S. 73.

Stilmittel bei Novarina und produziert Redundanz oder Paradoxie. Hier wird die Handlung durch das passivisch gebrauchte Verb Handeln sowie die Bewegung durch das passivisch gebrauchte Verb bewegen negiert. Mit dem Bild des unentwirrbaren Knäuels der Widersprüche wird die Komplexität verdeutlicht und die schiere Unmöglichkeit, Potenzial zur Handlung zu entwickeln. Via Figurenrede wird die Handlung nicht nur verabschiedet und verflucht „L'action est maudite";[93] mehr noch: die Nichthandlung wird ausgerufen und gefeiert. Der vieillard carnatif kündigt die „Ballade de l'inutilité de l'action...! Hymne à la joie de vivre vide!"[94] an und lobt das leere, tatenlose Leben vor einer Folie der Nutzlosigkeit. Anstelle einer (existenziellen) Sinnlosigkeit wird hier ein ironisches, anarchisches Nichtstun propagiert, welches auch das geistige Nichtstun miteinschließt. So gelten die Denkversuche des Vieillard carnatif der Verhinderung seiner Ideen: „Passer ma vie à chercher à penser à quelque chose qui m'empêche d'avoir mes idées."[95] Die Figurenrede legt nur wenige affirmative Möglichkeiten dar, das Verweilen auf der Erde mit Tätigsein zu füllen. Novarina lässt die Figure Pauvre ihre eigenen Fragen „Que faire? quoi faire?" mit einem Katalog möglicher Minimalhandlungen von zweckfreien oder betrachtenden Gesten beantworten:

> Aller voir parmi les hommes s'ils mangeaient toujours; tâcher moyen de rien; vivre jusqu'au point d'date; s'coucher à point d'heure; aller sans raison au bout du balcon; ramasser une balle puis l'enterrer; sauter d'un trottoir à l'autre en chantant; revenir en disant Jean-qui dit; lever les yeux pour voir soleil descendre, puis regarder l'escalier monter.[96]

Der szenische Einsatz von Requisten wie Schubkarre oder Pflug verweist auf Land- und Ackerbau, wird aber dekontextualisiert, resemantisiert. Es sind Überbleibsel aus der manuellen Arbeitswelt, mit denen die Figuren hantieren: Es werden Steine ausgeschüttet,[97] Objekte hochgehalten,[98] ein Kopf wird transportiert,[99] ein Objekt gehauen,[100] abgestellt, abgelegt, wieder vom Boden hochgeholt, abtransportiert. Dubouclez spricht von der Inflation der Handlung durch intensivierte, ungerichtete Agitation einerseits und durch ihre Verflüchtigung

---

93   Novarina. *L'Espace furieux*, S. 135.
94   Ebd., S. 98.
95   Ebd., S. 135.
96   Ebd., S. 43.
97   Ebd., S. 92.
98   Ebd., S. 39.
99   Ebd., S. 94.
100 Ebd., S. 180.

und Reduktion auf das pure Erscheinen andererseits.[101] Er übersieht dabei jedoch die von den Figuren besprochenen Minimalhandlungen und die Modi des Innehaltens und Benennens von Dingen und Zuständen.[102] Auch ist die Behauptung einer „action insensée sans orientation ou intention cohérente"[103] dadurch zu relativieren, dass die Figuren Handlungsmöglichkeiten und Formen der Flucht aus der Welt verbal eruieren.

7.2.3 Wohin? Desorientierung und Schlupflöcher

Die Frage „Où vas-tu?" verbindet Handlung und Zielort und stellt damit räumliche (und auch zeiträumliche) Orientierung zur Disposition. Anstelle von Antworten wird die fehlende Orientierung betont, indem Handlungsziele und Raumrichtungen verneint werden wie im Titel der Gesangseinlage „La chanson des gens qui vont nulle part."[104] Das Nirgendwohin wird im Liedtext jedoch vom Thema der zeitlichen Desorientierung abgelöst:

> Dans l'passé j'm'enlise,
> Le futur j'm'en passe,
> Mon présent s'efface;
> Su'l présent j'me brise:
> Où est l'heure exquise? [...]
> Temps filé, temps passé,
> Temps vécu, temps perdu...
> L'avenir me fuit! l'passé m'a pourchassé,
> N'y a que le présent pour me supporter!
> Où suis-je? Qui suis je? Que dis-je?
> Je vais ailleurs, je viens de nulle part, je sors de tout:
> Je suis-entré-par-la-sortie, oh...[...][105]

Zwischen der das ‚Ich' jagenden Vergangenheit und der uneinholbaren Zukunft bietet nur die Gegenwart der Figur eine Bleibe, wenn auch damit noch kein raumzeitlicher Fluchtpunkt gegeben und die Orientierungsfrage nicht gelöst ist. An anderer Stelle wird selbst das Präsens über die deiktischen Grundkoordinaten in Frage gestellt:

---

101 Dubouclez. *Valère Novarina*, S. 25.
102 Novarina. *L'Espace furieux*, S. 82.
103 Ebd., S. 25.
104 Ebd., S. 47.
105 Ebd., S. 47-49; weitere Aspekte zur Auflösung der Zeiten vgl. S. 170.

Madames, messieurs, écoutez ce qui m'arrive: mon passé n'est plus et l'avenir ne m'est
pas parvenu. Où est le présent? Maintenant. Mais dans maintenant, est-ce qu'il est
dans le *main* dans le *te* dans le *nant*? Maintenant que c'est le moment présent où est-il?
dans le *où* ou dans le *i* de ici?[106]

Es handelt sich um einen Versuch, die zeitliche Desorientierung räumlich zu
klären, d.h. das Präsens als einen Moment im Hier zu verorten. Bewerkstelligt
wird der Versuch in sprachspielerischer Manier anhand der Silbentrennung
und dem Buchstabenraum des Wortes „ici", wodurch sowohl die zeitliche
Dimension der Silben- und Buchstabenfolge als auch die räumliche Dimension
des Wortbildes, das von zwei i eingeschlossene c hervorgehoben wird. Wie
eine weitere Textstelle zeigt („Je pleins le temps de durer et l'espace d'avoir
lieu"),[107] verschränken sich hier Zeit und Raum in der Problemstellung der Orientierung. Novarina beschränkt sich jedoch nicht auf die Thematisierung von
Handlungsunfähigkeit, zeitlicher und räumlicher Desorientierung. Er lässt die
Figuren auch räumliche Handlungsmöglichkeiten verbal durchspielen: die des
Versteckens und die des Verschwindens. Wiederholt setzt Jean Singulier mit den
Fragen „Que faire pendant la matière? Où se cacher...?" an;[108] die Figure pauvre
schlägt vor, „de me mettre un sac à disparaître";[109] Jean Singulier berichtet,
sich an eine rostige Heizung zu wenden: „fais moi disparaître avec toi dans
la solitude...".[110] Mehrfach formulieren die Figuren wegzugehen, auszubrechen
und stellen Fragen nach der Überwindung der Stagnation und dem Ausgang.

> Jean Singulier. Je préfère m'en aller pour vous quitter. Pouvez-vous m'indiquer la gare,
> ou une gare?
> L'Enfant d'Outrebref. Où vas-tu?
> Jean Singulier. J' vais porter mon corps ailleurs que j'ai pu; j'ai jamais su porter mon
> corps ailleurs qui dit quoi.
> L'Enfant Traversant. Redis-moi ou quoi! „Reprenez votre billet"
> Jean Singulier. Je vais porter mon corps ailleurs qu'en moi. [...]
> L'Enfant d'Outrebref. Où vas-tu?
> Jean Singulier. Porter mon corps ailleurs qu' ailleurs.
> L'Enfant traversant. Où vas tu? Où cours-tu à pas si lents?

---

106   Novarina. *L'Espace furieux*, S. 63.
107   Ebd., S. 44.
108   Ebd., S. 22, 32, 33.
109   Ebd., 43.
110   Ebd., S. 157.

Jean Singulier. Porter mon corps ailleurs j' men fous. Porter mon mort chez Jean mort et Paul j'm'en fus. Je suis parti de ma vie comme par celle de quelqu'un. Tout ce qui sort un jour dans la nuit est mal vu. Sauf si je le sortais de la nuit par un cadavre. L'Enfant traversant. Si tu sors de la vie par un cadavre, alors tu mettrais le chapeau mental. Jean Singulier. Ainsi disaient les voix qui se sont tues et elles nous aidaient dans l'espace à faire crucifixion.[111]

Das Verlassen der Situation über den Bahnhof zielt auf ein Anderswo hin und wird gesteigert im Anderswo des Anderswo als Ausgang aus dem Leben, wobei der tote Körper aus der Nacht zu tragen sei. Der Begriff ‚faire crucifixion' (Kreuzigung) wird durch den Konnex des Machens und des Raumes sowohl als eine Körperhaltung, eine räumliche Markierung oder den Tod als zeitlichen Fixpunkt bestimmbar (entsprechend dem Wortstamm fixer). Neben Wunschorten wie Kuhweide, Platz unter dem Baum der Logik, Meer, Kräutergarten, Hügel- und Wiesenlandschaft richten sich die Fluchtgedanken vor allem auf den Tod als Ausgang aus dem Leben.[112] In seiner Rede an den Baum erwägt Jean Singulier Erhängungsversuche. Dafür wählt er als Ort eine Scheune hinter der letzten Tankstelle vor dem Meer.

Une corde toute petite est-elle la porte du monde? Une corde toute petite était la portière du monde: une corde toute petite, en matière magique, à qui je parlais déjà enfant pour voyager, en matière parlée, en silicron, en trois mètres de long, achetée dans une boutique de sport un arrière-juin sans date.[113]

Das Seil aus dem Sportgeschäft ist mehrfach semantisiert. Attribut der Schiffsreise und kindlicher Abenteuerphantasie bildet es zugleich eine Öse für den Durchgang, die Schwelle zwischen Leben und Tod. Der Strick bildet das raumzeitliche Schlupfloch aus der Welt. Der Tod wird als ein Zeit-Raum ohne Anhaltspunkte besprochen, die „coordonées de la mort" entziehen sich jeglicher Bestimmung.[114]

Alors, chez ceux qui la vie me vurent, vinrent, venurent et me dirent: 'Va chez dieux au désert!' Et je m'en allais, dans les siècles et siècles, très loin, au lieu de dire au temps

---

111 Novarina. L'Espace furieux, S. 35, 36, vgl. auch die Wiederaufnahme der mehrdeutigen Kreuz(ig)ung, S. 134.
112 Ebd., S. 31, 44, 174, 179.
113 Ebd., S. 150.
114 Ebd., S. 59.

de déserter d'ici. J'avais beau être enfant de la lumière, j'avais soif du noir. L'espace coulait en sens plat.[115]

Über die Wüste, dem Verflüchtigen der Zeit und dem Wegfließen des Raumes wird der Tod als ein Verschwinden im Nichts entworfen. Dieser Raum der Leere wird mit dem Bild des Durstes nach Schwarz als anziehend beschrieben. Mittels Figura etymologica sind Wüste und Desertieren in Assoziationszusammenhang gebracht und untermauern die Vorstellung einer Flucht ins Nichts. Der Motivkomplex von Schwarz, Nichts, Wüste und Leere findet sich an anderer Stelle im Kontext des Lebens wieder. So schreibt Sosie ins Schwarze, auf die Spitze eines Turmes: „Néant dehors, moi au désert; désert dedans, rien au millieu. [...] Rien au abords, Néant dehors, Grand vide dedans, Nulle part au millieu!"[116]

Trotz der Inkohärenz und Brüchigkeit sind mit Geburt, Berufsstationen, Handlungssituationen und Tod oder Freitod Versatzstücke eines linearen Lebensnarrativs gegeben. In den Formen der Geschäftigkeit und dem Übermaß an Umherziehen von Posten zu Posten deutet Novarina spätkapitalistische Lebens- und Arbeitsbedingungen an. Die Lebensgeschichten der vier Figuren formen zusammen das Narrativ eines Lebens der Getriebenheit, Bilanz-, Zweck- und Ziellosigkeit. Wenn der Begriff des „bonimenteur" im Theatertext fällt,[117] dann auf ironischer Ebene. Es liegen gerade keine unterhaltsamen, aufschneiderischen Selbstdarstellungen von besonderen Taten und Kenntnissen vor.[118] Es handelt sich hier um Erzählungen von Verhaltensweisen der Verweigerung, die sich bis zum Ausgang aus der Welt steigern. Der Theatertext entwirft jedoch auch affirmative Handlungen: das Fragenstellen und Betrachten der Welt, des Ichs und der Dinge.

7.3 Pataphysische Spekulationen: Materie, Körper, Raum, Nichts

Es sind die zwei Kinderfiguren L'Enfant d'Outrebref (das Kind kurz von andersher) und L'Enfant Traversant (das Kind am Überqueren), die Novarina den Theatertext mit Fragestellungen und Hypothesen eröffnen lässt. Auch im

---

115   Novarina. *L'Espace furieux*, S. 46, 47.
116   Ebd., S. 93.
117   Ebd., S. 132.
118   Heulot-Petit sichtet zeitgenössische Formen des „bonimenteur" und knüpft an die mittelalterliche Tradition von Unterhaltern an, die sich ohne Dekor und fiktionale Einbettung ad spectatores wenden, vgl. Heulot-Petit. *Dramaturgie de la pièce monologuée*, S. 46,47.

weiteren Textverlauf lässt er sie nachfragend und kommentierend in die Erzählsequenzen der vier anderen Figuren einhaken. Fragenketten wie „Qu'est-ce
parler? [...] Qu'est-ce que la pensée? [...] Que se passe-t-il dans notre esprit?"[119]
nehmen auf philosophische Diskurse Bezug und eröffnen in clownesker, sub-
versiver Manier den Raum für Debatten und Mutmaßungen. Novarina spielt
mit einschlägigen kulturhistorischen Axiomen, die er aufbricht und nach inhalt-
lichen und sprachlichen Prinzipien durcheinanderwirbelt. Das zugleich ernst-
hafte wie spielerisch kindliche Fragen und Spekulieren, die Bezugnahme auf
wissenschaftliche Diskurse und die literarische und sprachliche Spielart stehen
in engem Verhältnis zu pataphysischen Textstrategien.[120] Die 'Pataphysik als
„Wissenschaft von den imaginären Lösungen" bedient sich aus der Physik und
der Metaphysik, ‚übersteigt' diese jedoch.[121] Im Kerntext der Pataphysik, Alfred
Jarrys ‚neowissenschaftlichem Roman' *Gestes et opinions du docteur Faustroll,
pataphysicien*, geht es um die pataphysischen Expedition Doktor Faustrolls von
Insel zu Insel bedeutender Künstler_innen oder Naturwissenschaftler_innen, bei
der es zu monologischen und dialogischen Spekulationen über Sprache, Schwerkraft, Wasseroberflächenspannung, Materialeigenschaften, Aggregatzustände,
Zeit - Raum, Mensch - Gott, Tod, Leere und Unendlichkeit kommt, sowie zur
Erläuterung pataphysischer Prinzipien. Jarry greift dabei Diskurse aus Natur-
wissenschaft, Metaphysik und Theologie auf, die er kreuzt, infrage stellt, unter-
miniert und transformiert.[122] Unter Annahme pataphysischer Reflexionsfiguren
und Schreibstrategien wie der Befragung vermeintlicher Gewissheiten, der Exploration imaginärer und experimenteller Lösungen durch die Verbindung von
Gegensätzen, der Vermischung von alltäglichen mit naturwissenschaftlichen

---

119 Novarina. *L'Espace furieux*, S. 10, 11.
120 Behar hebt die spekulative Haltung der Pataphysiker wie auch ihre „fidélité excepti-
     onnelle à l'esprit d'enfance, lequel se meut naturellement dans un univers libéré des
     postulats logiques" besonders hervor. Henri Béhar. *La dramaturgie d'Alfred Jarry*. Paris,
     Champion, 2003, S. 254, 257. Unter dem Titel „Spéculations" publizierte Jarry eine
     Artikelreihe in der Revue Blanche (nachträglich abgedruckt in der Aufsatzsammlung
     La Chandelle verte). Alfred Jarry. *Œuvres complètes*. Hrsg. von Henri Bordillon. Paris,
     Gallimard, 1987, S. 324.
121 Unter pataphysischen Gesichtspunkten ist eine Definition der 'Pataphysik alleine
     deshalb zu relativieren, da sie der Dynamik und Veränderbarkeit unterliegt und
     nicht höher steht als alle anderen pataphysischen Aussagen. Entsprechend treten
     die Pataphysiker einer konzisen Definition ihrer Wissenschaft entgegen und betonen
     deren subjektiven, vielfältigen und unbegrenzten Charakter. Vgl. Klaus Ferentschik.
     Pataphysik. Versuchung des Geistes. Berlin, Matthes & Seitz, 2006, S. 70, 73.
122 Alfred Jarry. „Gestes et opinions du docteur Faustroll, pataphysicien". In: *Œuvres
     complètes*. Hrsg. von Michel Arrivé. Paris, Gallimard, 1972, S. 621-743, hier S. 663, 669,
     671, 704, 705, 710, 725, 726, 735, 736.

und metaphysischen Erklärungen, der Enthierarchisierung, der Paradoxien, der Wort- und Satzverkehrungen, sowie dem Spiel mit Wortlaut und Gleichklang, sollen im Folgenden die in der Figurenrede diskutierten Konzeptionen von Raum und Orientierung herausgearbeitet werden. Entgegen dem an die Pataphysik gerichteten Vorwurf einer ‚aufgeblähten Leere‘,[123] bzw. der an Novarina gefeierten Leere (siehe Kapitel 2.4 und 7.0), wird im folgenden der spekulativen Haltung als künstlerische (und philosophische) Reflexionsweise nachgegangen. Sowohl die Texte Jarrys als auch die Novarinas weisen konstruktivistische, phänomenologische und poststrukturalistische Ansätze auf bzw. auf solche voraus.[124] Die Untersuchungssystematik erfolgt nach den Motivischen Knotenpunkten Materie, Körper, Raum, Nichts und Text, die im Theatertext wiederholt, kombiniert und variiert um die Hypothese „Je suis" kreisen.

7.3.1 Materielle Situierung in der Welt

Als ein Verhältnis zwischen Mensch und Umwelt wird die Betrachtung der Materie „jusqu'au désespoir" in der Figurenrede von *L'Espace furieux* thematisiert und herausgestellt.[125] Die Redeinstanzen erfassen den Bestand, nennen und benennen die sie umgebenden Materialien und Dinge, insbesondere Beton als moderner synthetischer Baustoff, Steine als Naturmaterial, Erde und Körper als Weltmaterie. Die Besprechung von Beton erfolgt im Kontext der Auseinandersetzung mit der gebauten Umwelt. So schildert Jean Singulier: „Alors j' inscrivis en fulminante de lettres blanches et pour bomber le monde en deux cette phrase con au sommet du béton: 'La grande matière du monde tient-elle debout sans nous?'"[126] Die Frageaufschrift nach dem statischen und dauerhaften Bestand der großen Materie tangiert das Verhältnis zwischen Mensch und materieller Umwelt. Das Graffito, laut Figurenerzählung an einem Betongipfel aufgebracht, stellt zur Diskussion, was unter der großen Materie der Welt zu

---

123   Baudrillard zeichnet das Bild der Blähung intestinaler Gase und des „branlage à vide". Jean Baudrillard. *Pataphysik.* Paris, Sens & Tonka, 2002, S.17. Hingegen betont Lenoir das Prinzip der Ernsthaftigkeit und die unbeirrbare Haltung. Ruy Lenoir. *Clefs pour la pataphysique.* [1969]. Paris, L'Hexaèdre, 2005, S.12.

124   Bereits Gille Deleuzes hebt die enge Verbindung zwischen Pataphysik und Phänomenologie hervor und zeigt am Bsp. der Erscheinungsform der Uhr, wie Jarrys Herangehensweise an das Phänomen als eines, dass sich in sich selbst und aus sich selbst heraus zeigt, Husserls Konzeption des Erscheinens des Phänomens übersteigt. Vgl. Gilles Deleuze. „Un précurseuer méconnu de Heidegger, Alfred Jarry." In: Ders. *Critique et clinique.* Paris, Minuit, 1993, S.115-125. Hier S. 115, 116.

125   Novarina. *L'Espace furieux,* S. 133, vgl. auch die Betrachtung der eigenen Materie S. 82.

126   Ebd., S. 27, 28.

verstehen sei. Novarina persifliert den in der Moderne glorifizierten, gießbaren und aushärtenden Werkstoff. Indem sich die Figuren mit Beton in Verhältnis setzen, erfolgt nicht nur eine materielle Situierung im Raum der Ausdehnung, eine Anspielung auf Descartes Thesen zur ausgedehnten Substanz (res extensa), sondern auch ein impliziter Vergleich zwischen synthetischer und körperlicher Materie auf der Ebene der Qualität (Härte) sowie der Zeit (Dauerhaftigkeit). Dabei spielt Novarina auf die Härte und Dichte als Prinzipien an, die Descartes für die Bestimmung von materiellen Dingen als irrelevant abtut.[127]

In Akt II widmet Novarina der Materie zwei Sequenzen, betitelt mit *Matière vraie* und *Matière géométrique*. In *Matière vraie* geht La Figure Pauvre auf einen Stein zu und macht ihn zum Gegenstand der Überlegungen über Zustandsformen unbelebter Materie.

> La Figure Pauvre. Je vais vers une pierre. La voici.
>
> Sosie. Éventuellement la voici.
>
> La Figure Pauvre. Cette pierre ne vaut rien pour agir. Elle est en nous. Cette pierre n'a aucun poids en elle-même, sauf si c'est moi qui la porte. Ou vous. C'est pareil.
>
> Sosie. Ou si tu la jettes à ton cou. [...]
>
> Sosie. Tombée du ciel ou pas, ou disposé par hasard, les pierres d'ici n'ont plus aucun poids et gisent sans même encore la force de bouger. Ainsi: Impossible qu'un acteur fasse pendant trop longtemps le mort sans bouger ... et pourtant, grande est son envie. [...]
>
> La Figure Pauvre. [...] Je suis comme des cailloux qui gisent non sur ma tombe mais au millieu de ma figure.
>
> Une Femme de Suresne. Échangez-vous les pierres dont sont faites toutes les choses du monde – et les poussières d'où nous ne pourrons plus bouger! Vous qui avez changé les pierres en rocher, les rochers en cailloux et leur terre en nous, vous qui changerez ensuite toute en poussière, vous qui changerez ensuite toute en lumière, faites-nous voir un instant à l'intérieur de nous. Je jette les pierres à la tête de l'homme et je piaffe d'impatience.[128]

Der Stein wird im Vergleich mit dem Menschen zunächst als träges Objekt ohne eigenständiges Gewicht identifiziert. Novarina bemüht den Stein, den Descartes zum kontrastierenden Vergleich mit dem denkenden, nicht ausgedehnten Ich (res cogitans) heranzieht als „ein Ding, das fähig ist, für sich zu existieren

---

127 René Descartes. *Die Prinzipien der Philosophie*, aus dem Lat. von Christian Wohlers. Hamburg, Meiner, 2005, S. 94-117, zitiert nach Jörg Dünne; Stephan Günzel (Hg.). *Raumtheorie. Grundlagentexte aus Philosophie und Kulturwissenschaften*. Frankfurt a. M., Suhrkamp, 2006, S. 44.

128 Novarina. *L'Espace furieux*, S. 73, 74, 75.

[...] dagegen ein ausgedehntes und nicht denkbares Wesen" sei.[129] Novarina hingegen reflektiert die Vorstellung eines leiblichen Bildes vom Heben und Tragen des Steines mit einem Gewicht relational zur menschlichen Wahrnehmung und spielt damit gegen Descartes' Ausschluss von sinnlichen Qualitäten wie der Schwere als Prinzip von Materie an.[130] Zwar wird auch auf den jüdischen Brauch des Ablegens von Kieselsteinen bei einem Grabbesuch verwiesen, doch wird der Stein weniger als Symbol vielmehr als Grundsubstanz des menschlichen Leibes thematisiert und es kommt zur Aufreihung seiner Größeneinheiten Stein – Fels – Kieselstein – Erde bzw. Staub. Die Materialeigenschaften und Übergangsstufen der Steine werden so zum Anhaltspunkt für die Selbstbefragung des Menschen. Im angedachten Wurf der Steine gegen den Kopf ist ein Vergleich der Materialhärte angelegt. In *Matière géométrique* werden die Steine mit dem Schädel verglichen und die Frage der Nachweisbarkeit von toter oder lebendiger Materie in den Vordergrund gestellt:

L'Enfant d'Outrebref. Où allez-vous?

L'Enfant Traversant. Dire aux cailloux. Annoncer aux pierres.

L'Enfant d'Outrebref. Dites aux cailloux qu'ils n'ont pas la parole pour parler. Mais que nous les tenons, en tout cas, que nous tenons leurs noms. Dites aux cailloux qu'ils sont des choses et qu'ils se taisent.

L'Enfant Traversant. Si c'est une parole qui fait tenir les pierres, que nos crânes partagent maintenant le silence avec les cailloux!

L'Enfant d'Outrebref. Si la matière était morte uniquement ici où nous vivons, nous vivrions sur la terre uniquement comme dans l'intérieur d'un cadavre; or il n'en est rien. [...]

L'Enfant Traversant. L'être de tout ce qui est ne prouve pas que la matière vit. Or nous vivons sans preuve, ce qui est preuve que la matière vit. Ceci, je dois le dire maintenant aussi aux pierres et à mon propre crâne qui est comme une pierre au milieu de ma pensée.

L'Enfant Traversant. Mois aussi, je dois aussi le dire maintenant aux pierres et à mon propre crâne qui est comme la pierre de ma tombe. Elle est pendue; elle est là. (Du doigt, il se touche le front.) [...]

L'Enfant d'Outrebref. Où y a-t-il une lumière qui prouverait que la matière est là? Où y a-t-il un être qui soit la preuve que la matière soit parmi nous parmi les objets?[131]

---

129   René Descartes. *Meditationes de prima philosophia* (lat.- dt.). Hamburg, 1992, zitiert nach Marcus Knaup. *Leib und Seele oder mind and brain? Zu einem Paradigmenwechsel im Menschenbild der Moderne.* Freiburg; München, Karl Alber, 2012, S. 49.

130   Vgl. Descartes. *Die Prinzipien der Philosophie*, zitiert nach Dünne; Günzel. *Raumtheorie*, S. 44.

131   Novarina. *L'Espace furieux*, S. 77, 78, 79, 81.

Es wird das Axiom aufgestellt, dass die Kieselsteine als nichtsprechende oder schweigende Dinge nicht tote Materie sein können, da der Mensch, von ihnen umgeben, sonst in einem Kadaver leben würde. Der Vergleich zwischen Stein und Schädel macht auf den Anteil an toter (und überdauernder) Materie im menschlichen Körper aufmerksam. Die Berührung der eigenen Stirn (laut Bühnenanweisung) wird in diesem Zusammenhang zu einer Geste, mit der sich der Mensch qua sinnlichem (da haptischen) Beweis seiner materiellen Ding-Existenz rückversichert. Neben Greifen, Werfen und Ansprechen von Materie wird auch auf physikalische Gesetzmäßigkeiten zurückgegriffen, um über die Oberfläche von Körper und Geist zu spekulieren. Als Anschauungsbeispiel dient eine Vorstellung vom Ertrinken: „Voyez comme chez les noyés le corps toujours refait surface: l'esprit tout seul s'en va au fond, la terre revient à la surface. Le corps est en matière morte".[132] Novarina lässt L'Enfant d'Outrebref ein Bild von der Trennung von Geist und Körper plastisch vorstellbar machen, bei dem sich die beiden Substanzen unterschiedlich zur Schwerkraft verhalten. Während der Geist auf den Tiefengrund sinkt, steigt der Körper als tote Materie nach oben und schafft neue Oberfläche, neues Land. Diese spekulative Vorstellung verkehrt nicht nur die gängigen physikalischen Prinzipien und torpediert die christliche Anschauung von Auferstehung, Novarina parodiert hier auch den cartesianischen Dualismus demzufolge „dieses Ich, d.h. die Seele, durch die ich das bin, was ich bin, völlig verschieden ist vom Körper".[133] Die Kreuzung von physikalischen wie theologischen bildlichen Argumentationsmustern gleicht der in Jarrys 'Pataphysik der Wasseroberfläche. Im Kontext von Doktor Faustrolls Sieb als Boot lässt Jarry Faustroll die elastische, solide Haut des Wassers nicht nur mit einer physikalisch anmutenden mikroskopischen Studie (explizit referierend auf den Physiker und Seifenblasenforscher Charles Vernon Boys) erklären, sondern auch mit dem Gehen Jesu über das Meer bestätigen.[134]

Novarina lässt die Figuren die Materie auch hinsichtlich eines Handlungspotenzials besprechen:

La Figure Pauvre. Toute l'étendue de la matière était étendue par terre devant nous pour un rien; Toute l'étendue d'une grande matière terrestre était pour vous, et vous n'avez rien fait car vous n'en fîtes rien, hé les humains! [...]

---

132   Novarina. *L'Espace furieux*, S. 86.
133   Descartes. *Meditationes de prima philosophia*, zitiert nach Knaup. *Leib und Seele*, S. 49.
134   Jarry. „Gestes et opinions du docteur Faustroll", S. 663.

Donnez-nous un autre monde à manger! – Organisez un repas sous la terre où nous n'irons plus! - Mangez vous-même sous la terre ce repas de vous-même, car c'est pour finir. Car vous l'avez voulu, vous l'avez vu et voulu.[135]

Die Materie liegt ausgedehnt vor dem Menschen, umgibt ihn als greifbare Umgebung und ermöglicht eine Situierung und ein Tätigwerden. Dieses potenzielle Tätigwerden findet sich in Merleau-Pontys Konzeption des „Zur-Welt-sein" ausgearbeitet, der den Leib als Gegenstand unter Gegenständen im „phänomenalen Feld der lebendigen Erfahrung", immer schon ausgerichtet auf die umgebenden Dinge, in einem intentionalen Geflecht mit ihnen stehend, reflektiert.[136] In der Textstelle jedoch leistet der Mensch keinen Zugriff auf die Materie außer dem der Aufnahme, Umwandlung und des Wiederabführens. Die Erdmaterie wird in ihrem Doppelcharakter besprochen: als Umgebung des Menschen und zugleich als durch den Körper passierenden, transformierbaren Stoff. Novarina lässt die Figuren das menschliche Sein sinnlich und stets relational zur umgebenden Materie, den Dingen wie den Pflanzen besprechen: „Toute chair est de l'herbe / Toute chair est comme de l'herbe / Toute chair va comme l'herbe des champs."[137] Entgegen Descartes, der den Menschen als Cogito über die materiellen Dinge stellt, lässt Novarina die dualistischen Grenzen befragen und verschwimmen. Er zeigt den Menschen als Ding unter Dingen, Materie unter Materie, als „ramassi de matière humaine."[138] Dieser Mensch als Materienklumpen sei auf der Welt so überflüssig wie jedes andere lebendige oder nichtlebendige, ausgedehnte Ding auch: „Toute vie est encore une matière en trop [...] C'est pas toi que tu pendras, c'est le globe de la terre dont tu es fait, Adam."[139] Nur konsequent ist es, auch umgekehrt die Denk- und Sprachfähigkeit von Dingen in Erwägung zu ziehen um auch von dieser Warte her den cartesianischen Dualismus und Anthropozentrismus anzuzweifeln. Ausgangspunkt zur Spekulation in der Sequenz *Une pierre* (III, 10) bildet erneut ein haptischer Materialtest:

Jean Singulier, *frappant un objet.* Le réel ne répond plus. [...]

Jean Singulier. Apporte un bloc de matière!

Sosie. Voici.

Jean Singulier. Mes mains en sont aussi. La matière pense-t-elle?

Sosie. Non.

Jean Singulier. Est-ce qu'elle ne pense pas? Ou est-ce qu'elle ne pense à rien?

---

135   Novarina. L'*Espace furieux*, S. 44, 45, 46.
136   Merleau-Ponty. *Phänomenologie der Wahrnehmung*, S. 76, 78, 80.
137   Novarina. L'*Espace furieux*, S. 104, sowie wiederholt auf S. 105.
138   Ebd., S. 95.
139   Ebd., S. 61.

Sosie. Et vous? A quoi pensez-vous quand vous ne pensez à rien?
Jean Singulier. La lumière est le cri de la matière quand elle est venue, le cri qu'elle
a crié. Certainement. La lumière est le cri de la matière quand elle est venue, le cri
qu'elle a poussé. Très certainement.[140]

Ob die Materie denkt oder nicht, erscheint als unnachweisbar, besteht doch
die Möglichkeit, dass die Materie denken kann, jedoch an nichts denkt. Mit
dem Bild des Lichtes als Schrei der Materie wird den Dingen die Möglichkeit
von Beseelung und Ausdrucksfähigkeit eingeräumt, die mit einer leblosen res
extensa bricht. Dies lässt sich mit Textstellen stützen, in denen auf sprechende
Dinge hingewiesen wird.[141] Es besteht eine Nähe zu Bruno Latours Konzept des
Parlaments der Dinge als einem Kollektiv aus menschlichen und nicht-menschlichen Akteur_innen. Darin können nicht-menschliche Wesen wie Tiere, Viren
und Sterne wider bisheriger Annahmen sprechen, was über Apparaturen,
Instrumente, Daten, Zahlen und Graphen vermittelt werden kann.[142] Latour
gleicht auf der Grundlage seines Akteur-Begriffes den Status und die Kompe-
tenzen von menschlichen und nicht-menschlichen Dingen dadurch einander
an, dass er auf der einen Seite den nicht-menschlichen Wesen Widerspenstig-
keit und Eigenmächtigkeit zuerkennt, während er auf der anderen Seite die
Handlungsfreiheit des Menschen anzweifelt.[143] Der Umkehrschluss zwischen
Ding und Mensch ist eine beliebte spekulative Reflexionsfigur Novarinas. Die
rhetorische und paradoxe Frage ad spectatores ‚Was denken sie, wenn sie nicht
denken?' lässt aufmerken: Die Denkaktivität der Materie ist ebenso(wenig)
nachweisbar wie die des Menschen.

7.3.2 Der rohrförmige, zerstückelte, entgrenzte Körper

Die zitierten Beispiele von Atmen, Trinken und Essen als Aufnahme und
Abstoßung von Luft und Materie verweisen auf eine Konzeption des grotesken
Körpers, wie sie von Michail Bachtin herausgearbeitet wird. Betont werden
die Körperöffnungen, der Materialaustausch zwischen Welt und Leib bei der

---

140   Novarina. *L'Espace furieux*, S. 180, 181.
141   Vgl. ebd., z.B. S. 83, 134.
142   In diesem Vorschlag kommt dem Logos eine neue Aufgabe in der politischen Sphäre zu
       und den Laboren, die Rolle, stumme bzw. stumm geglaubte Entitäten zu alphabetisieren.
       Vgl. Bruno Latour. *Das Parlament der Dinge*, aus d. Frz. von Gustav Roßler. Frankfurt a.
       M., Suhrkamp, 2015, S. 96, 98, 99.
143   Ebd., S. 115.

Nahrungsaufnahme, Ausscheidung sowie Körpersekrete.[144] Novarina greift wiederholt das Bild vom Körper als Durchgangsraum auf, welches er durchvariiert. In einem Vorschlag von L'Enfant traversant, die Erde mit einer Schaufel auf eine Kugel zu reduzieren und runterzuschlucken, wird ein Bild der Inkorporation von Welt gezeichnet und der menschliche Körper zur Passage für Erdmaterie.[145] In der Sequenz *Air du vipéricien* des dritten Aktes geht es in einem Vergleich zwischen Viper und Mensch um den (imaginierten) Blick unter die Haut auf Blut, Galle und Säure in Nase, Hals und Magen.[146] Das Körperbild entsteht hier über den Kontrast zwischen dem Außen als der Körperhülle und dem Innern als den darunter wabernden und fließenden Flüssigkeiten und Körpersäften.[147] Vor der Kontrastfolie der Viper lenkt Novarina den Fokus auf den Geburts- und Ausscheidungskanal als die dem Mund ebenbürtigen Öffnungen. Zudem wird die Rede mit Blut analogisiert und entsprechend das Reden mit Bluten: „Arrêtez votre sang! Arrêtez de parler!".[148] Der Körperschlauch wird als Hülle für die unter Druck nach Außen strömende ‚Redeflüssigkeit' geltend gemacht, entsprechend werden Weg und Geschwindigkeit der Sekrete auf den Redetext übertragen, treffender erscheint jedoch das Bild eines dröhnenden Rohres mit entsprechendem Hohlraum für den Widerhall der Stimme.[149]

> L'Enfant Traversant. Que vient de dire votre voix?
>
> L'Enfant d'Outrebref. La voix est dans mon cœur. C'est seulement son écho que vous entendiez dans ma bouche.
>
> Le Vieillard Carnatif, *seul*. Si volubile que soit la langue, elle ne peut plus remuer quand son palais est bourré de terre. Une poignée d'humus remplira les bouches les

---

144   Zu grotesken, entgrenzten und weltverschlingenden Körperkonzeptionen der frühen Neuzeit vgl. Michail Bachtin. *Literatur und Karneval. Zur Romantheorie und Lachkultur.* Frankfurt a. M., Ullstein, 1985, S. 16, 17. Körte kombiniert Rabelais'che Motiviken des Essens mit einer schriftmateriellen Deutung von Novarinas *Lettre aux acteurs* vgl. Mona Körte. *Essbare Lettern, brennendes Buch. Schriftenvernichtung in der Literatur der Neuzeit.* München, Wilhelm Fink, 2012.

145   Novarina. *L'Espace furieux,* S. 172.

146   Bei vipéricien handelt es sich um eine Wortschöpfung Novarinas aus dem Wort *vipérin,e* für viperartig.

147   Ebd., S. 115-117.

148   Ebd., S. 60.

149   Corvin leitet von Novarinas Schauspielerkonzeption die Körperbilder *tube* und *tuyau* ab: „nous sommes des tuyaux à deux trous, l'une d'entrée, l'autre de sortie," verzichtet jedoch auf eine Konzeptualisierung der Begriffe. Um dem Widerhall gerecht zu werden, führt er einen weiteren Begriff ein: „chalumeau: le souffle y passe et le fait résonner." Corvin. *Marchons ensemble, Novarina!,* S. 83, 89, 90. In *L'espace furieux* findet sich das Vegleich des Luft- und Blasebalgs eines Akkordeons mit dem Körper, vgl. Novarina. *L'Espace furieux,* S. 98.

plus éloquentes d'ici-bas. Et on vous mettra une pierre dessus, pour que vous vous taisiez. Alors vous vous tairez.[150]

Auf die Frage, was die Stimme sagt, wird hier mit deren Lokalisierung im Herzen und dem Widerhall im Mund geantwortet. Die Passage setzt den Hohlraum im Mund anhand physikalischer Gesetze als Voraussetzung für die Rede, frei nach der Spekulation: Ist die Mundhöhle einmal gefüllt mit Erde und Humus und von einem Stein verschlossen, wird sie zum schweigenden Grab. Die gehäufte Besprechung von Mund und Kopf als Hohlräume, von notwendig leeren Körperräumen sowie von den an der Lauterzeugung beteiligten Mundstücken Gaumen, Lippe, Zunge und Zähne, die die ausgestoßene Luft formen und das Gesungene einfassen, untermauert die Konzeption des Körpers als rohrförmiges artikulatorisch-musikalisches Instrument.[151] Zudem referiert Novarina spielerisch auf die Maschinenebenbildlichkeit des menschlichen Körpers, der von Descartes als gottgeschaffenes, rein mechanistisches „Getriebe" gedacht wird, als „eine Statue oder Machine aus Erde".[152] Diese vergleicht Descartes nicht nur mit einem Uhrwerk, einem Wasserspiel oder einer Mühle, sondern stellt sich den Körper als eine aus Einzelteilen zusammengesetzte Maschine vor, als einen Körperraum mit einzeln darin disponierten Organen.[153] Novarina übersteigert dieses Körperkonzept mit dem des zerstückelten Körpers „Tout est cassé: le corps, c'est viscéral! Heu-reu-sement: les morceaux n'ont point de mal!"[154] Der zergliederte Körper wird mit einer hohlen, hölzernen Materialität wie ein Bausatz vorgestellt, angelehnt an das Modell der Marionette.[155] Explizite Bezüge zur Commedia del'Arte,[156] sowie eine implizite Berufung auf die Theaterpoetik des marionettenhaften Körpers und dem szenischen Einsatz von Puppen bei Jarry, Artaud und Craig unterstreichen dieses Körperbild.[157] Im Unterschied zu deren szenischen Entwürfen lässt Novarina die Figuren einzelne Körperteile über räumliche Spekulationen besprechen, insbesondere Haupt, Herz und Schädel.

Mehrfach bricht er mit der logozentristischen Überhöhung des Kopfes: erstens, indem er dessen Zerfall thematisieren lässt, so Sosie: „Ci-gît ma tête: à

---

150   Novarina. *L'Espace furieux*, S. 18.
151   Ebd., S. 14, 34, 67.
152   Descartes. *Traité de l'homme*, zitiert nach Knaup. *Leib und Seele*, S. 51, 52.
153   Vgl. ebd., S. 52.
154   Novarina. *L'Espace furieux*, S. 96.
155   Ebd., S. 34.
156   Siehe die Forderung eines Musikstückes mit dem Titel *La dormition de Polichinelle*, ebd., S. 62.
157   Vgl. insbesondere die medizinischen Versuche an Harlequin in „*La pierre philosophale*". Artaud. „*Trois œuvres pour la scène*".

consommer de préférance avant la date figurant au dos du couvercle"; zweitens szenisch, indem er die Figur mit einer übergroßen Kopfduplikation „tête fétiche" hantieren lässt, die sie per Schubkarre transportiert und zerbricht.[158] Gleich in mehreren Sequenzen ist die Abtrennung des Hauptes Thema, wird dieser getragen oder weggeworfen.[159] Hohlraum, Abtrennbarkeit und Übergröße führen zur Vorstellung des Schädels als Raum, in den Träger_in des Kopfes hineinschauen kann und in den andere einsteigen können „Quand je regarde au fond de ma tête en silence, je pense que mon cœur est une bête qui rugit à mon cou".[160] Dass das Herz im Körper lagert, wird hier nicht physisch erspürt, sondern „gesehen" und „gedacht" (eine erneute Parodie auf Descartes, der die Materie ausschließlich mittels Sehen und Denken erfasst). Einzig die Resonanz seines Anschlages wird am Hals wahrgenommen. An mehreren Stellen wird das Auge als Lampe des Körpers vorgestellt, welches sich nicht nur nach außen, sondern auch nach innen richtet.[161] Während das Schauen *aus dem* Körper dem Betrachten der Materie und der Situierung im Umraum gilt, leistet das Schauen *in den* Körper eine Situierung und Vergewisserung über Lage und Mechanismen der Körperteile, die Sosias in einer Litanei vorträgt:

> Notre crâne qui êtes en nous comme une pierre au milieu de la pensée. Notre bouche qui êtes en nous comme un trou au milieu de la figure. Notre chair qui êtes en nous comme une pensée par quelqu'un d'autre. Notre œil qui êtes en nous comme la lampe du corps. Notre corps qui êtes en nous comme la tête des membres. Et vous surtout, notre pied qui êtes sagement dans nos chaussures; et vous surtout, toutes nos minutes qui sonnent des heures, restez! Notre être qui êtes en rien, répandissez-vous au-dessus de là-bas: au centre du sur-delà du par-delà, plus loin, plus loin que le loin et au-delà de tout ce qui a dépassé le trou par le sommet du trou duquel ; par-dessus duquel au-deçà de par-celui, duquel au-delà, de par-delà celui-ci duquel, plus loin que par-dessus le par-deçà de tout, et de partout, ici *ut*, et ici au-delà du *ut*, et au-delà du par-delà, ici *ut*.[162]

Der Schädel wird als Stein im Denken situiert, der Mund als Loch im Gesicht, das Auge als Lampe im Körperinnern und die Füße in den Schuhen. Damit wird das Bild eines Kopffüßlers gezeichnet; der Rumpf wird ausgelassen, Fleisch und Körper bleiben unbestimmt und die Füße setzen am Kopf an. Der Fokus liegt auf Schädel, Mund und Auge im Sinne der Schematisierung und Bedeutungsgröße

---

158   Novarina. *L'Espace furieux*, S. 94-96.
159   Ebd., S. 162, 168, 169.
160   Ebd., S. 73, ebenso S. 97.
161   Ebd., S. 172, 76.
162   Ebd., S. 162.

bei Kinderzeichnungen. Indem Novarina die Figur ihre Körperteile in der Höf-
lichkeitsform adressieren lässt, rüttelt er an der Subjekt-Objekt Konstellation.
Die Körpergrenze zwischen innen und außen verwischt. Es handelt sich um
einen spekulativen Versuch, das Sein in den Körperteilen zu lokalisieren und
ein Körperzentrum auszumachen. Die mehrdeutige Liste von Lokaldeiktika,
darunter oberhalb, über, darüber und weit führen zu einer Dezentrierung und
Entgrenzung des Körpers und des Seins. Der Körper als Ort des Seins wird
mehrfach in Frage gestellt, auch indem sich das Ich neben dem Körper oder
außerhalb des Körpers situiert. Diese Vorstellung basiert hier nicht nur auf
der Bezugsstruktur zwischen Innerhalb und Außerhalb, sondern auch auf der
Verwischung der Grenzen zwischen Subjekt und Objekt (bzw. in Bezug auf
Descartes res cogitans und res extensa). In *Impasse de la pensée* wird die Frage
nach der Ich-Situuierung bis ins Schwindelerregende gesteigert:

> L'Enfant d'outrebref. [...] Je suis celui qui devient ce qu'il est. De même les objets. Je
> suis celui qui est tu veux dire que c'est-à-dire que je suis celui qui est tu. Il est entre
> son corps et nous, hors de notre corps et nous. Il est entre nos corps et nous avons
> mis la mort entre lui et nous.
>
> L'Enfant Traversant. Que je sois celui qui soit me met hors de moi! Mais par ailleurs
> je constate que celui qui est hors de moi n'est pas en lui. Que celui qui soit hors de moi
> n'est pas en lui me démontre moi-même que j'en suis. Mais ce passage reste bref. Que
> celui qui soit hors de moi n'est pas en lui dont je ne suis que le passager si bref, quoi
> qu'il en soit, je puis dire que je suis le théâtre de Dieu: le lieu du drame de sa parole
> que nous entendons! Hors de moi, qu'il n'y ait plus rien qui soit, certes, tel n'est pas
> mon but, certes, non! Que ce ne soit plus qui que ce soit qui dise Je suis, là n'est pas la
> question. Mais par contre, que celui qui y est, qu'il y reste! Nous ne pouvons en aucun
> cas l'apercevoir sur un théâtre. Ni vous ni moi. C'est absolument impossible. Sauf en
> moi dont je suis ici sa brève scène si brièvement sa brève scène.[163]

Der Satz „Ich bin...", wird anhand der temporalen, personalen und lokalen
Verschiebungen (Werde, der du bist; Ich bin der, der wird, was er ist; ich bin derje-
nige, der du bist...) nicht nur sprachlich, sondern auch philosophiegeschichtlich
durchvariiert. Insbesondere die Angabe „hors de moi" deutet auf die Situuierung
des Ich im Außerhalb des Selbst, als Zustand des Neben-sich-stehenden Ichs; sich
nach außen kehrendes, aus sich austretendes Ich hin, welches an anderer Stelle
durch das Bild des überschäumenden Sosias ergänzt wird: „ma stupéfaction me
déborde. La vie aussi me déborde."[164] Im Bild des ‚Außer-sich-seins', welches

---

163   Novarina. *L'Espace furieux*, S. 71, 72.
164   Ebd., S. 106.

mittels einer sprachspielerischen Jonglage mit Lokaladverbialen vorgeführt wird,[165] überlagern sich die räumliche Situierungsfrage mit dem tobenden, rasenden Zustand des Ich. Es handelt sich jedoch nicht um einen Gemütszustand, sondern das desorientierende Moment beim spekulativen Versuch, das Ich zu verorten. Dabei wird auch auf die Vorstellung eines Homunculus im Körper zurückgegriffen: „Je finirai un jour par commander à l'intérieur de moi à quelqu'un; c'est sans doute possible. Je dois commander à quelqu'un à l'intérieur de moi pour parler." Novarina greift auf die alchemistische Vorstellung eines Männleins im Kopf als Zwischen- oder Lenkungsinstanz im Sprechakt zurück. Auf die Frage, wo das Ich letztlich ‚statthat', wird dennoch der Körper in Erwägung gezogen:

> L'Enfant D'Outrebref. Où as-tu lieu?
>
> Jean Singulier. Ici mon corps. Seul lieu vivant avant la mort.
>
> L'Enfant D'Outrebref. Est-ce que le corps, le théâtre du vivant?
>
> Jean Singulier. Si.
>
> L'Enfant D'Outrebref. Est-ce bien le corps?
>
> Jean Singulier. Ici mon corps: seul lien vivant avec la mort. Le jour que nous voyons ici n'est pas vrai. [...]
>
> Sosie. J'ai l'impression depuis hier que ton corps cherche la mort...
>
> L'Enfant D'Outrebref. Non non, ce n'est pas la mort qu'il cherche. C'est au travers de la mort que votre corps se cherche.[166]

Der Körper als lebender Ort habe sich über und durch den Tod zu suchen. Bezeichnet als Theater des Lebendigen, könne erst mit dem Tod Gewissheit über das Sein erlangt werden. Spätestens an dieser Stelle wird deutlich, dass Novarina mit Redundanzen, Antithesen und Paradoxien operiert und sich die Suche nach dem Sitz des Ichs und des Seins im Kreis dreht. Novarina geht noch eine Vorstellungsebene weiter und lässt die Figuren die Frage nach dem Ort des Ichs abstrakt-geometrisch besprechen. Dabei setzt er raumtheoretische Modelle außer Kraft: „Mon corps et moi, nous étions logés comme dans un cercle carré que nous n'arrivions pas à quitter!"[167] Das Bild des quadrierten Kreises als paradoxes und unentrinnbares Geometrie- bzw. Raumgebilde für den menschlichen Körper ruft Leonardo Da Vincis *Proportionsstudie nach Vitruv* wach. In dem zeichnerischen Entwurf (Bleistift, Zirkel und Lineal) leitet Da Vinci, von den idealen menschlichen Körperverhältnissen ausgehend, ein

---

165   Novarina. *L'Espace furieux*, S. 23, 28.
166   Ebd., S. 164, 165.
167   Ebd., S. 41.

Regelwerk zur Lösung der mathematischen Kreisquadratur ab.[168] Die Quadratur des Kreises gilt (erst seit dem 19. Jahrhundert) mathematisch als unlösbar und ist gerade deshalb eine zentrale pataphysische Referenz für paradoxe Denkfiguren und spekulative Verfahren.

7.3.3 Raumebenen und Raumdimensionen

Wie anhand des Körperkonzeptes gezeigt wurde, wird nicht nur der Gegensatz zwischen innen und außen aufgebrochen und dynamisiert; ähnlich verhält es sich mit der räumlichen Opposition oben und unten:

> [...] le ciel était sur moi une boue et j'attendais cette boue par-dessous déverser toute la lumière du monde. J'ai passé ma vie sur terre avec une lumière sans l'avoir vue. Il n'y a pas de sol sous mes pieds.
>
> [...] Sur terre, que faire pour éviter de vivre? Il y a sous terre des oiseaux qui iront dans l'air à ma place. Alors je me relevais de terre à la fin de ma vie, les yeux encore plus ouvert qu'avant, et je vis rien sauf que j'étais encore dans la terre.[169]

Im Bild der von Sosias geschilderten Erfahrung wird die (christliche) Vorstellung vom Aufstieg der Seele Vögeln unter der Erde zugewiesen, während der Mensch in der Erde verbleibt. Mit dem Schlamm als Himmel und dem fehlenden Boden unter den Füßen entsteht eine verkehrte Raumfigur, bei der die schwere Erdmaterie oben und die leichte Luftmasse unten stuiert wird. Auch die Figur des Propheten kündigt an, die Dinge oben mit den Dingen unten zu tauschen:

> Je remplacerai les choses du haut par les choses du bas, et les choses du bas, je les mettrais en haut et je dirais à la partie basse du monde restée en haut là-haut, qu'elle n'est pas, qu'elle n'est pas! Et qu'elle est suspendue dans les hauts du plafond, au-dessous duquel nous avons cours.[170]

Bei der Verkehrung von oben und unten kommt es nicht wie etwa im Theater von Jean Genet zur Umkehrung moralischer Werte.[171] Vielmehr unterläuft Novarinas Theatertext physische und metaphysische Raumgesetze. Zur Situierung des Menschen wird die himmliche Sphäre oben und die mundane Sphäre unten wieder aufgegriffen: „Si Dieu nous a mis si bas, c'est pour nous voir de haut; c'est pour nous apprécier." Mit der Konstellation des herabschau-

---

168 Klaus Irle; Klaus Schröer. ‚*Ich aber quadriere den Kreis...*' *Leonardo Da Vincis Proportionsstudie.* Münster, Waxmann, 1998.
169 Novarina. *L'Espace furieux*, S. 65.
170 Ebd., S. 140.
171 Vgl. insbesondere Genet. *Les nègres.*

enden Gottes auf die Menschen lehnt sich Novarina ironisch an die Theatrum Mundi-Metaphorik an. Dagegen wird Gott nicht zum einlenkenden Regisseur erhoben, sondern als bewundernder, kontemplierender Zuschauer imaginiert. Die Betrachtungskonstellation ist verschachtelt: Der Mensch betrachtet die Materie, Gott betrachtet den Menschen beim Betrachten der Materie. Letzteres bietet Anlass zur Reflexion universalräumlicher Orientierung. So berichtet der Vieillard carnatif davon,

> de regarder des semaines entière l'ensemble béni des choses que Dieu avait disposées autour de moi: *un*, cette table, *deux*, ce mur, *trois*, ma chambre, *quatre*, la maison sortant du toit, *cinq*, la terre sous les pieds, *six*, ciel, *sept*, lune pour me veiller, *huit*, soleil pour m'éclairer, *neuf*, l'ensemble mêlé en huit des chiffres de nébuleuses et stellarions, *dix*, le mystère de l'espace là, *onze*, le temps un...[...][172]

Die Passage rekurriert auf die menschliche Betrachtung der von Gott geschaffenen um den Menschen gestellten Dinge. Die Aufzählung löst dies mitnichten ein, handelt es sich doch um die vom Menschen hergestellten, wohnräumlichen Gegenstände Tisch, Mauer, Zimmer, Haus – ergänzt um die Gestirne und die Dimensionen Raum und Zeit. Es geht vielmehr um eine Positionsbestimmung der Figur im Verhältnis zu den vorstellbaren, errechenbaren universellen Größen der Gestirne und dem Mysterium des Raumes. Das Universum als überirdisches System wird jedoch auch zum menschlichen alles enthaltenden Kopf in Verhältnis gesetzt:

> L'Enfant d'outrebref. Univers d'ici, en ce morceau nommé moi, quand tu traverses l'espace, par exemple ainsi, tu traverses de A à B, non non! de Un à Deux, non non! de Nu à Un. Regarde avec tes yeux comme l'espace va par là! [...]
>
> L'Enfant d'outrebref. Espace qui va par là, chaque humain est en toi entier et enfermé. L'Enfant traversant. Nous sommes chacun l'Univers tout entier qui est enfermé dans un six mille sept cent quatre-vingt-dix-huit points joints ici en espace et esprit, dans notre propre crâne qui est le propre point du rien au milieu de l'univers où nous attendons sans arrêt à l'entrée d'un espace supérieur.[173]

Der Mensch wird hier sowohl als ein Stück des Universums als auch eingeschlossen im sich ständig bewegenden Raum besprochen. Es wird auf das Verbinden zweier Punkte als Verfahren zur Raumvermessung angespielt, genauer auf das Schrittmaß, welches die Körperdimensionen einsetzt,[174] um eine Strecke

---

172 Novarina. *L'Espace furieux*, S. 124, 125.
173 Ebd., S. 78, 79
174 Damit operiert bereits Descartes im Kontext zur Vermessung eines ausgedehnten Dinges, vgl. Descartes. *Die Prinzipien der Philosophie*, zitiert nach Dünne; Günzel, S. 47.

des physischen Raumes zu erlaufen und auf das mathematisch-geometrische Zeichnen und Messen von Linien eines konstruierten (euklidischen) Raumes. Novarina belässt es jedoch nicht bei der Thematisierung physischer und geometrischer Vermessung, sondern zeigt ein dynamisches Raumverständnis, indem er den Raum mit einem Bewegungsverb versieht und zeigt, dass der Raum erst mit der Linie als Bewegung entsteht. Der menschliche Schädel mit dem erfundenen Maß von 6798 zusammenlaufenden Punkten, die zugleich den Nullpunkt in Mitten des Universums bilden, fasse das Universum in Gänze in sich. Novarina überlagert in seiner spekulativen Raumvermessung zerebrale und universale (spekulative) Geometrie. Die konstruierten und sich überkreuzenden Linien persiflieren die Zentralperspektive als zeichnerisch-technische Raumkonstruktion, bei der sich die Linien in einem vom Standpunkt des Menschen aus gedachten Fluchtpunkt in der Tiefe des (relativen) Raumes treffen. Novarina regt über die Figurenrede eine umgekehrte Vorstellung an, bei der der Fluchtpunkt – von einem räumlichen Außerhalb her – in den menschlichen Schädel projiziert wird. Dies entspricht der Umkehrung des Modells der Sehpyramide von Leon Batista Alberti (1436).[175] Nicht die vom menschlichen Auge ausgehenden Sehstrahlen konstruieren einen Gegenstand (bei Alberti einen Kubus), sondern die multiplen Punkte des Raumes treffen sich im Nullpunkt des Kopfes: Die Konstellation Subjekt (Mensch) und Objekt (Raum) wird hier phänomenologisch und reziprok gedacht. Mikro- und Makrokosmos stehen im Wechselverhältnis von Drinnen und Draußen des Schädels und der Welt. Lässt Novarina die Figur Jean Singulier sagen: „Le monde vient du crâne: non non! le monde sort de mon crâne: oui non! le monde sort du crime: oui oui! François, ton crâne est en toi comme un reste du monde d'avant. Mon crâne est tout ce qui me reste du monde",[176] steht dahinter die These von der Welt als Produkt menschlicher Konstruktion im zerebralen Raum.

Die binären Raumstrukturen rund und eckig, oben und unten, drinnen und draußen, mikro und makro werden bei Novarina ausgehebelt und aufgelöst, stattdessen wird die Relationalität räumlicher Dimensionen hervorgehoben. Entsprechend findet auch der Raum des Dazwischen und des Dahinter Berücksichtigung: „L'enfant d'outrebref. L'espace est derrière ce qui est vu, comme un globe qui signifie que notre vie est à la dernière minute."[177] Dieser Raum hinter dem Sichtbaren lässt sich phänomenologisch als ein Raumgeflecht lesen,

---

175 Vgl. Leon Batista Albertis Sehpyramide. „Perspektivik" in: *Glossar der Bildphilosophie*, Medienwissenschaft Universität Tübingen www.gib.uni-tuebingen.de/netzwerk/gloss ar/index.php?title= Perspektivik (13.11.2018).
176 Novarina. *L'Espace furieux*, S. 164, 165.
177 Ebd., S. 83.

in dem Objekte angeordnet sind, die immer auch ihre verdeckten Seiten und Hinterseiten zeigen. Wissenschaften, die darauf beruhen, Welt und Raum zu Objekten menschlicher Vorstellung zu machen, werden hier persifliert. Dies betrifft in erster Linie die Geometrie und ihre Verfahren der Vermessung und Mathematisierung des Raumes und des Entwickelns von abstrakten formel- und graphikgestützten Denkfiguren, die der leiblichen Raumerfahrung nicht standhalten. Der Raum bleibt unbegreiflich und undarstellbar, sprengt alle Theorien und Gesetzmäßigkeiten, lässt sich nicht validieren, verwehrt sich der Objektivierung und Verdinglichung, Erfassung und Modellierung (Container-modell, Materialität, Substanz) durch den Menschen. Bei Novarina wird der Raum zum Subjekt der sprachlichen Auseinandersetzung in dem Sinne, dass er sich nicht festschreiben lässt. Wie im Titel angekündigt erweist sich der Raum als eine rasende Entität. Die Verkehrung von Subjekt versus Anschauungsobjekt findet sich im wiederholten Ausruf der Figure pauvre zugespitzt: „L'espace te vomit."[178] Dieses Bild des Raumes, der den Menschen ausspeit und dadurch ins Außerhalb befördert, legt das Ausstoßen aus dem pränatalen Raum oder/und das Ausspeien in den raumlosen Tod nahe. Via Figurenrede greift Novarina theologische, naturwissenschaftliche und philosophische Raumkategorien auf, die er umkehrt, umstülpt und dynamisiert. Um der Raumkonzeption in *L'Espace furieux* weiter nachzugehen, bieten sich die Motive der Leere und des Nichts zur Untersuchung an.

7.3.4 Dunkel und Nichts als Ende und Ursprung

Die Nacht, das Schwarz, das Nichts bilden bereits den Fluchtpunkt der Lebens-erzählungen (vgl. Kapitel 7.2.3.). Darin entspricht der Tod dem Schlupfloch aus dem Leben, aus der Welt. Erst der Tod bietet „Koordinaten" an.[179] Die Erzählse-quenzen der vier Figuren enthalten jedoch auch prämortale Erfahrungen von Nichts und Leere. Im Kontext einer Wahrnehmung der Welt als unbeständig und leer schildert Sosias das Anbringen eines Schriftzuges über das Nichts und das Nirgendwo:

> Sosie. [...] Par là-bas d'dans, je parcourus visiblement le monde à moto et vis qu'il était grand: j'avais beau lutter parmi les mots, je me jetais le réel avec des cailloux sur la tête...le vide des cailloux est si grand! ...Plus rien! ni des humains, ni des gens, ni des nids d'humains, ni des gens restants, ni des gens en rien, ni d'aucun des animaux en bêtes, ni des objets en choses, ni des choses en rien, ni le long du jour ni ailleurs ni

---

178   Novarina. *L'Espace furieux*, S. 98.
179   Ebd., S. 95.

plus tard... [...] puis j'en ai écrit une, un jour dans le noir, toute seule inscrite de nuit
au sommet d'une tour Thompson : 'Néant dehors, moi au désert; désert dedans, rien
au milieu.' [...]
'Rien aux abords,
Néant dehors,
Grand vide dedans,
Nulle part au milieu!' [...]
'Espace: désespère!
Temps, éteins-toi
Désespace, vire-toi d'là!'[180]

Im Zusammenhang mit dem Nichts und der Leere kommt es zu Mehrfachver-
neinungen des Ortes und des Raumes. So wird der Raum als ‚Nicht-Raum'
aufgefordert zu verschwinden. Das Nichts wird jedoch auch im Zusammenhang
mit der Entstehung der Erde thematisiert. So predigt Sosias den Psalm 151 als
einen Gegenschöpfungsbericht:

Lorsque j'habitais métro Pyramide
Ma mère chaque matin me disait livide
Éééééé-é-é-é-é-coute:
Si j'étais Dieu,
Au commencement, j'aurais poussé tout le monde dans le vide! [...][181]

Abgesehen von der Polyvalenz des Ausdruckes ‚tout le monde' (alle bzw. die
ganze Welt), wird darin von einer vorhandenen Welt ausgegangen, die in die
Leere gestürzt wird. Umgekehrt referiert diese Passage auch auf die Schöpfung
aus dem Nichts, dem Raum der Leere. In der ersten Sequenz von Akt zwei,
„Leçon de choses", spekulieren die beiden Kinder-Figuren über Nichts und Sein,
Tod und Licht:

L'Enfant traversant. L'être manque à tout ce qui est, et cependant, il n'y a pas de néant
dans la création. Je suis. Et de même, toutes les choses sont. Et cependant l'être est ce
qui manque à tout ce qui est.
L'Enfant D'Outrebref. Non à tout ce qui est, mais à tout ce que nous nommons. Il n'y
a de néant qu'en...
L'Enfant traversant. Taisez-vous!

---

180   Novarina. L'Espace furieux, S. 92, 93.
181   Ebd., S. 102.

> L'Enfant D'Outrebref. Nous ne sommes pas: ni nous, ni cette matière, ni ces plantations, ni ces pantalons, ni ces gens: c'est seulement l'être qui passe par nous. [...]
>
> L'Enfant traversant. La lumière est au milieu du monde.
>
> L'Enfant D'Outrebref. Non, c'est la mort.
>
> L'Enfant traversant. La mort est au milieu du monde.
>
> L'Enfant D'Outrebref. Je ne le crois pas. [...]
>
> L'Enfant D'Outrebref. Avec vous, maintenant, je dois cesser d'être hors de nous: le rien n'est pas en nous, mais c'est lui qui nous force de toute force de tout faire pour exister.[182]

Das Nichts wird hier im Anschluss an die Frage nach dem Sein der Dinge (Mensch eingeschlossen) besprochen. An die Spekulation, dass das Nichts kein Teil der Schöpfung ist und das Sein in den Dingen nicht gefasst werden kann, schließt sich die Diskussion an, ob das Sein Zentrum oder Voraussetzung aller lebendigen Materie ist. Es herrscht Unklarheit darüber, ob die Dinge vom Sein erfüllt sind oder ob das Sein sie lediglich durchströmt. Analog zum Gegensatz von Sein und Nichts wird darüber spekuliert, ob das Licht oder der Tod im Zentrum der Welt stehen. Einmal wird an das Atem-Seele-Konzept angeknüpft (l'être qui passe par nous), einmal an das des Lebenslichtes. Am Ende des Zitates klingt das Nichts als eine Voraussetzung des Werdens und Schaffens an.

So wie sich Novarina aus der Kulturgeschichte der Raumkonzeptionen bedient, diese aufbricht und in ihrer Pluralität und Widersprüchlichkeit zur Geltung bringt, verfährt er auch mit dem Nichts und der Leere. Die Spekulationen facettieren die unterschiedlichen Konzeptionen von Leere und deklinieren das Konzept des Nichts durch. Die drei Abstrakta Tod, Nichts und Leere bilden dabei die Negativfolie für die Untersuchung des Satzes „*Je suis*". Der in der Figurenrede auftauchende Begriff des ‚*néant*' (absolutes Nichts) zeigt qua Homonymie auf das Neonlicht (‚*néon*') des Bühnenbildes. Dieses steht folglich zugleich für das Nichts als auch für das Licht und deutet somit ein szenenräumliches Potenzial an.

7.4 Der besprochene Theaterraum

In der Figurenrede wird das Theater thematisiert, das hier und jetzt der (potenziellen) Aufführung angezeigt, das Publikum genannt und explizit adressiert. Novarina operiert in fast allen seinen Texten mit metatheatralen Diskursen:

---

182   Novarina. *L'Espace furieux*, S. 55-60.

mit dramatischer Selbstbewusstheit der Figuren, Theatervokabular und Theatermetaphern.[183] Elemente von Metatheater wurden bereits in Novarinas
manifestartigen schauspieltheoretischen Essays *Pour Louis de Funès* und *Le
Théâtre des paroles* untersucht.[184] Allerdings wurden metatheatrale Reflexionen
innerhalb der Figurenrede bisher wenig berücksichtigt. In *Espace furieux* gilt
der metatheatrale Diskurs der Befragung und Durchdeklination der Hypothese
„*Je suis*" im Verhältnis zu Zeit und Raum im Aufführungsdispositiv. Insofern
trägt das Theater zur modellhaften Situierung des ‚*ich*' bei. Figurenstatus,
Aufführungszeit und Aufführungsraum werden dabei in Kongruenz mit dem
irdischen Aufenthalt des Menschen gebracht. Damit rekurriert Novarina auf
die theatrum mundi – Metapher. Diese lässt sich mit Padovani definieren
als „une conception du monde fondée sur la comparaison de la vie terrestre
et de ses éventuels rapports au divin avec les éléments emblématiques du
théâtre".[185] Theatergeschichtlich lassen sich zwei Pole ausmachen: Der erste gilt
dem Drama des menschlichen Lebens auf der Erde, darunter dem Durchgang
durch Raum und Zeit symbolisch für die Handlung innerhalb der Lebenswelt
sowie angesichts der Unendlichkeit; der zweite gilt der universellen Darstellung
des Menschen als Schauspieler vor den Augen einer Zuschauer_innengruppe
innerhalb eines Dekors, der die ganze Welt einfasst, und einer Dauer, die der
Aufführungszeit entspricht. Fokus des ersten Pols ist der Raum, Fokus des
zweiten Pols das Spiel.[186] In ihrer Analyse von Novarinas *L'animal du temps*
konzentriert sich Padovani auf die Sprache und verzeichnet ein „théâtre du
verbe" statt einem „théâtre du monde", in dem eine Figur die Ganzheit der

---

183 Ein „diskursives Metadrama" liegt hier jedoch nicht vor, denn in einem solchen wäre,
     wie in Samuel Becketts *Fin de partie*, die metatheatrale Rede (und Ebene) allen anderen
     übergeordnet, vgl. Schmitz. *Metatheater*, S. 202.
184 Schmitz hebt die Betonung des Körperlichen und der athletischen Verausgabung, die
     Kritik der klassischen Schauspielausbildung und des künstlichen Bühnenfranzösisch
     hervor, vgl. ebd., S. 246, 343.
185 Padovani betont die epochen-, kontext- und werkabhängige Funktion des philosophi-
     schen und religiösen Gehaltes der Metapher und entnimmt der einschlägigen Literatur
     zur Weltmetapher zwei Pole, die sich auch überlagern können. Delphine Padovani.
     *Le théâtre du monde chez les auteurs dramatiques contemporains francophones. Valère
     Novarina, Pierre Guyotat, Didier-Georges Gabily, Olivier Py, Joël Pommerat, Daniel
     Danis*. Thèse de doctorat, Université Montpellier, 2011. www.biu-montpellier.fr/ flora-
     bium/jsp/nnt.jsp?nnt=2011MON30029 (15.05.17), S. 70.
186 Damit beruft sich Padovani auf Anne Larue, die den Aspekt der räumlichen Situierung
     anhand des britischen Welttheaters von Shakespeares herausarbeitet, in dem sie die
     Analogie zwischen Welt und Bühne sowie Universum und Theargebäude stark macht.
     Vgl. Anne Larue. „Le theatre du monde, du jeu de l'acteur a la representation du cosmos".
     In: *L'information littéraire*, 2, 1994, S.12-26; zitiert nach ebd., S. 82.

Welt verbal darbringe und so die leere Bühne mit einer Wortwolke fülle.[187] Sie argumentiert dabei jedoch biblisch und anthropozentrisch.[188] Wie sich anhand von *L'Espace furieux* zeigen lässt, untergräbt und befragt Novarina religiöse und anthropozentrische Schemata und situiert den Menschen als Ding unter Dingen räumlich inmitten der Sprache und von Sprache durchdrungen. Um mit dem ersten Pol der Welttheater-Metaphorik zu argumentieren: Der Mensch versucht sich im weltlichen Raum analog dem Theaterraum zu situieren, indem er sich sprachlich mit ihm auseinandersetzt. Novarina entsakralisiert und verschiebt die theatrum mundi – Konstellation, schreibt sie fort:

> L'Enfant Traversant. Que je sois celui qui soit me met hors de moi! Mais par ailleurs je constate que celui qui est hors de moi n'est pas en lui. Que celui qui soit hors de moi n'est pas en lui même démontre moi-même que j'en suis. Mais ce passage reste bref. Que celui qui soit hors de moi n'est pas en lui dont je ne suis que le passager si bref, quoi qu'il en soit, je puis dire que je suis le théâtre de Dieu: le lieu du drame de sa parole que nous entendons. Même lorsqu'il ne parle pas, c'est nous qui sommes dans le lieu que nous entendons! Hors de moi, qu'il n'y ait plus rien qui soit, certes, tel n'est pas mon but, certes non! Que ce ne soit plus qui que ce soit qui dise Je suis, là n'est pas la question. Mais par contre, que celui qui y est, qu'il y reste! Nous ne pouvons en aucun cas l'apercevoir sur un théâtre. Ni vous ni moi. C'est absolument impossible. Sauf en moi dont je suis ci sa brève scène si brièvement sa brève scène.[189]

Die leibliche Situierung in der Welt erweist sich als ein Spiel mit zueinander gegenläufigen Positionierungen: Außerhalb-von-sich-sein, Nicht-im-Anderen-Sein und Ort-des-Dramas-der-Sprache-Sein. Anstelle einer mimetischen Konstellation von Weltbühne und Gott als Lenker wird hier der Leib als Bühne der Sprache konzeptualisiert und die Vorstellung eines leiblichen und pataphysischen Sprechtheaters geprägt. Dabei steht die Figur als Stellvertreterin für eine_n potenzielle_n Schauspieler_in und führt qua ihres endlichen Leibes

---

187   Padovani betont die Rekonstruktion eines „œuvre universelle où la totalité du monde est passé en revue mais soumise aux caprices du rythme, de l'intensité et du débit de paroles de ses protagonistes." Padovani. *Le théâtre du monde chez les auteurs dramatiques contemporains francophones*, S. 88, 89.

188   Padovani stellt Motive aus der biblischen Genesis heraus, insbesondere die Bedeutung und Weitergabe der Sprache im Schöpfungsbericht mit Adam als Ursprungsmenschen und Benenner seiner Umwelt. Anhand der Figur in *L'Animal du temps* sieht sie die Stellung des Menschen an die Fähigkeit des Sprechens gebunden – über den anderen Geschöpfen und unter dem Auge eines wohlwollenden Gottes. Auf Basis ihrer konzisen und nicht zwingend religiösen Definition der teatrum-mundi Metapher verwundert diese enggeführte, im Barock verhaftete Deutung, vgl. ebd. 117.

189   Novarina. *L'Espace furieux*, S. 71, 72.

und ihres zeitlich begrenzten Auftritts den ephemeren Status dieses *Theatre des paroles* vor.

7.4.1 Der Bühnenraum als Durchgangsraum

Das Verlangen nach einem Ausgang ohne lokale oder temporale Bezüge kehrt als Ausruf in der Figurenrede wieder:

> Sosie & La Figure pauvre. ‚Sortie d'exil! Sortie d'exil! Issue d'exit! Sortie d'exil! Boulevard départ, avenue d'exode!' [...]
>
> Sosie & La Figure pauvre. ‚Issue d'exil! Sortie d'exit!
>
> Sosie. Avenue départ, boulevard va-t'en!'[190]

Grundlage des Wortspiels ist das Durchspielen von Variationen des räumlichen Flüchtens und Verlassens, die die Metagramme Exil und Exit hergeben, ihre semantischen und lautlichen Doppelungen und Überkreuzungen. Die beiden Begriffe *boulevard* und *avenue* für Prachtstraßen werden hier ironisch als Fluchtachsen ohne Fluchtpunkte verwendet. Die Figuren spekulieren über den Menschen als Durchgangs-Wesen: „Dieu nous aurait mis au monde pour en sortir? C'est très possible."[191] Die Sterblichkeit wird dabei zum Zweck des Lebens selbst ernannt und der Ausgang aus der Welt mit dem szenischen Raum analogisiert. Lässt Novarina Jean Singulier die Tür auf den Kontext seiner Lebensstationen beziehen „[...]...Et c'est comme ça que j'ai commis l'erreur d'arriver ici par cette porte du présent à-présent",[192] so lässt er an anderer Stelle die Figuren beim Ausdruck „cette porte" per Deixis ad oculus auf den szenischen Ein- und Ausgang zeigen und so die zeiträumliche Schwelle von Auftritt und Abtritt als Marke zwischen Präsenz und Absenz der Spieler_innen in einer potenziellen Aufführung betonen. Zum Teil wird die Tür noch expliziter auf die aktuale Bühnenpräsenz bezogen; so endet die Sequenz I.3 mit der Ankündigung des Abtretens ad spectatores:

> Le Vieillard carnatif. Allons, allons venez avec moi et suivez-moi par cette porte!
>
> La Figure pauvre. Hors d'ici la porte!
>
> Le Vieillard carnatif. Encore un mot aux gens d'ici!

---

190 Novarina. *L'Espace furieux*, S. 95, 96.
191 Ebd., S. 181. Die These taucht wiederholt im Lied der Femme de Suresnes auf: „Tu nous a mis sur terre / Rien que pour la quitter", ebd., S. 177.
192 Ebd., S. 32.

La Figure pauvre. Souviens-toi d'ça, garçon! ‚Je respecte beaucoup le réel mais j'y ai jamais cru'. [193]

Der Abtritt wird hier metatheatral reflektiert, in dem das Spiel als solches und die Schwellen der Fiktion kenntlich gemacht werden. Novarina lässt die Figur sich der unwirklichen Welt zuordnen und zugleich die Realität als solche in Frage stellen. Mit einem komischen Bühnentod leitet Sosie das Ende einer seiner Auftritte ein und verlangt: „Tirez-moi un rideau sur la tête!".[194] Der Vorhang als theatralische Schwellenmarkierung wird hier zum Leichentuch und eröffnet eine weitere Parallele zwischen Bühnenabgang und Ausgang aus dem Leben, szenischer und irdischer Präsenz. Im Zuge der Besprechung von Theater analog zur Welt, als Durchgangsraum für einen temporären Aufenthalt wiederholt und akzentuiert Novarina die Begriffe „passer", „passage", „passager bref", wie auch „traversée", „traverser" und „traversant" (als Figurenattribut).[195]

> L'Enfant d'outrebref. Puis j'ai traversée ici, puis j'ai [...] Maintenant silence: je prononce maintenant que le temps est souffrant et que ma sortie d'ici ne se demandera plus jamais si elle est une fin en elle-même. Je sors. Je vais sortir. Alors en sortant par une sortie, je me suis sorti de moi-même et j'ai prononcé aux gens que le temps était terminé.
>
> L'Enfant traversant. Malheureusement le temps me manque pour vous couper la parole.
>
> L'Enfant d'outrebref. La suite par les choses! La suite par la fin![196]

Für das aktive und zugleich passive Abtreten nutzt Novarina die rhetorischen Figuren Polyptoton und Figura etymologica. Er lässt die Figuren durch Wörter mit gleichem Bedeutungsstamm, hier *sortie* und deklinierte Varianten von *sortir* semantische Redundanzen und dadurch eine ironische Eindringlichkeit erzeugen. Es ist nicht nur die Rede vom Ausgang aus dem Raum, sondern auch von Sich-aus-sich-Herausbefördern („je me suis sortie de moi même"). Indem Novarina aus einem nichtreflexiven Verb eine reflexive Nominalphrase formt, entsteht eine außergewöhnliche Aussage in Bezug auf das Raum-Figurenverhältnis, der in Novarinas Konzept vom Spieler_innenleib als Bühne eine textinterne (pataphysische) Logik innewohnt. Entsprechend der chronotopischen Konzeption der Schwelle fällt der räumliche Ausgang mit dem Ende der Zeit zusammen, welches zugleich ausgerufen und aufgebrochen, da ‚entfinalisiert'

---

193 Novarina. *L'Espace furieux*, S. 52.
194 Ebd., S. 68.
195 Vgl. z.B. ebd., S. 20, 71.
196 Ebd., S. 79-80.

wird. An anderen Stellen wird der Tod als Ausgang aus dem Leben in Analogie zur Geburt diskutiert:

> L'Enfant D'Outrebref. Rentrez d'où vous sortez.
> Jean Singulier. Je sors par ma porte d'entrée
> L'Enfant traversant. Retournez d'où vous avez été sorti...
> L'Enfant D'Outrebref. Ne respirez plus.[197]

Mit der Forderung ‚Hingehen wo man herkommt' wird der Zeitraum vor der Geburt mit dem Zeitraum nach dem Tod gleichgesetzt und ebenso die eine Tür, die diese beiden Übergänge markiert wie beim Auftritt von Femme de Suresne:

> Sosie. Il y a là, quelqu'un sur le seuil qui veut vous parler.
> La Figure Pauvre. Faites-le sortir!
> Sosie. Il y a là, à nouveau, quelqu'un sur le seuil qui veut vous parler.
> La Figure Pauvre. Faites-le sortir.
> Sosie. Il y a là sur le seuil quelqu'un qui vient de vous parler.
> La Figure Pauvre. Est-il déjà sorti?
> Sosie. Il ne peut pas se déplacer de la place où il est.
> Une Femme de Suresnes, *apparaissant*. J'entre à grand-peine.
> Sosie. Espace, prends garde à toi: il va y avoir des scènes de joie![198]

Es handelt sich um eine Schwellensituation. Das Erscheinen der Figur wird durch ein Hin und Her zwischen Einlass und Fortsendung in der Schwebe gehalten. Dadurch entsteht eine Spannungssteigerung, die an die Ansage einer Zirkusnummer erinnert und den leeren szenischen Raum mit Erwartung auflädt. Der Bühnenabtritt als szenische Schwelle wird zum Schlupfloch aus der Bühnensituation. Enfant D'Outrebref und Enfant Traversant beenden eine Sequenz mit verbaler und zugleich proxemisch ausgeführter Bühnenflucht: „L'Enfant D'Outrebref. Et maintenant? L'Enfant traversant. Fuyons! *Ils sortent.*"[199] Das Moment des aktiven Flüchtens bildet einen Kontrapunkt zu Beckett, der seine Figuren im Zusammenspiel zwischen Rede und Bühnenanweisung am Ende von *En attendant Godot* auf der Bühne verharren lässt: „Vladimir. Alors, on y va? Estragon. Allons-y. Ils ne bougent pas. Rideau."[200] Die Figuren Novarinas sind ständig in Bewegung, ständig auf der Flucht, erscheinen dadurch ephemer. Der Bühnenraum bietet solch rastlosen Erscheinungen nur als Durchgang Orientierung.

---

197 Novarina. *L'Espace furieux*, S. 20.
198 Ebd., S. 137-138.
199 Ebd., S. 62-63.
200 Beckett. *En attendant Godot*, S. 124.

7.4.2 Besprochenes Welttheater und Raumerfahrung

Im Kontext von Schattenwandeln und Selbsterhängung kommt es zu einer weiteren Verschiebung der Welttheateridee:

> L'Enfant Traversant. Ça n'est pas toi que tu pendras: c'est le globe de la terre dont tu es fait, toi Adam – et que tu as toujours traîné par terre en ayant honte à sa place. L'Enfant D'Outrebref. Sur terre, j'ai fait de la vie. C'était pour résister. Sur terre j'ai ténébré et ténébré, j'ai fait de la vie. J'en fais actuellement ici et là en marchant: c'est du vent.
>
> L'Enfant Traversant. Les mortels ne sont pas sur le théâtre du monde comme ils le croient: eux-mêmes sont des scènes. Le temps ici amené ici est le théâtre de l'éternité. Ici dans ce lieu où j'y suis pas. Tu réponds rien? Vous ne me répondez plus rien?[201]

Das Welttheater als Ort für die Sterblichen wird negiert und weitergeführt zum Bild der Sterblichen selbst als Bühnen. Die Anwesenheit des ‚Ich' im szenischen Hier wird verneint und die hergebrachte Zeit zum Theater der Ewigkeit erklärt. Die Erde als Laufgrund ist hier einziger deutlicher Referenzpunkt. Das Mensch-Raum-Verhältnis besteht vor allem im Gehen und Umherziehen, im Stehen und Treten der Füße auf dem Boden. Der Bühnenboden-Erdenboden bildet so den besprochenen räumlich-leiblichen Hauptbezug. Femme de Suresnes singt für das Raum-Figurenverhältnis relevante Parameter:

> Tous les mots sont des herbes, / L'espace est démonté / Tu nous a mis sur terre / Rien pour la quitter. [...] Je mesure pas mes pas / Je leur dis: suite et fin / Je passe devant cet homme / Et je ne lui dis rien. / L'herbe pousse au sol / Et loin de l'école / Sur le mur lointain / J'écris ce refrain: / Toute chair est parlée / Toute herbe est prononcée / Au plafond dressé / Ici su'l plancher / Enfant, la bouche close / Je n'entends que toi. / - Ton centre est partout. [...] L'espace face à face / retrouve lieu et place / Au miroir des yeux / D'une façon ou l'autre / Toute l'herbe enfin / Au fond du jardin / Retrouvera son nom / Je passe une seconde / Fois pour t'entendre / Dans ce monde sensible / Taire-les-noms-des-herbes-invisibles / - Les mots qui traînent tout au fond / d'mes paroles, j'les enfouis! / Tout m'est égal, tout s' multiplie / Sans mes sandales, j'passe dans la vie! [...] 'Celui qui viendra après moi / J'lui délace ses souliers[202]

Im Lied wird der Raum verbal auseinandergenommen. Das Zentrum wird aufgegeben, multipliziert und überallhin ausgelagert. Das Verständnis eines Ortes wird negiert, stattdessen wird über eine Gegenüberstellung von Raum zu Raum eine relationale Räumlichkeit angedeutet. Eine minimale leibliche

---

201   Novarina. *L'Espace furieux*, S. 62.
202   Ebd., S. 177-179.

Situierung wird über das oben und unten des Bühnenraumes, Decke und Bühnenboden, genannt. Das Bewandern des Grases und die mehrfache Betonung
von Schuhwerk betonen den Menschen als aufrechten Füßler und die Schritte als
Möglichkeit leiblicher Raumwahrnehmung und -vermessung. Dabei überlagert
sich die Vorstellung von Natur, Garten (und Paradies) mit dem Bühnenplateau
als Auftrittsfläche und als Grund der Wörter. Neben dem Bühnenboden bieten
auch das Theaterdispositiv, das Publikum als Gegenüber und die Schwelle der
vierten Wand leibliches Orientierungspotenzial:

> Sosie. Nous sommes quatre acteurs, contrairement au public: dès que nous avançons,
> il recule.
>
> L'Enfant D'Outrebref. A ceux que nous ne voyons pas, car ils sont dans le noir, c'est
> en vain que nous prêtons désormais les yeux.[203]

Die Figuren (hier explizit von sich als Schauspieler_innen sprechend) situieren
sich nicht anhand von festen Raummarken sondern relational gegenüber dem
Publikum, sowohl über die gestische Ausrichtung des Körpers, als auch über die
des Blickes. Wird dieser Blick mit dem dunklen Zuschauer_innenraum in Zusammenhang gebracht, spielt Novarina auf die Beleuchtungsanordnung eines
konventionellen modernen Theaterraumes an: Licht auf der Bühne, Dunkel
im Zuschauerraum. Interessant ist die Besprechung der Wahrnehmungsper-
spektive eines_r Schauspieler_in, die von der Bühne aus in einen dunklen,
entgrenzten Zuschauerraum blickt, in dessen Tiefe sich die Konturen des
Publikums auflösen. Es handelt sich um eine, der zentralperspektivischen
Barockbühne gegenläufige Perspektive, bei der der künstlich gesetzte, konstruierte Standpunkt eines privilegierten Zuschauers den Ausgangspunkt für
die Anlage eines tiefenräumlich wirkenden Bühnendekors bildet. Mit dem
hier besprochenen Perspektivwechsel verlagert Novarina die Konzeption einer
unendlichen Tiefenräumlichkeit in den Zuschauerraum. Damit sind in der
Figurenrede performative Wahrnehmungs- und Orientierungsmomente angelegt, die im Hier und Jetzt der Aufführung Spiel- und Zuschauer_innenkons-
tellationen phänomenologisch und sprachspielerisch reflektieren. Es geht um
die Dimensionen des bespielten Raumes, die Novarina um die der Raumerfahrung und Wahrnehmung der (potenziellen) Spieler_innen erweitert.[204] Dabei

---

203 Novarina. *L'Espace furieux*, S. 85.
204 Fulda unterscheidet theaterwissenschaftlich zwischen dem gespieltem Raum einerseits
     und dem bespielten Raum als Lebens- und Erfahrungsraum der Zuschauer_innen.
     Unberücksichtigt bleibt in seiner Studie der szenische Erfahrungsraum der Schau-
     spieler_innen. Daniel Fulda. „,Bretter, die die Welt bedeuten'. Bespielter und gespielter
     Raum, dessen Verhältnis zur sozialen Umwelt sowie Geltungsräume des populären

geht es nicht um den Theaterraum als Welttheater, sondern als ästhetische Anordnung für die Reflexion von Mensch-Raum-Verhältnissen. Längst wird die aktive Ko-Präsenz und Teilnahme des Publikums theaterphänomenologisch untersucht.[205] Novarina jedoch lässt in *L'Espace furieux* die Reziprozität der Wahrnehmungsprozesse im Theaterraum besprechen, in dem er den Aufführungsakt von der Position der Spieler_innen aus als Prozess entwirft und diese als wahrnehmende Instanzen auf der Bühne betont. Damit wird via Figurenrede eine Raum- und Aufführungspoetik der reziproken Raum- und Präsenzerfahrung besprochen und Theater im phänomenologischen Sinne als Medium reflektiert: als Erfahrungs- und Wahrnehmungsraum mit den ihm eigenen spezifischen Bedingungen.[206]

7.4.3 Raummodell Theater und ästhetische Raum(ver)handlungen

Das Dunkel und die Leere sind nicht als Negation des Lebens und des Seins zu verstehen. *L'Espace furieux* referiert auf einem Ursprungsraum vor der Schöpfung, der Zeit, dem ersten Licht.[207] Bereits im Theatertext *Le drame de la vie* wird ein solcher Raum anhand der eröffnenden Bühnenanweisung „La scène est vide. Entre Adam" thematisiert, woraufhin die Figur Adam nach dem Ursprung der Dinge fragt.[208] Novarina geht von einem immer schon dagewesenen Potenzial des leeren dunklen Raumes für Licht, Präsenz, Wahrnehmung und Sprache aus. Dieser überschneidet sich mit dem nackten unbeleuchteten Theaterraum als Black Box, d.h. als ästhetischer Schwarzraum dessen Konturen sich durch die Verdunkelung auflösen.[209] Bereits Beckett entwirft in *Not I* eine vor allem akustische Black Box, in dem nur ein sprechender Mund zu sehen ist, welcher die

---

Theaters im 17. Und 18. Jahrhundert." In: Jörg Dünne; Sabine Friedrich; Kirsten Kramer. *Theatralität & Räumlichkeit. Raumordnungen und Raumpraktiken im theatralen Mediendispositiv.* Würzburg, Königshausen & Neumann, 2009, S. 71-87, hier S. 75.

205   Roselt erweitert die mediale Konstellation des einseitigen Sender-Empfänger-Modells (unter Bezug auf Hermanns Konzeption der Theatergemeinschaft) um die zweifache aktive Teilnahme des Publikums: dessen leibliche Ko-Präsenz im Theaterraum und dessen intelligible Mitarbeit durch Nachvollzug und Deutung des Aufgeführten, vgl. Roselt. *Phänomenologie des Theaters*, S. 62.

206   Zum Theater als Medium und zum Medienbegriff der Theaterwissenschaft vgl. ebd. S. 61-64.

207   Novarina. *L'Espace furieux*, z.B. S. 56.

208   Valère Novarina. *Le drame de la vie.* Paris, P.O.L., 1995, S. 9.

209   Die Black Box steht in der Tradition der *Camera obscura* und des Guckkastens und fungiert bis heute in Kunstausstellungen als Vorführungsraum für Filme oder Videos. Zu (nomadischen) Vorformen des Guckkastens im 17. Jahrhundert vgl. Roselt. *Phänomenologie des Theaters*, S. 75.

Verlautbarung und das Sprechen in den Raum betont.[210] In *L'Espace furieux* wird der dunkle Kubus explizit besprochen und mit der Dunkelheit vor der Schöpfung verglichen, so L'Enfant Traversant: „Dites à la lumière qu'elle soit! Par exemple qu'elle éclaire ce cube idiot d'ici."[211] Die Textstelle zeigt die deiktische Verortung im Hier und Jetzt an und parodiert die Sakralisierung des Theaterraumes mit dem Adjektiv „idiot". An anderer Stelle wird der Schwarzraum als taktil messbare Figurenumgebung besprochen:

> Sosie. [...] Quand je marche, j'entends sous mes pas le bruit en bas de mes mains au plafond dans la pièce du dessus. Pour rien. Quand je marchais sur la terre, et non sur ce théâtre tout noir, j'entendais sous la terre le bruit de mes pensées respirer.
> La Figure Pauvre. Indique ta sortie d'homme![212]

Das sprachliche Bild der Füße auf dem Boden und der Hände an der Decke weist auf eine taktile und sonore Raumauslotung der Raumgrenzen Oben und Unten hin. Jedoch verunklaren die übermäßigen und verschobenen räumlichen Angaben das Modell, sodass nicht deutlich wird, in welcher Haltung der menschliche Körper sich im Verhältnis zu Raumdecke und Raumboden befindet, aufrecht, auf allen Vieren vorantastend oder sich über das Hören von Widerhall orientierend. Deutlich wird die besprochene Wahrnehmung und leibliche Orientierung im dunklen Modellraum, der auch den musikalischen und tänzerischen Einlagen als Black Box dient. Diese sind paradenartig angelegt und werden wie kleine Zirkusnummern angekündigt, bevor sie laut Bühnenanweisung vollführt werden: „Et maintenant, exécutez-nous la danse d'action du soldat récalcitrant! (Il le fait.)".[213] Während die Musikeinlagen des Theaters als Resonanzraum bedürfen und zugleich in sonorer Weise Raum erzeugen, gründet der Tanz auf dem Bühnenboden-Erdboden, als Tragfläche menschlicher (Auf-)Tritte. Die letzte, mit *„Sur terre"* betitelte Sequenz von *L'Espace furieux* beinhaltet das Tanzen von Jean Singulier, der vorab ansagt, dem sichtbaren-unsichtbaren Raum einen Tanz als stumme Gebärde zu widmen: *„Si je voyais l'espace, je lui offrirais une danse de muet".*[214] Das Tanzen wird im Verhältnis zur Zeit (dem Ende der Zeit, dem Außerhalb der Zeit) sowie im Verhältnis zum Gleichgewicht (die beiden Pole Schweben und Fallen) besprochen, beides Aspekte, die auf das Ende hinweisen.

---

210 Beckett. „Not I".
211 Novarina. *L'Espace furieux*, S. 81.
212 Ebd., S. 88, 89.
213 Ebd., S. 124.
214 Ebd., S. 181.

L'Enfant D'Outrebref. Demandez qu'il redonne l'espace où danser, celui qui a mis ici le silence sur quoi nous parlons!

L'Enfant Traversant. Danser devant Dieu!

Jean Singulier. Non, c'est un mot qu'il faut vider de sa coquille, et sa coquille morte c'est nous.

L'Enfant Traversant. Dansez sans lui!

Jean Singulier. Avec lui!

Il danse. [...]

Jean Singulier. J'offre cette danse à l'espace que je vois pas, et qui est derrière moi. Il danse.

Le Vieilard Carnatif. Devant Jean Dieu, il danse la habana.

L'Enfant Traversant. Arrêtez!

Le Vieilard Carnatif. Devant Jean Dieu, il danse la habana. [...]

L'Enfant D'Outrebref. Arrêtez!

Le Vieilard Carnatif. Redevant Jean Redieu, il danse la habana.

L'Enfant Traversant. Cet homme meurt.

L'Enfant D'Outrebref. Non, il s'éclipse...La mort ne le supprime pas, elle le suspend.

Jean Singulier. ...

L'Enfant Traversant. Qu'est-ce qu'il dit?

L'Enfant D'Outrebref. Il danse.

L'Enfant Traversant. Que danse-t-il? Est-ce qu'il danse la fin? Qu'est-ce qu'il dit?

L'Enfant D'Outrebref. Le commencement du temps doit s'arrêter – à moins qu'il s'ouvre maintenant sur son dénouement.

Le danseur chute.

L'ouvrier du drame. Lève-toi!

Jean Singulier, au sol. Pourquoi?

L'ouvrier du drame. La mort n'est pas vraie.

Le danseur se relève. [...][215]

Mit dem Tanzen der „habana" verweist Novarina auf die Habanera (frz. havanaise).[216] Diese ist entgegen der Ankündigung (*danse de muet*) nicht mimetisch, sondern vor allem rhythmusbetont (zweiviertel Takt mit punktierter erster

---

215   Novarina. *L'Espace furieux*, S. 186.

216   Die Habanera ist ein afrokubanischer, volkstümlicher Tanz und wird traditionell mit weiten Röcken getanzt, die mit einer oder mit zwei Händen gefasst sind, um sie in Schleifen mitzubewegen und den Blick auf die besondere Fußtechnik freizugeben. Um 1900 in Spanien verbreitet wird sie in Europa zu Konzertmusik und Bühnentanz ausgebaut (Bsp. in *Carmen* von Goerges Bizet und in *Rhapsodie espagnole* von Maurice Ravel), vgl. Otto Schneider. *Tanzlexikon. Volkstanz, Kulttanz, Gesellschaftstanz von den Anfängen bis zur Gegenwart*. Mainz, Schott, 1985, S. 211, 212.

Note). Sie enthält, neben Phasen des grazilen Schreitens mit eleganten, aus-
ladenden Armgesten, Mehrfachdrehungen um die Körperlängsachse, deren
Fußtechnik an die Drehtänze der Derwische erinnert, was sich in den Dreh-
tanz-Soli des Modern Dance (Ida Rubinstein, Dore Hoyer) wiederfindet.[217]
Während des unaufhörlichen Tanzens von Jean Singulier antizipieren die
übrigen Figuren dessen Fallen und spekulieren über Tod, Zeitstillstand und
Suspension des Seins. Im Sturz des „danseur" wirken Gravitation und Boden
der „Schwebemächtigkeit" entgegen.[218] Wie beim „Rasen" und der „Tanzwut"
des „Veitstanzes" tritt ein Erschöpfungsmoment ein,[219] das für den Tod der Figur
steht und an Opfermythen anknüpft. Entsprechend leitet der leiblich-räumliche
Kollaps des Tänzers das Ende des Theatertextes ein. Der Bühnentod wird
jedoch als solcher gekennzeichnet, wenn der Ouvrier du drame den gestürzten
Tänzer zum Aufstehen auffordert. Novarina setzt den Tanz als nichtdramatische,
nichtmimetische Kunstform ein, als Bewegung im ästhetischen Raum „aux
extremités du dérèglement de la langue et du jeu". [220] Mit Serres lässt sich der
Tanz als ein vorsprachliches Handeln vor aller Bedeutungseinschreibung im
nackten Raum betonen:

> Le corps du danseur est la chôra platonicienne, la cire vierge sur quoi on écrit, le lieu
> pur ou la place pure ou l'espace nu. Qui suis-je quand je pense? Un espace nu. Qui
> suis-je corps qui danse? Un espace nu. [...] Le danseur meut son corps de signe, dans
> l'espace occupé par des signaux avant le signe.[221]

Die Musik- und Tanzeinlagen prägen insofern das Mensch-Raum-Verhältnis,
als dass sie Anordnungen und Bewegungen von Körpern im Theaterraum
sind und durch Klang, Rhythmus, Figurationen und Formationen zugleich den
Theaterraum ausbilden. Damit tangiert Novarina die Ambivalenz des theater-
wissenschaftlichen Raumbegriffs sowohl als Voraussetzung für die Aufführung,
also auch als „Produkt theatraler Vorgänge", d.h. hervorgebracht durch das

---

217 Gabriele Brandstetter. *Tanz-Lektüren. Körperbilder und Raumfiguren der Avantgarde.*
     Frankfurt a. M., Fischer, 1995, S. 294-267.
218 Vgl. Rainer Gruber. „Das besondere des Fallens. Tanzmoderne, Gravitation und allge-
     meine Relativitätstheorie." In: Gabriele Brandstetter; Christoph Wulf (Hrsg.). *Tanz als
     Anthropologie.* München, Wilhelm Fink, 2007, S. 100-118, hier: S. 101, 109.
219 Werner Röcke; Hans Rudolf Velten. „Tanzwut, Dämonisierung und Pathologisierung
     des Tanzes in Literatur und Kultur des Mittelalters." In: Brandstetter; Wulf. *Tanz als
     Anthropologie*, 2007, S. 307-328, hier S. 321.
220 Dubouclez. *Valère Novarina*, S. 26, 27.
221 Serres. *Genèse*, S. 74, 75.

Handeln der Spieler_innen und damit als dynamisch zu verstehen.[222] Demnach lassen sich sowohl leibliche, proxemische, visuelle als auch akustische Formen der Raumerzeugung wie Sprechen, Singen, Schreiten, Tanzen sowie deren Hören und Sehen als „raumbildende Handlungen" auffassen.[223] Das Konzept, das Novarinas Raumdenken zu Grunde liegt, ist ein Theaterraum als sinnlicher Erfahrungsraum, ein durch wechselseitige Präsenz von Spieler_innen und Publikum konstituierter „performativer Raum".[224]

Mit dem in der Figurenrede besprochenen Potenzial des leeren Raumes wird der Theaterraum autonom gedacht. Damit nimmt der theatralische Nicht-Ort ebenso wie in den Theaterutopien von Mallarmé, Jarry, Roussel und Artaud keinen negativen Wert an, sondern bringt die Sprache hervor, die sich in ihm und über ihn per Stimme materialisiert.[225] Es handelt sich auch bei Novarina um eine „U-topie" bei der der Theaterraum zu einem Nichtort entgrenzt, jedoch als virtueller, sich konstituierender Raum entworfen wird.[226] Während Helga Finter bei avantgardistischen Theaterautoren sowohl eine Entgrenzung des Subjektes als auch des Raumes feststellt und den „Raum eines Subjekts im Werden" anhand einer sprachlichen Anamnese beobachtet, stellt Novarina über die bereits untersuchte Figurenkonzeption das menschliche Subjekt grundsätzlich in Frage und lässt die Figuren den (performativen) Raum im Werden besprechen.

7.4.4 Vom Kopftheater zum Theater als Gedankenraum

Bereits in der ersten Textsequenz wird im Kontext von Stille die Suche nach einem Raum besprochen, der dem Kopf gleicht: „Jean Singulier. Les silence est de la billevesée. Je dois d'abord chercher l'espace qui corresponde à mon cerveau. Qu'est-ce que je pense? / L'Enfant D'Outrebref. Demandez-le à vos idées."[227] Diese Suche nach einem Denkraum zielt implizit auf den szenischen Raum als vermittelnden Raum zwischen dem Denken und dem Akt der Materialisierung und Veräußerung. Die Konzeption eines Denkraumes wird mit dem Denken als Bewegung im Raum korreliert und somit ein Zusammenhang zwischen Gehen und Denken hergestellt:

---

222   Diese beiden Modelle des Theaterraumes führt Roselt auf Max Hermann zurück, vgl. Roselt. *Phänomenologie des Theaters*, S. 65.
223   Ebd., S. 66.
224   Fischer-Lichte. *Ästhetik des Performativen*, S. 178; zitiert nach Roselt, *Phänomenologie des Theaters*, S. 73.
225   Finter. *Der subjektive Raum I*, S. 3-5.
226   Ebd., S. 1
227   Novarina. *L'Espace furieux*, S. 24.

Jean Singulier. Si quelqu'un venait, dans moi, à ma place, je ne serais pas digne de lui lacer les souliers. J'hésite à partir d'ici. J'arrive plus à mettre les pieds hors d'ici. Les plafonds sont au sommet. J'arrive plus à mettre les deux pieds dans la même mentalité. J'arrive plus à mettre mes pensées en idées. Mes deux pensées pensent, chacune de son côté. J'arrive plus à garder les mains à la place du tronc. Ma tête est imminente. Je vais passer lui laisser la suite. Je vais passer lui laisser la muette. Je vais lui passer la muette.[228]

Es wird ein Bild vom desorientierten Gehen im mentalen Raum gezeichnet. Die unmögliche räumliche Vorstellung der Oberböden auf dem Gipfel deutet an, dass es kein Erreichen der Höhe, keinen Überblick geben kann. Die auf Flucht eingestellten Füße suchen nach einem Ausweg, verweigern sich jedoch einer gemeinsamen Richtung und verheddern sich dadurch im Gewühl der Gedanken. Novarina greift auf Sinnbilder des Denkens als Gehen zurück, die sich in Begriffsbildungen wie ‚Gedankengang', ‚Fortschritt', ‚Vorgehensweise' und ‚Methode' (etymologisch) zeigen.[229] Die Textstelle lässt sowohl die Vorstellung des gehenden Denkens als auch des denkenden Gehens zu und spielt damit auf philosophische Metaphern des Gehen-Denkens insbesondere in Nietzsches *Zarathustra* oder Heideggers *Holzwege* an, in denen auch (Des)Orientierung reflektiert wird.[230] Insbesondere jedoch persifliert Novarina einwegige moderne Orientierungskonzeptionen wie Kants *Sich im Denken orientieren* und Descartes *Discours de la methode* mit der Vorstellung des sicheren Ganges der Wissenschaft im Wald, in dem so lange eine Richtung beizubehalten sei, bis man heraus finde.[231] In *L'Espace furieux* hingegen wird das Bild der direktional entzweiten Füße entworfen, welches auf ein verzweigtes und miteinander unvereinbares Denken hinweist, das im Kopf rumort und letztlich zum Verstummen führt.

Das Verhältnis zwischen Denkraum und Theater wird bereits seit den avantgardistischen Theatertexten verhandelt. Finter betont dabei das subjekt-konstituierende Moment und die Stimme als Mittlerin zwischen Text und Theaterraum.[232] Auch noch Handkes *Die Stunde, da wir nichts voneinander*

---

228 Novarina. *L'Espace furieux*, S. 170-171.
229 Vgl. dazu Marco Baschera. „Wege und Methoden. Gedankengänge zur Beziehung von Gehen und Denken." In: Ders. *Das Zeichen und sein Double*. Würzburg, Königshausen & Neumann, 2017, S. 225-239, hier S. 225.
230 Baschera verweist knapp auf Nietzsche und sein performatives Konzept des „Unterwegs-seins", lässt jedoch Heidegger ganz außer Acht. Baschera. „Wege und Methoden", S. 236. Martin Heidegger. *Holzwege* [1950]. Frankfurt a. M., Klostermann, 1994, S. 3.
231 Zur ausführlichen Analyse zur Weg-Metaphorik in Descartes *Discours de la methode*, vgl. ebd.
232 Vgl. Finter. *Der subjektive Raum*.

wußten und Müllers *Bildbeschreibung* lassen sich als Fortsetzung einer avantgardistischen „inneren Bühne" betrachten.[233] Bei Novarina hingegen kommt es zur expliziten Besprechung der Kopftheater-Metaphorik. Diese zielt weniger auf die Subjektkonstitution oder die Suche nach einem utopischen ästhetischen Denk und Materialisierungsraum als auf raumphänomenologische Betrachtungen ab. Im Vordergrund stehen Relation und Reziprozität zwischen Bühnenraum und Kopfraum, die sich bis zur Ununterscheidbarkeit entsprechen. Der Kopf als betretbarer Raum wird auch per Einladung ad spectatores angeboten, so Sosie: „He toi, là-bas, rang huit, oui, toi, viens dans ma tête!"[234] Die Aufforderung erinnert an partizipatorisches Entertainment, bei dem Moderator_innen eine_n Zuschauer_in auf die Bühne rufen. Die Schädelwand entspricht der szenischen vierten Wand. Zwar wird in der Forschung vom Kopf als erster Bühne der Wörter Novarinas gesprochen, jedoch von der Textentstehung her argumentiert.[235] Anhand von *L'Espace furieux* lässt sich jedoch eine gleichwertige und gleichzeitige Entsprechung von Theater und Kopf nachweisen. Beide Räume enthalten sowohl das Nichts als auch die Totalität der sprachlichen Materie und dadurch ein unendliches Materialisierungs- und Verräumlichungspotenzial, denn laut Figurenrede ist alles Lebendige, wie auch das Sein selbst, sprachlich konstituiert. Diese unerschöpfliche sprachliche Denk-Materie birgt jedoch ebenso die Möglichkeit, sich in den dunklen Tiefen zu verlieren:

Ils [Enfant D, Jean S, Sosie, Enfant T] *sont parvenus à une margelle.* [...]

Jean Singulier. Y a-t-il un monde qui soit en lui-même, et qui ne soit pas simplement devant moi: ce théâtre qui est devant moi et l'ensemble des choses que nous voyons ici? Ces gens, avec ces yeux...Pourquoi nous ont été donnés les mots?

L'Enfant D'Outrebref. Ici pour vous perdre. Vous n'avez que la parole pour sortir de la forêt des mots.

Jean Singulier. Ici dans la nuit de nos paroles, dans notre tête, nous n'avons pas d'yeux.

L'Enfant Traversant. Vous avez eu des yeux tout le jour. Ça suffit maintenant.

Jean Singulier. Notre esprit voit la nuit? Ou c'est la nuit qui le voit?

L'Enfant D'Outrebref. La nuit n'a rien à faire avec la mort, ni avec le noir ni l'obscurité, auxquels vous participez depuis toujours et que vous contribuez à édifier au-dehors par vos mots inutiles et qui prétendent tout éclaircir en vain...C'est la nuit qui voit! Tu ne sortiras pas de là! ...Tout être est parlé: même vous. Il n'y a d'être qu'en parole, à l'intérieur de nous. *Je suis* est en parole à l'intérieur de vous. Seul ce qui est parlé est vivant. [...]

---

233   Klessinger spricht vom „Traumspiel" der inneren Bühne, vgl. *Postdramatik*, S. 208.
234   Novarina. *L'Espace furieux*, S. 97.
235   Debouclez. *Valère Novarina*, S. 28.

Sortez en emportant votre tête, et revenez en portant votre tête.

Jean Singulier. J'entre en portant ma tête. [...]

L'Enfant D'Outrebref. Jetez votre tête dans un cadavre! Jetez votre tête d'un cadavre! Jetez votre tête, là.

Jean Singulier. J'aimerais mieux la jeter à la fosse d'un théâtre, s'il y avait ici un théâtre, ou s'il y avait une fosse.

Sosie, *au public.* Écoutez le boucan de la tête roulante qu'il ne vous jette pas.

Sosie. Regardez-moi dans la tête: nous sommes dans un théâtre où même l'humus de l'homme fait défaut; il n'a pas lieu d'être ici, et pourtant c'est ici le vrai théâtre de la chasse à l'homme.[236]

Die Bühnenanweisung überlagert mit „une margelle" die Vorstellung eines Brunnenrandes oder Vorsprunges mit dem Bühnenrand. Novarina schlägt darin vor, dass sich die Figuren an der Rampe positionieren und in den Zuschauerraum ausgerichtet ad spectatores sprechen. Er lässt sie das Angeblickt-werden aus dem Dunklen und somit das theatralische Wahrnehmungsdispositiv thematisieren. Der Kopf als Nacht- und Lärmraum wird hier sprachlich als Objektraum im szenischen Raum vergegenständlicht, wenn gesagt wird, dass dieser in den Orchestergraben abgeworfen werden kann, sofern er zur Last wird. Mit zwei Raummetaphern der Desorientierung wird der Kopfraum analog zum Theaterraum näher bestimmt: Wald und Nacht. Descartes Bild des Waldes wird hier als Wald der Wörter fortgeschrieben, in dem sich der Mensch verliert und nur mittels des mündlichen Äußerungsaktes wieder herausfindet. Zudem wird das Bild des Wörterwaldes mit dem ‚Theater der Jagd nach dem Menschen', d.h. dem desorientierten unter Druck geratenen, gehetzten Menschen verknüpft. Der Raum der Nacht wird, in Verbindung mit dem augenlosen Kopf, zum Raum der Desorientierung. Während Kant die räumliche Orientierung in der Dunkelheit nicht etwa auf Modi des Tastens oder des Gleichgewichtssinnes, sondern auf die erinnerten Anhaltspunkte einer vorherigen visuellen Orientierung bezieht, verhandelt Novarina das Sehorgan als Erkenntnisorgan neu und nimmt eine phänomenologische Umkehrung vor. Es ist die Nacht, die den Menschen anblickt. Sie wird dabei explizit von Tod, Schwarz und Dunkelheit, die als Wortgebäude Licht und Erkenntnis zu versprechen scheinen, abgegrenzt. Aus dem sprachlichen Dunkelraum heraus konstituiert sich die Präsenz über das Aussprechen des Satzes „Je suis". Das Sprechen drängt den primären, aufklärerischen Orientierungsmodus des Sehens (entsprechend der Lichtmetaphorik der *Lumières*) zurück und wird selbst zur orientierenden Tätigkeit.

---

236 Novarina. *L'Espace furieux*, S. 166-169.

7.4.5 Sprache als Raum und Verräumlichung der Sprache

Die Jagd des Menschen durch den orientierungswidrigen Raum der Sprache führt zur Frage nicht nur nach der Situierung des Sprechenden, sondern auch nach dem Ort und der Herkunft der Sprache. Kommt sie von innen, von außen oder vom Anderen her?

> L'Enfant Traversant. Notre parole peut-elle venir d'autres que nous, ou aller vers d'autres que nous? Notre parole peut-elle nous venir d'un autre qui nous parle?
>
> L'Enfant D'Outrebref. Je ne le crois pas.
>
> [...]
>
> L'Enfant Traversant. Étiez-vous présent à l'intérieur de ce que vous avez dit?
>
> L'Enfant D'Outrebref. Je suis à l'intérieur de ce que j'ai dit.[237]

Die Vergewisserung über die Präsenz des sprechenden Ichs wird mit dessen Anwesenheit im Gesagten beantwortet – vorstellbar als eine leibliche Präsenz im Sprachmaterial. Während in den Passagen der Benennung von Ding und Materie bereits angelegt ist, dass der Bestand der Welt von den Wörtern des Menschen abhängig ist, werden auch umgekehrt die Wörter als Materie besprochen und mit Stein und Staub verglichen, so L'Enfant Traversant: „J'ai passé des journées et des journées et des nuits dans des amas de pierres et de poussière où je me retrouvais perdu. La nuit, je ne me réveillais plus qu'au milieu des amas de mots."[238] Die Anhäufung von Wörtern analog zu Steinen kulminiert hier im Bild des Worthaufens als leibliche Umgebung. Die in der Bühnenanweisung festgelegte Geste des Ausschüttens von Steinen steht damit metaphorisch für das Ausbreiten der Wörter in den Raum.[239] Während in der Sequenz der gejagten Figure pauvre durch den urbanen Raum das Vorstellungsbild einer drohenden, appellativen Schrift- und Zeichenumgebung entsteht,[240] wird an anderen Stellen das Durchwühlen der Sprachmaterie hervorgehoben. Die materielle Anhäufung von Sprache wird bereits zu Beginn mit dem Ausdruck „homme en avalanche de mots" suggeriert. Die Wortlawine aus ungeordnet angehäuften Buchstaben, verschiedenen Wortarten, Rhythmen und Deklinationsmodi steht für eine stetige und ungeordnete Akkumulation und sich beschleunigende Rede.[241] Dass das in der Form besprochene Sprachmaterial auch poetologisch als ein solches behandelt wird zeigt sich im Versuch, alle Nomen der Welt aufzulisten,[242] im

---

237   Novarina. *L'Espace furieux*, S. 19.
238   Ebd., S. 60.
239   Ebd., S. 92.
240   Ebd., S. 42.
241   Ebd., S. 28, 29.
242   Ebd., S. 118, 119.

Rückwärtslesen und Rückwärtsbuchstabieren und in den Zahlenangaben für Wortmengen des Theatertextes.[243] Die seit Textbeginn ausgesprochenen Worte werden in Zahlen angegeben (317.622);[244] an anderer Stelle wird die Menge der noch zur Verfügung stehenden Sätze genannt (58),[245] sowie die Anzahl der noch zur Verfügung stehenden Wörter (389 bzw. 321).[246] Indem die Textlänge in Wort- und Satzmassen ausgedrückt wird, stellt sich der Theatertext als Text-Zeit-Raum dar. Neben der sprachlichen Fülle wird auch die sprachliche Leere thematisiert. Es wird in Erwägung gezogen, alle Wörter auszuwerfen, sich ihrer sprechend zu entledigen.[247] Auch wird auf die graphischen und lautlichen Leerstellen, die im zu sprechenden Theatertext mit Momenten der Stille einhergehen, hingewiesen: „Muet blanc: un blanc muet."[248] Auf die Frage, woraus die Wörter bestehen, gibt der Theatertext eine auf Ausschlüsse basierte Antwort:

> Sosie. [...] Mes mots sont – non en air ni en chair ni en sons qui s'entendent, mais en *han*! ... je leur jette ma tête à l'envers! Au secours, gens du silence, délivrez-moi des mots dont je pâaâaâaâaâarle! Matière du monde me mange la tête: Matière du monde est en dangééééééééééééééééer !²⁴⁹

Durch Materialien oder Elemente wie Luft, Fleisch oder Geräusch lassen sich die Wörter nicht bestimmen. Stattdessen macht die Textstelle deutlich, dass die überbordende Masse der Wörter, analog zur Erdmaterie, auf der Figur lastet und diese um Erleichterung bittet. Wörter und Zahlen bilden dennoch Anhaltspunkte in der Bewegung durch den Wald:

> Le vieillard caranatif, seul. Les nombres ne sont à vous que pour un temps, comme des morceaux de pain, des chiffres de traversée; ils ne sont là que pour marquer le temps, comme des cailloux. Les chiffres sont de travers, et les mots de l'homme rien que des cailloux dans sa bouche.
> Sosie. Les chiffres disparaîtront. Les chiffres sont l'excrément du temps. Quand tu comptes, tu énumères à l'envers le nombre des chiffres passés par là! Quand tu comptes, tu remontes du temps, tu croises des chiffres en traversant! Les chiffres nous protègent de l'effrayante vie: merci les chiffres! 2 et 3 sont 4! 62 fois 3 font 186; 788753 deux fois sont 1577506. Ah oui, merci les chiffres 8!²⁵⁰

---

243 Novarina. *L'Espace furieux*, S. 117.
244 Ebd., S. 80.
245 Ebd., S. 172.
246 Ebd., S. 173, 174.
247 Ebd., S. 80, 135.
248 Ebd., S. 135.
249 Ebd., S. 163.
250 Ebd., S. 122, 123.

Die Zahlen und Nomen werden mit Kieselsteinen und Brotkrumen verglichen, einerseits als haptische Zählmittel und andererseits als Marken in Zeit und Raum. Im zweiten Argumentationsschritt werden sie zu Trostspendern gegenüber den Ungewissheiten des Lebens. Sowohl das Zählen als auch das nominale Aufzählen werden mit Formen räumlicher Fortbewegung in Verbindung gebracht – dem Kreuzen des Zahlen- und Nomenmaterials beim Durchqueren der Welt. Mit der Zahl 8 wird die Unendlichkeit der Zahlenmenge angedeutet, die im Kontext einer vorherigen Passage mit dem Tod in Beziehung gesetzt wird „Il n'y a pas de fin où elle (la mort) va."[251]

Mit der Betonung der Materialität und der zeiträumlichen Ausbreitung der Wörter geht die Konzeption eines Textraumes einher, in dem sich der Mensch bewegt. In der deutschsprachigen Theaterwissenschaft lassen sich bereits texträumliche Ansätze finden, in denen das Theater als Ort der Sprache, die sich experimentell und poetisch entfaltet, betont wird.[252] Darauf aufbauend entwickelt Achim Stricker seine Konzeption von „Text-Raum" mit den Arbeiten von Mallarmé und Gertrude Stein als gattungsübergreifender früher „Knotenpunkt der Texttheatralität und Text-Verräumlichung".[253] In den Gegenwartstexten nennt er Intertextualität und metatheatrale Selbstreferentialität der autonom werdenden gesprochenen Sprache als Kriterien für eine eigenständige Räumlichkeit und Theatralität vom Text aus.[254] Die Konzeption der Räumlichkeit des Textes führt Stricker auf die Konzepte *écriture* und *spatialité* sowie *espacement* und *différance* in Barthes' und Derridas Arbeiten zur Mehrdeutigkeit und zu Verweisungszusammenhängen der Zeichen zurück.[255] Entsprechend gelangt er zu einem Theatralitätsbegriff der potenzierten Beweglichkeit der Zeichen in Relationen zu Zeichensystem und zu Theater als „in-szenierendes Medium". Er stützt sein Konzept auf die interpellative Kraft eines Textes und den Ausbau des externen Kommunikationssystems bis hin zur Anregung eines Kopftheaters bei den Rezipient_innen.[256] Parisse weist bereits auf Novarinas Anspruch eines „texte-parole-espace" hin, gründet diesen jedoch auf eine Analogie zwischen der (zweidimensionalen) Buchseite und dem szenischen Raum, in dem sich der

---

251   Novarina. *L'Espace furieux*, S. 122.
252   Vgl. Birkenhauer. *Schauplatz der Sprache*, S. 27.
253   Achim Stricker. *Text-Raum. Strategien nicht-dramatischer Theatertexte. Gertrude Stein, Heiner Müller, Werner Schwab, ...* Heidelberg, Winter, 2007, S. 37.
254   Novarina. *L'Espace furieux*, S. 39.
255   Achim Stricker. *Text-Raum*, S. 67, 77.
256   Ebd., S. 59.

Text ausbreitet.[257] Damit hängt sie einer Behälterkonzeption an und unterschlägt das raumproduzierende Potenzial des Textes.[258] Ähnlich wie Stricker kommt Chenetier-Alev zur These der Verräumlichung von Sprache durch typologische Anordnung, rückverweisend auf Gertrude Stein.[259] In der konzeptuellen Mündlichkeit der Theatertexte sieht sie ein Moment des „déplacement du dramatique à l'intérieur de la langue même" begünstigt.[260] Bei all diesen Konzepten wird vernachlässigt, dass insbesondere bei Novarina nicht nur Texttheatralität und Verräumlichung rezeptionsästhetisch am Wirken sind, sondern auch in der Figurenrede, in eigentlicher und metaphorischer Weise, besprochen, poetologisch reflektiert und umgesetzt werden.

7.5 (Des)Orientierung im theatralischen Raum der Sprache

L'Espace furieux wie auch andere späte Texte Novarinas weisen eine Ästhetik des *spoken word* auf. Die spielerisch-assoziative Schreibweise, die Arbeit an Rhythmus und Klangbild führen zu einem Eindruck von Spontaneität und Improvisation. Die scheinbar unverbundene Abfolge von Textpassagen und die Wechsel der thematischen Schwerpunkte ergeben eine lose Reihung von Einzelvorträgen. Zudem ist dem Theatertext eine Performanz eingeschrieben, er ist explizit auf das mündliche Vortragen im Theaterdispositiv ausgerichtet. Indem das szenische Handeln im Vortragen von Erzählungen und Spekulationen besteht, stellt sich die Frage nach einem Kompositionsprinzip, nach semantischen und konzeptuellen Zusammenhängen zwischen den Textpassagen. Zunächst zeigt sich, dass die Rede motivisch und textdramaturgisch organisiert ist. Die folgende Untersuchung der Textdramaturgie soll jedoch über die für postmoderne Texte üblichen Textmetaphern wie der des Gewebes oder des Rhizoms hinausgehen, ebenso über die rezeptionsbezogene Desorientierung (s. Kapitel 7.0.). Die Hypothese einer Dramaturgie der Desorientierung lässt sich einmal anhand der Formen desorientierter Rede und einmal anhand zweier

---

257 Passender erschiene es, ihre Betrachtungen zum szenischen Raum als Möglichkeitsraum, Raum der Koinzidenz der Gegensätze und Stimmenraum bei Tardieu auf Novarinas Werk hin weiterzudenken, vgl. Parisse. *La 'parole trouée',* S. 76-80, 115-119.

258 Dreidimensionaler denkt Corvin mit der Vorstellung der Entfaltung aller Buchseiten eines Stückes im szenischen Raum, die er auf die Arbeitsweise Novarinas, das Anbringen und Umordnen loser Einzelblätter an der Atelierwand, zurückführt. Vgl. Corvin. *Marchant ensemble Novarina!,* S.19-23.

259 Marion Chénetier-Alev. *L'oralité dans le théâtre contemporain,* S. 467

260 Ebd., S. 503

dramaturgisch-theaterpoetischer Figuren sprachräumlicher Desorientierung, Spirale und Streuung, überprüfen.

7.6 Desorientierte Rede

Eine Desorientierung der Rezipient_innenerwartung bei Novarina ist bereits festgestellt worden.[261] Textdramaturgisch relevanter sind Formen semantischer Desorientierung. Es häufen sich Umkehrungen, Verkehrungen, Ambivalenzen, Antithesen, Paradoxa und Mehrfachkodierungen, so dass Einzelaussagen im Textverlauf dynamisch bleiben und sich Bedeutungen verschieben, widersprechen. Bei den Paradoxa handelt es sich sowohl um ein Spiel mit Alltagsbildern wie „vous allumerez de l'eau"[262] als auch um abstrakte und poetische Sprachbilder „viens orient des desorientés, vient soleil de toute nuit, vient défaite de la victoire [...]."[263] Die Sprachfiguren der Umkehrung betreffen Leben und Handeln wie „renverse ta vie"[264] oder „Le vrai silence est parlé; de même l'immobilité vraie est le mouvement".[265] Auch werden mittels Umkehrungen philosophische, wissenschaftliche oder religiöse Kategorien und Wissenssätze verschoben. Die binäre Denkstruktur wird metasprachlich thematisiert und mit Aussagen wie der, dass das fließende Denken die Dinge ohne Gegenteil fortwäscht, persifliert.[266] Es handelt sich um ein Sinn- und Verweissystem aus Wiederholungen, Variationen, Wiederaufnahmen, Anspielungen und Zitaten. Diese semantischen, kategorialen und semiotischen Verfahren der Desorientierung sind nicht nur denen der Pataphysik ähnlich. Auch zeigt sich eine enge Verbindung zu dekonstruktivistischen Schreibstrategien. Schreibweisen, die mit den Regeln der Lexik und der Syntax brechen, um bestehende Diskurse aufzusprengen, bezeichnet Derrida in „Die Künste des Raumes" als „Destabilisierungseffekte".[267]

---

261   Chénetier-Alev nennt das Spiel mit Figurennamen in Bühnenanweisungen und gesprochenen Namenlisten (Theatersystem) und das morphologische und syntaktische Testen der Sprache bis an ihre Grenzen (Sprachsystem), vgl. Chénetier-Alev. *L'oralité dans le théâtre contemporain*, S. 221, 504.
262   Novarina. *L'Espace furieux*, S. 41.
263   Ebd., S. 147.
264   Ebd., S. 40, 41.
265   Ebd., S. 62.
266   Ebd., S. 84.
267   Jacques Derrida. „Die Künste des Raumes". In: Ders. *Denken, nicht zu sehen. Schriften zu den Künsten des Sichtbaren 1979-2004*. Berlin, Brinckmann & Bose, 2017, S. 7-40, hier S. 23.

Was die Ausrichtung der Rede anbelangt, sind drei Aspekte zu untersuchen: Adressierung, Telos und kompositorischer Aufbau. Durch Zitate und verschachtelte indirekte Reden entsteht eine Mehrstimmigkeit, die mit einer mehrdirektionalen und vagen Adressierung kombiniert ist, auch durch ein Spiel mit Formen der förmlichen und religiösen Ansprache wie Widmung, Psalm, Gebet und Lobgesang, die die extraszenische (profane) Adressierung betonen.[268] Momente der Ansprache, auch der nacherzählten Ansprache, sind gerichtet an die Dinge als solche,[269] spezifische Ding-Instanzen wie Baum, Steine, Stock, Maschinen,[270] Körperteile, sowie an das (potenzielle) Publikum.[271] In *L'Espace furieux* wird die Adressierungsfrage zum Thema der Figurenrede: „A qui s'adressent tes dernières paroles?" und wird beantwortet mit einer abstrakten Instanz: „Pas à toi. A celui qui a crée le silence sur lequel nous parlons [...]".[272] Damit wird der Figurendialog verneint und eine übergreifende Instanz angedeutet, die als Gott benannt, zugleich jedoch wieder verneint und vom Raum abgelöst wird, dem Jean Singulier seinen Tanz widmet.[273] Die Adressierung der Rede erweist sich als instabil, vage und ungerichtet. Es handelt sich um eine zugleich mehrstimmige wie aufgesprengte Adresse im theatralischen Sprachraum, die sich mit Derrida als eine „Streuung der Stimmen und der Töne, die selbst zum Raum werden, die sich automatisch verräumlichen", konzeptualisieren lässt.[274]

7.6.1 Eine Dramaturgie der Spirale?

Lässt sich abseits von einem ‚orientierten Konflikt',[275] Linearität, Struktur und Adressierung nicht doch eine Antriebskraft verzeichnen, die den Text vorantreibt und sich über eine zeiträumliche Bewegungsfigur fassen lässt? Das Formbild der Spirale, das bereits in der Forschung zu Novarina angedeutet wird, bietet sich zur Überprüfung an. Corvin spricht zwar von der tabellarischen Dramaturgic bei Novarina (s. Kapitel 7.0.), zählt jedoch die spiralförmige Komposition allgemein zu den strukturellen Innovationen des zeitgenössischen The-

---

268 Novarina. *L'Espace furieux*, S. 101.
269 Ebd., S. 39.
270 Ebd., S. 59, 139, 143, 160.
271 Ebd., S. 161 und z.B. S. 169.
272 Ebd., S. 182.
273 Ebd., S. 183.
274 Derrida. „Die Künste des Raumes", S. 25.
275 Corvin spricht von einer orientierten Dramaturgie, wenn es einen Blickpunkt der des_r Protagonist_in oder einen gerichteten Konflikt gibt. Vgl. Corvin. *La lecture innombrable*, S. 107, 109.

atertextes.[276] Er definiert sie als textuelle Bewegung reich an aufspringendem Sinn durch viele Geschichten und (literarische) Figuren, Wiederaufnahmen des ein und selben Themas: „s'enroulant autour d'une axe invisible, la spirale donne l'impression de ne pas avancer et même de constamment revenir en arrière; sinon pour refaire le même mouvement immobile, du moins pour repartir da capo [...]."[277] Mit der Betonung des rekursiven Momentes der zeitgenössischen spiralförmigen Bewegung lässt diese sich von einer emporschraubenden, barocken Dramaturgie der Spirale abgrenzen, die bereits Derrida kritisch befragt;[278] als auch von einer figurenpsychologischen Kreis- oder Strudeldramaturgie.[279] Novarina selbst verwendet den Begriff der „écriture spirale" für das Werk Madame Guyons im Hinblick auf den unkontrollierten, taktilen und physisch erschöpfenden Schreibfluss mit der Sprache als selbstständige Materie vor dem Denken.[280] Auch in der Forschung zu Novarina wird die Spiralbewegung auf der Ebene der Schreibweise sowie der Motivik festgestellt. Dies bezieht sich einmal auf eine textübergreifende Themenwiederaufnahme,[281] einmal auf eine kaleidoskopische Wirkungsästhetik durch „mouvements hélicoidials" und Motive von Schrauben und Spiralen;[282] ein anderes Mal auf eine spiralförmige Bearbeitung der Syntax, angelehnt an das musikalische Prinzip der Fuge.[283] Mit

---

276   Vgl. Corvin. *La lecture innombrable*, S. 162.

277   Ebd., S. 162, 205.

278   In seinem Essay „Kraft und Bedeutung" grenzt sich Jacques Derrida von einer essentialistischen und strukturalistischen literaturwissenschaftlichen Methode ab, die den Werken durch aufgezwungene geometrische Schemata nicht gerecht werde. Vgl. Jacques Derrida. „Kraft und Bedeutung". In: Ders. *Die Schrift und die Differenz*, aus d. Frz. von Rodolphe Gasché, Frankfurt a. M., Suhrkamp, 1976, S. 27-37. Er bezieht sich ausführlich und kritisch auf Roussets These der Spirale als dramaturgisches Prinzip bei Corneille in Jean Roussets *Forme et signification. Essay sur les structures littéraires de Corneille à Claudel* (1962).

279   In seiner Untersuchung der Handlungsführung und Figurenpsychologie bei Ionesco verweist Vernois auf die kafkaesken Motive des Schwindels und Umherirrens und den psychoanalytischen Abstieg. Opfer und Täter in *La Leçon* befänden sich in einer gegenläufigen Strudelbewegung (*croissant* und *décroissant*), die sie ins Verderben führe. Es stellt sich jedoch die Frage, ob die Forschung mit psychologisierenden Untersuchungen Ionescos Theatertexten gerecht wird. Vgl. Paul Vernois. *La dynamique théâtrale d'Eugène Ionesco*. Paris, Klincksieck, 1991, S. 96, 97

280   Valère Novarina. „Ouverture". In: Jacques Le Brun; Mare-Louise Gondal u.a. (Hrsg.). *Madame Guyon. Rencontres autour de la vie et de l'œuvre de Madame Guyon*. Grenoble, Million, 1997, S. 9-13, hier S. 10.

281   „puisque chaque œuvre reprend et approfondit des phrases-thèmes apparues dans les écrits précédents." Chénetier-Alev. *L'oralité dans le théâtre contemporain*, S. 275.

282   Vgl. Ramat. *La comédie du verbe*, S. 25, 40, 41.

283   Plassard erklärt die Spirale als syntaktische Variation am Beispiel des Satzes „L'extérieur est à l'extérieur de l'extérieur" aus *Vous qui habitez le temps*. Er spricht vom Leere

Duboucles lässt sich die Fuge als Praxis der Variation und als Methode der theoretischen Reflexion, im Sinne eines Abarbeitens am Ungreifbaren herausstellen, mit der Ausrichtung auf eine Konklusion als Sackgasse.[284] In der Tat lässt sich die Textführung des ständigen Wiederaufgreifens und Variierens der Motive rund um die Hypothese „Je suis" in *L'Espace furieux* mit einer spiralförmigen, potenziell unaufhörlichen Bewegung vergleichen. Das bisher vernachlässigte Leitprinzip dieser Dramaturgie ist jedoch das fortlaufende Fragenstellen und Nachfragen in Kombination mit spekulativen (sprachlichen) Anläufen, Lösungs- und Umkreisungsversuchen anstelle eindeutiger Antworten. Dadurch zeigt sich die Nähe zur pataphysischen Spirale, der sogenannten „guidouille" auf dem Bauch des Père Ubu, die für das ewige um sich selbst drehende Suchen steht.[285] Die Novarina'sche Spiralbewegung zeichnet sich nicht durch ein Schrauben aus, sondern durch ein horizontales Kreiseln als einem permanenten Aufschieben von Bedeutungsfestschreibung. Dieses Kreiseln entspricht dem entsakralisierten, fortschritts- und logoskritischen Prinzip einer Anordnung von Sprechtext. Der Tanz der Habanera, am Ende des Stückes bildet dazu die poetologische Metapher. Die Habanera, die sich durch schleifenartige Trittfolgen und regelmäßige, beschleunigte Drehungen um die Körperlängsachse auszeichnet, steigert sich hier bis zur Erschöpfung. Bewegungsrausch und Drehmomente verweisen auf die Kulturtechnik des Drehtanzes und die damit verbundenen Erfahrungen der Ich-Entgrenzung, wie im Tanz der Derwische, der einen schwindelerregenden Zustand herbeiführt, Zeit und Raum sprengt. Wird Desorientierung gezielt eingeleitet, handelt es sich mit Roger Caillois um die Schwindelpraxis *ilinx*, eine Form des Spiels, die darauf angelegt ist, durch eine schnelle Dreh- oder Fallbewegung einen sinnlichen und organischen Verwirrungs- und Auflösungszustand hervorzurufen, indem sie ähnlich wie nach dem Prinzip eines Rotors Fliehkräfte entfaltet, die die Masseteilchen an den Außenrand drücken.[286] Es handelt sich um eine Form materieller Dezentrierung, die durch Verlust von Axe und Wahrnehmungszentrum zu einem Rauschzustand führt, der leiblich-räumliche Orientierung und das Gleichgewicht außer Kraft setzt. Ilinx ist mit dem biomechanischen Funktionsprinzip der Spirale

---

grabenden „tournoiement antilogique du texte sur lui-même", welches er mit der Struktur der Fuge in Verbindung bringt. Vgl. Plassard. „Espace es-tu là?", S. 280.

284 Olivier Dubouclez. „Dialectique de l'inattendu". In: Laure Née. *Valère Novarina*. Paris, Garnier, 2015, S. 19-36, hier: S. 26, 35.

285 Aufgrund der Enthierarchisierung von Wörtern und Bedeutungen ist die semantische Festschreibung in der Pataphysik zu relativieren, vgl. Ferentschik. '*Pataphysik*, S. 65.

286 Vgl. Roger Caillois. *Die Spiele und die Menschen. Maske und Rausch*, aus d. Frz. von Peter Geble. Berlin, Matthes & Seitz, 2017, S. 46, 167.

auch ethymologisch verbunden (griech.: vertigo, ilingos - Wasserwirbel).[287] Es ist Serres, der die Spirale als Bild der raumzeitlichen Bewegung in der Sprache zeichnet:

> Quand les langues parlent d'elles, elles recommencent le cercle. Elles viennent de la rumeur en tourbillonnant. D'abord par l'écho, par la répétition. Puis par la redondance. Puis par le rythme et la cadence. Les cercles se succèdent dans n'importe quel sens. L'inattendu nourri le cercle qui entretient L'inattendu et l'acclimate en prévisible, ainsi grandi la turbulence. [...] L'essaime tourbillonne en sifflant, le multiple roule en tourbillonnant. Le poème à double cône a la forme du tourbillon. Forme naissante de la langue, forme naissante d'Aphrodite, forme de tout phénomène naissant, corps, choses, signes.[288]

Das rhythmische Drehen wird hier zu einer raumgreifenden und offenen Figur, die beschleunigte und unerwartete Momente bereithält und zugleich Form aller Entstehung ist. Im Gegensatz zu den bereits genannten Spiralkonzeptionen wird hier nicht die Auf- oder Abwärtsbewegung betont, sondern der Kreisel, dessen Achse sich verschiebt und die Masse nach außen fliehen lässt, dem jedoch Energie zugeführt werden muss, da die Drehbewegung immer wieder zum Erliegen kommt.

7.6.2 Dramaturgie und Poetologie sprachräumlichen Schleuderns

Von Orientierungslosigkeit kann in *L'Espace furieux* nicht gesprochen werden, denn es finden sich situative und mehrzählige Vektoren wie die Schlupflöcher als Austritt aus dem Leben Welt analog zum Bühnenabgang als zwischenzeitlichen und finalen theatralischen Fluchtpunkt. Anhand der schwindelerregenden Drehmomente des Sprechtextes und des finalen Tanzes lässt sich ein metatheatralisches und metasprachliches Telos festmachen: der der Feier des nichteuklidischen, runden Raumes, der Zerschlagung des Logos und der Festschreibungen. Die Energie in *L'Espace furieux* strömt von der leuchtenden Schriftpräsenz in Richtung eines Nichts aus, welches in der Homophonie der Begriffe „néon" (das leuchtende „Je suis") und „néant" angelegt ist. Im Bühnenraum deutet die Antinomie von Licht und Nichts auf das theatralische Potenzial hin. Das Wortmaterial wird vom Kopf(Raum) aus dem Körper(Raum) multidirektional in den Theaterraum geschleudert, breitet sich kreisförmig darin aus und konstituiert zugleich diesen Raum. Der tobende, rasende Raum ist der des Drinnen

---

287   Vgl. Caillois. *Die Spiele und die Menschen.* S. 48.
288   Serres, *Genèse*, S. 119.

und zugleich der des Draußen, der des Oben und zugleich der des Unten, der der kreiselnd wandernden Achse und der Tiefe, der der Leere und des performativen Potenzials. Diese zentrifugale Verräumlichung von Sprache lässt sich mit dem Prinzip eines Nervensystems, welches über vielfache Ganglien Energien und Sekrete nach außen leitet, veranschaulichen. Novarinas Textanordnung entspricht einem verbalen *Dripping*. Wie in den *action paintings* von Jackson Pollock wird hier anstelle von Farbmaterial Wortmaterial beschleunigt in den Theaterraum getropft und bildet eine enthierarchisierte, ungleichmäßige, durch Konzentrationspunkte und Zwischenräume bedingte (verbale) all-over Struktur.[289] Tatsächlich lassen sich verwandte ästhetische Prinzipien zwischen Pollocks Malerei und Novarinas Theaterpoetik erkennen: Bodenarbeit, Dezentrierung, Entgrenzung des Raumes, Auflösen von Vorder- und Hintergrund, Rhythmus, leibliches Involviertsein, Ablehnung von Mimesis, unökonomische Formate. Die wechselseitige Konstitution von Raum und Sprache lässt sich mit dem Verhältnis von Raum und Grundlärm bei Serres vergleichen:

> Il n'y a pas d'espace sans bruit, comme il n'y a pas de bruit sans espace. L'un est l'invariant de l'autre, et réciproquement. Le bruit de fond est le fond du monde et le monde commença, dit-on, à grand bruit. Coup d'instauration où l'univers est embryonné, il précède l'expansion dans l'universel, l'espace l'a déjà reçu avant de recevoir les choses elles-mêmes, il a déjà formé l'espace ou les choses vont se loger. Je suppose qu'il n'y a pas eu de grand bruit, ce préconcept cosmologique d'origine; je suppose qu'il y a eu et qu'il y a toujours un nombre inaccessible de bruit divers. Il n'y a pas de silence pris à la rigueur. Il y a des boîtes noires, il n'y a pas de chambre sourde. [...] L'espace de la noise n'a pas de complémentaire, n'a pas d'extérieur. La logique se noie dans la noise. Je ne connais de prélogique ou d'antéprédicatif que le bruit. Et que la fureur.[290]

Das Vielfache an Raumdenken und Raumkonzeptionen, die sich in *L'Espace furieux* überlagern, kommt auch bei Serres zum Ausdruck, der zudem auf die notwendige Redundanz des Raumes hinweist:

> Nous appelons espace une multiplicité relativement homogène, isotrope, soumise à quelque loi ou à une définition. Il faut toujours – peut-être ne suffit-il pas, mais il faut tout au moins – il faut une certaine redondance pour qu'un espace soit, pour qu'un

---

289   Olga Lewicka. *Pollock. Verflechtung des Sichtbaren und des Lesbaren.* München, Wilhelm Fink, 2005.

290   Serres. *Genèse*, S. 106, 107.

espace soit pensable. Or si le temps peut faire voir, parfois, de la répétition, il est la multiplicité à minimum de redondance.[291]

Auch für Novarinas *Theatre des Paroles* gilt: Neben der entgrenzenden Verräumlichung der Sprache braucht es einen (geschlossenen) Klangraum für Wiederholung und Widerhall. Mit *L'Espace furieux* schafft Novarina ein leibliches und spekulatives Gedankenspiel eines unbegrenzten Wortmaterials und feiert den Raum als Bedingung für und als Ergebnis von theatralischem Sprechhandeln.

---

291   Serres. *Genèse*, S. 187.

8 Schluss

„Der Hass auf das Theater richtet sich gegen die raren Inszenierungen, die ein Ereignis für das Denken sind. Die Theatertexte hasst man nicht. Man ignoriert sie (das ist eine andere Leidenschaft)."[1] Einer solchen, von Alain Badiou noch 2015 konstatierten fehlenden Aufmerksamkeit für zeitgenössische Theatertexte wirkt die vorliegende Arbeit mit einer primärtextbasierten, textnahen Untersuchung entgegen. Mit dem Raum als Untersuchungsfokus füllt die Arbeit eine bemerkenswerte Forschungslücke: Während der Raum in avantgardistischen Theatertexten bereits untersucht worden ist,[2] wird er als Untersuchungskategorie für zeitgenössische Theatertexte nahezu ausgeblendet. Dabei zeigt die Analyse deutlich, dass sich die Untersuchungsperspektive der Mensch-Raum-Verhältnisse als fruchtbar erweist, nicht nur für eine Schneise durch die heterogene Textproduktion der 1980er und 1990er Jahre, sondern auch zur Feststellung von Fortschreibungen und Differenzen in Bezug auf die Theateravantgarden. In deren Theatertexten werden die Bedingungen und (Un)Möglichkeiten menschlichen Handelns vorgeführt und künstlerisch reflektiert. Raumdimensionen, Raumgrenzen und räumliche Apparaturen werden darin jedoch szenisch entworfen, gestisch und proxemisch erkundet und verhandelt. Explorative zeitgenössische Theatertexte, wie solche, die hier den Korpus bilden, zeichnen sich hingegen durch wenige Bühnenanweisungen aus; dafür stechen ein neuer Umfang und Stellenwert der Figurenrede, sowie neue Textqualitäten hervor. Entdramatisierende und redramatisierende Verfahren finden sich in ein und demselben Theatertext zugleich und stehen in einem je unterschiedlich gewichteten Spannungsverhältnis zueinander. So mutet *Quai Ouest* von Koltès auf der Oberfläche deutlich redramatisierend an, dennoch verrutschen und entgleiten die dramatischen Elemente und narrative Einschübe (ohne explizite szenische Ausrichtung) brechen die dramatische Form auf. Die Tiefenstruktur zeigt ein Spiel mit Kontingenzen, mit Nuancierungen und Ironisierungen von binären Mustern auf. Redonnet, Kermann und Novarina beziehen sich deutlich auf avantgardistische, entdramatisierende Formensprachen, wobei

---

1   Alain Badiou. *Rhapsodie für das Theater. Kurze philosophische Abhandlung*, aus d. Frz. von Corinna Popp. Wien, Passagen, 2015, S. 70

2   Vgl. insbesondere die bereits genannten Untersuchungen zum *Subjektiven Raum I, II* von Finter (1990), zum Raum im „Drama der offenen Form" von Klotz (1992 [1960]) und zur „Raumregie" Becketts in *Raum und Objekt* von Sick (2011), siehe dazu Kapitel 3.1, 321, 7.4.4.

gerade der experimentellste Text der Untersuchung, *L'Espace Furieux*, in der Textlänge den größten Kontrast zu den Theaterstücken der Avantgarden aufweist. Insbesondere die auf alle vier Texte zutreffende Mehrschichtigkeit macht sie schwer zugänglich. Die theatralischen und textuellen Ebenen durchdringen und reflektieren sich gegenseitig: Die sprachlich-materielle Mikroebene, die Zwischenräume der Sequenzen (szenische Anmerkungen, Paratexte), die Zwischenräume des Sprechtextes (Nuancen, Verweise), die Makroebene der Anordnung (Dramaturgie und ggf. Vermittlungsebene) sowie die theatralische, theoretische Metaebene. Wie insbesondere in den Kapiteln zu Kermann und Novarina deutlich wird, liegen sowohl eine pertinente „Texttheatralität", d.h. nach Poschmann ein szenisches Sprechpotenzial vor, sowie eine deutliche „analytische Theatralität" durch autoreflexive Wahrnehmungsverhältnisse (vgl. Kapitel 2.2.).

Die Besprochene Wahrnehmung ist auch die Ebene, auf der der Raum konstruiert und in Verhältnis zur jeweiligen Redeinstanz gesetzt wird. Dieser Aspekt der Raumbesprechung und Raumreflexion via Figurenrede wurde bis dato in der Forschung zur Gegenwartsdramatik vernachlässigt. Wie Bremer noch 2017 konstatiert, hat sich „die Literaturwissenschaft insgesamt bei der Analyse des im Drama evozierten Raums zurückgehalten [...], was angesichts der Konjunktur der kulturwissenschaftlichen Raumforschung bemerkenswert ist. Denn die Dramenforschung hat den *spatial* bzw. *topographical turn* bisher kaum verfolgt oder gar nachvollzogen."[3] Ein grundlegendes Ergebnis der vorliegenden Einzeltextanalysen besteht in einer ersten Systematik des besprochenen Raumes im (nicht nur) zeitgenössischen Theatertext.

Systematik des besprochenen Raumes

Der besprochene Raum im Theatertext meint den via Figurenrede thematisierten und damit dialogisch und/oder narrativ konstruierten Raum. Zunächst lässt sich in eine außerszenische und eine innerszenische Raumthematisierung unterteilen, auch wenn diese sich überlagern können.

a.   Modi der außerszenischen Raumthematisierung

Unter die Modi der außerszenischen Raumthematisierung fallen genannte, simultan beschriebene (z.B. via Mauerschau), erzählte (z.B. via Botenbericht, Monolog oder Zukunftsträumerei) Orte oder Handlungsräume außerhalb des

---

3   Kai Bremer. *Postskriptum Peter Szondi. Theorie des Dramas seit 1956.* Bielefeld, transcript, 2017, 93.

szenischen Geschehens oder außerhalb der Bühne (z.B. Nennung oder Beschreibung des Zuschauerraums).

b. Modi der innerszenischen Raumthematisierung

Die Modi der innerszenischen Raumthematisierung umfassen implizite Bühnenanweisungen, Wortkulisse, verbalisierte Raumwahrnehmung und Raumerfahrung sowie Thematisierungen des aktual-szenischen Raumes. Die Funktionen der innerszenischen Raumthematisierung bestehen in der Besprechung der Figurenumgebung, der Konstitution eines spezifischen Figur-Raum-Verhältnisses und der Situierung mittels Deiktika.[4] Ein ausschlaggebender Aspekt besteht im besonderen Verhältnis zwischen dem verbalisierten Raum und dem visuell entworfenen Geschehensort bzw. szenischen Raum. Wurde die Wortkulisse ursprünglich zur Kompensation szenischer Darstellungsmittel z.B. im (vorillusionistischen) elisabethanischen Theater angewandt,[5] erlebt sie insbesondere in der (nachillusionistischen und textbetonten) Gegenwartsdramatik einen Aufschwung als bewusste ästhetische, genauer visuell-ökonomische Entscheidung, die (entgegen den audiovisuellen Medien) einen Raum „zwischen Hören und Sehen" schafft.[6] Was ohnehin bereits für die Thematisierung außerszenischer Räume gilt, wird bei der Thematisierung innerszenischer Räume durch die sinnliche Überprüfbarkeit, d.h. den ermöglichten Abgleich zwischen visueller und sprachlicher Information quasi vorgeführt: die Konstruiertheit und die Perspektiviertheit von Raumwahrnehmung.[7] Die Figurenperspektive führt auch dazu, dass die Raumangaben unzuverlässig, mehrperspektivisch und mehrdeutig sein können.[8] Die Wortkulisse enthält Zusatzfunktionen, die über eine Ergänzung oder Ersetzung des Bühnenbildes hinausgehen. Sie enthält Informa-

---

4   Unter der Wortkulisse ist die Kulisse bzw. sind die unsichtbaren Räume zu verstehen, die in der Figurenrede entworfen und einem potenziellen Publikum zur Imagination angeboten werden. Insbesondere durch deiktische Lokalisierungstechniken wird der vorstellbare Raum auf die Bühnensituation bezogen. vgl. Pfister. *Das Drama*, S. 351; Franziska Schößler. *Einführung in die Dramenanalyse* [2012]. Stuttgart, Metzler, 2017, S. 141, 142.
5   Vgl. Pfister. *Das Drama*, S. 351.
6   Zwar fokussiert Finter die Aufführung und die Tendenzen der Trennung von Stimme und sichtbarer Körperpräsenz, jedoch kann das Konzept des figurbezogenen Raumes zwischen Sehen und Hören ebenso auf die Raumkonstruktion und die Trennung in Bildraum und Sprachraum übertragen werden, vgl. Helga Finter. „Der (leere) Raum zwischen Hören und Sehen. Überlegungen zu einem Theater ohne Schauspieler". In: Dies. *Die soufflierte Stimme*. 2014, S. 378-287.
7   Schößler betont bereits den möglichen Kontrast zum sichtbaren, materialisierten Bühnenentwurf. Vgl. Schößler. *Einführung in die Dramenanalyse*, S. 141, 142.
8   Pfister. *Das Drama*, S. 351.

tionen über die raumthematisierende Figur und führt (bereits bei Shakespeare) auch Themenkomplexe und leitmotivische Metaphern ein.[9] Ein weiteres Surplus (insbesondere im Kontext von neuem Textstatus und Textqualität) betrifft den Beitrag der Wortkulisse zur literarischen Eigenständigkeit des Theatertextes.[10]

c. Sondermodi der Raumthematisierung

Ein erster Sondermodus der Raumbesprechung besteht in der expliziten Raumreflexion durch Zitieren von und Verweisen auf wissenschaftliche Raumtheorien, durch das Thematisieren des Textraumes der Rede, des Buches oder des räumlichen Theaterdispositivs. Als ein zweiter Sondermodus lässt sich die Metakommentierung dialogischer Zwischenräumlichkeit (d.h. des Raumes, der durch die Wechselrede entsteht) durch die Interaktionspartner selbst festmachen (die Besprechung von Nähe und Entfernung, Annäherung und Distanzierung sowie von Statusräumlichkeit auf der Argumentations- oder Beziehungsebene).

Mit der Verschiebung von der szenischen, in der Bühnenanweisung entworfenen Raumkonstruktion, hin zur perzeptiv-sprachlichen Raumkonstruktion in der Gegenwartsdramatik geht auch eine Verschiebung von einem szenisch-visuellen Regime des Bühnenbildes zu einem auditiv-imaginativen Regime einher. Dabei wird Bildlichkeit durchaus metaästhetisch verhandelt wie in der Thematisierung der gegenseitigen Blicke und im Lesen des_der Anderen in *Quai Ouest*, in der zeitgenössischen Mauerschau in *Mobie Diq*, in der im Titel angelegten Ambivalenz der Spurenbesichtigung in *De quelques chose vues la nuit* und in der Reflexion des Theaters als Wahrnehmungsdispositiv in *L'Espace furieux*. Ebenso reflektieren die Texte über die Figurenrede Grenzen von visueller und/oder sprachlicher Darstellbarkeit und Undarstellbarkeit.

Raumkonzeption
Während bei Artaud, Maeterlinck, Genet und Beckett das Hantieren und Manövrieren mit räumlichen Strukturelementen wie Wände, Fenster, Türen als auch Requisiten, Medien, Apparaturen im Vordergrund steht, die die Räume begrenzen, messbar machen und die Handlungsfähigkeit der Figuren regeln, wird letztere in zeitgenössischen Theatertexten gerade durch das Fehlen von räumlichen Bezugspunkten und Raummarken erschwert. Es zeichnen sich nicht-euklidische d.h. topologische, relationale, offene und vage Raumkonzeptionen ab.[11] Obwohl der Theatertext von Koltès vergleichsweise vor allem redramatisie-

---

9   Vgl. Pfister. *Das Drama*, S. 352.
10   Vgl. ebd, S. 353.
11   Vgl. Oliver Simons. „Nicht-euklidische Räume". In: Jörg Dünne; Andreas Mahler (Hrsg.). *Handbuch Literatur & Raum*. Berlin; Boston, De Gruyeter, 2015, S. 272-283.

rende Elemente enthält, lässt sich in einer mikroskopischen Lektüre der Figurenrede zeigen, wie binäre Raumsemantiken, insbesondere Zentrum und Peripherie
oder Oben und Unten ins Wanken geraten, befragt und ironisiert werden. Strukturalistische Raumtheorien greifen hier nicht. Die untersuchten Theatertexte
entfalten Ihre eigenen je spezifisch entworfenen und besprochenen Raumkonzeptionen, verweisen dabei auf das moderne literarische Raumwissen und auf
moderne Raummetaphern, die sie öffnen, mehrfachkodieren, weiterschreiben
oder auch wie bei Novarina sprachlich auseinandernehmen. Raumreflexion
findet auf metaphorischer, modellhafter und metatheoretischer Ebene statt. Es
handelt sich jeweils um betont entgrenzte, weiträumige, strukturlose, leere und
glatte Räume, die keine Anhaltspunkte für bestimmte Handlungsausrichtungen
bieten, jedoch Erwartungs- und Möglichkeitshorizonte eröffnen. Die nackte
Bühne bei Novarina bzw. die metaphorischen Bodenflächen Morast, Meer und
Ruinenfeld bei Koltès, Redonnet und Kermann bilden ein mehr oder weniger so-
lides zuverlässiges (szenisches) Plateau für sprachliche Handlungsentwürfe und
verbal durchgespielte Rede- und Deutungsvarianten. Das Verhältnis zwischen
Figur und Raum ist relational und vektorial bestimmt, das heißt, viel stärker
noch als in den avantgardistischen szenischen Räumen konstituieren sich in den
Gegenwartsdramaturgien Raum und Figur über (besprochene) Bewegung und
Sprache in einem dynamischen Wechselverhältnis. Die Raumdimensionen der
Weite, Ferne und Tiefe werden betont, dies entspricht den Sprachbildern des
Durchgangs, Durchquerens, der Anziehung und des Soges. Oberflächenqualitä-
ten, Licht und Atmosphäre gewinnen an Bedeutung in der besprochenen
Raumwahrnehmung und Raumerfahrung. Auffällig ist, dass die je spezifische
Desorientierungssituation, in der sich die Figuren befinden, insbesondere ein-
gangs der Theatertexte entworfen wird.

Orientierungskonzeption
Bereits in den avantgardistischen Beispielen *Il n'y a plus de firmement, Les
aveugles, Not I* wird räumliche Desorientierung, wie bereits in den Titeln
angedeutet, über Formen der Negation verhandelt, in denen Fixpunkte und Ord-
nungsysteme abhandenkommen, die auf symbolische Orientierungssysteme
anspielen. Gerade in den zeitgenössischen Dramaturgien geht es jedoch nicht
um Orientierungslosigkeit (dies wäre moderner, existenzieller), sondern es
liegen Formen der Desorientierung (prozesshaft, momentan, situativ) vor.[12] Die
Untersuchung geht jedoch über scheiternde räumlich-leibliche Orientierungs-

---

12   Zur Unterscheidung zwischen Orientierungslosigkeit und Desorientierung vgl. Steg-
      meier. *Philosophie der Orientierung.*

versuche hinaus. Die Einzeltextanalysen ergeben: Situationen räumlicher Desorientierung bieten Orientierungspotenzial. Die Theatertexte machen nicht nur
Bedeutungsangebote, sie verhandeln auch räumliche und raumübergreifende
Orientierungsweisen. Dabei liegt ein dynamischer, situativer Orientierungsbegriff vor, der entsprechend postmoderner Lebensbedingungen wahrnehmungs-
bezogen, perspektiviert und pluralistisch ist. Orientierungsmodalitäten entsprechen einer durch Vielfalt und Spielarten gekennzeichneten Postmoderne. Da
der Raum keine Anhaltspunkte bietet, verlagert sich die Orientierung auf den
Anderen, auf Dinge und Zeichen, die im Wahrnehmungsfeld erscheinen oder
auf den zu sprechenden Text selbst. In den Texten überlagern sich verschiedene
Ebenen der räumlich-leiblichen Orientierung (Raum und Wahrnehmung), der
situativ lebensweltlichen Orientierung (Handlungsumstände und -fähigkeit),
der lebensgeschichtlichen und weltgeschichtlichen Orientierung (Zeit und Erzählung) sowie der epistemischen und sprachlichen Orientierung (Sprache und
Wissenssystem).

In den Begegnungen bzw. Kollisionen im Terrain Vague von *Quai Ouest*, in
dem ein durch Instinkt und Kalkül geprägtes Verhalten vorherrscht, bedarf es
der Einschätzung des_r jeweils Anderen. Die Bildung und der Austausch von reziproken Erwartungen und Erwartungserwartungen zeugt mit Niklas Luhmann
von Orientierungsprozessen, provoziert hier jedoch auch Missverständnisse
und Desorientierungen. Es handelt sich um einen proxemischen, interaktiven
und alteritären Orientierungsmodus.

Der Orientierungsmodus der Drift nach Schiffbruch auf offener See in
Mobie-Diq besteht in einem vektoriellen passiv-aktiven sich Treiben lassen. Wie
bereits Koltès führt auch Redonnet vor, wie auf orientierende Gewohnheiten,
Rituale oder Stabilitäten nicht mehr rückgegriffen werden kann und bereits
die Bestimmung der Lage Orientierungsmühen erfordert. Unzugängliches nau-
tisches Orientierungswissen und dysfunktionale Seemannsgeräte rücken Körperwahrnehmung und Zeichenlesen in den Vordergrund. Der leere Horizont
wird mit Maurice Merleau-Ponty zum „phänomenalen Feld der lebendigen
Erfahrung",[13] in dem die Figuren mit den auftauchenden und zugleich selbst-
konstruierten Zeichen auf einer hermeneutischen Ebene in Wechselbeziehung
treten. Diese Zeichen werden zu spielkartenähnlichen virtuellen Vektoren im
Hinblick auf mögliche Verläufe der Bootsfahrt als Lebensfahrt.

Der Mensch als nicht nur räumliches, sondern auch zeitliches und historisches Wesen orientiert sich in Richtung Zukunft und Vergangenheit, indem er

---

13   Maurice Merleau-Ponty. *Le primat de la perception et ses conséquences philosophiques.*
      Lagrasse, Verdier, 1996, S. 80.

Handlungsmöglichkeiten projektiert und vergangene Handlungen einordnet, reflektiert. Modern gedacht, implizieren Herkunft und Ziele innerhalb der Struktur der zeitlichen und sinnbezogenen Ausrichtung des Handelns ein sinnvolles Werden und damit eine Bewältigung von Kontingenz. In der Postmoderne werden einheitsstiftende und haltgebende Referenzpunkte und sinnstiftende Instanzen wie der Glaube an technischen, wissenschaftlichen und humanistischen Fortschritt und an die Eigenständigkeit und Emanzipation des Subjekts befragt. Mit den wiederholten Erfahrungen von Kriegs-, Umwelt- und Technikkatastrophen sowie ökonomischen und politischen Krisen wird die lineare Ausrichtung auf ein historisches Telos in Frage gestellt. Theatertexte wie die von Patrick Kermann zeichnen sich über die Gleichzeitigkeit verschiedener (historischer) Zeiten aus und leisten über Redeanordnungen, was sich auch die selbstreflexive, zeitgenössische Geschichtsphilosophie zur Aufgabe macht. Reinhard Kosellecks Konzept der „Gleichzeitigkeit der Zeiten", kennzeichnet die Überlagerung von verschiedenen zeitlichen Orientierungssystemen (Naturzyklen, kalendarische Zeit, Chronik, Zeitgeschichtsschreibung und Universalgeschichte) und bringt darüber die Komplexität, Veränderbarkeit und Perspektivität von Geschichtsvorstellungen und -darstellung(en) zum Ausdruck.[14] In der postkatastrophischen und zugleich musealen Raumsituation in *De quelque chose vues la nuit* lässt Kermann Stimmen von Wiedergänger_innen ein anachronistisches, vielstimmiges Ensemble aus Mikrogeschichten hervorbringen. In diesem Nachtraum der Gleichzeitigkeit der Zeiten und der (mit Finter) atopischen, (mit Derrida) gespensterhaften Stimmen bietet sich ein Fremdenführer in einer Rede ad spectatores der Besucher_innengruppe an. Dieser fungiert als Wegbegleiter, Präsentator und Moderator der auditiven Spuren, verweigert jedoch die Einordnung und Deutung, die er letztlich an die Besucher_innengruppe abgibt. Deutlich angelegt im Text ist jedoch die skeptische und dennoch nicht konservative Auseinandersetzung mit dem Verlust kollektiver, utopischer Zukunftsentwürfe und Erinnerungstheoretischen Debatten der 1980er und 1990er Jahre.

Anhand der vier unterschiedlichen Theatertexte von Koltès, Redonnet, Kermann und auch Novarina lässt sich eine Tendenz für explorative Gegenwartsdramaturgien festmachen. Sie weisen Konfigurationen der besprochenen lebensgeschichtlichen oder historischen Kontingenzerfahrung auf, entweder auf der Ebene der einzelnen Lebenserzählung (Koltès, Redonnet, Novarina) und/oder auf der Ebene der Historie (Kermann). Eine zweite Tendenz besteht

---

14 Reinhart Koselleck. „Die Zeiten der Geschichtsschreibung". In: Ders. *Zeitschichten*. Frankfurt a. M., Suhrkamp, 2000, S. 287-297, hier S. 291-295.

in Versuchen des Lesens von Verhaltensweisen und Zeichen im Raum. Dabei kommen Formen der epistemischen und sprachlichen Orientierung ins Spiel. Logische, rationale, kausale Erkenntnis, die Vorstellung einer Beschreibung und Repräsentation von Wirklichkeit durch Sprache, ihre Referenzstruktur, ihr Regelsystem, sprachliche Benennungen, Kategorien, Unterscheidungen und Ordnungen können als epistemische und sprachliche Orientierungssysteme bzw. -mittel betrachtet werden. Die sprachliche Orientierung wird von Stegmaier in ihrer Funktion als kommunikative Orientierung „in Gesprächen, in Berichten, Erzählungen und Schriftsätzen, in Büchern, in Wissenschaften, im Internet" berücksichtigt.[15] Diese orientierende Funktion steht jedoch seit dem Bewusstsein über die Arbitrarität der Zeichen und der systeminternen Verweisstruktur sprachlicher Zeichen in Frage.[16] Die zeitgenössischen Theatertexte zeigen entweder Desorientierungsstrukturen in der Verständigung auf (Koltès) oder lösen die Rede vollends von der Dialogsituation. Damit eröffnen sich sprachliche Spielräume für inner- und intertextuelle Verweise, Verschiebungen, Nuancierungen und Mehrdeutigkeiten nicht nur von Begriffen, sondern auch von Metaphern (Redonnet) und Konzepten (Novarina).

Mit der Sprachskepsis und der Kritik am Logozentrismus lösen und dynamisieren sich epistemische Selbstverständlichkeiten und sprachliche Orientierungsmittel. Novarina treibt dies auf die Spitze in dem er die Figuren von *L'Espace furieux* in pataphysischer Manier sprachspielerisch und metatheoretisch eine Seinsbestimmung versuchen lässt, bei der auch raumphilosophische Kategorien auseinandergenommen werden. Die drehende, schleudernde Sprachbewegung wird von Frage-Antwort-Varianten vorangetrieben und endet in einer tänzerischen und zugleich poetologischen Figur des Schwindels, (mit Caillois) der Illinx, als bewusst eingeleitete, leibliche Desorientierung im Theater der Wörter.

(Des)Orientierungsdramaturgien

Der konventionelle Dramaturgiebegriff suggeriert nicht nur handlungsziele der Figuren, sondern auch eine teleologische Orientierung des Textes, was mit dem Aufbruch der Einheit, dem Ende der Meistererzählungen und der Kontingenz von Geschehnissen aufbricht. Mit dem der Arbeit zugrunde gelegten Dramaturgieverständnis der raumzeitlichen Anordnung von Text mit Aufführungspotenzial ergeben sich zunächst vier einfache Grundanordnungen: Begegnung, Lebensfahrt, Besichtigung, Aufführung. Diese Anordnungen sind

---

15 Vgl. Stegmaier. *Philosophie der Orientierung*, S. 34.
16 Ebd., S. 270, 273.

in den untersuchten Theatertexten im Hinblick auf die Frage der Orientierung jedoch ambivalent ausgeformt: sowohl orientiert als auch desorientiert. Die Begegnungsdramaturgie ist entsprechend der wechselseitigen Erwartungserwartungen doppelt kontingent. Die Dramaturgie der Lebensfahrt ist gemäß der nautischen Metapher offen und kontingent, jedoch auch virtuell geprägt durch ein verbales Durchspielen von Geschehensvarianten je nach Auslegung der bildlichen Zeichen und schließlich als zyklische Lebensbahn dennoch vorgezeichnet. Die museale Dramaturgie der Spurenbesichtigung als geführter Weg durch die Reihe der Exponate erweist sich als orientiert, dennoch wird auf der Ebene der kulturhistorischen Einordnung, der Lücken und der Führungsironie die Orientierungserwartung gebrochen und eine zyklische Struktur der Wiederholbarkeit des Parcours angedeutet. Die Dramaturgie des verbalen Sprachschleuderns dynamisiert den Theaterraum der Rede und des Sprachmaterials und löst ihn in Raumkreisen auf. Zugleich wird der Aufführungsraum von den Auf- und Abtritten der Figuren durchquert und insofern bilden sich deutlich gerichtete Raumwege hin auf Eingang und Ausgang zu.

In den ambivalenten, mehrschichtigen Dramaturgien wird auf vormoderne und moderne Metaphern referiert. Trotz Fortschreibung, Mehrfachkodierung und Bedeutungsdiffusion geht mit dem Aufgreifen und Neuverhandeln von Raum- und Orientierungsmetaphern auch ein implizites Orientierungspotenzial einher. Die zeitgenössischen Autor_innen bedienen sich aus einem Reservoir an Sinnbildern, gerade um die Metaphern der Moderne durchzuarbeiten und für Phänomene zu erproben, die als undarstellbar gelten: Andersartigkeit, Tod, Spuren der Gewalt, Katastrophen, Unzulänglichkeit der Erinnerung, Utopieverlusst. Auffällig sind demnach auch die tiefenräumlichen Konzeptionen der Schwarzräume mit Sogwirkung (Koltès, Redonnet) oder die Lochräume des Gedächtnisses (Kermann) bzw. die des offenen Körpers und des Denk- bzw. Theaterraumes (Novarina).

Figurenkonzeption
Es lassen sich insgesamt entpsychologisierte, entindividualisierte Figuren feststellen. Zwar sind die Figuren in *Quai Ouest* mit Namen und Geschichten versehen, dennoch handelt es sich um schablonenhafte Figuren bzw. black box-artige Kommunikationseinheiten, die durch äußerlich wahrnehmbare Verhaltensweisen und Takteme aufgestellt sind. Sie sind ethno- und soziostereotyp angelegt und konstituieren sich zugleich prozessual und alteritär in der Rede und der Begegnung. Ähnliches gilt für die geschlechterstereotype Zweierkonstellation in *Mobie-Diq*, wobei hier statt Takteme ergänzende Wahrnehmungs- und Deutungsweisen die Wechselbeziehung mit der Umgebung bestimmen.

Bei Koltès wie bei Redonnet wird mit dem Lautbild der Namen gegen realistisch wirkende psychologisierte Subjektkonstruktionen angespielt. Sowohl
De quelques choses vues la nuit als auch *L'Espace furieux* enthalten entmen-
schlichte, dislozierte Sprechwesen. Im ersten Fall sind es akusmatische Wieder-
gänger_innen, die in einer repetitiven Redeschleife festhängen. Bei Novarina
geichen die Figuren pneumatischen Androiden, d.h. Sprechmautomaten, durch
die ein Sprechmaterial durchgepumpt wird, das fortwährend rekonfiguriert
wird. Insbesondere Kermann und Novarina stellen die autonome Rede in den
Vordergrund, hinter der sie die Figuren zurücktreten und (mit Poschmann,
vgl. S.15) zu reinen Textträger_innen werden lassen. Es besteht insgesamt
eine Ambivalenz zwischen der Ich-Perspektivierung bezüglich der verbalen
Raumkonstruktion und besprochenen (Des)Orientierung einerseits und den
modellhaften, entindividualisierten Figuren anderseits.

9 Quellenverzeichnis

9.1 Primärliteratur

Aischylos. *Sieben gegen Theben*. Aus d. Gr. von Emil Staiger, Stuttgart, Reclam, 2015

Ariosto, Ludovico. *Der rasende Roland*, aus. d. Ital. von Johann Diederich Gries. München, Winkler, 1980

Artaud, Antonin. „La pierre philosophale". In: Ders. *Œuvres complètes*, II. Paris, Gallimard, 1980

Artaud, Antonin. „Trois œuvres pour la scène". In: Ders. *Œuvres complètes* II, Paris, Gallimard, 1980, S. 84-97

Artaud, Antonin. „La conquête du Mexique". In: Ders. *Œuvres complètes*, V. Paris, Gallimard, 1979

Beckett, Samuel. „Nicht ich". In: *Nacht und Träume. Gesammelte kurze Stücke*. A.d. Frz. Und Engl. von Erika Tophoven; Elmar Tophoven. Frankfurt a. M., Suhrkamp, 2006, 231-241

Beckett, Samuel. „Quad". In: *Quad et autres pièces pour la télévision*. Paris, Minuit, 1992, S. 7-15

Beckett, Samuel. *La dernière bande*. Paris, Minuit, 1959

Beckett, Samuel. *Fin de partie*. Paris, Minuit, 1957

Beckett, Samuel. *En attendant Godot*. Paris, Minuit, 1952

Bond, Edward. „The Sea". In: Ders. *Plays*, II. London, Eyre Methuen, 1978, S. 103-169

Calvino, Italo. *Ludovico Ariosts Rasender Roland nacherzählt von Italo Calvino*, aus. d. Ital. von Burkhart Kroeber. Frankfurt a. M., Eichborn, 2004

Corneille, Pierre. *Œuvres complètes I*. Paris, Gallimard, 1980

Duras, Marguerite. *Suvannah Bay*. Paris, Minuit, 1983

Durif, Eugène. *Conversation sur la montagne*. Lyon, Michel Chomart, 1989

Genet, Jean. *Les paravents* [1961]. Paris, Gallimard, 1976

Genet, Jean. *Le balcon* [1956]. Paris, Gallimard, 1962

Genet, Jean. *Les nègres* [1953]. Paris, Gallimard, 1963

Gogol, Nicolai. „Die Rache". In: Ders. *Sämtliche Erzählungen*. München, Winkler, 1974, S. 179-228

Ibsen, Henrik. *Die Frau vom Meer*. In: Ders. *Schauspiele in einem Band*, aus d. Nor. von Hans Egon Gerlach. Stuttgart, Reclam, 1973

Ionesco, Eugène. *La cantatrice chauve*. Paris, Gallimard, 1977

Jarry, Alfred. *Œuvres complètes*. Hrsg. von Henri Bordillon. Paris, Gallimard, 1987

Jarry, Alfred. „Gestes et opinions du docteur Faustroll, pataphysicien". In: Œuvres complètes. Hrsg. von Michel Arrivé. Paris, Gallimard, 1972

Kafka, Franz. „Der Bau" In: Ders. Die Erzählungen und andere ausgewählte Prosa. Frankfurt a. M., Fischer, 2006, S. 465-507

Kermann, Patrick. Le jardin des reliques [2000]. Les Matelles, Espaces 34, 2014

Kermann, Patrick. De quelques choses vue la nuit [1992] Saint-Gély-du-Fesc, Espaces 34, 2012

Kermann, Patrick. La mastication des morts. Carnières-Morlanwelz, Lansman, 1999

Kermann, Patrick. The great disaster [1992]. Carnières-Morlanwelz, Lansmann, 1999

Koltès, Bernard-Marie. Dans la solitude des champs de coton. Paris, Minuit, 1986

Koltès, Bernard-Marie. Quai Ouest. Paris, Minuit, 1985.

Koltès, Bernard-Marie. „Un hangar à l'ouest". In: Ders. Roberto Zucco. Paris, Minuit, 2001, S. 123-140

Lagarce, Jean-Luc. „Carthage, encore". In: Ders. Théâtre complet. Besançon, Les solitaires intempestifs, 2000, S. 89-77

Lagarce, Jean-Luc. J'étais dans ma maison et j'attendais que la pluie vienne. Besançon, Solitaires Intempestifs, 2007

Maeterlinck, Maurice. L'Intruse. L'Interieur. Genf, Slatkine, 2005

Maeterlinck, Maurice. Petite Trilogie de la mort. L'intruse. Les aveugles. Les sept princesses. Brüssel, Espace Nord, 2012

Melville, Hermann. Moby Dick oder der Wal, aus d. Am. von Matthias Jendis. München, Hanser, 2001

Minyana, Philippe. Les guerriers. Volcan. Où vas-tu Jérémie? Montreuil-sous-Bois, Éditions Théâtrales, 1993

Minyana, Philippe. Chambre. Inventaires. André. Paris, Éditions Théâtrales, 2012

Müller, Heiner. „Glücksgott" [1958]. In: Ders. Die Stücke, 1. Berlin, Suhrkamp, 2000

Novarina, Valère. Le discours aux animaux. Paris, POL, 1987

Novarina, Valère. L'Espace furieux. Paris, P.O.L, 2006

Novarina, Valère. Le drame de la vie. Paris, P.O.L., 1995

Pausanias. Reisen in Griechenland, III. Delphi. Zürich. WBG, 1986-1989

Redonnet, Marie. Mobie-Diq. Paris, Minuit, 1982

Redonnet, Marie. Seaside. Paris, Minuit, 1992

Redonnet, Marie. Tir & Lir. Paris, Minuit, 1988

Redonnet, Marie. Le Cirque Pandor suivi de Fort Gambo. Paris, P.O.L, 1994

Renaude, Noëlle. Sans carte sans boussole sans équipement. Huit nouvelles pièces. Montreuil, Editions théâtrales, 2010

Renaude, Noëlle. „Blanche Aurore Céleste". In: Courtes pièces. Montreuil, Editions théâtrales, 1994, S. 39-54

Renaude, Noëlle. *À tous ceux qui. La comédie de Saint-Étienne. Le renard du nord.* Montreuil, Editions théâtrales, 2002, S. 12-80

Renaude, Noëlle. „Promenade". In: *Sans carte sans boussole sans équipement. Huit nouvelles pièces.* Montreuil, Editions théâtrales, 2010, S. 5-17

Shakespeare, William. *The Tempest. Der Sturm*, aus d. Eng. von Margarete u. Ulrich Suerbaum. Tübingen, Stauffenberg 2004

Tardieu, Jean. *Théâtre II*, Paris, Gallimard, 1969

9.2 Sekundärliteratur

Abirached, Robert. *La crise du personnage dans le théâtre contemporain.* Paris, Gallimard, 1994

Arendt, Hannah. *Vita activa oder vom tätigen Leben.* München, Piper, 2016

Asholt, Wolfgang. *Der französische Roman der 80er Jahre.* Darmstadt, WBG, 1994

Assmann, Aleida. *Erinnerungsräume. Formen und Wandlungen des kulturellen Gedächtnisses.* München, Beck, 2009

Azama, Michel. *De Godot à Zucco. Anthologie du théâtre contemporain francophone, de 1950 à 2000*, I-III. Montreuil-sous-Bois, Editions Théâtrales, 2004

Babin, Isabelle. „Faire lever des figures. L'espace furieux de Valère Novarina." In: Yanick Butel (Hg.). *Incertains regards. Cahier dramaturgiques. Le verbalisme: langage théâtral et déconstruction.* Aix-Marseille. PUP, 2013, S. 25-34

Bachtin, Michail. *Literatur und Karneval. Zur Romantheorie und Lachkultur.* Frankfurt a. M., Ullstein, 1985

Badiou, Alain. *Rhapsodie für das Theater. Kurze philosophische Abhandlung*, aus d. Frz. von Corinna Popp. Wien, Passagen, 2015

Baillet, Florence. „L'hétérogénéité". In: Jean-Pierre Ryngaert (Hg.). *Nouveaux territoires du dialogue.* Arles, Actes Sud, 2005, S. 26-30

Barré, Nathalie. *Communiquer au-delà des mots. Le concept de faillite du language dans le théâtre contemporain.* Paris, L'Harmattan, 2017

Barthes, Roland. *Wie zusammenleben. Situationen einiger alltäglicher Räume im Roman. Vorlesung am Collège de France 1976-1977*, a. d. Frz. von Horst Brühmann. Frankfurt a. M., Suhrkamp, 2007

Barthes, Roland. *Fragment d'un discours amoureux.* Paris, Seuil, 1977

Baschera, Marco. „Wege und Methoden. Gedankengänge zur Beziehung von Gehen und Denken." In: Ders. *Das Zeichen und sein Double.* Würzburg, Königshausen & Neumann, 2017, S. 225-239

Bataillon, Michel. „Le flâneur infatiguable". In: *Théâtre en Europe*, 18,1988

Baudrillard, Jean. *Pataphysik.* Paris, Sens & Tonka, 2002

Bayerdörfer, Hans-Peter. „Vom Drama zum Theatertext? Unmaßgebliches zur Einführung." In: Ders. (Hg.). *Vom Drama zum Theatertext? Zur Situation der Dramatik in Ländern Mitteleuropas.* Tübingen, Niemeyer, 2007, S. 1-14

Béhar, Henri. *La dramaturgie d'Alfred Jarry.* Paris, Champion, 2003

Beil, Ralf. „Der Schwarzraum – Phänomen, Geschichte, Gegenwart". In: Ders. (Hg.). *Black Box. Der Schwarzraum in der Kunst.* Ostfildern-Ruit, Hatje Cantz, 2001, S. 9-24

Benhamou, Françoise. *Koltès dramaturge.* Besançon. Les solitaires intempestifs, 2014

Benhamou, Anne-Françoise. „Faire voir le monde, habiter la scène. L'écriture de l'espace dans l'œuvre de Koltès". In: Christine Hamon-Siréjols; Anne Surgers (Hg.). *Théâtre espace sonore, espace visuel.* Lyon, PUL, 2003, 23-36

Benhamou, Françoise. „Le lieu de la scène. Quelques hypothèses sur l'œuvre de Koltès dans son rapport au plateau de théâtre". In: André Petitjean (Hg.). *Koltès. la question du lieu.* Metz, CRESEF, 2001, S.45-61

Benjamin, Walter. *Über den Begriff der Geschichte (Handexemplar).* Frankfurt a. M., Suhrkamp, 2010

Benjamin, Walter. *Erzählen. Schriften zur Theorie der Narration und zur literarischen Prosa,* hg. von Alexander Honold. Frankfurt a. M., Suhrkamp, 2007

Bernard, Florence. *Koltès, une poétique des contraires.* Paris, Champion, 2010

Benthien, Claudia; Brigitte Weingart. „Glossar". In: Dies. *Handbuch Literatur & visuelle Kultur.* Berlin, De Gruyter, S. 2014, S. 561-592

Bessière, Jean. „Du théâtre et de sa fiction. Que l'animal incarné, l'homme, est bien un sujet vivant. A propos de 'Je suis' de Valère Novarina." In: Patricia Duquenet-Krämer; Sieghild Bogumil. *Bernard-Marie Koltès au carrefour des écritures contemporaines.* Louvain-la-Neuve, Centre d'Etudes Théâtrales, Université Catholique, 2000, S. 77-87

Beyerlein, Kerstin. *‚Theatrogene Textzonen' oder ‚ein Theater der Ohren'? Das postdramatische Literaturtheater von Valère Novarina.* Würzburg, Königshausen & Neumann, 2015

Bident, Christophe. *Koltès, le sens du monde.* Besançon, Les Solitaires Intempestifs, 2014, S.109

Bident, Christophe. „Et le théâtre devient postdramatique. Histoire d'une illusion". In: *Une nouvelle séquence théâtrale européenne? Théâtre public,* 194, 2009, S. 76-82

Christophe Bident. *Bernard-Marie Koltès. Généalogies.* Tours, Farrango, 2000

Biet, Christian. „L'après-apocalypse". In: Michel Azama. *Anthologie des auteurs dramatiques de langue française 1950-2000. III. Le bruit du monde.* Montreuil, Éditions théâtrales, 2004, S. 83-86

Birkenhauer, Theresia. „Zwischen Rede und Sprache, Drama und Text. Überlegungen zur gegenwärtigen Diskussion". In: Hans-Peter Bayerdörfer (Hg.). *Vom Drama zum Theatertext? Zur Situation der Dramatik in Ländern Mitteleuropas.* Tübingen, Niemeyer, 2007, S. 15-23

Blanchot, Maurice. *Der literarische Raum.* Zürich, Diaphanes, 2012

Blanchot, Maurice. *Die Schrift des Desasters. Genozid und Gedächtnis.* München, Wilhelm Fink, 2005

Blumenberg, Hans. *Schiffbruch mit Zuschauer.* Frankfurt a. M., Suhrkamp, 2014

Böhme, Gernot. *Atmosphäre. Essays zur neuen Ästhetik* [2000]. Frankfurt a. M., Suhrkamp, 2013

Bollnow, Otto Friedrich. *Mensch und Raum.* Kohlenhammer, 2010

Serge, Bonnevie. *Le sujet dans le théâtre contemporain.* Paris, L'Harmattan, 2007

Boula de Mareuil, Marie-Isabelle. „Les Langues de cendre de Paul Celan et Patrick Kermann". In: Marianne Bouchardon; Florence Naugrette (Hg.). *La poésie dans les écritures dramatiques contemporaines.* Paris, Garnier, 2015, S. 91-102

Boula de Mareuil, Marie-Isabelle. „Le témoignage comme drame (du) contemporain: ‚différend' et ‚différence' (Lagarce, Minyana, Kermann)". In: Catherine Naugrette-Christophe (Hg.). *Qu'est-ce que le contemporain?* Paris. L'Harmattan, 2011, 167-172

Boula de Mareuil, Marie-Isabelle. „‚Comment continuer'? *La parole abîmée du chœur dans Thrène et Leçon de ténèbres de Patrick Kermann*". In: Florence Fix; Frédérique Toudoire-Surlapierre (Hg.). *Le chœur dans le théâtre contemporain (1970–2000).* Dijon, EUD, 2009, S. 31–41

Bradby, David. *Le Théâtre en France de 1968 à 2000.* Paris, Honoré Champion, 2007

Brands, Hartmut. *‚Cogito ergo sum' Interpretationen von Kant bis Nietzsche.* Freiburg, Karl Alber, 1982

Brandstetter, Gabriele. *Tanz-Lektüren. Körperbilder und Raumfiguren der Avantgarde.* Frankfurt a. M., Fischer, 1995

Brandstetter, Nicole. *Strategien inszenierter Inauthentizität im französischen Roman der Gegenwart. Marie Redonnet, Patrick Deville, Jean-Philippe Toussaint.* München, M-Press, 2006, S.119-130

Brecht, Berthold. *Kleines Organon für das Theater* [1948]. Frankfurt a. M., Suhrkamp, 1960

Bremer, Kai. *Postskriptum Peter Szondi. Theorie des Dramas seit 1956.* Bielefeld, transcript, 2017

Bremer, Kai. „Ekstase und Metastase. Raumthematisierungen im zeitgenössischen Drama." In: Uwe Wirth (Hg.). *Bewegungen im Zwischenraum.* Berlin, Kadmos, 2012, S. 181-198

Broich, Jacqueline Maria, Daniel Ritter. *Die Stadtbrache als ‚terrain vague'. Geschichte und Theorie eines unbestimmten Zwischenraums in Literatur, Kino und Architektur.* Bielefeld, Transcript, 2017

Brook, Peter. *L'espace vide. Écrits sur le théâtre.* Paris, Seuil, 1977

Buchvald, Claude. *Valère Novarina. En scène.* Vincennes, PUV, 2014

Burke, Edmund. *Vom Erhabenen und Schönen*. Aus d. Engl. von Friedrich Bassenge. Hamburg, Meiner, 1989

Burkhardt, Wolf. *Fortuna di mare. Literatur und Seefahrt*. Zürich, Diaphanes, 2013

Caillois, Roger. *Die Spiele und die Menschen. Maske und Rausch*, aus d. Frz. von Peter Geble. Berlin, Matthes & Seitz, 2017

Chénetier-Alev, Marion. *L'oralité dans le théâtre contemporain. Herbert Achternbusch, Pierre Guyotat, Valère Novarina, Jon Fosse, Daniel Danis, Sarah Kane*. Saarbrücken, Südwestdeutscher Verlag für Hochschulschriften, 2010

Chion, Michel. *Audio-Vision.Ton und Bild im Kino*. Berlin, Schiele & Schön, 2012

Close, Frank. *Das Nichts verstehen. Die Suche nach dem Vakuum und die Entwicklung der Quantenphysik*. Heidelberg, Spektrum, 2009

Copeland, Mathieu. „Qualifying the Void". In: Ders.; Jon Hendricks. *Voids/Vides. A Retrospective of Empty Exhibitions*. Paris, Editons du Centre Pompidou, 2009, S. 167-170

Coquelin, Jean-Yves. „Point de fuite à l'horizont". In: *Europe*, 823-824, 1997, S. 52-73

Corvin, Michel. *La lecture innombrable des textes du théâtre contemporain*. Montreuil, Éditions Théâtrales, 2015

Corvin, Michel. *L'homme en trop. L'abhumanisme dans le théâtre contemporain*. Besançon, Les solitaires intempestifs, 2014

Corvin, Michel. „Comment l'espace écrit les pièces de Koltès". In: Marie-Claude Hubert; Florence Bernard (Hg.). *Relire Koltès*. Aix-Marseille, PUP, 2013, S. 17-21

Corvin, Michel. *Marchant ensemble Novarina! Vade mecum. Panorama critique*. Besançon, Les solitaires intempestifs, 2012

Corvin, Michel. „The Spirit of a Place". Place in Contemporary French Theatre." In: Clare Finburgh; Carl Lavery (Hg.). *Contemporary french theatre and performance*. Hampshire, Palgrave Macmillan, 2011, S. 45-55

Corvin, Michel. „Préface". In: Valère Novarina. *L'acte inconnu*, hg. von Michel Corvin. Paris, Gallimard, 2009, S. 7-39

Corvin, Michel. „Otez toute chose que j'y voie. Vue cavalière sur l'écriture théâtrale contemporaine." In: Wilfried Floeck (Hrsg.). *Zeitgenössisches Theater in Deutschland und Frankreich*. Tübingen, Francke, 1989, S. 3-14

Cotea, Lidia. *À la lisière de l'absence. L'imaginaire du corps chez Jean-Philippe Toussaint, Marie Redonnet et Éric Chevillard*. L'Harmattan, 2013

Danan, Joseph. *Qu'est-ce que la dramaturgie?* Actes sud, 2010

Dannemann, Rüdiger; Mauc Meyzaud; Philipp Weber. „Einleitung". In: Dies. (Hg.). *Hundert Jahre 'transzendentale Obdachlosigkeit'. Georg Lukács' 'Theorie des Romans' neu gelesen*. Bielefeld, Aisthesis, 2018, S. 7-12

Darrieussecq, Marie. „Marie Redonnet et l'écriture de la mémoire". In: *La revue des lettres modernes minard*, Paris, 1997, S.177-194

Deleuze, Gilles. „Un précurseur méconnu de Heidegger, Alfred Jarry." In: Ders. *Critique et clinique*. Paris, Minuit, 1993, S. 115-125

Deleuze, Gilles; Félix Guattari. *Tausend Plateaus*. Berlin, Merve, 1992

Derrida, Jacques. „Die Künste des Raumes". In: Ders. *Denken, nicht zu sehen. Schriften zu den Künsten des Sichtbaren 1979-2004*. Berlin, Brinckmann & Bose, 2017, S. 7-40

Derrida, Jacques. *Marx' Gespenster* [1995]. Frankfurt a. M., Fischer, 1996

Derrida, Jacques. „Kraft und Bedeutung". In: Ders. *Die Schrift und die Differenz*, aus d. Frz. von Rodolphe Gasché, Frankfurt a. M., Suhrkamp, 1976, S. 27-37

Derrida, Jacques. *Die Stimme und das Phänomen*, aus d. Frz. von Jochen Hörisch. Frankfurt a. M., Suhrkamp, 1967

Didi-Huberman, Georges. *Das Nachleben der Bilder. Kunstgeschichte und Phantomzeit nach Aby Warburg*, aus d. Frz von Michael Bischoff. Frankfurt a. M., Suhrkamp, 2010

Dieuzayde, Louis. „Le théâtre de la chasse à l'homme". In: Yanick Butel (Hg.). *Incertains regards. Cahier dramaturgiques. Le verbalisme: langage théâtral et déconstruction.* Aix-Marseille. PUP, 2013, S.11-23

Dolar, Mladen. *His masters voice. Eine Theorie der Stimme*. Frankfurt a. M., Suhrkamp, 2007

Domesle, Andrea. *Leucht-Schrift-Kunst. Holzer, Kosuth, Merz, Nannucci, Nauman*. Berlin, Reimer, 1998

Dort, Bernard. *La représentation émancipée*. Arles, Actes Sud, 1988

Dubouclez, Olivier. „Dialectique de l'inattendu". In: Laure Née. *Valère Novarina*. Paris, Garnier, 2015, S. 19-36

Dubouclez, Oliver. *Valère Novarina. La physique du drame*. Dijon, Presses du Réel, 2005

Duffy, Jean H.. „Liminality and Fantasy in Marie Darrieussecq, Marie NDiaye and Marie Redonnet". *MLN*, 124, N°4 *French Issue*, 2009, S. 901-928

Dünne, Jörg; Stephan Günzel (Hg.). *Raumtheorie. Grundlagentexte aus Philosophie und Kulturwissenschaften*. Frankfurt a. M., Suhrkamp, 2006

Dünne, Jörg; Andreas Mahler. „Einleitung". In: Dies. (Hg.). *Handbuch Literatur & Raum*. Berlin, De Gruyter, 2015, S. 1-11

Dupont, Natalie. „Valère Novarina – opus incertum". In: Guénon. *Littérature*, S.47-56

Duquenet-Krämer, Patricia; Sieghild Bougumil. „Présentation." In: Dies. (Hg.). *Bernard-Marie Koltès au carrefour des écritures contemporaines. Etudes théâtrales* 19, 2002, S. 7-9

Elm, Ralf. „Orientierung in Horizonten. Analyse und hermeneutische Folgerungen." In: Werner Stegmaier (Hg.). *Orientierung. Philosophische Perspektiven*. Frankfurt a. M., Suhrkamp, 2005, S.79-114

Elsner, Monika. „El diàlogo de los pies. Intermedialidad e historiografía de la danza." In: Michael Rössner (Hg.) *¡Bailá! ¡Vení! ¡Volá! El fenómeno tanguero y la literatura*. Frankfurt a. M., Vervuert, 2000, S. 203-221

Engelhart, Andreas. *Das Theater der Gegenwart*. München, C.H.Beck, 2013

Faulstich, Werner. *Die Mediengeschichte des 20. Jahrhunderts*. München, Wilhelm Fink, 2012

Felbeck, Christine. *Erinnerungsspiele. Memoriale Vermittlung des zweiten Weltkrieges im französischen Gegenwartsdrama*. Tübingen, Francke, 2008

Ferentschik, Klaus. *Pataphysik. Versuchung des Geistes*. Berlin, Matthes & Seitz, 2006

Finter, Helga. „La voix atopique: Présences de l'absence [2000]". In: Dies. *Le corps de l'audible. Ecrits français sur la voix 1979-2012*. Bern, Peter Lang, 2014, S. 275-292

Finter, Helga. „Der (leere) Raum zwischen Hören und Sehen. Überlegungen zu einem Theater ohne Schauspieler". In: Dies. *Die soufflierte Stimme*. 2014, S. 378-287

Finter, Helga. „Die Passionen der unmöglichen Leidenschaft: Eine Annäherung an die Welt der Marguerite Duras". In: Dies. *Die soufflierte Stimme.Text, Theater, Medien. Aufsätze 1979-2012*. Frankfurt a. M., Peter Lang, 2014, S. 101-128

Finter, Helga. „Dante lesen als Performance" [2008]. In: Dies. *Die soufflierte Stimme. Text, Theater, Medien. Aufsätze 1979-2012*. Frankfurt a. M., Peter Lang, 2014, S. 517-526

Finter, Helga. *Der subjektive Raum, I. Die Theaterutopien Stéphane Mallarmés, Alfred Jarrys und Raymond Roussels. Sprachräume des Imaginären*. Tübingen, Narr, 1990

Finter, Helga. *Der subjektive Raum, II.,... der Ort, wo das Denken seinen Körper finden soll'. Antonin Artaud und die Utopie des Theaters*, Tübingen, Narr, 1990

Finter, Helga. „Das Kameraauge des postmodernen Theaters". In: Christian W. Thomsen (Hg.). *Studien zur Ästhetik des Gegenwartstheaters*. Heidelberg, Winter, 1985, S. 46-70

Fischer-Lichte, Erika; Doris Kolesch; Matthias Warstatt (Hg.). *Metzler Lexikon Theatertheorie* [2015]. Stuttgart, Metzler, 2014

Fix, Florence. „Avant-propos". In: Dies.; Claire Despierres (Hg.). *Le destinataire au théâtre (1950-2000) A qui parle-t-on?* Dijon, EUD, 2010, S. 5-11

Fix, Florence; Frédérique Tudoire-Surlapierre. *Le monologue au théâtre (1950-2000). La parole solitaire*. Dijon, EUD, 2006

Floeck, Wilfried. „Vom Regietheater zum Texttheater? Tendenzen und Probleme des französichen Gegenwartstheaters." In: Konrad Schoell (Hg.). *Literatur und Theater im gegenwärtigen Frankreich. Opposition und Konvergenz*. Tübingen, Francke, 1991

Floeck, Wilfried. „Vorwort". In: Ders. (Hg.). *Tendenzen des Gegenwartstheaters*. Tübingen, Francke, 1988, S. I-IX,

Foucault, Michel. „Des espaces autres". In: Ders. *Dits et écrits, 4. 1980-1988*. Paris, Gallimard, 1994, S. 752-762

Freund, Eva. „L'art de déjouer les categories". In: Bogumil-Notz, Sieghild; Patricia Duquenet-Krämer (Hrsg.). *Bernard-Marie Koltès au carrefour des écritures contemporaines. Etudes théâtrales*, 19, 2000, S.140-147

Freund, Eva. *Gefährdetes Gleichgewicht. Das Theater des Bernard-Marie Koltès*. Frankfurt a. M., Lang, 1999

Fröhlich, Constanze. *Poetik der Fülle. Sprechen und Erinnern im Werk Valère Novarinas.* Heidelberg, Universitätsverlag Winter, 2014

Fulda, Daniel. „„Bretter, die die Welt bedeuten'. Bespielter und gespielter Raum, dessen Verhältnis zur sozialen Umwelt sowie Geltungsräume des populären Theaters im 17. Und 18. Jahrhundert." In: Jörg Dünne; Sabine Friedrich; Kirsten Kramer. *Theatralität & Räumlichkeit. Raumordnungen und Raumpraktiken im theatralen Mediendispositiv.* Würzburg, Königshausen & Neumann, 2009, S. 71-87

Gennep, Arnold Van. *Übergangsriten.* Frankfurt a. M., Campus, 1999

Gerigk, Horst-Jürgen. „„Gehäuse' und ,Grenzsituation' als Schlüsselbegriffe der Literaturwissenschaft." In: Dietrich von Engelhardt; Horst-Jürgen Gerigk. *Karls Jaspers im Schnittpunkt von Zeitgeschichte Psychopathologie Literatur und Film.* Heidelberg, Mattes, 2009, S. 61-72

Goffman, Erving. *Interaktion im öffentlichen Raum.* Frankfurt a. M., Campus, 2009

Goffman, Erving. *Verhalten in sozialen Situationen. Strukturen und Regeln der Interaktion im öffentlichen Raum.* Gütersloh, Bertelsmann, 1971

Göske, Daniel. „Nachwort". In: Hermann Melville. *Moby Dick oder der Wal,* aus d. Am. von Matthias Jendis. München, Hanser, 2001, S. 869-909

Gothová-Jobert, Daniela. *Le théâtre de Bernard-Marie Koltès. Le dialogue dramatique réinventé.* Atelier nationale de reproduction des thèses, Lille, 2001

Grewe, Andrea. „Einleitung". In: Dies. (Hg.). *Tendenzen des französischen Gegenwartstheaters.* Lendemains, 128. Tübingen, Narr, 2007, S. 4-9

Gruber, Rainer. „Das besondere des Fallens. Tanzmoderne, Gravitation und allgemeine Relativitätstheorie." In: Gabriele Brandstetter; Christoph Wulf (Hrsg.). *Tanz als Anthropologie.* München, Wilhelm Fink, 2007, S. 100-118

Guénon, Denis (Hg). *Littérature,* N°176. Paris, 2014

Haas, Birgit. *Plädoyer für ein dramatisches Drama.* Wien, Passagen, 2007

Hage, Samar. *Bernard-Marie Koltès. L'esthétique d'une argumentation dysfonctionnelle.* Paris, L'Harmattan, 2011

Haider, Kurt. *Einführung in die Musiktheorie.* Frankfurt a. M., Peter Lang, 2000

Harigai, Mariko. *Ortlose Stimmen. Theaterinszenierungen von Masataka Matsuda, Robert Wilson, Jossi Wieler und Jan Lauwers.* Bielefeld, Transcript, 2018

Hartwig, Susanne. „Le culte du signifiant et la chaosmogonie du signifié. Le théâtre de Valère Novarina". In: *Lendemains.* 128, 2007, S. 10-21

Hegel, Georg Wilhelm Friedrich. *Vorlesungen über die Ästhetik I.* Frankfurt a. M., Suhrkamp, 1986

Heidegger, Martin. *Holzwege* [1950]. Frankfurt a. M., Klostermann, 1994

Heidegger, Martin. *Sein und Zeit.* Frankfurt a. M., Klostermann, 1977

Héron, Pierre-Marie. „Lucien Attoun, prospecteur du théâtre contemporain." In: Witold Wołowski (Hg.). *Le théâtre à (re)découvrir. I. Intermédia/ Intercultures.* Bern, Peter Lang, 2018, S. 15-47

Hersant, Céline. *L'Atelier de Valère Novarina, Recyclage et fabrique continue du texte.* Paris, Garnier, 2016

Hersant, Céline. „The Landscaped Narratives of Phillipe Minyana and Noëlle Renaude." In: Clare Finburgh; Carl Lavery (Hg.). *Contemporary french theatre and performance.* Hampshire, Palgrave Macmillan, 2011, S. 57-67

Heulot-Petit, Françoise. *Dramaturgie de la pièce monologuée contemporaine. L'altérité absente?* Paris, L'Harmattan, 2011.

Hunger, Herbert. *Lexikon der griechischen und römischen Mythologie.* Wien, Brüder Hollinek, 1988

Irle, Klaus; Klaus Schröer. *‚Ich aber quadriere den Kreis...' Leonardo Da Vincis Proportionsstudie.* Münster, Waxmann, 1998

Ivernel, Philippe. „De Georg Lukács à Peter Szondi et de Peter Szondi à Brecht. Aperçus théoriques". In: *Mise en crise de la forme dramatique 1880-1910. Etudes théâtrales,* 15/16, 1999, S. 98-110

Janka, Markus. „Ovids Unterwelten im Wandel. Die Katabasis der Metamorphosen zwischen Imitation und Innovation." In: Ders. u.a. (Hg.). *Ovid. Werk. Kultur. Wirkung.* Darmstadt, WBG, 2007, S. 195-237

Jaspers, Karl. *Philosophie II. Existenzerhellung* [1932]. Berlin, Springer, 1973

Jaspers, Karl. *Psychologie der Weltanschauungen* [1954]. Berlin, Springer 1971

Kant, Immanuel. „Was heißt: Sich im Denken orientieren?" In: Ders. *Schriften zur Metaphysik und Logik.* Frankfurt a. M., Suhrkamp, 1968, S. 267-283

Kasper, Judith. „Für eine Philologie der Kata/strophe". In: Ottmar Ette; Judith Kasper (Hg.). *Unfälle der Sprache. Literarische und philologische Erkundungen der Katastrophe.* Wien, Turia + Kant, 2014, S. 7-20

Kermann, Patrick. „Allemagne. Du nouveau à l'Est". In: *Le magazine littéraire,* 344, 1996, S. 67-68

Klessinger, Hanna. *Postdramatik. Transformationen des epischen Theaters bei Peter Handke, Heiner Müller, Elfriede Jelinek und Rainald Goetz.* Berlin, De Gruyter, 2015.

Klotz, Volker. *Geschlossene und offene Form im Drama* [1960]. München, Hanser, 1992

Klotz, Volker. *Erzählen. Von Homer zu Boccaccio, von Cervantes zu Faulkner.* München, Beck, 2006

Knaup, Marcus. *Leib und Seele oder mind and brain? Zu einem Paradigmenwechsel im Menschenbild der Moderne.* Freiburg; München, Karl Alber, 2012

Kolesch, Doris. „Szenen der Stimme. Zur stimmlich-auditiven Dimension des Gegenwartstheaters". In: *Theater für das 21. Jahrhundert. Text+Kritik,* 11, 2004, 156-165

Körte, Mona. *Essbare Lettern, brennendes Buch. Schriftenvernichtung in der Literatur der Neuzeit.* München, Wilhelm Fink, 2012

Koschorke, Albrecht. *Die Geschichte des Horizonts. Grenze und Überschreitung in literarischen Landschaftsbildern.* Frankfurt a. M., Suhrkamp, 1990

Kosellek, Reinhart. „Einleitung". In: Ders. *Zeitschichten. Studien zur Historik.* Frankfurt a. M., Suhrkamp, 2000, S. 9-16

Kosellek, Reinhart. „Erfahrungswandel und Methodenwechsel". In: Ders. *Zeitschichten. Studien zur Historik.* Frankfurt a. M., Suhrkamp, 2000, S. 27-77

Koselleck, Reinhart. „Die Zeiten der Geschichtsschreibung". In: Ders. *Zeitschichten. Studien zur Historik.* Frankfurt a. M., Suhrkamp, 2000, S. 287-297

Koselleck, Reinhart. „‚Erfahrungsraum' und ‚Erwartungshorizont' zwei historische Kategorien". In: Ders. *Vergangene Zukunft. Zur Semantik Geschichtlicher Zeiten.* Frankfurt a. M., Suhrkamp, 1979, S. 349- 369

Kosellek, Reinhart. „Geschichte, Geschichten und formale Zeitstrukturen". In: Ders. *Vergangene Zukunft. Zur Semantik geschichtlicher Zeiten.* Frankfurt a. M., Suhrkamp, 1979, S. 130-157

Krahé, Peter. *Literarische Seestücke. Darstellungen von Meer und Seefahrt in der englischen Literatur des 18. bis 20. Jahrhunderts.* Hamburg, Kabel, 1992

Krämer, Sybille. *Medium, Bote, Übertragung. Kleine Metaphysik der Medialität.* Frankfurt a. M., Suhrkamp, 2008

Krämer, Sybille. „Was also ist eine Spur ? Und worin besteht ihre epistemologische Rolle?. Eine Bestandsaufnahme." In: Dies.; Werner Kogge; Gernot Grube (Hg.). *Spur. Spurenlesen als Orientierungstechnik und Wissenskunst.* Frankfurt a. M., Suhrkamp, 2007 S. 11-33

Kraus, Wolfgang. *Das erzählte Selbst. Die narrative Konstruktion von Identität in der Spätmoderne.* Pfaffenweiler, Centaurus, 1995

Kuntz, Hélène. „L'invention d'une dramaturgie à rebours. Les revenants d'Ibsen et La Maison brulé de Strindberg". In: *Mise en crise de la forme dramatique 1880–1910. Etudes théâtrales* 15/16, 1999, S. 60-67

Kuntz, Hélène. *La catastrophe sur la scène moderne et contemporaine. Etudes théâtrales 23,* 2002

Kuntz, Hélène. „L'invention d'une dramaturgie à rebours. Les revenants d'Ibsen et La Maison brulé de Strindberg". In: *Mise en crise de la forme dramatique 1880-1910. Etudes théâtrales* 15/16, 1999, S. 60-67

Lanteri, Jean-Marc. *En noir et blanc. Essai sur Bernard-Marie Koltés.* Villeneuve d'Ascq, Presses Universitaires du Septentrion, 2014

Latour, Bruno. *Das Parlament der Dinge,* aus d. Frz. von Gustav Roßler. Frankfurt a. M., Suhrkamp, 2015

Le Brun, Jacques; Mare-Louise Gondal. *Madame Guyon. Rencontres autour de la vie et de l'œuvre de Madame Guyon.* Grenoble, Million, 1997

Le Pors, Sandrine. *Le théâtre des voix. A l'écoute du personnage et des écritures contemporaines.* Rennes, PUR, 2011

Lefebvre, Henri. *La production de l'espace* [1974]. Paris, Economica, 2000

Lehmann Hans-Thies. „Just a word on a page and there ist the drama. Anmerkungen zum postdramatischen Theater". In: *Theater für das 21. Jahrhundert. Text+Kritik*, 11. 2004, S. 26-33

Lehmann, Hans-Thies. *Postdramatisches Theater* [1999]. Frankfurt a. M., Verlag der Autoren, 2001

Lehmann, Hans-Thies. „Die Gegenwart des Theaters". In: Erika Fischer-Lichte; Doris Kolesch; Christel Weiler. *Transformationen. Theater der neunziger Jahre.* Theater der Zeit, 1999, S. 13-26

Lenoir, Ruy. *Clefs pour la pataphysique.* [1969]. Paris, L'Hexaèdre, 2005

Lewicka, Olga. Pollock. *Verflechtung des Sichtbaren und des Lesbaren.* München, Wilhelm Fink, 2005

Lipovetsky, Gilles. *Narziss oder die Leere. Sechs Kapitel über die unaufhörliche Gegenwart.* Hamburg, Europäische Verlagsanstalt, 1995

Lommel, Michael. *Im Wartesaal der Möglichkeiten. Lebensvarianten in der Postmoderne.* Magdeburg, Herbert von Halem, 2011

Losco-Lena, Mireille. *,Rien n'est plus drôle que le malheur'. Du comique et de la douleur dans les écritures dramatiques contemporaines.* Rennes, PUR, 2011

Löw, Martina. *Raumsoziologie* [2001]. Frankfurt a. M., Suhrkamp, 2017

Lucet, Sophie. „Mémoire en fragments". In: *L'avenir d'une crise. Écritures dramatiques contemporaines (1980-2000). Études théâtrales* 24/25, 2002, S. 49-58

Lucet, Sophie. „Les dramaturgies de la Shoah, ou l'envers des images (Charlotte Delbo, Charles Reznikoff, Patrick Kermann)". In: Françoise Dubosquet Lairys (Hg.). *Les failles de la mémoire théâtre, cinéma, poésie et roman: les mots contre l'oubli.* Rennes, PUR, 2016, S. 43-55

Luckner, Andreas. „Fremdheit und Selbstorientierung". In: Philipp Thomas; Andreas Benk (Hg). *Negativität und Orientierung.* Würzburg, Königshaussen & Neumann, 2008, S.15-23

Luhmann, Niklas. *Soziale Systeme* [1987]. Frankfurt a. M., Suhrkamp, 2012

Lyotard, Jean-François. *Die Analytik des Erhabenen (Kant-Lektionen, "Kritik der Urteilskraft", §§ 23-29).* München, Fink, 1994

Lyotard, Jean-François. „Die Moderne redigieren". In: Wolfgang Welsch (Hg.). *Wege aus der Moderne. Schlüsseltexte der Postmoderne-Diskussion.* Berlin, Akademie Verlag, 1994, S. 204-214

Lyotard, Jean-François. *Das Inhumane. Plaudereien über die Zeit.* Wien, Passagen, 1989

Lyotard, Jean-François u.a.. *Immaterialität und Postmoderne*, aus d. Frz. von Marianne Karbe, Berlin, Merve, 1985

Lyotard, Jean-Francois. *La condition postmoderne*. Paris, Minuit, 1979

Lyotard, Jean-François. „Was ist postmodern?" In: *Postmoderne und Dekonstruktion. Texte französischer Philosophen der Gegenwart*. Stuttgart, Reclam, 1993, S.33-48.

Maeterlinck, Maurice. „Le tragique quotidien" [1896]. In: Ders. *Œuvres, I. Le réveil de l'âme: Poésie et essais*. Brüssel, A. Versaille, 2010, S. 487-494

Maïsetti, Arnaud. „Bernard-Marie Koltès. Utopies politiques. ‚Il faudrait être ailleurs'. In: Marie-Claude Hubert; Florence Bernard (Hrsg.). *Relire Koltès*. Aix-Marseille, PUP, 2013, S.23-32

Makropoulos, Michael. „Meer". In: Ralf Konersmann (Hg.). *Wörterbuch der philosophischen Metaphern*. Darmstadt, WBG, 2007, S. 237-238

Mayer, Annika. „Zeitgenössische französischsprachige Erzähldramaturgien (1980-2000)". In: Christiane Müller-Lüneschloß; Rolf Lohse (Hg.). *Postdramatik*. Bonn, Verlagslabor, 2022, S. 17-32.

Mayer, Annika. „Medienkonfrontation im Theatertext. Die zeitgenössische Teichoskopie als Moment intermedialer Verhandlung von (Un)Darstellbarkeit". In: Lukas Eibensteiner; Frederik Kiparski; Daniela Kuschel; Christina Märzhäuser (Hg.). *Interaktion (en). Brüche, Spuren, Konstruktionen. Beiträge zum 34. Forum Junge Romanistik in Mannheim*. München, AVM, 2021, S. 15-27.

Mayer, Annika. „Die verdeckte Krise in der zeitgenössischen französischen Dramaturgie. Eine Führung durch die tote Stadt und ihre Stimmen. Patrick Kermanns ‚De quelques choses vues la nuit'". In: Roswitha Böhm; Susanne Grimaldi (Hg.). *Krisenumschreibungen. Strategien und Narrative in der Romania des 19. Bis 21. Jahrhunderts*. Berlin, Neofelis, 2020, S. 133-149.

Mayer, Annika. „Raum und Orientierung im Illusionstheater am Beispiel von Corneille, Labiche und Sartre". In: Corinne Fournier Kiss, Nadine Chariatte; Etna R. Krakenberger (Hg.). *Räume der Romania. Beiträge zum 30. Forum Junge Romanistik*. Frankfurt a. M., Peter Lang, 2016, S. 75-90

Meer, Kathrin van der; Anke Wortmann. "Von Grotten und Imobilien. Erbe und Genealogie im Werk Marie Redonnets". In: Heinz Thoma; Kathrin van der Meer (Hg.). *Epochale Psycheme und Menschenwissen von Montaigne bis Houellebecq*. Würzburg, Königshausen & Neumann, 2007, S. 237-253

Mégevand, Martin. „Choralité". In: Jean-Pierre Ryngaert (Hg.). *Nouveaux territoires du dialogue*. Arles, Actes Sud, 2005, S. 36-40

Menke, Christoph. „Doppelter Fortschritt: postdramatisch-postavantgardistisch". In: Christoph Menke; Juliane Rebentisch (Hg.). *Kunst Fortschritt Geschichte*. Berlin, Kadmos, 2006, S. 178-187

Merleau-Ponty, Maurice. *Phänomenologie der Wahrnehmung*. Berlin, De Gruyter, 1966

Merleau-Ponty, Maurice. *Le primat de la perception et ses conséquences philosophiques.*
Lagrasse, Verdier, 1996

Motte, Warren. *Small worlds. Minimalism in contemporary French literature.* Lincoln,
University of Nebraska Press, 1999.

Nancy, Jean-Luc. *Nach der Tragödie. In memoriam Philippe Lacoue-Labarthe,* aus d. Frz.
v. Jörn Etzold; Helga Finter. Stuttgart, Legeuil, 2008

Nativel, Valérie. „La poétique du squat dans quai ouest de B.-M. Koltès". In: Catherine
Naugrette (Hrsg.). *Le contemporain en scène. Vol. II.* Paris, L'Harmattan, 2011

Née, Laure. „L'écriture vive". In: Dies. (Hg.). *Valère Novarina.* Paris, Garnier, 2015, S. 7-16

Neuschäfer, Anne. „Aufbruch zu einem neuen Texttheater? Zur Pariser Theatersaison
1982/1983". In: *Lendemains,* 30, 1983, S. 97-104

Nietzsche, Friedrich. *„Die fröhliche Wissenschaft".* In: Ders. Sämtliche Werke III. München,
De Gruyeter, 1999, S. 343-651

Novarina, Valère. *Dialogue avec Marion Chénetier-Alev. L'Organe du langage, c'est la main.*
Paris, Argol, 2013

Novarina, Valère. „Ouverture". In: Jacques Le Brun; Mare-Louise Gondal u.a. (Hrsg.).
Madame Guyon. Rencontres autour de la vie et de l'œuvre de Madame Guyon. Grenoble,
Million, 1997, S. 9-13

Palm, Stina. *Bernard-Marie Koltès. Vers une éthique de l'imagination.* Paris, L'Harmattan,
2009

Parisse, Lydie. *La "parole trouée". Beckett, Tardieu, Novarina.* Caen, Lettres Modernes
Minard, 2008

Parisse, Lydie. „Discours mystique, littérature et théâtre dans le dernier tiers du XIXe
siècle." In: Dies. (Hg.) *Le discours mystique dans la littérature et les arts de la fin du XIXe
siecle à nos jours.* Paris, Garnier, 2012

Pavis, Patrice. „Dramaturgy and Postdramaturgy". In: Katharina Pewny; Johan Callens;
Jeroen Coppens (Hg.). *Dramaturgies in the New Millenium. Relationality, Performativity and Potentiality.* Tübingen, Narr, 2014, S. 14-36

Pavis, Patrice. „Postdramatique". In: Ders. *Dictionnaire de la performance et du théâtre
contemporain.* Paris, Armand Colin, 2014, S. 202-208

Patrice Pavis. „Recit de vie". In: Ders. *Dictionnaire de la performance et du théâtre
contemporain.* Paris, Armand Collin, 2014, S. 223

Pavis, Patrice. *Das französische Theater der Gegenwart. Textanalysen von Koltès bis Reza.*
München, Epodium, 2008

Pavis, Patrice. „Die Inszenierung zeitgenössischer Theaterstücke." In: Andrea Grewe
(Hg.). *Tendenzen des französischen Gegenwartstheaters. Lendemains,* 128, 2007, S. 52-68

Pavis, Patrice. *Le théâtre contemporain. Analyse des textes, de Sarraute à Vinaver.* Paris,
Nathan, 2002

Pethes, Nicolas. „Mnemotop". In: Jörg Dünne; Andreas Mahler (Hg.). *Handbuch Literatur & Raum*. Berlin, De Gruyter, 2015, S. 196-204.

Petitjean, André. „Spatialité et textualité dramatique. L'exemple de Quai Ouest de Bernard-Marie Kolès." In: Petitjean, André (Hg.). *Koltès. La question du lieu*. Metz, CRESEF, 2001

Petrović-Ziemer, Ljubinka. *Mit Leib und Körper. Zur Korporalität in der deutschsprachigen Gegenwartsdramatik*. Bielefeld, Transcript, 2011

Pfister, Manfred. *Das Drama* [1977]. München, Werner Fink, 2001

Platthaus, Isabel. *Höllenfahrten. Die epische "katábasis" und die Unterwelten der Moderne*. München, Fink, 2004

Plassard, Didier. „Le chemin de reconnaissance. Notes sur la réception critique des premièrs textes de Valère Novarina." In: Nicolas Tremblay. *La bouche théâtrale. Etudes de l'œuvre de Valère Novarina*. Montréal, XYZ, 2005, S. 17-27

Plassard, Didier. „Espace es-tu là? Espace scénique et dramaturgie chez Valère Novarina." In: Christine Hamon-Siréjols; Anner Surgers. *Théâtre. Espace sonore, espace visuel*. Lyon, PU, 2003, S. 277- 285

Plassard, Didier. „Valère Novarina, Didier-Georges Gabily. Pour un potlatch des représentations." In: Patricia Duquenet-Krämer; Sieghild Bogumil. *Bernard-Marie Koltès au carrefour des écritures contemporaines*. Louvain-la-Neuve, Centre d'Etudes Théâtrales, Université Catholique, 2000, S. 67-75

Plessner, Helmut. „Zur Anthropologie des Schauspielers". In: Ders. *Gesammelte Schriften VII. Ausdruck und menschliche Natur*. Frankfurt a. M., Suhrkamp, 1982, S. 399-418

Poschmann, Gerda. *Der nicht mehr dramatische Theatertext. Aktuelle Bühnenstücke und ihre dramaturgische Analyse*. Tübingen, Niemeyer, 1997

Preller, Ludwig. *Griechische Mythologie. Band II Die Heroen* [1861]. Reimer, Berlin, 2005

Prigent, Christian. *Ceux qui merdrent*. Paris, P.O.L., 1991

Ramat, Christine. „La théomania comique de Valère Novarina." In: *Littérature*, N°176, 2014, S. 37- 46

Ramat, Christine. *Valère Novarina. La comédie du verbe*. Paris, L'Harmattan, 2009

Rancière, Jacques. *Les temps modernes. Art, temps, politique*. Paris, La fabrique, 2018

Rancière, Jacques. *Geschichtsbilder*. Berlin, Merve, 2013

Redonnet, Marie. *Jean Genet. Le poète travesti. Portrait d'une œuvre*. Paris, Grasset, 2000

Röcke, Werner; Hans Rudolf Velten. „Tanzwut, Dämonisierung und Pathologisierung des Tanzes in Literatur und Kultur des Mittelalters." In: Brandstetter Gabriele; Wulf. *Tanz als Anthropologie*, 2007, S. 307-328

Roselt, Jens. *Phänomenologie des Theaters*. München, Wilhelm Fink, 2008

Rosset, Clément. „Le Réel et son double". In: Ders. *L'École du Réel*. Paris, Minuit, 2008

Ryngaert, Jean-Pierre. *Ecritures dramatiques contemporaines*. Paris, Colin, 2011

Rykner, Arnaud. *Les mots du théâtre*, Toulouse, Presses Université du Mirail, 2010

Ryngaert, Jean-Pierre; Julie Sermon. *Le personnage théâtral contemporain. Décomposition, recomposition.* Montreuil, Editions théâtrales, 2006

Ryngaert, Jean-Pierre. „Présentation". In: *L'avenir d'une crise. Écritures dramatiques contemporaines (1980–2000).* Études théâtrales 24/25, 2002, S. 7-10

Ryngaert, Jean-Pierre. „Le fragment en question". In: *L'avenir d'une crise. Écritures dramatiques contemporaines (1980-2000).* Études théâtrales, 24/25, 2002, S. 13-17

Sandt, Nicole. *Dealer und Kunden im Theater bei Koltès und Brecht.* Berlin, Lavallée, 2008

Sarrazac, Jean-Pierre. *Critique du théâtre 2. Du moderne au contemporain, et retour.* Strasbourg, Circé, 2015

Sarrazac, Jean-Pierre. „La reprise (réponse au postdramatique)". In: Ders.; Catherine Naugrette. *La réinvention du drame (sous l'influence de la scène), Études théâtrales* 38/39, 2007, S. 7-17

Sarrazac, Jean-Pierre. „Le partage des voix". In: Jean-Pierre Ryngaert (Hg.). *Nouveaux territoires du dialogue.* Arles, Actes Sud, 2005, S. 11-16

Sarrazac, Jean-Pierre. *Jeux de rêves et autres détours.* Belval, Circé, 2004

Sarrazac, Jean-Pierre. „Du détour et de la variété des détours". In: *L'avenir d'une crise. Écritures dramatiques contemporaines (1980-2000).* Études théâtrales 24/25, 2002, S. 77-87

Sarrazac, Jean-Pierre. „Présentation". In: *Mise en crise de la forme dramatique 1880-1910.* Etudes théâtrales 15/16, 1999, S. 7-9

Sarrazac, Jean-Pierre. *Théâtres intimes.* Arles, Actes Sud, 1989

Sarrazac, Jean-Pierre. „Statisme". In: Ders. *Lexique du drame moderne et contemporain.* Belval, Circé, 2005, S. 208

Sarrey-Strack, Colette. *Fictions contemporaines au féminin. Marie Darrieussecq, Marie Ndiaye, Marie Nimier, Marie Redonnet.* Paris, L'Harmattan, 2002, S. 46-48

Sartre, Jean-Paul. „Pour un théâtre de situations" [1973]. In: Ders. *Un théâtre de situations.* Paris, Gallimard, 1992, S. 19-21

Sartre, Jean-Paul. „Situation de l'écrivain en 1947". In: Ders. *Situations II. Qu'est-ce que la littérature?,* 1968, S. 312-313

Sauter, Willmar. „Wahrnehmung". In: Erika Fischer-Lichte; Doris Kolesch; Matthias Warstatt (Hg.). *Metzler Lexikon Theatertheorie* [2005]. Stuttgart, Metzler, 2014, S. 409-413

Schläder, Jürgen. „‚Gnade für unser Verbrechen!' Katastrophen-Dramaturgie auf dem Theater des 19. und 20. Jahrhunderts." In: Jürgen Schläder; Regina Wohlfarth (Hrsg.). *AngstBilderSchauLust. Katastrophenerfahrungen in Kunst, Musik und Theater.* Berlin, Henschel, 2007, S. 85-104

Schmeling, Manfred; Monika Schmitz-Emans. „Einleitung". In: Dies. (Hg.). *Das Paradigma der Landschaft in Moderne und Postmoderne. (Post-)Modernist Terrains: Landscapes-Settings-Spaces.* Königshausen & Neumann, 2007, S. 21-36

Schmitz, Stefanie. *Metatheater im zeitgenössischen französischen Drama.* Tübingen, Francke, 2015

Schneider, Otto. *Tanzlexikon. Volkstanz, Kulttanz, Gesellschaftstanz von den Anfängen bis zur Gegenwart.* Mainz, Schott, 1985

Scholtz, Gunter. *Philosophie des Meeres.* Hamburg, Mare, 2016

Schopenhauer, Arthur. *Die Welt als Wille und Vorstellung.* Darmstadt, Wissenschaftliche Buchgesellschaft, 1973

Schößler, Franziska. *Einführung in die Dramenanalyse* [2012]. Stuttgart, Metzler, 2017

Schößler, Franziska. *Augen-Blicke. Erinnerung, Zeit und Geschichte in Dramen der neunziger Jahre.* Tübingen, Narr, 2004

Schuchardt, Beatrice; Urs Urban (Hg.). *Handel, Handlung, Verhandlung. Theater und Ökonomie in der frühen Neuzeit in Spanien.* Bielefeld, 2014

Sébastien, Marie-Paule. *Bernard-Marie Koltès et l'espace théâtral.* Paris, L'Harmattan, 2001

Sepsi, Enikő (Hg.). *Le Théâtre et le sacré, autour de l'œuvre de Valère Novarina.* Budapest, Ració Kiadó, Eötvös Collegium, 2009

Serres, Michel. *Genèse.* Paris, Grasset, 1982

Serres, Michel. *Atlas*, aus d. Frz. von Michael Bischoff. Berlin, Merve, 2005

Shoots, Fieke. *'Passer en douce à la douane.' L'écriture minimaliste de Minuit. Deville, Echenoz, Redonnet et Toussaint.* Amsterdam, Rodopi, 1997

Sick, Franziska. „Konfigurationen von Drama, Spiel und Geschichte im postdramatischen Drama Frankreichs." In: Achim Barsch, Helmut Scheuer, Georg-Michael Schulz (Hg.). *Literatur-Kunst-Medien. Festschrift für Peter Seibert zum 60. Geburtstag.* München, Verlagsbuchhandlung, 2008, S. 130-156,

Sick, Franziska. „Raumspiel und Raumregie im Endspiel und im Spätwerk Samuel Becketts." In: Dies. (Hg.). *Raum und Objekt im Werk von Samuel Beckett.* Bielefeld, Transcript, 2011, 27-54

Sick, Franziska. „Einleitung". In: Dies. (Hg.). *Raum und Objekt im Werk von Samuel Beckett.* Bielefeld, Transcript, 2011, S. 7-14

Sick, Franziska. „Yvan Golls surreales Filmtheater." In: Michael Lommel; Isabel Maurer Queipo; Nanette Rissler-Pipka; Volker Roloff (Hrsg.). *Französische Theaterfilme – zwischen Surrealismus und Existemzialismus.* Bielefeld, Transcript, 2004, S. 39-64

Simons, Oliver. „Nicht-euklidische Räume". In: Jörg Dünne; Andreas Mahler (Hrsg.). *Handbuch Literatur & Raum.* Berlin; Boston. De Gruyeter, 2015, S. 272-283

Siegmund, Gerald. „Theater Gespenster Unfug". In: Lorenz Aggermann; Ralph Fischer; Eva Holling; Philipp Schulte; Gerald Siegmund (Hg.). *,Lernen mit den Gespenstern zu leben'. Das Gespenstische als Figur, Metapher und Wahrnehmungsdispositiv.* Berlin, Neofelis, 2015, S. 219-227

Stegemann, Bernd. *Kritik des Theaters.* Berlin, Theater der Zeit, 2013

Stegemann, Bernd. *Lektionen Dramaturgie 1.* Berlin, Theater der Zeit, 2009

Stegmaier, Werner. *Orientierung im Nihilismus – Luhmann meets Nietzsche.* Berlin, De Gruyeter, 2016

Stegmaier, Werner. *Philosophie der Orientierung.* Berlin, De Gruyter, 2008

Sternad, Christian. „Die Zeit ist aus den Fugen. Auf der Jagd nach sterblichen Gespenstern mit Emmanuel Lévinas und Jacques Derrida." In: Lorenz Aggermann; Ralph Fischer; Eva Holling; Philipp Schulte; Gerald Siegmund (Hg.). ‚*Lernen mit den Gespenstern zu leben'. Das Gespenstische als Figur, Metapher und Wahrnehmungsdispositiv.* Berlin, Neofelis, 2015, S.60-71

Stierle, Karlheinz. *Das große Meer des Sinns. Hermenautische Erkundungen in Dantes ‚Commedia'.* München, Fink, 2007

Stricker, Achim. *Text-Raum. Strategien nicht-dramatischer Theatertexte. Gertrude Stein, Heiner Müller, Werner Schwab, …* Heidelberg, Winter, 2007

Stump, Jordan. „L'eau qui efface, l'eau qui anime. Du tryptique de Marie Redonnet." In: Yolande Helm. (Hrsg.). *L'eau. Source d'une écriture dans les littératures féminines francophones.* New York, Peter Lang, 1995, S. 103-111

Szondi, Peter. *Schriften I. Theorie des modernen Dramas (1880-1950)* [1956]. Frankfurt a. M., Suhrkamp, 1978

Tigges, Stefan. „Vorwort". In: Arthur Petka; Stefan Tigges (Hg.). *Das Drama nach dem Drama. Verwandlungen dramatischer Formen in Deutschland seit 1945.* Bielefeld, Transcript, 2011, S. 11-19

Tigges, Stefan. „Dramatische Transformationen. Zur Einführung." In: Ders. (Hg.). *Dramatische Transformationen. Zu gegenwärtigen Schreib- und Aufführungsstrategien im deutschsprachigen Theater.* Bielefeld, Transcript, 2008, S. 9-27

Tommek, Heribert; Christian Steltz. „Einleitung" In: Dies. (Hrsg.). *Vom Ich erzählen. Identitätsnarrative in der Literatur des 20. Jahrhunderts.* Frankfurt a. M., Peter Lang, 2016, S. 7-25

Trempler, Jörg. *Katastrophen. Ihre Entstehung aus dem Bild.* Berlin, Wagenbach, 2013

Triau, Christophe. „La dialectique de la langue". In: Christophe Bident; Régis Salado; Christophe Triau (Hg.). *Voix de Koltès.* Angelet, Atlantica, 2004

Triau, Christophe. „La résolution en raz-de-marée. Sur les fins de pièces koltésiennes." In: Bogumil-Notz, Sieghild; Patricia Duquenet-Krämer (Hrsg.). *Bernard-Marie Koltès au carrefour des écritures contemporaines. Etudes théâtrales* 19, 2000, S. 111-120

Ubersfeld, Anne. *Bernard-Marie Koltès.* Arles, Actes sud, 1999

Ubersfeld, Anne. *Les termes clés de l'analyse du théâtre.* Paris, Seuil, 1996

Ueckmann, Natascha. „Mythische Räume bei Marie Redonnet. Ein Beitrag zur weiblichen Identitätsfindung." In: *SCRIPT,* Nr. 7, 1995, S. 20-26

Vernois, Paul. *La dynamique théâtrale d'Eugène Ionesco.* Paris, Klincksieck, 1991

Vinaver, Michel. „Le théâtre entre deux chaises: objet de spectacle, objet de lecture"[1983]. In: Ders. *Ecrits sur le théâtre, 2.* Paris, L'Arche, 1998, S. 23- 30

Vogel, Juliane. „Solare Orientierung. Heliotropismus in Tragödie und Tragédie musique." In: Nicola Gess; Tina Hartmann; Dominika Hens (Hg.). *Barocktheater als Spektakel. Maschine, Blick und Bewegung auf der Opernbühne des Ancien Régime.* Paderborn, Wilhelm Fink, 2015, S. 71-83

Voit, Johannes. *Klingende Raumkunst. Imaginäre, reale und virtuelle Räumlichkeit in der neuen Musik nach 1950.* Marburg, Tectum, 2014

Voß, Almuth. *Ästhetik der Gegenwelten. Der Dramatiker Bernard Marie-Koltès.* Münster, Lit, 1993

Wacker, Nathalie. „Marie Ndiaye, Marie Redonnet, Enzo Cormann...Usage subversif de la citation dans le théâtre contemporain." In: Florence Fix (Hg.). *La citation dans le théâtre contemporain (1970 - 2000).* Dijon, EUD, 2010, S.103-114

Waldenfels, Bernhard. *Topographie des Fremden. Studien zur Phänomenologie des Fremden 1* [1997]. Frankfurt a. M., Suhrkamp, 1999

Walter, François. *Katastrophen. Eine Kulturgeschichte vom 16. Bis ins 21. Jahrhundert.* Stuttgart, Reclam, 2010

Watzlawick, Paul. *Menschliche Kommunikation. Formen, Störungen, Paradoxien.* Bern, Huber, 1982

Welsch, Wolfgang. „Einleitung". In: Ders. (Hg.). *Schlüsseltexte der Postmoderne-Diskussion.* Berlin, Akademie-Verlag, 1994, S. 1-43

Welsch, Wolfgang. *Ästhetisches Denken* [1990]. Stuttgart, Reclam, 2010

Weiler, Christel. „Postdramatisches Theater". In: Erika Fischer-Lichte; Doris Kolesch; Matthias Warstatt (Hg.). *Metzler Lexikon Theatertheorie,* 2. Auflage, Stuttgart, Metzler, 2014, S. 262-265

Wirth, Andrzej. „Vom Dialog zum Diskurs". In: Bernd Stegemann. *Lektionen Dramaturgie 1. Berlin,* Theater der Zeit, 2009, S. 338-340

Wolf, Burkhard. „Livyatan melvillei. ‚Moby Dick' und das überhistorische Wissen vom Wal." In: Hans Jürgen Scheuer; Ulrike Vedder. *Tiere im Text. Exemplarität und Allegorizität literarischer Lebewesen.* Frankfurt a. M., Peter Lang, 2015, S. 97-112

Zerling, Clemens H.. „Wal". In: Ders. *Lexikon der Tiersymbolik. Mythologie, Religion, Psychologie.* Klein Jasedow, Drachenverlag, 2012, S. 314-315

Ziemer, Andreas. „Zur Philosophie und Soziologie der Situation – eine Einführung". In: Ders. (Hg.). *Offene Ordnung? Philosophie und Soziologie der Situation.* Wiesbaden, Springer, 2013, S. 7-18

Zuschlag, Christoph. „Die Johannes-Offenbarung in der bildenden Kunst. Zwei Beispiele aus den 1990er Jahren: Rune Mields und Horst Haack". In: Lothar Blum (Hg.). *Untergangsszenarien: apokalyptische Denkbilder in Literatur, Kunst und Wissenschaft.* Berlin, Akademie-Verlag, 2013, S. 71-96

9.3 Internetquellen

Alberti, Leon Batista. „Sehpyramide. Perspektivik" in: *Glossar der Bildphilosophie*, Medienwissenschaft Universität Tübingen http://www.gib.uni-tuebingen.de/netz-werk/gl ossar/index. php?title= Perspektivik (13.11.2018)

„Déclaration de Paläsz Falvay aux enquêteurs de la SR de REIMS, 10 août 1988".
In: *Les disparus de mourmelon*. http://www.disparusdemourmelon.org/ documents / base%20de%20documents/temoignages/Audition%20Palazs%20Falvay%2010081988. pdf (24.03.2016)

Dernis, Béatrice . „La Blessure de l'Ange de Patrick Kermann". In: *Sken&agraphie*, 3, 2015, http://www.journals.openedition.org/skenegraphie/1234 (08.05.2019), S. 105-114

Dernis, Beatrice. *La voix des revenants dans l'œuvre de Patrick Kermann: étude d'une écriture contemporaine dans son rapports à la scène*. Université de Grenoble, Littératures, 2011. https://www.tel.archives-ouvertes.fr/tel-01558456 (08.05.2019)

„dossiers pédagogiques" In: *Valère Novarina* http://www.novarina.com/Valere-Novarina -au-programme-du; Paris 1999-2017 (21.11.2017)

Kermann, Patrick In: *Catalogue Bibliothèque Nationale*. https://www.ca-talogue.bnf.fr/changerPage.do?motRecherche=&index=AUT3&numNo-tice=1231881 3&nbResultParPage=10&afficheRegroup=false&affinageAc-tif=false&pageEnCours= 1&nbPage=5&trouveDansFiltre=NoticePUB&triResultParPage=5&typeNotice=p" (08.05.2019)

Montfort, Anne. „Après le postdramatique. Narration et fiction entre écriture de plateau et théâtre néo-dramatique". In: *Trajectoires*, 3, 2009, http://journals.openedi-tion.org/ trajectoires/392 (15.12.2018).

„L'affaire de l'adjudant-chef Chanal à Mourmelon Sous-officier et gentlemen". In: *Libération* http://www.liberation.fr/evenements-libe/2013/04/08/l-affaire-de-l-ad-judant-ch ef-chanal-a-mourmelon-sous-officier-et-gentlemen_894434 (21.03.2016)

„Lange Liste rassistischer Vorfälle in Italien" In: *Süddeutsche Zei-tung* http://www.sueddeutsche.de/sport/rassimus-im-fussball-stadion-boatengs-zeic hen-gegen-die-affen-in-den-kurven-1.1564963-2 (21.03.2016)

Lehmann, Hans-Thies. *'Ich mache ja nicht das, was Menschen sind oder tun, zu meinem Thema'. Postdramatische Poetiken bei Jelinek und anderen*. Göttingen, V&R unipress, 2017, https://www.phil-kult.univie.ac.at/fileadmin/user_up-load/f_philkult/Fakultaet svortraege/Lehmann_Vortrag_oa.pdf (04.06.2019)

„Lesebühne Valère Novarina". In: *Volksbühne*. https://volksbuehne.adk.de/pra-xis/lesebu ehne_valere_novarina/index.html (27.05.2019)

Padovani, Delphine. *Le théâtre du monde chez les auteurs dramatiques contemporains francophones. Valère Novarina, Pierre Guyotat, Didier-Georges Gabily, Olivier Py, Joël*

Pommerat, Daniel Danis. Thèse de doctorat, Université Montpellier, 2011. http://www
.biu-montpellier.fr/florabium/jsp/nnt.jsp?nnt=2011MON30029 (15.05.17)

Poujardieu, François. *L'espace mythique de la rencontre dans l'œuvre de Bernard-Marie Koltès. Genèse d'une écriture dramatique*, Thèse de doctorat en Littératures française, francophones et comparées. Bordeaux 3, 2002, Theses.fr, Agence bibliographique de l'enseignement supérieur, http://theses.fr/2002BOR30021 (16.09.2015)

Reverdy, Marie. „Le personnage essoufflé l'absence de ponctuation noire dans la partition théâtrale de Patrick Kermann". In: *Littératures*, 72, 2015. http://journals.o-penedition. org/litteratures/378 (08.05.2019)

Rousselot, Carine. *Bernard-Marie Koltès: (1977-1989) le «pacte ironique»* ?, http://theses.f r/2017UBFCC009/document, (25.03.2018)

9.4 Filmverzeichnis

The navigator, Regie: Buster Keaton; Ronald Crisp (USA: Metro-Goldwyn, 1924). Fassung: DVD Kino Lorber, 2012, 49'

Register